U0822787

调解员高级研修（职业培训）丛书

家事调解理论与实务

许　莉　主　编
陈爱武　副主编

法律出版社
LAW PRESS·CHINA
—— 北京 ——

图书在版编目(CIP)数据

家事调解理论与实务 / 许莉主编. -- 北京 : 法律出版社, 2021
(调解员高级研修(职业培训)丛书)
ISBN 978-7-5197-5409-9

Ⅰ. ①家… Ⅱ. ①许… Ⅲ. ①婚姻家庭纠纷-调解(诉讼法)-中国-职业培训-教材 Ⅳ. ①D925.114

中国版本图书馆 CIP 数据核字(2021)第041372号

家事调解理论与实务
JIASHI TIAOJIE LILUN YU SHIWU

许　莉 主　编
陈爱武 副主编

策划编辑 解　锟
责任编辑 解　锟
装帧设计 李　瞻

出版发行 法律出版社
编辑统筹 重大项目办公室
责任校对 张　岩
责任印制 张建伟
经　　销 新华书店

开本 710毫米×1000毫米 1/16
印张 26　　字数 410千
版本 2021年10月第1版
印次 2021年10月第1次印刷
印刷 三河市兴达印务有限公司

地址:北京市丰台区莲花池西里7号(100073)
网址:www.lawpress.com.cn
投稿邮箱:info@lawpress.com.cn
举报盗版邮箱:jbwq@lawpress.com.cn

销售电话:010-83938349
客服电话:010-83938350
咨询电话:010-63939796

版权所有·侵权必究

书号:ISBN 978-7-5197-5409-9　　定价:82.00元

凡购买本社图书,如有印装错误,我社负责退换。电话:010-83938349

编委会名单

主 任 委 员：陆卫东

副主任委员：张　祎　商忠强

委员（按照姓氏笔画排列）：

于湘人　叶　林　叶　斌　李笑阳

张承斌　忻　峰　徐　东　徐　晟

徐　勇　彭　森　程　畅　赖咸森

总序

作为纠纷解决的一种方式，调解在我国历史悠久、源远流长。早在两千多年前的西周，就出现了专门负责调解事务的官员——“调人”。在历史长河中，调解已不仅是一种治理策略，而且是人们追求无讼与和谐社会的实现路径。新时代，被誉为“东方经验”的调解，在中华民族实现伟大复兴的征途上无疑将承担更加艰巨的历史使命。

我国有数百万名调解员，他们是调解工作的具体承担者、践行者。随着时代的深刻变迁，人们对公平正义有了更高的诉求，矛盾纠纷更加多元、复杂，从而对调解员的工作提出了更高的要求。大规模地开展系统性、专业性的调解员业务培训，已显得刻不容缓。

党的十九届四中全会通过的《中共中央关于坚持和完善中国特色社会主义制度　推进国家治理体系和治理能力现代化若干重大问题的决定》指出：“完善人民调解、行政调解、司法调解联动工作体系”，“完善社会矛盾纠纷多元预防调处化解综合机制”，对构建多元调解机制提出了新要求。人民调解、行政调解、仲裁调解、社会组织调解、律师调解等，是具有中国特色的非诉讼纠纷解决方式，有利于消除纷争，促进和谐，实现社会长治久安。根据中央精神，我们要鼓励探索协商、中立评估、第三方调解等各种解纷机制，促进各类非诉讼争议解决方式蓬勃发展，为人们提供更加便捷、丰富、专业的法律服务。

建立调解员高级研修（职业培训）教材体系，是新时代进一步提升调解员专业化、职业化水平的重要举措。鉴于此，我们组织复旦大学、华东政法大学、上海政法学院等著名高校的一流专家学者，以法学专业为主，兼及社会学、心理学、管理学等专业，计划用3～5年的时间，编写一套框架合理、前瞻性、实用性强的"调解员高级研修(职业培训)丛书"。上海市司法局、上海市人民调解协会在调解领域拥有丰富的实践经验,也十分重视调解理论研究,他们对本套"调解员高级研修(职业培训)丛书"的策划、编撰、出版提供了极具建设性的指导意见和有力的经费支持,直接促成了本丛书的及早面世。

迄今全国尚无一套涉及人民调解、行政调解、社会组织调解、仲裁调解等各类调解的综合性调解员研修(职业培训)丛书,本套丛书的出版,填补了业内空白。我们相信,这套丛书将为上海、为全国的调解员专业研修、为调解工作深化发展提供启迪和帮助。

丛书编委会

2020 年 7 月

目录

下编　家事调解制度

导言

一、家事纠纷之界定

“家事”一词在古代特指大夫家族内部的事务，后渐渐泛指家庭事务。“纠纷”一词则多指争执。在社会学意义上，“家事纠纷”可以涵盖发生在家庭成员之间的所有争执，为广义的家事纠纷。法律意义上的家事纠纷，应该是指发生在一定亲属之间的、具有“可诉性”或“可司法”的民事纠纷，此为狭义的家事纠纷。不可否认，以调解方式化解家事纠纷，并不能将“可诉性”纠纷和其他纠纷（如情感纠纷）截然分开，其他纠纷会直接或间接影响“可诉性”纠纷的解决。但以家事调解制度为研究对象时，主要针对的是“可诉性”纠纷。本书所指家事纠纷限于狭义的、具有“可诉性”的纠纷。

学界和司法实务中对家事纠纷并无统一的、确定的概念。学理层面上，家事纠纷一般是指涉及婚姻家庭，包括离婚、亲子关系、继承、家庭财产等方面的纠纷。[1] 从实体法依据来看，“凡以婚姻法、家庭法、继承法为依据发生的诉讼纠纷，均属于家事纠纷的范畴”[2]。从家事审判角度来看，家事纠纷一般包括婚姻纠纷、亲子纠纷、收养纠纷、赡养抚养纠纷、析产纠纷、遗产继承纠纷等。最高人民法院《关于开展家事审判方式和工作机制改革试点工作的意见》中明确，家事案件是指确定身份关系的案件及基于身份关系而产生的家庭纠纷，主要案件类型有：(1)婚姻案件及其附带案件，包括离婚、婚姻无效、婚姻撤销等，附带案件包括监护权、子女抚养费、离婚后财产分割等；(2)抚养、扶养及赡养纠纷案件；(3)亲子关系案件，包括确认亲子关系、

---

〔1〕 参见范愉：《非诉讼纠纷解决机制研究》，中国人民大学出版社 2000 年版，第 208 页。

〔2〕 陈群峰：《离婚利益协调机制研究——财产、子女及其他》，人民法院出版社 2008 年版，第 116 页。

否认亲子关系;(4)收养关系纠纷案件;(5)同居关系纠纷案件,包括同居期间的财产分割、非婚生子女抚养等;(6)继承和分家析产纠纷案件等。[1] 这是从司法层面上对家事纠纷范围的界定。

概言之,法律意义上的家事纠纷应该具备两个要素:其一,家事纠纷发生在特定主体之间,即当事人之间具有亲属身份或共同生活之事实。无论是婚姻纠纷、亲子纠纷还是继承纠纷,一般都发生在特定亲属身份的主体之间;至于同居纠纷,虽然当事人之间没有亲属身份关系,但因当事人共同生活,不仅事实上组建了家庭,还可能以夫妻相待,甚至生育了子女,这些当事人之间的纠纷与婚姻家庭纠纷类似,故将此类纠纷也纳入家事纠纷范畴。其二,当事人之间的纠纷具有私法性质,且系争权利义务与亲属身份相关。首先,家事纠纷中的“纠纷”主要是指民事纠纷,特定亲属之间发生的涉及刑事和行政方面的纠纷,不属于家事纠纷范畴。其次,具有亲属身份的人之间产生的民事纠纷,也并非都属于家事纠纷范畴。家庭成员之间发生的与身份无关的民事纠纷,一般不归入家事纠纷。如具有亲属身份的人之间因借贷、买卖、赠与等行为产生的纠纷,其行为性质与身份无关,与其他主体之间的财产纠纷并无区别,应该适用合同法的一般规定,也不属于家事纠纷范畴。

二、家事调解之界定

调解,是指在纠纷当事人以外的第三人的主持下,通过第三人的说服、劝导,促使纠纷当事人双方互谅互让,达成协议解决纠纷。调解由第三人出面主持,居中劝导说和,但最终是否能达成调解协议依旧取决于纠纷当事人双方的意愿。家事纠纷调解,是指在家事纠纷当事人以外的第三人的主持下,通过第三人的说服、劝导,促使家事纠纷当事人双方互谅互让,达成协议解决纠纷的制度。

调解有民间调解、法院调解、行政调解等。民间调解最典型的就是人民调解,即在人民调解委员会的主持下,依照法律、政策及社会主义道德规范,对纠纷当事人进行说服规劝,促使彼此互谅互让,在自主自愿情况下,达成

[1] 参见最高人民法院《关于开展家事审判方式和工作机制改革试点工作的意见》,载最高人民法院网:http://www.court.gov.cn/zixun-xiangqing-37372.html,最后访问日期:2016年4月23日。

协议,消除纷争的活动。法院调解,是指法院主持的调解活动,它是我国《民事诉讼法》明确规定的一项制度。对所有民事案件、家事案件,除了法律禁止调解的纠纷外,人民法院都可以进行调解。人民法院对家事案件的调解可以贯穿整个诉讼程序。行政调解,是指由我国行政机关主持,通过说服教育的方式,促使民事纠纷或轻微刑事案件当事人自愿达成协议,解决纠纷的一种调解制度,通常称为政府调解。例如,民政部门在办理离婚登记和解除收养登记中,对相关当事人的调解。

家事调解是家事纠纷的解决机制之一,其所对应的应该是法律意义上的家事纠纷,即家事案件。本书从处置家事案件的实体法规范和针对家事案件的调解机制两个角度展开。家事纠纷是适合进行调解的纷争类型,因此,无论是法院调解还是法院外的调解都可以针对家事纠纷。本书主要介绍法院调解和人民调解。此外,针对家事纠纷的多元化解决机制近年来备受学界和实务部门关注,本书的调解制度也包括对多元化解决机制的介绍。

三、本书写作目的和基本框架

本书为家事调解工作培训教材。家事调解工作人员需要具备一定的专业知识和调解能力,定期、有针对性的业务培训必不可少。

就家事调解专业知识而言,应该包括两个方面:一方面是处理家事纠纷的法律规范,即家事实体法知识;另一方面是家事调解的具体程序,即家事程序法意义上的调解制度知识。其中,家事实体法是处理家事纠纷的基本法律依据,也是进行家事调解的基础。调解人员必须熟悉家事实体法的一般规定,才能对家事纠纷当事人之间的权利义务作出基本判断,并以此为依据展开调解工作。家事调解程序则是调解工作正当、有效开展的保障,只有严格遵循调解程序,恪守职责范围,才能促使当事人达成有效调解协议,真正化解家事纠纷。实体和程序相辅相成,缺一不可。本书的主要内容即由这两部分组成。

就家事调解能力而言,涉及调解工作人员的社会阅历、人情常理的认知能力、心理学基础知识的了解、人际沟通能力等诸多因素,不仅需要专门的培训,更有赖于工作经验的积累。本书限于家事调解专业知识培训内容,不涉及调解能力培训范畴。

针对家事调解专业知识培训的特点,本书将家事实体法与家事调解程序分开阐述。全书共分三部分,分别是上编、下编和附录。本书上编为家事法基础知识。全面系统阐述我国现行家事法的基本制度、主要法律规定及理解与适用。因家事法以婚姻家庭法和继承法为主要内容,所以,本编重点介绍了《民法典》婚姻家庭编和继承编的基本规定及其理解、适用。下编为家事调解制度。内容包括家事调解制度的基本理论、人民调解制度、法院调解制度以及多元调解制度的构建完善等内容,全面阐述了我国家事调解制度的现状、特征、具体内容和发展趋势。本书的附录部分包括两项内容:一是家事纠纷调解案例的评析,针对实务中不同类型的家事调解案件,从法律评析和调解路径两个角度进行分析,供学习者借鉴参考;二是针对家事法和家事调解制度具体内容而设计的练习题,可以供学习者用来强化并检验学习效果。

上　编

家事法基础知识

第一章 家事法总论

第一节 家事法概述

一、家事法的概念

广义的“家事法”一般是指处理家事纠纷的所有实体和程序法。狭义的“家事法”仅指规范家事纠纷的实体法。本编“家事法”为家事实体法。

实体意义的家事法常在两种情况下使用:第一种情况与我国学术界和立法中常用的“婚姻法”“家庭法”“婚姻家庭法”“亲属法”等内涵相同,都是指以特定亲属关系的产生、变更、消灭以及身份带来的权利义务为调整对象的法律规范的总称,性质上属于身份法,是处理家事纠纷的主要法律依据。第二种情况是指规范家事纠纷的法律规范的总和,对应家事案件、家事审判程序等概念。此处家事纠纷主要指婚姻家庭纠纷,也包括继承、家庭财产等方面的纠纷。依据最高人民法院对家事案件类型的界定,以下几类属于家事案件:一是婚姻案件,包括离婚、婚姻无效、婚姻撤销等案件;二是婚姻案件的附带案件,包括因离婚而产生的子女抚养费、离婚后财产分割等案件;三是抚养、扶养及赡养纠纷案件;四是亲子关系案件,包括确认亲子关系、否认亲子关系以及子女监护权确定等案件;五是收养关系纠纷案件;六是同居关系纠纷案件,包括同居期间的财产分割、非婚生子女抚养等;七是继承和分家析产纠纷案件等。[1] 对应上述家事案件类型,处置家事纠纷的法律并不限于通常意义上

---

〔1〕 参见最高人民法院《关于开展家事审判方式和工作机制改革试点工作的意见》,载最高人民法院网:http://www.court.gov.cn/zixun-xiangqing-37372.html,最后访问日期:2016年4月23日。

的“婚姻家庭法”,还包括《民法典》继承编、总则编中的监护制度等内容。本编的家事法为第二种情况。

二、家事法的范围

本编所称的家事法并不是指某一具体、特定的法律,而是调整对象具有共性的相关法律规范的总称。可以说,家事纠纷的范围决定了家事法的范围;家事案件的类型,决定了家事法的内容。

从家事纠纷的类型看,以婚姻家庭类纠纷为主,无论是婚姻效力、离婚、夫妻财产、亲子关系、抚养赡养、收养等,均属于婚姻家庭法的调整范畴。可以说,家事法的核心内容就是婚姻家庭法。此外,家事纠纷还包括因遗产归属而引发的纠纷。确定遗产归属的主要依据是亲属身份,故遗产纠纷多发生在近亲属之间。因遗产归属引发的纠纷由《民法典》继承编调整。《民法典》继承编虽然属于财产法,但与亲属身份密切相关。因遗产纠纷被纳入家事纠纷范畴,《民法典》继承编也成为处理家事纠纷的重要法律依据。

此外,婚姻家庭因承载着养老育幼的基本社会职能而受到国家的特别保护,婚姻家庭的稳定具有重要的社会意义。处理家事纠纷中要体现对特殊人群的保护,关于未成年人、妇女、老年人权益保障法等社会法也成为处理家事纠纷的重要依据。

三、家事法的主要构成

依据上文分析,作为本编“家事法基础知识”构成部分的法律主要包括以下几类:

(一)专门处理婚姻家庭继承等纠纷的规范

1. 法律。主要有《民法典》中的“婚姻家庭编”“继承编”。“家事法基础知识”的主要内容即由《民法典》婚姻家庭编和继承编构成。

2. 行政法规。主要是《婚姻登记条例》《中国公民收养子女登记办法》等。

3. 司法解释。涉及婚姻家庭事项的司法解释主要有最高人民法院《关于适用〈中华人民共和国民法典〉婚姻家庭编的解释(一)》[以下简称《民法典婚姻家庭编解释(一)》],涉及继承事项的司法解释主要是最高人民法院《关于适用〈中华人民共和国民法典〉继承编的解释(一)》[以下简称《民法典继承编解释(一)》]。

(二)其他涉及婚姻家庭事项的规范

除专门调整婚姻家庭关系的规范外,其他法律、法规中也有涉及婚姻家庭事项的规定,属于实质意义上的家事法。

1. 宪法。宪法是国家的根本大法。宪法规定了婚姻家庭立法和司法的基本准则。如明确规定“婚姻、家庭、母亲和儿童受国家的保护”“禁止虐待老人、妇女和儿童”等。[1]

2. 保护弱势群体的社会法。主要有《妇女权益保障法》《老年人权益保障法》《未成年人保护法》《残疾人保障法》等。这些法律中都有涉及婚姻家庭事项的规定,这些规定从不同角度重申或细化了《宪法》中所确立的处理婚姻家庭关系的原则,也是婚姻家庭法的重要组成部分。例如,《妇女权益保障法》中对妇女在婚姻家庭领域的权益有特别保障性规定,“妇女对依照法律规定的夫妻共同财产享有与其配偶平等的占有、使用、收益和处分的权利,不受双方收入状况的影响”,“妇女有按照国家有关规定生育子女的权利,也有不生育的自由”[2]等。此外,以预防、制止家庭暴力为目的的《反家庭暴力法》是针对家庭暴力行为的单行法,也是处置家庭暴力纠纷的最主要依据。

3. 国际条约。处理涉外婚姻家庭关系时,我国缔结或参加的相关国际条约应优先适用。关于妇女、儿童权利保护的国际公约,对我国立法和司法也有指导意义。如我国于 1991 年 12 月加入《儿童权利公约》,该公约确立的“儿童最大利益”原则在我国立法和司法中均有体现。

此外,习惯、判例等在特定情况下也有可能成为处置家事纠纷的依据。

第二节 《民法典》婚姻家庭编概述

一、《民法典》婚姻家庭编修订概况

家庭生活关系在民法上称作婚姻家庭关系或亲属关系,调整婚姻家庭

---

〔1〕 参见《宪法》第 49 条。

〔2〕 《妇女权益保障法》第 47 条、第 51 条。

关系或亲属关系的民法规范称作婚姻家庭法或亲属法，属于身份法。[1] 我国立法传统一向将调整婚姻家庭关系的法律称为“婚姻法”，因其调整对象不限于婚姻关系，还包括家庭关系、其他近亲属关系，故这一概念应作扩展解释，与“家庭法”“亲属法”等概念的内涵相同。此次民法典编撰中以“婚姻家庭编”作为调整婚姻家庭关系的法律规范的总称，较原有“婚姻法”一词在文义上有所扩展。

我国的婚姻家庭制度是具有中国特色的社会主义婚姻家庭制度。[2] 就立法演变而言，婚姻家庭制度经历了从传统到现代化的转变。我国传统婚姻家庭制度是“详于礼而略于律，以礼为主，以律为辅”。婚姻家庭法近代化的尝试发端于清朝末年，1930 年中华民国民法亲属编的公布，从法律形式上实现了从古代型亲属法到近、现代亲属法的转变。中华人民共和国成立后，1950 年中央人民政府颁布《婚姻法》，借鉴了苏联的立法模式，以单行法方式规范婚姻家庭关系，标志着我国社会主义婚姻家庭制度的确立。1980 年第五届全国人民代表大会第三次会议通过新的《婚姻法》，该法继续坚持了社会主义婚姻家庭制度的基本理念，并根据时代发展对个别制度有所细化和修改，总体上看，它在一定程度上丰富和发展了我国的婚姻立法。改革开放后，我国的社会生活发生重大改变，婚姻家庭领域也出现了新情况、新问题。为应对婚姻家庭关系的变化，2001 年全国人大常委会通过了《关于修改〈中华人民共和国婚姻法〉的决定》。

随着经济社会文化的发展和社会主要矛盾的变化，我国进入新的历史时期，婚姻观念、家庭关系也发生了很大变化，婚姻家庭领域也出现了一些新问题。[3] 为进一步弘扬夫妻互敬、孝老爱亲、家庭和睦的中华民族传统美德，体现社会主义核心价值观，促进婚姻家庭关系和谐稳定，借《民法典》编撰之契机，以婚姻法和收养法为基础[4]，结合社会发展需要，修改了部分

---

〔1〕参见黄薇主编：《中华人民共和国民法典婚姻家庭编释义》，法律出版社 2020 年版，第 1 页。

〔2〕参见黄薇主编：《中华人民共和国民法典婚姻家庭编释义》，法律出版社 2020 年版，第 1 页。

〔3〕参见黄薇主编：《中华人民共和国民法典婚姻家庭编释义》，法律出版社 2020 年版，第 1 页。

〔4〕《收养法》于 1991 年第七届全国人民代表大会常务委员会第二十三次会议通过，1998 年修正。此次婚姻家庭编收养部分的主要内容即来源于 1998 年修正的《收养法》。

规定,增加了一些新规定,形成了规范婚姻家庭关系最基本、最重要的法律依据——婚姻家庭编。

婚姻家庭编为《民法典》的第五编,内容有五章,分别是一般规定、结婚、家庭关系、离婚和收养。条文是第1040条至第1118条,共79条。

二、《民法典》婚姻家庭编的调整对象和特征

(一)《民法典》婚姻家庭编的调整对象

《民法典》婚姻家庭编是以婚姻家庭关系为调整对象的法律规范。具体而言,是"规定婚姻家庭关系借以发生和终止的法律事实,以及婚姻家庭主体之间、其他近亲属之间的权利和义务的法律规范"[1]。

通说认为,婚姻是为当时社会制度所确认的、以永久共同生活为目的的男女两性的结合。法律意义上的婚姻应具备以下特征:其一,婚姻须为异性结合。传统意义上的婚姻是关于两性关系的制度,故只承认异性之间的结合。随着时间的推移和观念的变化,个别国家也有承认同性婚姻的。但整体上看,异性结合仍然为婚姻的基本要素。其二,该结合为当时的社会制度所确认,能够创设夫妻身份。家庭是以婚姻、血缘为纽带而形成的共同生活的亲属团体。法律意义上的家庭同样应具备两个要素:其一,家庭成员之间具有亲属身份;其二,家庭以成员共同生活为基础,是最基本的社会生活组织形式。婚姻家庭的概念会因社会的发展、法律的变动而改变。例如,对同性婚姻的承认就改变了传统的婚姻概念;公共政策方面,将同居关系纳入家庭保护范畴也改变了传统家庭的概念。

婚姻家庭关系不同于商品交换关系,这种关系更注重情感、伦理,不适合完全由法律来调整,故发生在婚姻家庭中的纠纷并不能都纳入法律调整范畴。例如,现实生活中常见的夫妻情感纠纷、日常家庭事务纠纷,往往受道德和习俗影响,法律并不介入调整。只有在纠纷激化、当事人不愿维系婚姻关系时,才会引起离婚法律的适用。再如,婚约是未婚男女承诺将来结婚的约定,因《民法典》婚姻家庭编并未将其纳入调整范畴,该约定不具有法律效力。但订立婚约本身并不违法,只是当事人不能诉请法院要求对方履行婚约,此类纠纷由道德和习俗予以调整。

---

〔1〕 马忆南:《婚姻家庭继承法学》,北京大学出版社2014年版,第25页。

婚姻家庭当事人之间的社会关系并非都由婚姻家庭法调整。婚姻家庭中的当事人往往都具有一定的亲属身份,但他们之间产生的各类社会关系性质并不相同,有些与亲属身份相关,也有些与亲属身份无关。那些与身份无关的社会关系并不属于婚姻家庭法调整。例如,父母与子女之间可能会有借贷关系存在,这种借贷关系与没有亲属身份的当事人之间的借贷并无本质上的差异,亲属身份不影响这一行为的性质,所以,这类社会关系就不属于婚姻家庭编调整。

(二)《民法典》婚姻家庭编的特征

婚姻家庭法以调整特定亲属之间的人身和财产关系为主要内容,因亲属之间的法律地位平等,其性质仍属于民法的组成部分。但婚姻家庭法具有特殊性。婚姻家庭中的人身和财产关系都以特定亲属身份为前提,属于身份法范畴。婚姻家庭法具有以下特点:

1. 婚姻家庭法具有适用上的普遍性

婚姻家庭关系是普遍存在的社会关系。以婚姻为基础的家庭是人类社会的基本组织形式。自然人一出生就取得特定亲属身份,进入特定的家庭关系中,受婚姻家庭法的调整。故婚姻家庭法具有适用上的普遍性。

2. 婚姻家庭法具有伦理性和地域性

亲属关系既是法律关系,又是伦理关系。“夫妻、亲子等相互之间的关系,伦理的色彩特别浓厚,亲属法之规定,须以合于伦理的规范为适宜,而且有其必要。”[1]“从一定意义上说,亲属法堪称道德化的法律或法律化的道德,古今中外概莫能外。从历史来看,中国古代亲属法以儒家的伦理观为思想基础,欧洲中世纪的亲属法亦以基督教的道德为其精神支柱。”[2]历史上形成的关于亲属关系的伦理规则,很多被直接上升为法律规范,从而使亲属法具有鲜明的伦理性。

婚姻家庭关系根植于本民族的风俗习惯,深受传统文化、宗教及生活方式的影响,呈现很强的习俗性。正因如此,不同国家、不同地区的婚姻家庭法也存在一定的差异,与财产法相比,其地域特征更明显。“婚姻家庭法一向被视为法律制度中最富有民族精神和传统惯性的部分,也是各国法律变

---

〔1〕 史尚宽:《亲属法论》,中国政法大学出版社2000年版,第5页。

〔2〕 杨大文主编:《亲属法》(第3版),法律出版社2003年版,第24页。

革中最为迟缓也最为艰难的一环。”[1]

3. 婚姻家庭法中强制性规范居多

为维系婚姻家庭的稳定，婚姻家庭法中有较多强制性规定。引起亲属关系产生和消灭的法律事实、亲属之间的权利义务都由法律直接规定，使亲属关系呈现出“类型强制、内容强制”的特征。当然，亲属法中也有任意性规定，如允许夫妻以契约方式选择婚后所适用的财产制。

婚姻家庭作为社会系统的组成部分，承担着以下重要职能：第一，实现人口再生产。一定数量的人口，是社会存在和可持续发展的前提。自婚姻家庭产生之日起，婚内生育便是人口繁衍的常态；即使在现代社会，养老育幼的职能仍主要由婚姻家庭承担。第二，组织经济生活的职能。传统农业社会中，“男耕女织”，生产活动主要由家庭完成，家庭不仅是生活共同体，也是生产共同体。在现代社会，家庭的生产职能淡化，但作为社会经济重要组成部分的消费活动仍然以家庭为单位完成。婚姻家庭承担着组织生活消费和参与社会经济活动的重要职能。第三，传承文化、教育后代的职能。家庭作为最基本的生活单位，在文化教育方面具有特殊的功能。依社会学观点，家庭是人的“首属团体”，人一出生便生活在特定的家庭中，家庭中的潜移默化不仅是社会文化的重要传承路径，也直接影响着个人的人格形成。总之，婚姻家庭作为社会最基本的生活组织形式，承担着重要的社会职能。婚姻家庭的稳定会直接影响社会的稳定与和谐。法律对婚姻家庭关系的规范多具有强制性，即是基于维系婚姻家庭稳定、发挥婚姻家庭社会职能的考量。

三、《民法典》婚姻家庭编的基本原则

《民法典》婚姻家庭编的基本原则是制定婚姻家庭法的指导思想，也是婚姻家庭制度中蕴含的共通的、概括性的准则。婚姻家庭编的基本原则包括婚姻自由，男女平等，一夫一妻，保护妇女、未成年人、老年人、残疾人合法权益等。这些原则反映了我国婚姻家庭立法所追求的基本价值和理念，也是审判实务中适用法律的基本依据。

（一）婚姻自由原则

婚姻自由是指当事人有权依据自己的意愿，决定建立或解除婚姻，不受

---

[1] 苏亦工：《香港中国式婚姻法制的变迁》，载《比较法研究》2002年第3期。

他人干涉或强迫。

婚姻自由包括结婚自由和离婚自由。结婚自由是当事人有权自主决定缔结婚姻事项,包括是否缔结、缔结时间等。离婚自由表现在以下两方面:一方面是当事人双方可就解除婚姻事宜达成合意;另一方面是一方当事人可以提起离婚诉讼。结婚自由和离婚自由是婚姻自由的两个方面,二者共同构成婚姻自由原则的完整内容。值得一提的是,任何自由都不是绝对的,婚姻自由也不例外。婚姻自由需在法律框架下实现,即需符合法律的规定。如当事人双方可以通过协商达成解除婚姻关系的合意,但该合意必须经过法定程序——离婚登记才能产生解除婚姻关系的后果。

《民法典》第1042条第1款规定:"禁止包办、买卖婚姻和其他干涉婚姻自由的行为。禁止借婚姻索取财物。"这一规定是贯彻婚姻自由原则的体现。具体分析如下:

1.禁止包办、买卖婚姻和其他干涉婚姻自由的行为。所谓包办婚姻,是指第三人指定、强迫当事人结婚的行为。此处第三人包括当事人的父母。所谓买卖婚姻,是指第三人以索取财物为目的,强迫当事人结婚的行为。二者的共同之处在于,都是违背当事人意愿,包办、强迫他人婚姻的行为。二者的区别在于,买卖婚姻以获取钱财为目的,而包办婚姻则不具备这一要件,即买卖婚姻肯定同时符合包办特征,而包办婚姻则不一定构成买卖婚姻。

除包办、买卖婚姻之外,现实生活中还有其他干涉婚姻自由的行为,如子女干涉父母再婚、父母干涉子女离婚等。这些行为虽然不是包办他人婚姻,但也属于干涉他人婚姻自由的范畴,应予以禁止。

《民法典》中虽然明确规定禁止包办、买卖婚姻行为,但对包办、买卖婚姻的效力以及包办、买卖行为的法律后果并无明确规定。因为"包办婚姻""买卖婚姻"本身是基于固有习惯上的"俗称",并非严格意义上的法律概念。一般认为,如果包办、买卖婚姻符合《民法典》第1052条所规定的"因胁迫结婚"的情形,则受胁迫一方当事人可以请求撤销该婚姻;[1]如果不符合,则被包办的婚姻应属于有效婚姻,但当事人可以"婚姻为他人所包办"为理由诉请离婚。

实施包办、强迫他人婚姻行为或其他干涉他人婚姻自由行为的第三人,

---

〔1〕 参见《民法典》第1052条。

依据《民法典》人格权编和侵权责任编的相关规定,有可能要承担侵犯他人婚姻自主权或其他人身权的法律责任;造成严重后果的,还有可能触犯刑法,承担刑事责任。

2. 禁止借婚姻索取财物。借婚姻索取财物,是指婚姻当事人一方向对方索要一定的财物,以此作为结婚条件的行为。借婚姻索取财物一般具有以下特征:(1)索取财物的主体一般是当事人一方,且主要是女方(也有可能是女方父母);(2)索取财物方的结婚意愿是自主决定的,但要求获得一定财物为同意结婚的条件。

借婚姻索取财物不同于买卖婚姻。在借婚姻索取财物的情形下,当事人的婚姻自主权仍然得以行使,故其婚姻的效力不受影响,也不构成《民法典》侵权责任编中侵犯婚姻自主权的侵权行为。

借婚姻索取财物也不同于借婚姻骗取财物。前者有与对方结婚的意愿,只是以获取一定财物为先决条件;后者的目的就是获取财物,并无与对方结婚的意愿。故借婚姻索取财物行为虽然为法律明文禁止,但索取人只需承担特定情况下的返还财物责任,而借婚姻骗取财物的行为有可能要承担刑事责任。

借婚姻索取财物是传统社会"婚姻论财"习俗的延续,虽然立法一直致力于消除这一陋习,但基于传统观念的强大影响力以及男女两性在婚姻关系中客观存在的差异,现实生活中,借婚姻索取财物现象时有发生,由此引发的纠纷也十分常见。因为此类财产给付行为与婚姻关系的成立密切相关,并不能简单适用赠与合同的一般规定。调解此类纠纷,应结合当事人是否已经缔结婚姻、给付财物的数额大小、当事人的经济状况以及当事人双方的过错情况等因素综合考量。

(二)一夫一妻原则

一夫一妻原则也称一夫一妻制原则,是指一男一女互为配偶的婚姻形式。一夫一妻制意味着:其一,任何人都不得同时有两个或两个以上的配偶,只有未婚、丧偶或离异的情形下可以结婚。其二,一切公开的、隐蔽的一夫多妻或一妻多夫的结合都为法律所禁止,当事人之间不仅不能享有夫妻之间的权利义务,还应承担相应的法律责任。

《民法典》第1042条第2款规定:"禁止重婚。禁止有配偶者与他人同居。"这一规定是贯彻一夫一妻制原则的体现,具体分析如下:

1. 禁止重婚。重婚是指有配偶又与他人结婚的行为。在重婚关系中，当事人一方或双方已有婚姻关系存在，故对后成立的婚姻关系称为重婚关系。重婚行为是严重破坏一夫一妻制的违法行为。依据现行法律和相关司法解释，重婚行为的构成应具备以下条件：(1)当事人一方或双方已有配偶。"已有配偶"包括两种情况：一是当事人已有登记婚姻存在；二是当事人已有事实婚姻存在[1]。(2)有配偶的当事人又与配偶以外的人实施了结婚行为。此处"结婚行为"也有两种情况：一是实施了登记结婚行为；二是实施了与配偶以外的人以夫妻名义公开同居生活的行为。

需要明确的是，重婚关系的一方当事人可能是自己无配偶，且不知对方有配偶的"善意第三人"，但这并不影响重婚关系的构成。在婚姻家庭法领域内，当事人的主观状态对重婚行为的性质认定并没有影响，例如，男方隐瞒自己已婚身份与未婚的女性交往，并办理了结婚登记。女方虽然不知道也不应当知道男方已有妻子，但她与男方缔结的婚姻关系仍属于无效婚姻。但在刑事领域内，当事人的主观状态是重婚罪的构成要件。在上述情形下，男方可能构成重婚罪，女方则不构成。

重婚行为在婚姻家庭法中的法律后果可能有重婚关系无效、合法配偶可据此提起离婚并可以要求离婚损害赔偿。[2] 在不同情况下，重婚引发的法律后果存在差异：(1)有配偶者又与他人登记结婚的，属于《民法典》第1051条规定的无效婚姻范畴。经当事人、近亲属或基层组织的申请，由人民法院宣告该婚姻无效。(2)有配偶者又与配偶以外的人以夫妻名义公开同居生活的行为，因为当事人并未办理结婚登记，不属于无效婚姻范畴。该同居行为无须宣告，当事人之间当然不产生夫妻身份。但无论是哪一种重婚行为，无过错的配偶均可以主张与重婚者感情确已破裂，并请求对方承担离婚损害赔偿责任。

2. 禁止有配偶者与他人同居。"禁止有配偶者与他人同居"是2001年修订《婚姻法》时增设的一个条款，目的是强化一夫一妻制原则的贯彻。《民法典》中保留了这一规定。同居行为对婚姻关系的稳定有极大危害性，也违

---

[1] 此处的"事实婚姻"特指依据现行司法解释，当事人之间具有与登记婚姻相同权利义务的事实婚姻，即形成于1994年2月之前、符合结婚实质要件、未办理结婚登记而以夫妻名义公开共同生活的情形。详见"结婚制度"一章。

[2] 参见本书"结婚制度""离婚制度"部分的相关规定。

背了一夫一妻制度,故立法予以明文禁止。

《民法典婚姻家庭编解释(一)》第2条对“与他人同居”的含义作了限定性解释,即“是指有配偶者与婚外异性,不以夫妻名义,持续、稳定地共同居住”。之所以限定“不以夫妻名义”是为了与“重婚行为”相区分。因为如果有配偶者与婚外异性以夫妻名义同居,则构成重婚,可以按照重婚后果加以规制。而将同居对象限于“婚外异性”,将“同居行为”限于“持续、稳定地共同居住”,则是因为司法机关对援用法律手段干预婚姻家庭问题持极为慎重的态度。

“有配偶者与他人同居”行为在婚姻家庭法中的后果与重婚相同,即合法配偶可以据此提起离婚并可以要求离婚损害赔偿。

(三)男女平等原则

男女平等原则具有广泛的内容,是我国宪法和相关法律的共同原则。《民法典》婚姻家庭编中的男女平等原则,特指夫妻和性别不同的家庭成员以及其他近亲属,在婚姻家庭生活和亲属关系中处于平等的法律地位,享有平等的权利,承担平等的义务。[1]

现行婚姻立法中,无论是在结婚制度、离婚制度、夫妻关系制度、亲子关系制度中,还是在其他亲属制度中,均坚持了男女法律地位平等,不存在任何因性别不同而权利义务不对等的情形。例如,夫妻双方无论收入多少、贡献大小,对夫妻共同财产都享有平等的权利;子女对父母承担平等的赡养义务;子女姓氏可以随父亲,也可以随母亲,等等。

(四)保护妇女、未成年人、老年人和残疾人合法权益原则

婚姻家庭法承载着维系婚姻稳定、促进家庭和谐的功能,在坚持平等保护原则的同时,对特定弱势群体予以倾斜保护也是其应有之义。

保护妇女的合法权益原则与男女平等原则的目标是一致的,二者相辅相成。现代社会,亲属之间不因性别、年龄及身份的差异而存在法律地位的不平等,但因男尊女卑传统思想的影响,社会经济文化发展水平的制约,男女两性的现实地位客观上仍不平等,再加上女性在生理上具有特殊性,承担着生育职能,故在婚姻家庭领域内予以特别保护很有必要。保护妇女合法

---

〔1〕 参见杨大文主编:《亲属法》(第3版),法律出版社2003年版,第36页。

权益体现在我国婚姻家庭法的各项制度之中。

尊老爱幼是我国社会的传统美德,未成年人和老年人本身就需要给予特别的人身照顾。保护未成年人,就是保护国家的未来。婚姻家庭编中明确了父母及其他近亲属对未成人的抚养义务;规定了父母离婚时,分割夫妻共同财产应当遵循照顾子女原则,确定子女的抚养归属,应当以最有利于子女成长为依据;明确了"收养应当遵循最有利于被收养人的原则"。保护老年人合法权益,是社会主义家庭的重要任务。子女赡养父母,是中华民族固有的优良传统,国家、社会对老年人的扶助,不能替代子女的赡养义务。

《民法典》中特别增加了保护残疾人的原则。对残疾人予以特别保护,是我国宪法及法律的基本原则。《宪法》第 45 条规定:"中华人民共和国公民在年老、疾病或者丧失劳动能力的情况下,有从国家和社会获得物质帮助的权利……国家和社会帮助安排盲、聋、哑和其他有残疾的公民的劳动、生活和教育。"《残疾人保障法》第 3 条规定:"残疾人在政治、经济、文化、社会和家庭生活等方面享有同其他公民平等的权利。"第 9 条规定:"残疾人的扶养人必须对残疾人履行扶养义务。残疾人的监护人必须履行监护职责,尊重被监护人的意愿,维护被监护人的合法权益。残疾人的亲属、监护人应当鼓励和帮助残疾人增强自立能力。禁止对残疾人实施家庭暴力,禁止虐待、遗弃残疾人。"家庭是人的主要生活场所,家庭对残疾人的关爱、照顾和保护是一切社会福利政策不能取代的。《民法典》婚姻家庭编作为家庭生活的基本规范,也应当突出对残疾人权益的特别保护。保护残疾人权益符合婚姻家庭规范的特点和立法目的,体现了婚姻家庭的功能。

《民法典》第 1042 条第 3 款规定:"禁止家庭暴力。禁止家庭成员间的虐待和遗弃。"作为弱势群体的妇女、未成年人、老年人和残疾人,在家庭生活中的人身权益更容易受到侵害,是家庭暴力最常见的受害者。将"禁止家庭暴力"作为婚姻家庭编的一般规定条款,体现了对特殊群体的特别保护。具体分析如下:

1. 禁止家庭暴力。"禁止家庭暴力"是 2001 年修正《婚姻法》时增设的规定,《民法典》中保留了这一条款。家庭暴力从文义上解释,即发生于家庭内部,加害人和受害人为同一家庭成员的暴力行为。不同语境之下(如社会学和法学)家庭暴力的概念并不相同。婚姻法领域内家庭暴力行为的构成要件是:(1)主体限于家庭成员,即家庭暴力的加害人和受害人有一定的亲属关系或共同生活关系;(2)加害人实施了一定的加害行为,既可能是肢体伤害行为,也可能是人身自由限制和精神上的加害行为。家庭暴力行为在婚姻法领域的法律后果是:夫妻一方实施家庭暴力的,另一方可以要求离婚;无过错的受害人可以提起离婚损害赔偿。

为了预防和制止家庭暴力,保护家庭成员的合法权益,维护平等、和睦、文明的家庭关系,促进家庭和谐与社会稳定,2015 年 12 月 27 日我国颁布了《反家庭暴力法》,该法于 2016 年 3 月 1 日起施行。《反家庭暴力法》以预防和制止家庭暴力为首要目的,尤其是对家庭暴力的预防作了专章规定,形成了一套完整的制度保障,明确了各级政府及相关部门、社会机构等在反家庭暴力行为中应该承担的职责,强化了反家庭暴力的国家责任。

《反家庭暴力法》将"家庭暴力"界定为:"家庭成员之间以殴打、捆绑、残害、限制人身自由以及经常性谩骂、恐吓等方式实施的身体、精神等侵害行为。"为达到预防和制止家庭暴力的目的,《反家庭暴力法》中规定了处置家庭暴力行为的主要措施:(1)强制报告制度,即特定机构和人员在工作中发现可能存在家庭暴力行为时,负有向公安机关报案的义务。"学校、幼儿园、医疗机构、居民委员会、村民委员会、社会工作服务机构、救助管理机构、福利机构及其工作人员在工作中发现无民事行为能力人、限制行为能力人遭受或者疑似遭受家庭暴力的,应当及时向公安机关报案。公安机关应当对报案人的信息予以保密。"[1](2)告诫书,即由公安机关开具的、对施暴者予以批评教育的书面文书。"家庭暴力情节较轻,依法不给予治安管理处罚的,由公安机关对加害人给予批评教育或者出具告诫书。告诫书应当包括加害人的身份信息、家庭暴力的事实陈述、禁止加害人实施家庭暴力等内容。"[2](3)庇护所,即为受害人提供临时居住的场所,使其脱离可能再次发生家庭暴力的环境。"县级或者设区的市级政府可以单独或者依托救助管理机构设立临时庇护场所,为家庭暴力受害人提供临时生活帮助。"[3](4)人身安全保护令,即由人民法院出具对受害人人身予以特别保护的裁定书。"当事人因遭受家庭暴力或者面临家庭暴力的现实危险,向人民法院申请人身安全保护令的,人民法院应当受理。"人身安全保护令可以包括下列措施:"禁止被申请人实施家庭暴力;禁止被申请人骚扰、跟踪、接触申请人

---

〔1〕《反家庭暴力法》第 14 条。

〔2〕《反家庭暴力法》第 16 条。

〔3〕《反家庭暴力法》第 18 条。

及其相关近亲属；责令被申请人迁出申请人住所；保护申请人人身安全的其他措施。”[1]

2. 禁止家庭成员之间的虐待和遗弃。“虐待”是指对家庭成员歧视、折磨、摧残，使其在身体上、精神上蒙受损害。虐待可能是作为方式，“持续性、经常性的家庭暴力”[2]，构成虐待；也可能是不作为形式，如不予衣食、患病不予治疗等。“遗弃”是指家庭成员中负有扶养、抚养、赡养义务的一方，对需要受抚养、扶养、赡养的另一方，拒不履行其法定义务的行为。虐待、遗弃行为均发生在家庭中，是负有法定义务的亲属严重违反身份义务所实施的不法行为，具有极大的危害性。现实生活中，被虐待、遗弃的家庭成员主要是妇女、未成年人、老年人和残疾人，明确禁止此类行为也是保护弱势群体合法权益的体现。

如夫妻一方有虐待、遗弃行为，另一方起诉离婚的，可认定为夫妻感情确已破裂，判决准予离婚。无过错的一方还可以主张离婚损害赔偿。

第三节 《民法典》继承编概述

一、《民法典》继承编修订概况

继承制度是关于自然人死亡后财富传承的制度。继承法是一个国家继承制度的法律形式，是确定自然人死亡后其遗产归属的法律规范。具体而言，继承法是对继承人资格及范围、遗产内容及分割等事项的法律规定。此次民法典编撰中，将规范继承关系的法律作为其中的一编，即“继承编”。

我国继承制度同样具有本土特色。民法中“继承”一词的原文意思是生者在法律上取得死者的地位，使死者的人格得以延续。近代继承制度废除了身份继承，仅指财产继承，即将死者生前所有的个人财产及其他财产权益转归有权取得该项财产和权益的人所有。在古代中国，这种归属主要表现为由上而下的男系纵向传递，是后辈对前辈的财产的承受。1930 年中华民国民法继承编的公布，从法律形式上实现了从传统继承制度到现代继承制度的转变。中华人民共和国成立之后的相当长时期内，受社会经济和政治

[1] 《反家庭暴力法》第 23 条、第 29 条。

[2] 《民法典婚姻家庭编解释(一)》第 1 条。

环境的影响,并没有制定系统完整的继承法,处理遗产继承纠纷,主要依据相关政策和最高人民法院的司法解释及批复等,这些政策、意见中确立了现代继承制度的基本理念,包括男女平等享有继承权;遗产的传承不限于由上而下,也包括自下而上和平辈之间等。1985 年第六届全国人民代表大会第三次会议通过了《继承法》,该法颁布实施后,成为我国处理继承纠纷的主要依据。

随着人民群众生活水平不断提高,个人和家庭拥有的财产日益增多,因继承引发的纠纷也越来越多。根据我国社会家庭结构、继承观念等方面的发展变化,《民法典》继承编在《继承法》的基础上,修改完善了我国的继承制度,以满足人民群众处理遗产的现实需要。[1] 继承编为《民法典》第六编,包括一般规定、法定继承、遗嘱继承和遗赠、遗产的处理四章内容,条文为第 1119 条至第 1163 条,共 45 条。

二、《民法典》继承编的调整对象和特征

(一)《民法典》继承编的调整对象

继承法律关系是继承法要调整的社会关系。具体而言,继承法律关系是由于财产所有人的死亡或被宣告死亡这一法定事由的出现,而在法定继承人、遗嘱继承人、受遗赠人、其他继承参与人相互之间以及他们与不参与继承的其他民事主体之间发生的权利义务关系。

继承法律关系包括依法定继承而发生的社会关系,依遗嘱继承而发生的社会关系,以及依其他方式转移遗产而发生的社会关系。其中,因法定继承和遗嘱继承而发生的社会关系是继承法调整的主要对象,依其他方式转移遗产,比如依遗赠、依遗赠扶养协议等方式将遗产转移给继承人以外的民事主体,虽然本身不具有继承的性质,但它们也是因分配死者的遗产而发生的社会关系,与继承有着密不可分的联系,因此也由继承法进行调整。

在一个继承事件中,可能存在不止一种继承法律关系,而是多种继承法律关系交织在一起,于是就发生了法定继承人、遗嘱继承人、受遗赠人、其他继承参与人和他们相互之间的错综复杂的权利义务关系。

---

〔1〕 参见黄薇主编:《中华人民共和国民法典继承编释义》,法律出版社 2020 年版,第 1 页。

（二）继承法律关系的主要特征

继承法律关系是民事法律关系的一种，因此，继承法律关系的主体必须具备民事法律关系主体的资格，继承法律关系的客体必须具备民事法律关系客体的性质，继承法律关系的内容也表现为一种平等主体之间的权利义务关系。尽管如此，继承法律关系在整个民事法律关系体系中仍有其自身的特殊性质。

1. 继承法律关系的主要参与主体具有一定可预期性。作为一种财产取得方式，继承与其他财产取得方式不同的地方在于，宽泛意义上的财产法主体具有随意性、不特定性，任何的民事主体都可能成为财产法律关系的主体；而在继承中，能够参与某一个特定的继承法律关系中的基本主体往往是特定的，是外界可以预期的。

广义上讲，继承关系的主体包括继承人、受遗赠人和其他继承参与人。继承人是继承关系的主要参与人，是遗产的主要承受者，可以依法参与对遗产的管理和处分。我国继承法上的继承人无论是法定继承人还是遗嘱继承人，都只能是与死者有亲属关系的自然人，自然人以外的其他民事主体，比如社会组织或国家，不能成为继承人，只能通过其他途径取得遗产。受遗赠人是根据被继承人的遗嘱指定而享有取得遗产权利的继承人以外的民事主体。受遗赠人既可以是某个自然人，也可以是某个单位或组织，还可以是国家。其他继承参与人的范围非常广泛，包括有权酌情分得遗产的人、遗产管理人、遗嘱见证人、遗嘱执行人、遗产的债权人和债务人等。

2. 继承法律关系的客体具有一定限制性。一般民事法律关系的客体非常宽泛，除了有形的物和无形的权利外，还包括行为。继承法律关系的客体仅限于可以转移的财产和财产权利，具有特定人身属性、在法律上不能转移的权利以及行为，都不能成为继承法律关系的客体。通说认为继承法律关系的客体是遗产。遗产是指被继承人死亡时遗留的个人合法财产，包括死者生前所有的财产、尚未获得清偿的债权以及法律规定可以继承的其他财产权利，如知识产权中的财产权等。

3. 继承法律关系的内容具有一定特殊性。继承法律关系的内容是指继承人、受遗赠人、其他继承参与人在遗产转移关系中各自享有的权利或负担的义务。简言之，继承法律关系的内容即继承参与人的权利义务。不同的继承参与人所享有的权利或负担的义务是各不相同的，其他民事法律关系中通常表现的权利和义务的统一，在继承关系中有时表现得并不明显。比如，仅就有无权利获得遗产这一点而言，有的既享有权利也负担义务，如继承人、受遗赠人享有取得被继承人遗产的权利，同时要承担遗产债务或者完成被继承人要求其完成的特定任务的义务；有的可能仅享有权利不负担义务，如有权酌情分得遗产的人就享有请求适当分给其遗产的权利；有的可能仅负担义务，如无偿的遗产管理人、遗嘱执行人、遗嘱见证人在遗产移转关系中不能请求分得遗产。为了发挥继承制度的养老育幼功能，在分割遗产时，还会对缺乏劳动能力又没有生活来源的继承人进行照顾，虽然他们对被继承人生前不能尽扶养义务，但并不因此少分遗产，反而可能多分遗产给他们。

三、《民法典》继承编的基本原则

我国继承制度的基本原则是制定、解释和执行我国继承法的出发点和依据，是我国继承制度特点的集中表现，它们被贯彻在继承法立法和司法的各个方面。

（一）保护公民私有财产权原则

《民法典》第1120条开宗明义地阐明："国家保护自然人的继承权。"我国《宪法》第13条中规定："国家依照法律规定保护公民的私有财产权和继承权。"保护公民私有财产继承权是保护公民财产所有权的具体表现，它是我国《民法典》继承编的立法依据，也是我国继承立法的宗旨和首要任务。我国《民法典》继承编明确规定，自然人死亡时遗留的个人合法财产是遗产，除了依照法律规定或者根据其性质不得继承的以外，其他的遗产都可以依法由死者的继承人继承。另外，法律赋予公民以遗嘱的方式自由处分其身后财产及其他事务的权利，确立了遗嘱继承具有优先于法定继承的地位；在死者未留下遗嘱的情况下，法律推定死者希望将其财产遗留给与其关系最密切的亲属所有，并根据这一推定确定了法定继承人的范围和顺序。

（二）继承权男女平等原则

男女平等原则不仅是我国宪法确立的一项基本原则，也是我国《民法典》继承编确立的一项基本原则。《民法典》第1126条规定："继承权男女平等。"这一原则主要表现为：首先，继承权的取得与性别无关。女子无论是否已婚,均与男子享有同样的继承权;夫妻相互之间对对方的遗产享有法定继承权;子女对父母遗产的继承权平等。其次,同一顺序的法定继承人,不论男女,继承地位平等。在遗产的分配上,继承人性别上的差异不影响各自应继承的遗产份额。最后,在代位继承上男女平等。无论被继承人的儿子还是女儿先于被继承人死亡,他们的后代都可以代位继承;无论被继承人的兄弟还是姐妹先于被继承人死亡,他们的子女都可以代位继承。代位继承人也不论是男是女,只要符合代位继承的条件,都可代位被代位人参与继承。最后,男女享有平等的以订立遗嘱的形式处分自己遗产的权利。

(三)养老恤幼原则

养老恤幼是中华民族的传统美德,也是我国家庭的一项重要职能。亲属之间通常存在相互扶助的法律关系或道德人情。故《民法典》继承编将养老恤幼确立为一项基本原则。这一原则的贯彻主要表现在:第一,保障胎儿的继承利益。《民法典》总则编明确胎儿在涉及遗产继承的问题上视为具有民事权利能力。因此,《民法典》继承编规定,遗产分割时,应当保留胎儿的继承份额。第二,发挥遗产的扶养功能。继承编规定,遗嘱不得取消缺乏劳动能力又没有生活来源的继承人的遗产份额,必须为这样的继承人保留必要的遗产份额;在遗产分配时,对这样的继承人,应当予以照顾;在清偿被继承人遗留的债务时,也应当为这样的继承人保留必要的遗产;对继承人以外的依靠被继承人扶养的人,可以分给他们适当的遗产,以给他们的生活提供一定的保障。第三,《民法典》继承编允许自然人为了自己的生养死葬与继承人以外的组织或个人签订遗赠扶养协议,并赋予遗赠扶养协议优先于法定继承、遗嘱继承和遗赠的效力。

(四)权利义务一致原则

权利义务一致原则是民法的一项基本原则,《民法典》继承编的许多规定也体现了这一原则。继承中的权利义务一致原则,是指在确定某人对死者的遗产是否享有继承权以及分割遗产的多寡问题上,除了考虑其与死者之间是否存在一定的亲属关系外,还有一个重要的考量因素是在被继承人生前其是否承担了较多的扶养义务。此外,《民法典》继承编规定,对被继承人生前欠缴的税款和尚未清偿的债务,接受遗产的继承人也同时负有在遗产的实际价值范围内清偿的义务。

第二章 结婚制度

第一节 结婚制度概述

一、结婚与婚约

结婚,又称婚姻的成立或婚姻的设立,是指男女双方依据法律规定的条件和程序,确立夫妻身份的民事法律行为。结婚是婚姻法律关系借以发生的法律事实,婚姻的全部效力,都因合法有效的结婚行为而产生。

结婚行为有广义、狭义之分。狭义的结婚行为仅指婚姻缔结行为本身;而广义的结婚行为除了包括狭义的结婚行为之外,还涵盖婚约行为。

婚约,又称婚姻的预约,是指男女双方以将来结婚为目的所作的事先约定。订立婚约的行为称为订婚。婚约当事人通常被称为未婚夫妻。

我国传统聘娶婚中,订婚是婚姻成立的必经程序,婚约具有拘束力,即结婚行为是广义上的。中华人民共和国成立后颁布的两部《婚姻法》均未规定婚约,《民法典》中也延续了这一做法,对婚约持"既不保护,也不禁止"的态度。订婚不再是结婚的必经程序,不具有法律效力,但也不为法律所禁止。婚约应属于无配偶男女之间缔结的具有道德约束力的协议,最高人民法院关于适用法律的解释以及司法实践中都坚持了同样的原则。

婚姻家庭立法中不再规定婚约主要是为了贯彻婚姻自由原则。男女双方在恋爱过程中的情感并不稳定,容易发生变化。即使订立了婚约,在正式进入婚姻之前,仍应当允许当事人有选择的自由。如此,有利于当事人自主地处理自己的婚姻大事,也有助于预防和减少婚姻纠纷。现代婚姻立法中的结婚行为多属狭义。

二、结婚的条件

结婚行为是创设婚姻关系的行为，而婚姻关系以共同生活为核心内容。基于婚姻关系特有的自然和社会双重属性，立法对婚姻当事人有特别要求，即通常所称的“结婚的条件”。其中缔结婚姻的当事人必须具备的条件，称结婚的必备要件；阻却婚姻成立的客观情况，称为结婚的禁止要件。《民法典》第 1046 条、第 1047 条和第 1048 条分别规定了结婚的必备要件和禁止要件。

（一）当事人须有结婚的合意

结婚合意是指当事人对确立夫妻身份的意思表示完全一致。结婚是创设身份的双方法律行为，没有合意不能成立婚姻。同时，须当事人合意也是婚姻自由原则在结婚制度中的体现。

《民法典》第 1046 条规定：“结婚应当男女双方完全自愿，禁止任何一方对另一方加以强迫，禁止任何组织或者个人加以干涉。”对其中“双方完全自愿”应当作如下理解：首先，结婚当事人应当能够自主表示结婚的意愿，即具有婚姻意思能力。结婚系身份法律行为，具有专属性，不能代理。所以，不能自主表达结婚意愿的人无法实施结婚行为。但当事人须自主表达结婚意愿，并不等同于要求当事人必须具备完全民事行为能力。限制民事行为能力人如果具有婚姻意思能力，能够自主作出结婚的意思表示，同样可以实施结婚行为。其次，关于结婚的意思必须采用法定的表示方式，才能产生同意结婚的法律效力。在我国，当事人必须亲自到婚姻登记机关办理婚姻登记，在登记机关表示的结婚意思，才能使婚姻关系成立。当事人双方在其他场合或以其他方式所作的同意结婚的意思表示，不能产生当事人追求的法律后果。最后，当事人关于结婚的意思表示必须真实。如意思表示存在瑕疵，如被胁迫作出同意结婚的意思，可能会影响婚姻的效力。

此外，基于婚姻关系的本质，结婚合意不得附条件和期限。民事法律行为中的条件和期限，是用来限制法律行为的效力的，可以使行为人的动机获得法律上的意义。但就结婚行为而言，其效力是法定的，如附有解除条件或终期，婚姻的效力则变成由当事人意定；如附有延缓条件或始期，则成为订婚的合意。结婚合意附有条件或期限，一般不影响婚姻的效力，而是视为没有附条件或期限。

准确理解当事人完全自愿,还应注意划清第三人建议与非法干涉的界限。在缔结婚姻过程中,当事人的父母、亲友等往往会有一些看法和意见,当事人因受他人意见影响而作出结婚的决定,仍属于完全自愿。但如第三人以暴力手段强迫当事人缔结婚姻关系,则属于非法干涉他人婚姻自由的行为,情节严重的应追究刑事责任。

(二)当事人须达法定婚龄

法定婚龄是指法律规定允许结婚的最低年龄界限,即在此年龄之上始得结婚,在此年龄之下不得结婚。男女须达到一定的年龄,才能具备结婚的生理条件和心理条件,履行夫妻义务,承担对家庭和社会的责任。所以,低于法定婚龄者结婚为法律所禁止。

法定婚龄的确定,一般基于以下两个因素:一是自然因素,即人的生理和心理发育状况。因自然条件(如气候、地理位置等)影响人的生理发育,自然条件不同,法定婚龄也会存在差异。二是社会因素,即一定的社会生产方式以及与之相适应的其他社会条件,即政治、经济、文化、人口状况等,其中最主要的是社会生产力发展水平和人口增长状况。例如,一国人口数量偏低,为鼓励生育,一般都会规定较低的法定婚龄。反之,一国为限制人口出生数量,则一般都会规定较高的法定婚龄。所以,不同时期、不同国家的法定婚龄会存在差异。但整体上看,越来越多国家的法定婚龄有与成年年龄保持一致的趋势。

《民法典》第 1047 条规定:“结婚年龄,男不得早于二十二周岁,女不得早于二十周岁。”未达法定婚龄而要求结婚的,婚姻登记机关不予登记。比较而言,我国法定婚龄属于偏高一类,这与我国自 20 世纪 70 年代末实行的计划生育政策有较大关系。《民法典》编撰中,就法定婚龄是否应当适当降低、是否应当男女同龄等问题,民众和学术界均有较大争议,未能达成共识,最终仍保持了《婚姻法》中的规定。

(三)符合一夫一妻制

根据一夫一妻制原则,要求结婚的双方当事人须无配偶。有配偶的人在配偶死亡前或离婚前,不得再结婚,否则构成重婚。有配偶者不得结婚,是现代各国普遍实行的原则。但在信仰伊斯兰教的少数国家,仍允许一夫多妻。

（四）禁止一定范围内的亲属结婚

这是结婚的禁止性条件。禁止结婚的亲属在婚姻法学中称为禁婚亲。

禁止一定范围内的亲属结婚，源于原始社会的性禁忌，也是各国结婚立法的通例。禁止近亲结婚主要基于以下两方面的考量：一是基于优生学的要求。禁止一定范围内的亲属结婚，是自然选择规律的要求。人类长期的生活实践和现代医学都证明，血缘关系过近的亲属通婚，会把男女双方生理上和精神上的疾病或缺陷遗传给后代，严重影响人口素质和民族的健康。二是基于伦理观念的要求。认为近亲婚配有悖于人伦道德。对于禁止近亲结婚的范围，不同国家、不同时期的规定不同，宽严程度各异。

《民法典》第1048条规定，"直系血亲或者三代以内的旁系血亲禁止结婚"。据此，我国禁婚亲的范围包括两类：第一，凡属直系血亲一律禁止结婚。如父母与子女、祖父母与孙子女，均不能结婚。第二，旁系血亲三代以内的，禁止结婚。三代以内的旁系血亲是指出于同一祖父母或外祖父母的旁系血亲，包括：(1)兄弟姐妹之间；(2)堂兄弟姐妹及表兄弟姐妹之间；(3)叔伯与侄女之间、姑妈与侄子之间、舅父与外甥女之间、姨妈与外甥之间。《民法典》禁止三代以内的旁系血亲结婚，其主要目的是禁止中表婚，即表兄弟姐妹的婚姻。因为其他近亲属之间，依据民众观念和习俗，一般不会结婚；而中表婚则在习俗上仍为部分地区民众所接受，禁止这类婚姻主要基于优生的考量。

《民法典》第1048条中的"血亲"，从一般文义上理解，应该指有自然血缘关系的亲属。从亲属法法理层面理解，因拟制血亲和自然血亲产生相同的法律后果，且禁止一定范围亲属结婚的依据除了优生因素，还有伦理因素，故应理解为包括拟制血亲。现行法律及司法解释对此无明确规定。在司法实务中，拟制的直系血亲之间应不得结婚。拟制的旁系血亲（如养兄弟姐妹）能否结婚存在争议。因当事人之间既无血缘关系，也无伦理上的障碍，故多倾向于此类拟制血亲不属于禁婚亲范畴。

对于姻亲之间的禁婚问题，《民法典》也无明文规定。从伦理观念看，直系姻亲之间（如丧偶或离异儿媳与公公、继父与继女）一般不宜结婚，而旁系姻亲之间则没有障碍。但由于法律没有明文禁止，现实生活中，有直系姻亲关系的当事人要求结婚的，应予准许。

三、与婚约相关的财产纠纷的处理规则

我国立法虽然没有规定婚约,但在现实生活中,订婚作为婚姻习俗的组成部分一直普遍存在。当事人因婚约而发生纠纷的,如起诉要求对方履行婚约或要求对方承担违约责任,人民法院依法不予受理,但如果因为婚约引发财产纠纷而起诉的,人民法院应当受理。

(一)彩礼返还纠纷的处理规则

现实生活中,因婚约而引发的财产纠纷以彩礼返还纠纷最为常见。彩礼,也称聘礼、纳彩等,一般指男方依据习俗在婚前给付女方的财物,可以是金钱,也可以是贵重物品。彩礼是我国固有的婚姻习俗,1949 年后主流观点对彩礼习俗是持否定态度的,但因习俗的影响力很大,立法并未禁止。因此,要求给付彩礼的行为不具有违法性。

随着社会经济的发展和部分地区男女性别比例的失衡,彩礼数额有越来越高的趋势,与此相关的彩礼返还纠纷也日益增多。为规范彩礼返还纠纷的处理,《民法典婚姻家庭编解释(一)》专门作出规定:"当事人请求返还按照习俗给付的彩礼的,如果查明属于以下情形,人民法院应当予以支持:(一)双方未办理结婚登记手续;(二)双方办理结婚登记手续但确未共同生活;(三)婚前给付并导致给付人生活困难。适用前款第二项、第三项的规定,应当以双方离婚为条件。"[1]

据此,彩礼返还主要区分两种情况:第一,支付彩礼后双方没有结婚,给付方诉请返还的,一般应予以支持。第二,支付彩礼后双方已经结婚,给付方诉请返还的,原则上不予支持。但如果双方婚后未共同生活,或因为给付彩礼导致给付人陷入生活困境的,离婚时给付彩礼方主张返还的,应当支持。

此外,因给付和接受彩礼多涉及男女双方家庭,故对彩礼返还纠纷中的双方当事人应作广义理解,不限于男女双方,也包括给付或接受给付的其他亲属,如父母等。

(二)其他婚前财产纠纷的处理规则

除彩礼纠纷外,因解除婚约还可能发生其他财产返还纠纷。人民法院

---

〔1〕《民法典婚姻家庭编解释(一)》第5条。

处理因解除婚约或终止恋爱关系而引起的财产纠纷，应区分不同情形：

1. 对于借订立婚约而进行买卖婚姻的财物，收受财物的一方为非法所得；交出财物的一方，其财物实质是进行非法活动的工具，应判决收缴国库。

2. 对于以恋爱、订婚为名，行诈骗钱财之实的，除构成诈骗罪应依法追究刑事责任外，无论哪一方提出解约，原则上都应当将诈骗所得财物全部归还受害人。

3. 对于借婚姻索取钱财的，给付财物的一方并非出于内心自愿，而且给付的数额较大，给付之后又造成生活困难的，离婚时，如结婚时间不长，或者因索取财物造成对方生活困难的，可酌情返还。对取得财物的性质是索取还是赠与难以认定的，可按赠与处理。

4. 对恋爱或订婚期间一方主动赠与对方的财物，在婚约解除或恋爱关系终止时，应视具体情况分别处理。如为增进感情而赠与对方的价值不大的财物，按照赠与关系处理，一般不予返还；如是以结婚为目的而为的价值较大的赠与，可认定为附解除条件的赠与，在不能缔结婚姻的情况下，应允许赠与方主张返还。

（三）婚约相关财产纠纷的调解

就婚约解除纠纷而言，虽然不能诉请法院处理，但当事人可以要求调解组织介入调解。婚约不具有法律拘束力，所以当事人一方可以随时提出终止婚约，无须承担法律责任。但从道德层面上看，无正当理由解除婚约行为，会给另一方造成情感上的伤害，调解中可以指出这一点，尤其是在同时涉及财物返还纠纷的情况下，根据民众一般观念，从情理层面评判当事人行为是否存在过错，有助于说服当事人接受调解方案。

调解与恋爱结婚相关的财物纠纷，应区分不同情况。就彩礼返还纠纷而言，必须注意彩礼纠纷与习俗密切相关，且存在地域差异。实务中对个案的处理不宜机械适用司法解释中的返还规则，需结合当地习俗、当事人具体情况全面考虑。就恋爱期间赠与物返还纠纷而言，由于这一期间当事人给付财产的原因十分复杂，个案差异很大，应综合考虑财物数额、给付时间、当事人经济状况及当地生活水平、当事人交往程度等因素，依据民众一般认可的公平理念进行调解，更容易为当事人所接受，也能取得较好的社会效果。对涉及刑事犯罪行为的财物纠纷，一般不宜调解，应由司法机关依法处理。

第二节　结婚的程序

一、结婚的程序的概念和意义

结婚的程序，也称婚姻成立的形式要件，是指法律规定的结婚必须履行的法定手续。根据民事法律行为理论，结婚属于要式法律行为。法律规定的一定的形式，是结婚行为成立的条件。欠缺法定形式的结婚行为，一般应视为婚姻关系不成立或不存在。

不同时期、不同国家采取的结婚程序并不相同。从当代各国的立法例来看，结婚的程序主要可以分为仪式制、登记制、仪式和登记结合制三种。仪式制要求结婚当事人必须举行一定的仪式，以得到社会的认可。因各国对结婚仪式的规定并不相同，一般有宗教仪式、世俗仪式和法定仪式等。一定仪式的完成，标志着婚姻的成立。登记制是指以当事人须到国家指定的结婚登记机关办理婚姻登记手续作为婚姻成立的形式，准予登记后，婚姻即告成立。在这种制度下，申请婚姻登记的当事人须接受法定机关的审查，履行一定的程序。我国现行结婚制度即为登记制。仪式和登记结合制是指当事人既需要举行一定的仪式，又必须履行登记手续，婚姻关系始得成立，两种形式缺一不可。

我国关于结婚形式的立法经历了从仪式制向登记制转化的过程。“聘娶婚”作为典型的仪式婚，是我国历史上长期占主导地位的结婚形式，中华人民共和国成立后的婚姻立法选择了登记制作为结婚的形式要件。登记制度下，国家对婚姻缔结可以有效、适度介入，保障了婚姻当事人意思自主，且具有较强的公示力。尤其是在人口流动频繁的现代社会，登记应是最有效的公示方式。实行婚姻登记的目的是“保障婚姻自由、一夫一妻、男女平等的婚姻制度的实施，保护婚姻当事人的合法权益”〔1〕。

二、结婚登记的具体规定

《民法典》第1049条规定：“要求结婚的男女双方应当亲自到婚姻登记机关申请结婚登记。符合本法规定的，予以登记，发给结婚证。完成结婚登

---

〔1〕《婚姻登记条例》第1条。

记，即确立婚姻关系。未办理结婚登记的，应当补办登记。”有关结婚登记的具体事项，应适用民政部颁发的关于婚姻登记的行政法规。

（一）结婚登记的机关和程序

居民办理结婚登记，男女双方应当共同到一方当事人常住户口所在地的婚姻登记机关办理登记手续。依据现行规定，居民办理婚姻登记的机关是县级人民政府民政部门或者乡（镇）人民政府，省、自治区、直辖市人民政府可以按照便民原则确定农村居民办理婚姻登记的具体机关。

结婚登记的具体程序分为申请、审查、登记三个环节：[1]

1. 申请。结婚登记必须由当事人亲自前往婚姻登记机关申请，不得委托他人代理，也不得用书面意见代替本人亲自到场。申请人应当持下列证件和证明：（1）本人的户口簿、身份证；（2）本人无配偶以及与对方当事人没有直系血亲和三代以内旁系血亲关系的签字声明。

2. 审查。婚姻登记机关依法对当事人的结婚申请进行审核与查证，并询问相关情况，以便查明当事人是否符合结婚的条件。当事人有下列情形之一的，婚姻登记机关不予登记：（1）未到法定结婚年龄的；（2）非双方自愿的；（3）一方或者双方已有配偶的；（4）属于直系血亲或者三代以内旁系血亲的。因当事人不符合结婚条件而不予登记的，应当向当事人说明理由。

3. 登记。婚姻登记机关应当对结婚登记当事人出具的证件、证明材料进行审查并询问相关情况。婚姻登记机关对于当事人符合结婚条件的，应当当场予以登记，发给结婚证。颁发结婚证，应当在当事人双方均在场时进行，首先，向当事人双方核实姓名、出生日期、结婚意愿；其次，告知当事人双方领取结婚证后的法律关系以及夫妻间的权利和义务；最后，分别颁发结婚证。完成上述程序，婚姻关系即告成立。

当事人申请复婚的，登记程序适用结婚登记的一般程序。

（二）结婚登记的效力

《民法典》第 1049 条规定，完成结婚登记，即确立婚姻关系。这一规定表明，结婚证是已经办理结婚登记的证明性文件，而办理结婚登记是取得婚

---

〔1〕 参见《婚姻登记条例》第二章、《婚姻登记工作暂行规范》第四章。

姻身份的唯一途径。

此外,《民法典》第1050条还规定:“登记结婚后,按照男女双方约定,女方可以成为男方家庭的成员,男方可以成为女方家庭的成员。”这一规定本身并没有给婚姻当事人设定权利义务,其立法目的是消除歧视入赘男性的传统婚俗,提倡和鼓励男方成为女方家庭的成员。需要说明的是,一方成为对方家庭成员可能涉及户籍变更问题,能否变更应依据户籍管理的相关规定。

(三)遗失婚姻证件的解决路径

当事人遗失、损毁婚姻证件,可以向原办理该婚姻登记的机关或者一方常住户口所在地的婚姻登记机关申请补领。婚姻登记机关受理补领结婚证、离婚证申请的条件是:(1)婚姻登记处具有管辖权;(2)当事人依法登记结婚或者离婚,现今依然维持该状况;(3)当事人持有规定的身份证件;(4)当事人亲自到婚姻登记机关提出申请,填写“申请补领婚姻登记证声明书”。

申请补领婚姻登记证的,可以委托他人办理。委托办理应当写明当事人办理婚姻登记的时间及承办机关、目前的婚姻状况、委托事由、受委托人的姓名和身份证件号码。受委托人应当同时提交本人的身份证件。

婚姻登记档案遗失的,当事人应当提交能够证明其婚姻状况的证明。户口簿上夫妻关系的记载,单位、村(居)民委员会或者近亲属出具的申请人婚姻状况证明可以作为申请人婚姻状况证明使用。

婚姻登记机关对不具备补发结婚证、离婚证受理条件的申请,不予受理,但应当为当事人提供有关法律咨询服务。当事人办理过结婚或者离婚登记,申请补领时的婚姻状况因离婚、丧偶或者复婚发生改变的,不予补发婚姻登记证,可由婚姻登记机关出具婚姻登记记录证明。

三、结婚登记程序存在瑕疵的处理

结婚登记瑕疵是指在结婚登记中存在程序违法或欠缺必要形式条件等缺陷。现实生活中往往表现为:一方或双方当事人未亲自到婚姻登记机关办理登记(他人代办或代领结婚证)、借用或冒用他人身份证明进行登记、用虚假身份证明办理结婚登记、婚姻登记机关越权管辖、当事人提交的婚姻登记材料有瑕疵等。对结婚登记程序瑕疵的处理涉及两方面:一是瑕疵登记行为;二是导致瑕疵登记的失信申请人。

(一)瑕疵登记的性质和解决路径

结婚为要式法律行为,结婚登记程序存在瑕疵,属于形式违法。由于《民法典》规定的婚姻无效和撤销的法定事由中不包括形式违法,因此,登记瑕疵的婚姻并不属于无效婚姻范畴。

《民法典婚姻家庭编解释(一)》第 17 条规定:"当事人以民法典第一千零五十一条规定的三种无效婚姻以外的情形请求确认婚姻无效的,人民法院应当判决驳回当事人的诉讼请求。当事人以结婚登记程序存在瑕疵为由提起民事诉讼,主张撤销结婚登记的,告知其可以依法申请行政复议或者提起行政诉讼。"这一规定明确了登记瑕疵的性质及处理路径。

准确理解这一规定,应注意以下几点:(1)在民事诉讼中,如当事人申请宣告婚姻无效,所持理由不属于《民法典》第 1051 条规定的无效婚姻的三种情形,人民法院应当以判决的形式驳回当事人的申请。(2)婚姻登记机关是政府的民政部门,登记机关办理结婚登记是行政行为。当事人在离婚诉讼或其他民事诉讼中,以结婚登记行为存在瑕疵为由否认婚姻关系存在的,不属于民事案件的审查范围。(3)对结婚登记程序存在瑕疵的相关当事人的救济途径应当是启动行政程序。当事人可以就登记效力问题申请行政复议,也可以直接提起行政诉讼。

在行政法中,违法或明显不当的行政行为,有权机关可以取消其效力,即撤销该行政行为。结婚登记行为一旦被撤销,其后果等同于没有登记,当事人的婚姻关系不成立,彼此之间不具有夫妻的权利和义务,可见撤销婚姻登记事关重大。

现实生活中,结婚登记瑕疵的表现形式多样,并不能一律予以撤销,而是要根据存在瑕疵的具体情况予以处理。一般情况下,如瑕疵不仅严重违反结婚程序,也违背了当事人的结婚意志,如假冒他人名义登记,或当事人持虚假身份证登记的,一般可以撤销该婚姻登记;如只是单纯的程序瑕疵,一般不宜予以撤销。

(二)结婚登记中失信行为之规制

近年来,因当事人违背诚信、弄虚作假导致婚姻登记行为存在瑕疵的情况时有发生。为规制、惩戒婚姻登记中的失信行为,2018 年 4 月初,国家发展和改革委员会、中国人民银行、民政部等31个部门签署发布了《关于对婚姻登记严重失信当事人开展联合惩戒的合作备忘录》(以下简称《备忘录》)。《备忘录》中确定属于惩戒范围的行为有以下几种:(1)使用伪造、变造或者冒用他人身份证件、户口簿、无配偶证明及其他证件、证明材料的;(2)作无配偶、无直系亲属关系、无三代以内旁系血亲关系等虚假声明的;(3)故意隐瞒对方无民事行为能力或限制民事行为能力状况,严重损害对方合法权益的;(4)其他严重违反《民法典》婚姻家庭编和《婚姻登记条例》行为的。民政部门将通过信息平台向相关部门提供婚姻登记失信者名单,相关部门依法对失信者执行各类惩戒措施。

四、事实婚姻及相关问题

(一)事实婚姻的含义

婚姻家庭法学中所称事实婚姻,是法律婚姻的对称。泛指当事人未履行法定结婚程序但又以夫妻身份公开同居生活的一种"准婚姻"关系。一般具有以下特征:(1)当事人必须是无配偶的男女。当事人一方或双方有配偶的,不能形成事实婚姻关系,而是有可能形成重婚关系。(2)当事人以夫妻名义同居生活,对外以夫妻相待,具有婚姻关系的外观。(3)当事人具备结婚的实质要件,但未履行法律规定的结婚程序。

对事实婚姻的效力,不同时期、不同国家立法态度不一。主要有:(1)承认主义,即认可事实婚姻具有婚姻效力;(2)否认主义,即认定事实婚姻不具有婚姻效力;(3)相对承认主义,即承认特定条件下的事实婚姻的婚姻效力。

我国两部《婚姻法》以及《民法典》都将结婚登记作为婚姻关系成立的唯一途径,但并没有明确欠缺结婚登记的法律后果,也没有出现事实婚姻这一概念。有关事实婚姻的认定及其后果,多见于最高人民法院的司法解释。综观司法解释的规定,我国司法实务中对事实婚姻经历了承认主义—相对承认主义—否认主义的变化。[1]

---

〔1〕 有关事实婚姻的司法解释较多,其中比较重要的有:1979年2月2日最高人民法院《关于贯彻执行民事政策法律的意见》、1989年12月13日最高人民法院《关于人民法院审理未办结婚登记而以夫妻名义同居生活案件的若干意见》、1994年4月4日最高人民法院《关于适用新的〈婚姻登记管理条例〉的通知》《婚姻法司法解释(一)》等。《民法典婚姻家庭编解释(一)》中再次规定了事实婚姻,是现行司法实务中界定事实婚姻的依据。

(二)事实婚姻纠纷的处理

虽然我国立法对事实婚姻持否认主义,但现实生活中,未办理结婚登记而以夫妻名义共同生活的情形并不少见。此类共同生活的当事人如果没有发生纠纷,则无须法律介入。但如果当事人同居期间发生纠纷或一方当事人死亡的,则需要认定该同居关系的性质。对这些已经形成的事实上的“婚姻关系”(尤其是形成多年的),一律否认其效力似与现实相悖,也不利于家庭关系的稳定和妇女儿童利益的保护。因此相关司法解释采取了区别对待原则,分别以“有条件承认事实婚姻”和“补办登记”两种途径予以救济。对未办理结婚登记而以夫妻名义共同生活的当事人,起诉到人民法院要求离婚的,依据同居成立时间区别对待。[1]

第一,直接认定为事实婚姻,按照离婚案件处理。对同居关系形成在1994年2月1日之前(民政部《婚姻登记管理条例》公布实施之前),且男女双方在此前也符合结婚实质要件的,可以认定为事实婚姻,以离婚案件受理。可以按照离婚案件处理的事实婚姻应同时具备以下要件:(1)男女双方以夫妻名义公开同居生活,为周围人所知晓;(2)男女双方符合结婚的实质要件;(3)男女双方的同居时间为1994年2月1日之前;(4)当事人未办理结婚登记。符合上述要件的事实婚姻在效力上等同于登记婚姻,当事人无须补办登记即可取得夫妻身份,双方适用法律关于夫妻之间权利义务的规定;一方死亡的,另一方可以配偶身份继承遗产;同居期间所生子女,为婚生子女。

事实婚姻的解除必须通过诉讼途径。因事实婚姻当事人未办理过结婚登记手续,不可能通过行政登记的方式解除已经形成的事实婚姻,所以,要解除已经形成的事实婚姻,只能通过诉讼方式,由法院判决离婚。

第二,告知当事人补办结婚登记,补办后按照离婚案件处理。对同居时间形成在1994年2月1日之后(《婚姻登记管理条例》公布实施以后),当事人未办理结婚登记,但符合结婚实质要件的,人民法院应当告知其在案件受理前补办登记。

男女双方补办结婚登记的,适用有关结婚登记的规定。补办结婚登记后,其婚姻关系的效力从双方公开以夫妻名义同居并符合《民法典》所规定

---

〔1〕 参见《民法典婚姻家庭编解释(一)》第7条。

的结婚的实质要件时起算,即补办结婚登记的效力具有溯及力[1]。补办登记行为可以使之前的同居关系转为婚姻关系。

第三,认定为同居关系的,人民法院不予受理。如果当事人不符合事实婚姻的条件,又拒绝补办登记,或无法补办登记(如当事人不能就补办协商一致、当事人一方或双方不符合结婚要件),则双方之间只产生同居关系。对当事人起诉要求解除同居关系的,人民法院不予受理[2]。但因同居引起财产分割与子女抚养纠纷而起诉的,人民法院应当受理。

现实生活中,同居现象客观存在,因同居引发的纠纷时有发生。因我国现行法中并未规定同居关系,同居当事人之间并没有法定的权利义务。但因同居当事人存在共同生活的事实,甚至已经生育子女,彼此之间的人身和财产纠纷同样十分复杂。

针对同居纠纷,调解工作人员应明确:(1)同居当事人之间不形成夫妻关系。(2)同居期间因共同生活而形成的财产关系,按照一般共有关系处理。(3)同居期间一方死亡的,另一方不能以配偶身份继承;但符合适当分得遗产条件的,可以要求分得部分遗产。(4)同居期间所生子女,属于非婚生子女,但法律地位与婚生子女相同,双方均具有抚养的权利和义务。就个案而言,调解解决同居财产关系,还应当结合当事人同居的时间、是否生育子女、同居期间对家庭生活的具体贡献等因素考量。

值得一提的是,《民法典》制定过程中,关于是否增设同居制度存在较大争议。因同居关系本身具有多样化、复杂性的特征,难以作出统一规则,故最终立法没有规定。

第三节　婚姻无效和被撤销

结婚必须具备法律规定的条件,并履行法律规定的登记程序。未办理结婚登记的,不能成立婚姻。当事人虽然办理了结婚登记,但不符合结婚条件的,其结婚行为具有违法性。对此,我国现行法律规定了婚姻无效与被撤销制度。一般认为,当事人违反的规定涉及公共利益的,婚姻应为无效;违反的规定涉及个人利益的,则可以被利益受损方撤销。

---

〔1〕 参见《民法典婚姻家庭编解释(一)》第6条。

〔2〕 参见《民法典婚姻家庭编解释(一)》第3条。

一、婚姻无效

(一)婚姻无效的法定事由

《民法典》第1051条规定,“有下列情形之一的,婚姻无效:(一)重婚;(二)有禁止结婚的亲属关系;(三)未到法定婚龄”。上述三种情形为我国婚姻无效的法定事由。《民法典》删除了《婚姻法》中规定的“患有医学上认为不应当结婚的疾病,婚后尚未治愈的”这一无效事由。

需要注意的是,认定无效婚姻,必须以无效原因的现实存在为前提。当事人在缔结婚姻关系时欠缺婚姻要件,但事后无效原因消灭的,一般不得再宣告该婚姻无效。这种情况在传统亲属法学中被称为“无效的原因已治愈”。由于身份关系具有不可恢复性,允许无效婚姻治愈,有利于稳定已形成的身份关系,保护当事人的婚姻权益。《民法典婚姻家庭编解释(一)》第10条规定:“当事人依据民法典第一千零五十一条规定向人民法院请求确认婚姻无效,法定的无效婚姻情形在提起诉讼时已经消失的,人民法院不予支持。”据此可见,我国司法实务中也认可无效婚姻可以治愈。

在现有的三种婚姻无效事由中,可以治愈的情形主要是“未到法定婚龄”,因为法定婚龄随着时间的推移必然会达到。例如,甲(男,25岁)与乙(女,19岁)登记结婚。[1] 一年半后,乙女因不满甲男经常赌博而希望与其分手。此时乙女不能以自己未达法定婚龄而主张婚姻无效,只能通过离婚来解除婚姻关系。就“有禁止结婚的亲属关系”这一事由而言,因血缘关系的客观存在,一般并不存在治愈的可能性。

如果当事人在结婚时有配偶,事后配偶死亡或离婚的,则已经形成的重婚关系是否可以转为有效婚姻?例如,甲与乙为结发夫妻,结婚5年后乙罹患重病。乙治病期间,甲与前女友丙旧情复燃,恢复交往2个月后登记结婚。乙得知甲与丙交往并结婚的情形后,病情加重,不久去世。在这种情况下,能否再宣告甲与丙的婚姻无效?司法实务中对“重婚”情形是否适用无效婚姻治愈的规定存在不同观点。持支持观点的认为,重婚关系同样可以治愈,自配偶死亡或离婚时,重婚关系转为合法婚姻;持反对观点的认为,重婚行为违反的是一夫一妻这一根本的婚姻制度,刑法对重婚行为也有相应

---

[1] 这种情况下当事人的结婚行为可能同时存在使用虚假身份材料等形式瑕疵问题。

的处罚，如果允许重婚关系治愈，不仅不能体现法律对这种严重违法行为的否定，还会出现刑法中认定当事人构成重婚罪，而民法中却认定其重婚关系有效的冲突。近年来，审判实务中倾向于采纳前一种观点，即支持重婚关系也可以治愈，但这一做法仍有商榷余地。

（二）宣告婚姻无效的申请人

我国采宣告无效制度，即婚姻无效应经司法机关依据诉讼程序确认。由于婚姻的成立经过登记，对外具有公示力，当然无效无法消除公示效果，所以，否认已经登记的婚姻的效力，需要通过司法途径。正因如此，相关司法解释中明确，“民法典第一千零五十四条所规定的‘自始没有法律约束力’，是指无效婚姻或者可撤销婚姻在依法被确认无效或者被撤销时，才确定该婚姻自始不受法律保护”[1]。有权宣告婚姻无效的机关为人民法院。其他机构，包括婚姻登记机关，均无宣告婚姻无效的职能。

有权依法请求宣告婚姻无效的，应为婚姻当事人和利害关系人。无论无效原因是哪一种，无效婚姻的双方当事人都享有申请宣告婚姻无效的权利，即使对婚姻无效有过错的一方，也可以主张婚姻无效。例如，甲隐瞒已婚情况与乙登记结婚，事后不仅乙可以申请宣告甲乙婚姻无效，甲同样可以申请。利害关系人作为宣告无效婚姻的请求权人，其范围因无效原因不同而存在差异，具体规定如下：(1)以重婚为由申请宣告婚姻无效的，为当事人的近亲属及基层组织。重婚行为违反了“一夫一妻制”这一根本性婚姻原则，可能构成犯罪，所以，基层组织作为公权力机构，如果发现有重婚行为的，即使当事人和近亲属不主张，也应该介入。(2)以未到法定婚龄为由申请宣告婚姻无效的，为未到法定婚龄者的近亲属。(3)以有禁止结婚的亲属关系为由申请宣告婚姻无效的，为当事人的近亲属。此处“当事人”应为男女双方。利害关系人为原告，婚姻关系当事人双方为被告。夫妻一方死亡的，生存一方为被告。[2]

（三）宣告婚姻无效案件的处理

首先，审理有关婚姻效力的案件不适用调解，只能以判决方式结案。法

---

〔1〕 参见《民法典婚姻家庭编解释(一)》第20条。

〔2〕 参见《民法典婚姻家庭编解释(一)》第15条。

律有关婚姻无效的规定是强行性规定,只能依据客观事实依法认定,并不取决于案件当事人的主观意愿。人民法院受理申请宣告婚姻无效的案件后,经审查确属无效婚姻的,应当依法作出宣告婚姻无效的判决,原告申请撤诉的,不予准许。有关婚姻效力的判决一经作出,即发生效力。无效婚姻的判决是一审终审,一般不能上诉。[1]

其次,宣告婚姻无效案件中所涉及的子女和财产问题,不同于婚姻效力问题。审理中既可以调解的方式结案,也可以判决的方式结案,并不适用一审终审的规定。对涉及财产分割和子女抚养的判决不服的当事人可以上诉。

最后,只要婚姻无效事由客观存在,人民法院就同一婚姻关系分别受理了离婚和申请宣告婚姻无效案件的,对于离婚案件的审理,应当待申请宣告婚姻无效案件作出判决后进行。[2]

司法实务中还有这类情形:存在婚姻无效事由,但当事人双方均认可婚姻效力,并未提起宣告婚姻无效的申请,而是起诉离婚。对此,人民法院受理离婚案件后,经审查确属无效婚姻的,应将婚姻无效的情形告知当事人,并依法作出宣告婚姻无效的判决,即婚姻是否有效,与当事人的意愿无关。[3]

值得注意的是,对涉及婚姻无效的纠纷,法院审理中不适用调解,但在人民调解中可否调解?笔者认为,就婚姻效力而言,只要无效事由存在,就不可能因当事人的意愿而转为有效,所以同样没有调解余地。但当事人因婚姻效力而引发的财产分割、子女抚养以及赔偿等纠纷,并无特殊性,应该可以纳入调解范畴。

二、婚姻被撤销

(一)婚姻被撤销的法定原因

依据《民法典》规定,可以撤销的婚姻有两类:一类是因胁迫而缔结的婚姻;另一类是一方婚前隐瞒重大疾病的婚姻。

《民法典》第1052条第1款规定:"因胁迫结婚的,受胁迫的一方可以向

---

〔1〕 参见《民法典婚姻家庭编解释(一)》第11条。

〔2〕 参见《民法典婚姻家庭编解释(一)》第13条。

〔3〕 参见《民法典婚姻家庭编解释(一)》第12条。

人民法院请求撤销婚姻。”此处所谓“胁迫”，是指“行为人以给另一方当事人或者其近亲属的生命、身体、健康、名誉、财产等方面造成损害为要挟，迫使另一方当事人违背真实意愿结婚的”[1]。胁迫婚姻欠缺婚姻当事人的合意，因而允许受胁迫的当事人请求撤销。但司法解释对胁迫的定义较窄，在现实生活中，胁迫成婚并不限于结婚当事人一方对另一方的胁迫，也有可能是受第三人胁迫而结婚的情形。所以，此处“行为人”是否需要扩大解释，尚有斟酌余地。

《民法典》第1053条第1款规定：“一方患有重大疾病的，应当在结婚登记前如实告知另一方；不如实告知的，另一方可以向人民法院请求撤销婚姻。”《婚姻法》将“患有医学上认为不应当结婚的疾病，未治愈的”作为禁止结婚的法定情形，进而将疾病婚纳入无效婚姻范畴，《民法典》改变了这一做法。当事人患有重大疾病不再是禁止结婚的法定事由，即疾病不构成婚姻障碍。但需指明的是，如果当事人因疾病导致无婚姻意思能力，仍不能实施结婚行为，因为不符合“结婚需男女双方自愿”这一要件。患有重大疾病的一方，在办理婚姻登记之前有告知对方的义务。告知义务的产生应具备两个条件：一是当事人患有重大疾病；二是当事人知道自己患病。如当事人虽患有疾病，但本人并不知晓，自然也无从告知。告知义务的履行应在办理结婚登记之前。当事人应当告知而不告知，使对方作出愿意结婚的意思表示存在瑕疵，故允许其主张撤销。

《民法典》第1053条在适用中的难点是如何认定重大疾病？此前《婚姻法》中“医学上认为不应当结婚的疾病”的认定，同样没有明确的标准。司法实务中多依据1986年原卫生部颁发的《异常情况的分类指导标准（试行）》和1994年颁行的《母婴保健法》，一般认为包括以下三类：第一，严重遗传性疾病；第二，指定传染病；第三，有关精神病。具体适用中由法官根据个案情况，结合相关医学报告进行认定。“医学上认为不应当结婚的疾病”，应该可以成为撤销婚姻中“重大疾病”的参照。但相比“医学上认为不应当结婚的疾病”而言，作为撤销事由的“重大疾病”范围似应大于“禁止（暂缓）结婚疾病”。例如，有生理缺陷不能发生性行为的，并不属于“医学上认为不应当结婚的”疾病范畴，因为这种缺陷既无传染性，也无遗传性，对结婚当事人双方的健康并无影响，如当事人互相知情而自愿结合，对本人和社会并无危害，法

[1] 《民法典婚姻家庭编解释（一）》第18条。

律并无禁止其结婚的必要。但这一疾病对婚姻生活有较大影响,如当事人隐瞒这一生理缺陷,似应允许另一方主张撤销婚姻。此外,2007 年中国保险行业协会与中国医师协会曾共同发布过《重大疾病保险的疾病定义使用规范》,其中对"重大疾病"的范围作出了规定。这是一部行业规范,针对的是保险合同纠纷中"重大疾病"的认定,显然不能直接作为《民法典》第 1053 条中"重大疾病"的认定标准,但能否作为一定的参考,有待相关立法或司法机关的解释。

(二)婚姻撤销权的行使

根据《民法典》的规定,当事人行使婚姻撤销权需要向人民法院提起,《婚姻法》中规定的婚姻登记机关不再作为受理撤销婚姻的机构。

享有婚姻撤销权的主体是胁迫婚姻中的受胁迫一方当事人本人和疾病婚姻中不知情的一方当事人。除此之外,其他单位或个人均无婚姻撤销权。受胁迫方和不知情一方是否请求撤销婚姻,由其本人决定。胁迫婚姻中的受胁迫方如果在婚后愿意保持婚姻关系,则其结婚时意思表示的瑕疵得以弥补。疾病婚中,不知情的一方在得知对方婚前隐瞒疾病之事实后,可以根据自己的意愿选择继续维持婚姻或申请撤销婚姻。

受胁迫方行使撤销权的法定期限为一年,该一年期限从胁迫行为终止之日起算;被非法限制人身自由的当事人请求撤销婚姻的,应当自恢复人身自由之日起一年内提出。疾病婚中的不知情方行使撤销权的法定期间为一年,该一年应当自知道或应当知道对方隐瞒重大疾病之日起算。上述一年期间为撤销权行使的除斥期间,逾期不行使的,撤销权消灭。除斥期间一般不适用中止、中断或延长的规定。受胁迫或者被非法限制人身自由的当事人请求撤销婚姻的,不适用《民法典》第 1052 条第 2 款的规定。[1]

三、婚姻无效和被撤销的法律后果

《民法典》第 1054 条规定:"无效的或者被撤销的婚姻自始没有法律约束力,当事人不具有夫妻的权利和义务。同居期间所得的财产,由当事人协议处理;协议不成的,由人民法院根据照顾无过错方的原则判决。对重婚导致的无效婚姻的财产处理,不得侵害合法婚姻当事人的财产权益。当事人

[1] 参见《民法典婚姻家庭编解释(一)》第 19 条。

所生的子女，适用本法关于父母子女的规定。婚姻无效或者被撤销的，无过错方有权请求损害赔偿。”根据上述规定，婚姻无效和婚姻被撤销的法律后果相同，主要有以下几方面。

1. 当事人不具有夫妻的权利和义务

婚姻被宣告无效或被撤销后，当事人之间自始不产生婚姻的效力，不适用《民法典》有关夫妻人身关系和财产关系的规定。在人身方面，当事人不具有夫妻的身份和称谓，一方与另一方的近亲属之间也不形成姻亲关系；在财产方面，当事人不具有夫妻间的扶养义务，不享有夫妻相互之间的继承权，不适用夫妻财产制度。

当事人在同居期间所得的财产，在婚姻被宣告无效或撤销时，首先由当事人协议处理；协议不成时，由人民法院根据照顾无过错方的原则判决。依据相关司法解释，被确认无效或者被撤销的婚姻，当事人同居期间所得的财产，按共同共有处理。但有证据证明为当事人一方所有的除外。[1] 如何界定“同居期间所得的财产”，即哪些财产属于此处“所得”范畴、哪些可以认定为有证据证明属于一方所有的财产，司法解释并没有进一步明确，司法实务中也存有争议。如认为无效婚姻和撤销婚姻视为自始没有婚姻关系，则同居期间当事人个人所得财产首先应认定为个人财产，另一方要主张共有，必须举证有共有的意思或对一方取得财产有贡献。

因重婚而被宣告无效的，宣告无效时财产的处理往往会涉及第三方的利益，即重婚当事人的原配偶的利益。在重婚的情况下，重婚当事人基于合法婚姻关系，与原配偶之间会形成夫妻共同财产；基于重婚期间共同生活的事实，又会与重婚配偶之间形成财产共有关系。界定重婚当事人共有财产的范围，不能忽略原配偶的财产权利，能够作为同居财产分割的，应限于重婚者的个人财产。为使合法婚姻当事人的利益得到保护，人民法院审理重婚导致的无效婚姻案件时，涉及财产处理的，应当准许合法婚姻当事人作为有独立请求权的第三人参加诉讼。[2]

2. 当事人所生子女适用《民法典》关于父母子女的规定

婚姻无效或被撤销，当事人之间自始不存在婚姻关系，所生子女为非婚生子女。《民法典》规定，非婚生子女同样适用有关父母子女的规定，任何人

---

〔1〕 参见《民法典婚姻家庭编解释(一)》第22条。

〔2〕 参见《民法典婚姻家庭编解释(一)》第16条。

不得加以危害和歧视。无论非婚生子女由哪一方抚养,另一方都不能以任何理由拒绝承担法定的抚养义务。

3. 无过错一方可以主张损害赔偿

婚姻无效或被撤销的,无过错方有权请求损害赔偿,这是《民法典》新增加的规定。婚姻无效与被撤销,性质上属于民事法律行为的无效和被撤销,《民法典》第157条中规定了民事法律行为无效、被撤销或确定不发生效力后,有过错的一方应当赔偿对方由此所受到的损失。婚姻无效或被撤销,同样会造成当事人的损害。确立损害赔偿请求权,有利于保护婚姻无效或被撤销中无过错方的权益,弥补其物质或精神上的损失,体现了民法中的信赖利益保护原则。

因婚姻无效或被撤销而享有损害赔偿请求权的是无过错的婚姻当事人。婚姻无效或被撤销均有法定事由,不知道或不应当知道存在婚姻无效或撤销事由、信赖婚姻有效成立的当事人为无过错的当事人,例如,重婚关系中,一方隐瞒了已婚身份,另一方不知道也不应当知道对方有配偶,不知情的一方对重婚关系无效无过错,可以主张损害赔偿。但如果另一方知道对方有配偶仍然与其结婚,则不属于无过错方,也不享有损害赔偿请求权。

负有损害赔偿责任的是婚姻无效或被撤销的过错方。婚姻之所以被宣告无效或被撤销,往往是因为一方的过错所致。例如,一方有配偶仍与他人结婚、一方胁迫对方结婚、一方患有重大疾病不告知另一方,都属于有过错。

因婚姻无效或被撤销主张损害赔偿的范围如何,法律无明文规定。婚姻无效或被撤销会造成财产上的损害,如无过错方因缔结婚姻而支出的费用;也有可能造成精神上的损害,如无过错方信赖已经产生的婚姻身份自始不存在,导致其精神痛苦。故婚姻无效或被撤销的损害赔偿应涵盖财产损害和精神损害。

需特别说明的是,因婚姻无效、被撤销而发生的财产分割与补偿、子女抚养、损害赔偿等,均可以调解。调解时应考虑无效或被撤销的原因、当事人的过错、共同生活的时间长短等因素。此外,离婚当事人可以主张离婚时的经济帮助、经济补偿以及离婚损害赔偿,无效婚姻和撤销婚姻的当事人在诉讼中原则上不得主张,但在调解中,无过错方提出的上述请求权应予以适当考虑。

第三章 夫妻关系

第一节 夫妻关系概述

一、夫妻关系的含义

夫妻关系在此特指夫妻之间的权利义务关系,包括夫妻人身关系和夫妻财产关系,是男女双方因婚姻关系的成立而取得配偶身份、基于该身份所享有的权利和义务。

夫妻关系是婚姻效力的体现。婚姻的效力是指因婚姻关系成立而产生的法律后果。婚姻的效力有广义、狭义之分。从广义上理解,婚姻的效力指因婚姻关系的成立而在民法、刑法、劳动法、诉讼法、婚姻法等相关部门法中产生的法律后果,如民法中有监护人资格的产生、宣告失踪或宣告死亡申请人资格的产生、继承人资格的产生等后果;从狭义上理解,一般指因婚姻成立而在婚姻法中产生的后果,其中又有不及于第三人的效力和及于第三人的效力之分。前者也称婚姻的直接效力,限于对婚姻当事人本人产生的效力,即产生夫妻之间的权利义务;后者也称婚姻的间接效力,指对婚姻当事人以外的其他人产生的后果,如姻亲关系的产生等。本节“夫妻关系”内容属于婚姻的直接效力。

二、夫妻的法律地位

夫妻关系是夫妻之间的权利义务关系。夫妻的法律地位归根结底取决于生产力的发展水平、社会的文明程度和一定的社会制度,夫妻之间的权利义务不仅反映了夫妻在家庭中的地位,同时也在一定程度上反映了男女两性的社会地位。夫妻关系立法经历了从夫妻地位不平等向夫妻地位平等的发展过程。

《民法典》第1055条规定:“夫妻在婚姻家庭中地位平等。”这是男女平等原则在夫妻关系中的体现,也是《民法典》对夫妻关系的原则性规定。这一原则是确定夫妻间权利义务的基础,也是处理夫妻间一切问题的基本依据。

夫妻在家庭中地位平等,意味着夫妻双方在人身和财产两方面的权利和义务都是完全平等的。法律不允许任何一方只享有权利而不承担义务,或只承担义务而不享有权利。

需要明确的是,夫妻法律地位与夫妻现实地位并不相同。虽然男女平等原则在我国立法中早已确立,但现实生活中,由于多种原因,尤其是传统婚姻观念的影响,夫妻双方家庭地位不平等的情况仍然存在。

第二节　夫妻人身关系

一、夫妻人身关系的含义和特征

夫妻人身关系是指基于夫妻身份而在夫妻之间当然产生的、没有直接经济内容的权利义务关系。从本质上看,夫妻人身关系是因婚姻身份而使夫妻双方在人身自由方面受到的一定限制或享有的一定权利,其目的是维系婚姻共同体。

夫妻人身关系具有以下特征:(1)发生在合法夫妻之间。夫妻人身关系以当事人之间婚姻关系有效成立为前提,婚姻不成立或无效婚姻的当事人均不享有夫妻人身关系。夫妻人身关系因婚姻关系消灭而消灭。(2)夫妻人身关系对夫妻双方既是权利,又是义务。夫妻一方的权利就是对方的义务,反之亦然。夫妻双方的权利义务是对等的。(3)夫妻人身关系由法律直接规定,当事人不能约定加以变更或排除。

二、夫妻人身关系的具体内容

《民法典》中规定的夫妻人身关系,包括姓名权、人身自由权、对未成年子女享有平等的亲权、扶养权、家事代理权等内容。分述如下:

(一)夫妻姓名权

《民法典》第1056条规定:“夫妻双方都有各自使用自己姓名的权利。”

据此，夫妻双方婚后均有保持自己原有姓氏的权利，不因婚姻身份而产生改变姓氏义务。当然，如夫妻一方自愿改变姓氏，法律也不禁止。

我国传统社会的婚姻立法实行夫妻一体主义，“妻冠夫姓”是传统婚姻关系中的固有的习俗，是两性地位不平等的标志。中华人民共和国成立后，婚姻立法中明确了夫妻双方都享有保持原有姓氏的权利，消除了传统的“妻随夫姓”的习俗。《民法典》沿用了婚姻法的规定。在我国现实生活中，夫妻平等姓名权得到充分保障。

姓名是每个人固有的并同其他人区别开来的特定标志。姓名权是公民依法享有的决定、使用、改变自己姓名，并排除他人侵害的权利。[1] 姓名权是一项重要的人格权，有无独立的姓名权是有无独立人格的重要标志。《民法典》总则编“民事权利”一章第110条第1款规定：“自然人享有生命权、身体权、健康权、姓名权、肖像权、名誉权、荣誉权、隐私权、婚姻自主权等权利。”规定夫妻享有平等的姓名权，是婚姻家庭领域内对姓名权的特别保护。

（二）夫妻人身自由权

《民法典》第1057条规定：“夫妻双方都有参加生产、工作、学习和社会活动的自由，一方不得对另一方加以限制或者干涉。”这一规定明确了夫妻在婚后仍各自享有人身自由，一方不能对另一方的职业选择、社会活动等加以限制。

人身自由权是每个公民的基本权利，也是公民正常生活、工作的先决条件。公民的人身自由权不因结婚而受到限制，是夫妻人格独立的具体表现。夫妻有无人身自由权，是夫妻家庭地位是否平等的重要标志。在传统社会，受夫权支配的妻子没有完全民事行为能力，不能以自己的名义独立对外从事民事活动，其选择职业、参与社会活动的权利均受到限制，形成了“男主外、女主内”的婚姻生活模式。中华人民共和国成立后的婚姻立法明确夫妻都拥有参加生产、工作、学习和社会活动的自由，旨在消除传统婚姻生活模式中的男女地位差异。所以，这一规定虽然平等地适用于夫妻双方，但其立法目的显然侧重于保护已婚妇女的上述权利，禁止丈夫对妻子的人身自由加以限制。妇女自由参加社会生产、劳动是妇女解放的基础和条件。妇女有自己独立的收入和财产，才能摆脱对男子的经济依赖，并最终摆脱对男性

---

〔1〕 参见彭万林主编：《民法学》，中国政法大学出版社1999年版，第204页。

的人身依附，真正实现夫妻平等。

（三）夫妻对未成年子女享有平等的亲权

《民法典》第1058条规定："夫妻双方平等享有对未成年子女抚养、教育和保护的权利，共同承担对未成年子女抚养、教育和保护的义务。"这一规定明确了夫妻双方对未成年子女享有平等的亲权，同时强调抚养、教育和保护未成年子女是夫妻双方的共同责任。

关于父母与未成年子女之间的权利义务，《民法典》父母子女关系部分也有明确规定。[1] 第1058条主要是从夫妻关系的角度，强调夫妻双方在亲权的享有和行使方面地位平等，责任相同，不存在优劣和高下之分。任何一方都不能排除或妨碍对方行使亲权；对事关未成年子女的重大事项，应由夫妻双方协商决定，任何一方不能独断专行。

（四）夫妻互负扶养义务

《民法典》第1059条规定："夫妻有相互扶养的义务。需要扶养的一方，在另一方不履行扶养义务时，有要求其给付扶养费的权利。"这一规定明确了夫妻之间的扶养义务。扶养义务是夫妻关系中的重要内容，夫妻基于配偶身份，互负经济供养、生活照顾以及精神上的互相支持、互相慰藉，在对方遭遇危难时给予支援和救助的义务。

夫妻身份一旦确立，夫妻之间就有互相扶养的义务。这是婚姻得以维系和存在的基本保障，也是婚姻所负载的基本功能。夫妻之间的扶养义务是无条件的，无论经济状况如何，都必须尽其所能甚至降低自身生活水准，以履行扶养对方的义务，使受扶养人的生活水平达到与扶养人相当或接近的标准。无论婚姻当事人的感情状况如何，其相互间的扶养义务在婚姻存续期间一直存在且具有法律约束力。

夫妻之间的扶养既有经济供养，也有生活照顾和精神抚慰。现实生活中，生活照顾和精神慰藉更多地交织着伦理和情感因素，而且由于婚姻家庭生活的私密性，相关内容受道德调整较多，一方未能尽到照顾、慰藉义务的，并不能通过诉诸法律进而强制执行的方式进行救济。实务中这类情形往往需要通过婚姻调解工作介入，如拒绝履行一方不能有所改变，则会导致夫妻

---

[1] 参见《民法典》第1067～1068条。

感情破裂,引发离婚诉讼。但如夫妻一方因身体等原因无法自食其力或无法生活自理,需要另一方照顾,另一方拒绝履行照顾义务的,则即使不解除婚姻关系,需要照顾一方也可以诉请对方给付扶养费。如果义务人拒不履行扶养义务,还可能构成刑法上的遗弃罪。

(五)夫妻互享家事代理权

夫妻家事代理权也称日常家事代理权,是夫妻一方因家庭日常生活需要而享有的代另一方为一定法律行为的当然代理权。在现代立法中,家事代理权也属于夫妻基于身份而当然享有的人身权。

通说认为,家事代理权源于罗马法中的妻之理家权或锁钥权。古罗马社会是典型的夫权社会,丈夫为家长,拥有对家财的所有权,妻不具有完全行为能力,不能对外缔约。随着经济的发展,为满足实际生活中妻子管理家庭事务之需求,法律规定妻子在丈夫的委任之下,可以取得一定的行为能力,家事代理也包含在内。这种家事代理权是片面的,即只有妻对夫的单方代理权,丈夫因为家长地位而当然享有处理家事的权利。近代资本主义国家的立法也多规定有家事代理权,但与夫权之下的家事代理权有所不同。首先,立法目的不同。在现代婚姻立法中,夫妻人格独立,任何一方都有权以自己的名义实施法律行为,但在日常生活中夫妻双方有许多共同事务,如果都需要协商一致才能处理,不符合生活常理;如果允许一方有权处理双方的事务,又容易侵犯配偶的利益。设立家事代理权的目的就是解决配偶权利保护与交易安全之间可能发生的冲突。其次,权利主体不同。近代立法一般都规定夫妻得互为家事代理,即夫妻双方享有平等的家事代理权。

《民法典》第1060条规定:"夫妻一方因家庭日常生活需要而实施的民事法律行为,对夫妻双方发生效力,但是夫妻一方与相对人另有约定的除外。夫妻之间对一方可以实施的民事法律行为范围的限制,不得对抗善意相对人。"这一规定确立了我国日常家事代理权制度。依据本条规定,夫妻一方因家庭日常生活需要而实施的民事法律行为,夫妻双方互为代理人,无须对方授权,该行为的法律后果及于夫妻双方,所产生的债务为夫妻共同债务。夫妻一方为日常生活需要而实施法律行为,可以自己的名义,也可以对方或双方名义。由此可见,我国日常家事代理权制度为近现代家庭立法中的日常家事代理权制度,即家事代理权由夫妻双方平等享有,后果由夫妻双方共同承担,目的是解决夫妻人格独立与共同生活需要之间可能发生的冲突。

认定夫妻一方所为法律行为属于日常家事代理行为，必须符合“满足日常家庭生活之需要”这一要件。所谓“家庭日常生活需要”应当指夫妻共同生活及家庭生活中，必须发生的各种事项。其包括一般家庭日常所发生的事项，如购置食物、衣服、家具等生活用品，娱乐、保健、医疗以及子女教育、老人赡养、雇用家务服务人员、对亲友的馈赠等事项。判断某一事项是否属于家庭日常生活需要，应当从夫妻共同生活的状态（如夫妻双方的职业、身份、资产、收入、兴趣、家庭人数等）和当地一般社会生活习惯予以认定。[1]可以说，日常家事的范围因不同地区、不同的经济状况等有所区别。属于日常家事范围的行为，夫妻任何一方均有权单独实施，其后果由夫妻双方共同承担。超出家事代理范围的行为，由行为人自己承担责任，但第三人有理由相信行为人有代理权的，可以适用表见代理的规定。

家事代理权虽然由法律直接规定而产生，但却不同于一般意义上的法定代理权。其区别在于：(1)家事代理权的权利主体限于夫妻双方；而法定代理权的权利主体一般是法定监护人，范围较广。(2)家事代理权的范围限于日常家事；法定代理权的范围较广，凡法律无特别规定须当事人亲自实施的，都可以适用代理。(3)家事代理的后果由夫妻双方共同承担，对外负连带责任；而法定代理的后果由被代理人承担，代理人对外不承担代理行为的后果。(4)家事代理权与夫妻身份并存，只有在夫妻身份关系消灭的情况下，家事代理权才消灭；法定代理权的消灭原因有多种，其中以被代理人取得行为能力最为常见。

总体上看，《民法典》对夫妻人身关系的规定比较简单，其立法目的主要是改变传统夫权统治下夫妻地位不平等的状况，在内容上强调妻子不因婚姻关系的成立而影响其独立主体资格，这些规定对消除夫妻地位不平等现象起到了积极的作用。

三、司法实务中的夫妻人身权纠纷

（一）夫妻生育权纠纷

审判实践中出现了不少生育权纠纷。由于职场竞争压力的增大、价值

---

[1] 最高人民法院民法典贯彻实施工作领导小组主编：《中华人民共和国民法典婚姻家庭编继承编理解与适用》，人民法院出版社2020年版，第140～141页。

观的多元化以及对婚姻前途缺乏充分信心等原因，一些女性不愿生育，或在怀孕后未经丈夫同意擅自终止妊娠，由此引发纠纷，男方往往在提起离婚时还会以生育权受侵害为由要求损害赔偿。对此，《民法典婚姻家庭编解释（一）》第23条规定，夫以妻擅自终止妊娠侵犯其生育权为由请求损害赔偿的，人民法院不予支持；夫妻双方因是否生育发生纠纷，致使感情确已破裂，一方请求离婚的，人民法院经调解无效，应依照《民法典》第1079条第3款第5项的规定处理。对这一条款的理解应注意：

第一，妻子未经丈夫同意终止妊娠，不构成侵权，丈夫不能据此要求损害赔偿。虽然生育行为本身是夫妻双方共同的行为，但女方受孕后，胎儿与其身体成为一个整体，是否继续孕育子女应由其本人决定，属于女方行使人身自由权的体现。妻子擅自终止妊娠，客观上确实对丈夫的生育权有所损害，但相比而言，妻子的人身自由权更应受到法律保护。《妇女权益保障法》第51条也规定："妇女有按照国家有关规定生育子女的权利，也有不生育的自由。"

第二，夫妻因生育问题不能协商一致，可能构成认定夫妻感情破裂的理由。生育子女是婚姻生活中的重要事项，如果夫妻双方不能对此达成共识，会对夫妻关系的稳定产生负面影响，严重的会导致夫妻感情彻底破裂。允许当事人以此为理由要求离婚，在一定程度上也能缓解生育权纠纷。

第三，如当事人一方因生理原因不能生育，不属于本条所称"生育纠纷"。作为感情破裂理由的生育纠纷，应该限于当事人对生育问题的主观意愿不一致。如果是当事人因身体原因不能生育，则不能适用本条规定。

（二）忠实义务与忠实协议纠纷

1. 忠实义务性质之争

忠实义务也称贞操义务，一般指夫妻婚后应负有保持性行为专一的义务。广义的解释还包括不得恶意遗弃配偶，以及不得为第三人的利益而损害或牺牲配偶方的利益。这里对忠实义务作狭义上的理解。

贞操作为人类两性关系的行为规范，在不同时期有着不同的要求。早期社会，贞操义务主要是妻子所负的义务。在近代社会，基于男女平等原则，夫妻之间的人身义务完全相同，忠实义务成为男女双方都负有的人身义务。如《法国民法典》第212条规定："夫妻双方应互相尊重、忠诚、救助与扶助。"

《民法典》第1043条第2款规定："夫妻应当互相忠实，互相尊重，互相关爱……”据此,是否可以认为我国立法已确立了夫妻忠实义务,学术界对此存在争议,本书持否定态度。理由是:该规定放于一般规定之中,其内容表述具有明显的倡导性,而且《民法典》夫妻人身关系中并没有涉及忠实义务的内容,也没有规定因违反忠实义务所应承担的法律责任。此外,相关司法解释也明确,“当事人仅以民法典第一千零四十三条为依据提起诉讼的,人民法院不予受理”[1]。从我国现行立法看,只有重婚、有配偶者与配偶以外的第三人同居才属于法律明文禁止的行为,实施该行为的当事人构成离婚中的过错方。所以,可以认定我国现行立法中尚无夫妻忠实义务的具体规定。

违反忠实义务的行为还涉及第三人,因此产生的法律后果比较复杂。第三人是否要承担侵害他人配偶权的责任,各国态度不一。我国现行司法解释对无过错配偶向第三人主张损害赔偿持否定态度。[2]

2. 忠实协议效力之争

夫妻忠实协议,泛指夫妻双方达成的如一方违反忠实义务应当承担的法律责任的协议。《民法典》夫妻人身关系中没有规定夫妻之间的忠实义务,但现实生活中,夫妻双方约定违反忠实义务应当承担一定法律后果的情形并不少见。此类协议内容不一。就协议约定的责任类型看,既有人身方面的,如一方有“出轨行为”则必须同意离婚或放弃未成年子女抚养权等;也有财产方面的,如一方有“出轨行为“则必须放弃对共有财产的权利(所谓的净身出户),或必须给予对方一定数额财产的赔偿。此类协议通常称为忠实协议。

忠实协议涉及人身权利限制的(如必须同意离婚),通常被认定为无效,对此司法实务中基本没有异议。但涉及财产责任的,其性质和效力在理论界和审判实务中均有争议。学界对忠实协议的效力存在肯定与否定两种对立的观点。

肯定忠实协议效力的主要理由有:(1)忠实协议符合契约自由原则。忠实协议系夫妻双方实施的民事法律行为,符合法律行为的有效要件,应该产生当事人追求的法律后果。忠实协议的双方当事人具有订立协议的能力,其意思表示真实,追求的后果合法。(2)承认忠实协议效力具有积极作用。

[1] 参见《民法典婚姻家庭编解释(一)》第4条。

[2] 《民法典婚姻家庭编解释(一)》第87条第1款规定:“承担民法典第一千零九十一条规定的损害赔偿责任的主体,为离婚诉讼当事人中无过错方的配偶。”

夫妻互相忠实不仅是道德的要求，而且是法律的要求。离婚损害赔偿制度在适用范围和赔偿数额方面多有限制，当事人通过协议约定违反忠实义务的责任可以在一定程度上弥补离婚损害赔偿制度之不足，且对可能发生的不忠实行为有一定的抑制作用。否认夫妻忠实协议效力的主要理由有：(1)忠实协议限制了当事人的人身自由，对人身自由的限制只能法定而不能意定。(2)即使法律规定了夫妻忠实义务(依据《婚姻法》第4条，现《民法典》第1043条第2款)，事先约定违反法定义务的法律后果(损害赔偿金或丧失共有财产权)，也与法理相悖。(3)承认忠实协议效力可能导致不良社会后果，容易引发隐私权侵权纠纷。[1]《婚姻法司法解释(三)》草案中曾规定忠实协议有效，但因忠实协议的内涵不易确定，学界及实务部门的争议较大，最终出台的《婚姻法司法解释(三)》中取消了关于忠实协议效力的条款。正因如此，目前审判实务中关于忠实协议效力的个案判决仍存在差异。

《民法典》第464条第2款规定："婚姻、收养、监护等有关身份关系的协议，适用有关该身份关系的法律规定；没有规定的，可以根据其性质参照适用本编规定。"有观点认为，忠实协议即属于"可以根据其性质参照适用本编(合同编)规定"的有关身份关系的协议。这一观点能否得到司法实务的认可，还有待验证。

第三节　夫妻财产制度

一、夫妻财产制度概述

(一)夫妻财产关系与夫妻财产制度

夫妻财产关系是指基于夫妻身份而产生的以财产为内容的权利义务关系。它是夫妻共同生活的重要内容，也是实现家庭经济职能的基础。夫妻财产关系一般包括夫妻财产制度、夫妻之间的扶养关系、夫妻之间的继承关系。由于夫妻之间的扶养关系已在夫妻人身关系中有所涉及，夫妻之间的继承关系在继承制度中有详细规定，本节内容限于夫妻财产制度。

夫妻财产制度也称婚姻财产制度，是夫妻财产关系中的主要内容。广

---

〔1〕 参见朱凡：《夫妻"忠实协议"效力研究》，载陈苇主编：《家事法研究》(2005年卷)，群众出版社2006年版，第76页。

义的婚姻财产制度是关于夫妻婚前财产和婚后所得财产的归属、管理、使用、收益、处分以及夫妻债务的清偿、夫妻关系终止时的财产清算等方面的法律规定的总和;狭义的婚姻财产制度一般不包括夫妻关系终止时的财产分割。《民法典》中规定的夫妻财产制度是狭义的,有关夫妻关系终止时的财产清算内容规定在离婚制度中。

夫妻财产制度是婚姻家庭制度的重要组成部分,其性质和特点取决于一定的社会生产关系,同时也受到文化传统、风俗习惯等因素的影响。因此,不同国家、不同时期的夫妻财产制度存在一定的差别。整体上看,夫妻财产制度的演变过程体现了夫妻法律地位的变化,即从夫妻财产地位不平等向平等演变。

(二)夫妻财产制的类型

夫妻财产制度从不同角度可作不同分类。

1. 从夫妻财产制的适用依据角度,可分为法定夫妻财产制度与约定夫妻财产制度。法定夫妻财产制度是在夫妻双方没有特别约定的情况下,依据法律规定当然适用的财产制度,其具体内容由法律直接规定。现实生活中,法定夫妻财产制一般占有主导地位。约定财产制度指法律允许婚姻当事人以协议的方式对夫妻财产的归属、使用、收益、处分等具体内容加以约定。约定夫妻财产制的效力优先于法定夫妻财产制。

2. 从夫妻财产制的内容分类,现代夫妻财产制主要有分别财产制、共有制和剩余财产共有(分配)制。分别财产制指夫妻双方婚前、婚后的财产仍归各自所有,并且各自独立行使管理、使用和收益等权利,不受对方的干涉和支配。分别财产制度下并不排除夫妻双方拥有部分共同财产或约定将财产管理权转移给对方。共同财产制指夫妻双方财产的部分或全部依法合并为共同共有财产,按共同共有原则行使各种权利并承担相应的义务,婚姻关系终止时再加以分割。剩余财产共有制,也称净益共同制或剩余财产分配请求制、延迟的共有制等,指夫妻各自婚前或婚后所得财产分别属于个人所有及管理,但在婚姻关系终止时须计算结婚时与婚姻终止时的财产差额(净益),差额较少的配偶一方可以向对方请求分配多出差额的一半。净益共同制本质上属于分别财产制,但在婚姻终止时会发生清算和净益补偿请求权。

二、法定夫妻财产制

（一）婚后所得共同制的含义

《民法典》第1062条和第1063条是关于法定夫妻财产制度的规定。第1062条规定，“夫妻在婚姻关系存续期间所得的下列财产，为夫妻的共同财产，归夫妻共同所有：（一）工资、奖金、劳务报酬；（二）生产、经营、投资的收益；（三）知识产权的收益；（四）继承或者受赠的财产，但是本法第一千零六十三条第三项规定的除外；（五）其他应当归共同所有的财产。夫妻对共同财产，有平等的处理权”。第1063条规定，“下列财产为夫妻一方的个人财产：（一）一方的婚前财产；（二）一方因受到人身损害获得的赔偿或者补偿；（三）遗嘱或者赠与合同中确定只归一方的财产；（四）一方专用的生活用品；（五）其他应当归一方的财产”。上述规定表明，现行法定夫妻财产制不仅对婚前个人财产和婚后所得财产加以区分，还特别将婚后所得财产分为共有和个人所有两部分，实际上是确立了“限定的婚后所得共同制”。理解婚后所得共同制，应注意以下两点：

第一，基于“婚后所得共有”的财产性质推定。依据婚后所得共有制，婚后夫妻一方或双方取得的财产，以共有为原则，以个人所有为例外。当事人不能证明其具有个人财产属性的，应认定为夫妻共有财产。判断是否具有个人财产属性，主要看该财产是否与特定的人身相关联，是否具有专属性。如司法解释中将军人的伤亡保险金规定为个人财产就是考虑到其具有专属性。

第二，婚后所得共有制的法理依据。立法之所以确立婚后所得共有制，主要基于这样一种理念，即夫妻一方在婚后通过自己的行为获取财产，与配偶的协力不可分，无论配偶是否直接参与该财产的取得行为，其对财产的取得都被认为是有贡献的，所以可以成为财产的共有人。同样基于这一理念，如婚后所得的财产与所有人的行为无关，则取得的财产应属于一方个人财产。例如，一方婚前所有财产在婚后自然升值，其升值部分仍应属于原所有人。

当然，依据婚后所得共同制认定夫妻财产性质，还必须充分考虑到现实生活的复杂性。夫妻财产纠纷不同于一般的经济纠纷，对具体案件的处理，应全面考虑财产的来源、时间、是否支付对价、是否与人身不可分离等各种因素，以最大限度地保证公平。

（二）法定夫妻共有财产的认定

根据《民法典》和相关理论，认定夫妻共有财产应该注意以下几点：（1）必须是在婚姻关系存续期间取得的财产。属于夫妻共有财产的，除了当事人特别约定之外，取得时间应该在婚姻关系存续期间，如当事人之间婚姻关系不成立、婚姻被宣告无效或宣告撤销以及婚姻关系终止后，均不能形成夫妻共同财产。（2）婚后所得是指财产权利的取得而非对财产的实际占有。例如，因继承所得财产会出现继承权取得时间与遗产分割时间不一致的情况，在这种情况下，判断是否属于婚后所得财产应该依据被继承人死亡时间（继承权取得的时间），而不能依据遗产分割的时间。《民法典》第 1062 条例示的夫妻共有财产主要有以下几类：

第一，工资、奖金、劳务报酬。这里的工资、奖金，指一切为国家机关、企事业单位、社会团体和他人从事劳务而获取的收入。劳务报酬，主要指通过非固定工作获得的报酬，如咨询费、讲课费、稿费等。不管定期还是不定期的劳务收入，都属于夫妻共同财产。以上述各类收入购置的物品，无论是动产还是不动产，都应属于夫妻共有财产范围。司法实践中，对因荣誉而获得的奖金的性质存在争议。其主要有两种观点：一种观点认为，因荣誉而获得的奖金与特定的身份相关，具有专属性，应归一方所有；另一种观点认为，奖金本身是财产，取得财产的途径即使与人身相关，也不影响其性质，属于夫妻共有的范围。本书持后一种观点。

第二，生产、经营、投资的收益。生产、经营、投资行为是人们获取财产的重要途径，既包括个体生产劳动，也包括在工业、农业、服务业、金融业等领域中从事管理、租赁、承包、投资等活动。生产、经营、投资的收益，是指从事上述一切活动所得的收益。夫妻一方在婚后从事经营、生产、投资等活动，无论对方是否参与，其获得的收入均属于夫妻共有财产。一方从事生产、经营、投资活动往往需要一定的资金或生产资料，如一方利用个人所有的资金或生产资料于婚姻关系存续期间从事投资、生产、经营活动，其收益也应属于夫妻共有财产，但其用于投资生产经营的资金、生产资料仍属于个人所有，不因投资、生产、经营行为而改变。

第三，知识产权的收益。知识产权是指人们依法就其智力创造的成果享有的专有权利。知识产权本身具有人身和财产双重属性，其中人身权具有专属性，只能属于权利人个人，不能共有。但因知识产权而带来的收益不具有人身属性,属于夫妻双方共有财产范围。根据相关司法解释,“知识产权的收益”是指婚姻关系存续期间,“实际取得或者已经明确可以取得的财产性收益”[1]。实际已经取得的收益在实务中不存在争议,但对如何理解“已经明确可以取得”的财产性收益,存在不同观点。通说认为“智力成果只有在转化为具体的有形财产”时,才属于夫妻共有财产范畴。如一方在婚姻关系存续期间已经和出版社签订了出版合同,明确了稿酬的具体数额,即使在离婚时稿酬尚未取得,也属于“明确可以取得的财产”。婚姻关系终止时尚未取得或未明确可以取得的知识产权,应属于权利人个人所有。

第四,因继承或接受赠与所得的财产。继承或赠与所得的财产属于无偿取得的财产,出于对财产所有人意愿的尊重,法律特别规定如果被继承人立遗嘱指明遗产留给夫妻一方或赠与合同指明是送给一方的,则该继承或受赠的财产属于夫妻一方的个人财产。如没有特别指明,则婚后因继承或赠与所取得的财产仍然属于夫妻共有财产。

第五,其他应当归共同所有的财产。例如,夫妻双方实际取得或应当取得的住房补贴、住房公积金,男女双方实际取得或者应当取得的养老保险金、破产安置补偿费等,也属于夫妻共同财产。[2]

还有一类比较特殊的财产,即军人的复员费及自主择业费。军人退役包括两大类:复员和转业。因退役而获得的补偿费用统称为复员费;自主择业费是军人放弃国家安置工作的机会而获得的就业补偿。这类特殊费用的性质,部分属于夫妻共有、部分属于军人个人所有,其比例主要依据双方结婚时间的长短,目的是综合平衡军人及其配偶的利益。[3]

(三)法定夫妻个人财产的认定

夫妻个人财产是相对于夫妻共有财产而言的。它是指在适用夫妻共同财产制度的情况下,依据法律规定或当事人约定,各自仍保留一定范围的财产为个人所有。此处提到的个人财产,特指依据法律规定属于个人所有的财产。《民法典》对夫妻个人财产的具体种类也有规定。

第一,一方的婚前财产。一方婚前拥有的财产,不因婚姻关系成立而发

---

〔1〕《民法典婚姻家庭编解释(一)》第24条。

〔2〕参见《民法典婚姻家庭编解释(一)》第25条。

〔3〕参见《民法典婚姻家庭编解释(一)》第71条。

生改变,也不因婚姻关系存续而转化。[1] 判断是否属于婚前财产,同样应根据财产权利的取得时间而非实际占有财产时间。因此,在司法实践中,确定财产的取得时间非常重要。当事人双方都不能证明财产取得时间的,应推定为婚后取得财产。值得注意的是,由于一方婚前财产的形态并不能保持一成不变,所以,对现存财产的性质发生争议的,应采用"溯源"的方式,而不能拘泥于现有形态财产的取得时间。如一方将婚前个人所有房屋于婚姻关系存续期间变卖而获得的金钱,仍应属于一方的婚前财产。

第二,一方因人身受到损害获得的赔偿或者补偿。此类费用具有人身专属性,直接关系到受害者的人身权利,所以,即使取得时间在婚姻关系存续期间,也属于夫妻一方的财产,对方不得分享。根据《民法典》第 1179 条的规定,侵害他人造成人身损害的,应当赔偿医疗费、护理费、交通费、营养费、住院伙食补助费等为治疗和康复支出的合理费用,以及因误工减少的收入。造成残疾的,还应当赔偿辅助器具费和残疾赔偿金。当然,从人身损害赔偿各项费用的具体性质看,不能将所有费用笼统地认定为个人财产,例如,因误工减少的收入,如发生在婚姻关系存续期间,因其替代的是工资收入,所以宜认为是夫妻共有财产。

第三,遗嘱或赠与合同中确定只归夫或妻一方的财产。财产权利人对自己的财产享有处分权,订立遗嘱或赠与合同都属于处分财产的行为,应该受到法律的保护。如果遗嘱中特别指明只给夫妻一方或赠与合同的受赠人指明只是夫妻一方,则应该认定该财产属于接受财产方的个人财产。从立法本意看,对婚姻关系存续期间取得的财产,无论是继承所得还是接受赠与所得,如当事人主张属于个人财产,就应当负有举证责任,即举证证明原财产所有人移转财产给一方的意思表示;不能举证的,应认定为共有财产。

第四,一方专用的生活用品。主要指个人专用的衣物、日常生活用具等。此类财产的构成主要有两个要素:一是专用,排除了日常生活中可以共

---

[1] 1993 年 11 月最高人民法院《关于人民法院审理离婚案件处理财产分割问题的若干具体意见》中曾规定:一方婚前个人所有的财产,婚后由双方共同使用、经营、管理的,房屋和其他价值较大的生产资料经过 8 年,贵重的生活资料经过 4 年,可视为夫妻共同财产。而《民法典婚姻家庭编解释(一)》第 31 条明确,《民法典》第 1063 条规定为夫妻一方的个人财产,不因婚姻关系的延续而转化为夫妻共同财产,但当事人另有约定的除外。

用的一些物品,如家用电器、家具等;二是生活用品,强调为日常生活所需,不包括因职业、爱好需要而购置的物品,也不包括一方因从事生产而专门使用的物品。将一方专用的生活用品规定为个人所有,主要是考虑到此类物品价值不大且不容易估算,在用途上又具有专属性,界定为个人所有符合生活现实,一般不会发生争议。

第五,其他应当归一方的财产。例如,军人的伤亡保险金、伤残补助金、医药生活补助费等应属于个人财产。[1]

(四)夫妻财产权的行使

1. 夫妻共有财产权的行使

夫妻对共有财产享有平等的处理权。理解夫妻平等行使共有财产权,应注意以下几方面内容:

第一,夫妻对共有财产平等处理权的行使应区分情形。夫妻对共有财产享有平等的权利,并不意味着夫或妻实施任何行为,都需要双方协商一致。基于共同生活的特点,夫妻一方在日常生活中经常涉及财产处分行为,如果要求当事人事无巨细都必须协商一致,显然不合情理。所以,认定夫妻一方因日常生活需要而对共有财产享有独立的处分权是必要的,即夫或妻因日常生活需要而处理夫妻共同财产时,任何一方均有权决定。当然,夫妻一方可以独立实施的处分行为应限于"日常家庭事务",即属于行使日常家事代理权范围。但对重大财产处分行为,夫妻应当协商一致才可以实施,即夫妻一方非因日常生活需要而对共同财产作出重大处分决定时,应与对方协商一致。一方未经对方同意而擅自作出的处分行为,另一方可以侵犯共有权为由主张处分行为无效。

夫妻共有财产的处分行为不仅涉及夫妻双方的利益,还会涉及行为相对人的利益及交易安全。如果处分行为的相对人有理由相信其为夫妻双方共同意思表示的,另一方不得以不同意或不知道为由对抗善意第三人。登记在夫妻一方名下的夫妻共有的房产,如果登记权利人未经配偶同意擅自出卖的,只要买受人善意且支付了合理对价,并且已经变更了产权登记,则另一方不得再主张返还房产,只能在离婚时要求擅自变卖的配偶一方承担

---

〔1〕 参见《民法典婚姻家庭编解释(一)》第30条。

侵权损害赔偿责任。[1]

第二,特殊情形下的夫妻一方可以诉请法院分割夫妻共同财产。婚姻关系存续期间,夫妻共有财产是一个不分份额的整体。与夫妻身份相关的财产共有权是一种共同共有关系,无论财产的具体来源如何,夫妻双方对共有财产的权利是平等的,共有人不享有份额权。夫妻共有财产是夫妻共同生活的物质基础,为维系夫妻关系,在婚姻关系存续期间,除非夫妻双方协商一致,任何一方都不能要求分割夫妻共有财产。夫妻一方诉请分割的,人民法院原则上不予支持。

但现实生活中,夫妻一方利用管理(占有)夫妻共同财产的便利,排除另一方对财产的支配权,甚至以各种手段,侵害另一方共同财产权的情形时有发生。为此,《民法典》第1066条规定了婚内析产制度,明确了在符合法律特别规定的两种情形下,夫妻一方有权在婚姻关系存续期间诉请分割夫妻共有财产。[2] 这两种情形是:(1)一方有隐藏、转移、变卖、毁损、挥霍夫妻共同财产或者伪造夫妻共同债务等严重损害夫妻共同财产利益的行为。上述行为应达到"严重损害夫妻共同财产权益"的程度,才可以构成分割夫妻共同财产的事由。判断"严重损害",需要结合行为的性质、涉及夫妻共同财产的数额、造成夫妻财产损失的数额等因素认定。(2)一方负有法定扶养义务的人患重大疾病需要医治,另一方不同意支付相关医疗费用。构成这一事由需具备:患病者为夫妻一方的法定扶养权利人;法定扶养权利人患有重大疾病;另一方不同意支付相关医疗费用。

允许当事人诉请婚内析产,是对夫妻共同财产平等处理权受到侵害的重要救济措施。当然,请求分割夫妻共有财产不能侵犯债权人的利益。

2. 夫妻个人财产权的行使

《民法典》对夫妻个人财产权的行使未作特别规定。从法理上分析,对属于个人所有的财产,原则上财产所有人享有独立的管理权和处分权,不受他方的限制。但如果一方的个人财产用于婚后的共同生活,并且该财产为共

---

〔1〕 参见《民法典婚姻家庭编解释(一)》第28条规定:"一方未经另一方同意出售夫妻共同所有的房屋,第三人善意购买、支付合理对价并已办理不动产登记,另一方主张追回该房屋的,人民法院不予支持。夫妻一方擅自处分共同所有的房屋造成另一方损失,离婚时另一方请求赔偿损失的,人民法院应予支持。"

〔2〕 参见《民法典》第1066条。

同生活所必需,则财产所有人在处理财产时应该以不妨碍共同生活为前提。

(五)夫妻共同债务的认定规则

夫妻共同债务的认定一直是立法和司法审判中的难点。夫妻财产制不仅规定夫妻之间关于积极财产的归属,还应对婚姻存续期间消极财产——共同债务的范围有所界定。

《民法典》第1064条规定:"夫妻双方共同签名或者夫妻一方事后追认等共同意思表示所负的债务,以及夫妻一方在婚姻关系存续期间以个人名义为家庭日常生活需要所负的债务,属于夫妻共同债务。夫妻一方在婚姻关系存续期间以个人名义超出家庭日常生活需要所负的债务,不属于夫妻共同债务;但是,债权人能够证明该债务用于夫妻共同生活、共同生产经营或者基于夫妻双方共同意思表示的除外。"依据这一规定,以下几种情况构成夫妻共同债务。

第一,夫妻双方共同签字或者夫妻一方事后追认等共同意思表示所负的债务,即通常所说的"共签共债"。这类债务之所以构成共同债务,源于夫妻双方共同的意思表示。当事人双方有共同举债的意思,最直接的表现就是在举债合同中以债务人身份共同签字;当事人事后追认的,产生与共同签字相同的效力。司法实务中,认定当事人有共同举债意思是此类债务认定的关键。至于债务的用途不影响债务的定性。

第二,夫妻一方在婚姻关系存续期间以个人名义为家庭日常生活需要所负的债务。这类共同债务是以夫妻一方名义所负,所以要看负债的原因,原因仅限于"为家庭日常生活需要"。这类债务之所以为夫妻共同债务,是因为夫妻之间基于身份而享有家事代理权,一方因日常家事而为的法律行为,其后果应由夫妻双方共同承担。至于"日常家事"范围之界定,应结合行为的性质、举债的用途、当事人的经济状况及社会一般观念等因素判断。

第三,夫妻一方在婚姻关系存续期间以个人名义超出家庭日常生活需要所负的债务,债权人能够证明该债务用于夫妻共同生活、共同生产经营或者基于夫妻双方共同意思表示的。这类共同债务也是以夫妻一方名义所负,且超出了家庭日常生活需要的范围,原则上不能推定为夫妻共同债务。只有在债权人能够证明该债务的用途是满足夫妻共同生活、共同生产经营之需,或者能够证明债务是基于夫妻双方共同意思表示形成的情形下,才可以认定为夫妻共同债务。对债权人而言,举证债务用途确实存在较大难度,但法律之所以将举证责任分配给债权人，主要是因为较举债方配偶而言，债权人更容易控制举债风险。作为配偶，对夫妻另一方是否举债、举债多少往往是无法控制的；但如果债权人希望债务人夫妻双方共同承担债务，则可以要求举债方与其配偶共同签字，所以，加重债权人的举证责任具有一定的合理性。值得一提的是，现有规定虽然明确了夫妻共同债务认定的举证责任分配，但在司法实务中，如何界定"用于夫妻共同生活、共同生产经营"仍存在较大的解释空间，关于夫妻债务的认定和清偿在司法实务中仍有很多争议问题有待进一步研究与解决。

（六）司法实务中几类争议财产的处理规则

1. 父母出资购房行为及所购房产归属的认定

近年来，父母出资为子女购买房屋的情形十分普遍，由此引发的房屋产权纠纷案件较多。由于父母出资时一般不会与子女签订书面赠与合同，其赠与的意思如何认定是实务中的难点。对此，相关司法解释作出如下规定：

当事人结婚前，父母为双方购置房屋出资的，该出资应当认定为对自己子女个人的赠与，但父母明确表示赠与双方的除外。当事人结婚后，父母为双方购置房屋出资的，依照约定处理；没有约定或者约定不明确的，按照《民法典》第1062条第1款第4项规定的原则处理。[1] 适用这一条款应注意两点：一是父母出资行为的性质应不存在争议，即双方都认可是赠与行为。如有证据证明父母的出资行为实为借贷行为，则不能适用。二是此条款确定的是"出资"的归属，而不是房产的归属。

2. 一方个人财产婚后所得收益的归属

个人财产在婚姻关系存续期间所产生的收益的归属，《民法典》中无明文规定，但《民法典婚姻家庭编解释（一）》第26条规定：

（1）夫妻一方个人财产在婚后产生的收益，原则上属于夫妻共有。一般情况下，个人财产所得收益往往与生产、经营、投资等行为不可分，因现有法律和司法解释对生产、经营和投资行为所得财产已有明文规定，故此类"婚后所得收益"，应视为夫妻共有财产。

（2）夫妻个人财产婚后所得孳息和自然增值，属于个人财产。此处"孳息"应作限缩解释，主要指与投资、生产、经营行为无关的收益，如存款的利

---

〔1〕 参见《民法典婚姻家庭编解释（一）》第29条。

息、债券的收益等。“自然增值”是指与人的行为无关、财产因市场原因而发生的价值增长,如婚前所购房屋婚后因市场变化而增值。

三、约定夫妻财产制度

(一)约定夫妻财产制的功能和类型

1. 约定夫妻财产制的功能

在现代社会,约定财产制度主要起着修正法定夫妻财产制度的功能。虽然法定夫妻财产制在夫妻财产关系中占有主导地位,也符合民众对婚姻财产的一般认知,但不可否认,现实生活中,仍存在对婚姻财产有不同的认识和需求的情形。

2. 约定夫妻财产制的类型

约定财产的立法模式主要有两种:一种是自由约定模式,即法律不限制婚姻当事人约定的财产制度类型,当事人可以根据自己的具体情况任意约定夫妻财产的具体内容。这种模式给予当事人较多的自由,也称独创式的夫妻财产契约。日本、英国等国家就采用这一模式。另一种则是选择约定模式,即由法律规定当事人可以约定的夫妻财产制度的具体类型,当事人只能在法律明文规定的财产类型中加以选择。这种模式下当事人的自由度较小。德国、瑞士等国家采用这种模式。

(二)现行约定夫妻财产制

《民法典》第1065条规定:“男女双方可以约定婚姻关系存续期间所得的财产以及婚前财产归各自所有、共同所有或者部分各自所有、部分共同所有。约定应当采用书面形式。没有约定或者约定不明确的,适用本法第一千零六十二条、第一千零六十三条的规定。夫妻对婚姻关系存续期间所得的财产以及婚前财产的约定,对双方具有法律约束力。夫妻对婚姻关系存续期间所得的财产约定归各自所有,夫或者妻一方对外所负的债务,相对人知道该约定的,以夫或者妻一方的个人财产清偿。”

(三)司法实务中夫妻财产约定的法律适用争议

依据约定夫妻财产制之规定,夫妻可以对婚前、婚后财产之归属加以约定,夫妻财产约定可以排除法定夫妻财产制的适用。但在现实生活中,直接选择某一类夫妻财产制替代法定夫妻财产制的情形并不多见,最常见的是夫妻就特定房产的归属加以约定,即约定夫妻一方所有的房屋归夫妻共有(如房产加名),或夫妻共有的房屋归另一方所有;也有约定夫妻一方的房屋归另一方所有。在约定符合法律行为有效要件的情况下,审判实务中的争议问题主要有:(1)对特定房屋产权的约定是夫妻财产约定还是夫妻赠与合同;(2)夫妻对房产归属的约定,未办理变更登记之前,一方能否主张撤销。对此,《民法典婚姻家庭编解释(一)》第32条规定:"婚前或者婚姻关系存续期间,当事人约定将一方所有的房产赠与另一方或者共有,赠与方在赠与房产变更登记之前撤销赠与,另一方请求判令继续履行的,人民法院可以按照民法典第六百五十八条的规定处理。"依据这一解释,夫妻对特定房产的约定,无论是将一方房产约定赠与对方,还是将一方房产约定为夫妻共有,只要未变更产权登记,房产所有人都可以依据赠与合同中赠与人所享有的撤销权主张撤销赠与。

第四章

离婚制度

第一节　离婚制度概述

一、离婚的概念与分类

（一）离婚的概念

离婚又称婚姻的解除，是婚姻关系当事人生存期间，依照法律规定的条件和程序解除婚姻关系的法律行为。

（二）离婚的分类

从不同角度，可以对离婚作不同的分类。依据当事人双方对离婚的态度，可将离婚分为双方自愿离婚和一方要求离婚。依据当事人所选择的离婚程序不同，主要有行政程序离婚和诉讼程序离婚两种。依据当事人解除婚姻关系的方式，可分为协议离婚和判决离婚。同一离婚行为从不同角度看属于不同类型。例如，双方自愿离婚的，当事人往往选择协议离婚的方式，通过行政程序办理离婚。但双方自愿离婚的，也可能因为财产分割或子女抚养不能达成协议而选择诉讼离婚，由一方当事人提起离婚诉讼，经法院调解或判决离婚。一方起诉离婚的，经法院调解，也可能达成离婚协议，以调解方式解除婚姻关系。

二、离婚与婚姻终止、婚姻无效的区别

准确理解离婚的概念，还需要厘清离婚与婚姻终止、离婚与婚姻无效的区别。

(一)离婚与婚姻终止的区别

婚姻的终止又称婚姻的消灭,是指合法有效的婚姻关系因发生一定的法律事实而归于消灭。离婚是终止婚姻关系的人为手段,是婚姻终止的原因之一。离婚与婚姻终止既有联系又有区别。除离婚之外,婚姻还会因为另一法律事实——夫妻一方的死亡而终止。婚姻是配偶双方共同生活的结合体,如果配偶一方死亡,就失去了夫妻共同生活的前提,必然导致这一结合体在事实上的消灭。

配偶一方的死亡包括自然死亡和宣告死亡。在配偶一方自然死亡时,婚姻关系主体之一的生命已丧失,不再具有民事权利能力,当然也不可能保留死者婚姻关系主体的资格,婚姻关系自然消灭,一般无须立法对其特别规定。宣告死亡是在法律上推定失踪人已经死亡,它与自然死亡产生同样的法律效力,也会导致被宣告死亡人与其配偶之间的婚姻关系终止。

宣告死亡只是法律上的一种推定,被宣告死亡的配偶一方有可能仍然生存。当被宣告死亡的配偶一方重新出现,或者确知其并未死亡时,其与原配偶的婚姻关系应如何认定,《民法典》第 51 条规定:"被宣告死亡的人的婚姻关系,自死亡宣告之日起消除。死亡宣告被撤销的,婚姻关系自撤销死亡宣告之日起自行恢复。但是,其配偶再婚或者向婚姻登记机关书面声明不愿意恢复的除外。"由此可见,被宣告死亡的配偶一方在死亡宣告被撤销后,应根据生存一方的意愿或者其有无再婚的情况来决定婚姻关系能否恢复。如果生存一方未曾与人再婚,也未向婚姻登记机关书面声明不愿恢复的,则他们的婚姻关系自行恢复。如果生存一方在这期间已与他人再婚,即使再婚关系已经消灭,原婚姻关系也不能自行恢复,要恢复夫妻关系,必须办理复婚登记。

(二)离婚与婚姻无效(被撤销)的区别

离婚与婚姻无效都会使婚姻关系归于消灭,但二者有本质区别:(1)离婚以合法婚姻为对象,目的是消灭合法婚姻的效力;婚姻无效以欠缺法定要件的违法婚姻为对象,目的是否认婚姻的效力。(2)离婚的原因多发生于婚姻成立之后;婚姻无效的原因存在于婚姻成立之时。(3)离婚请求权人为婚姻双方当事人,任何一方都可以提出离婚;婚姻无效的请求权除了当事人可行使外,有利害关系的第三人或有关机关也可依法行使;而婚姻被撤销的申请人限于受胁迫或不知情的一方当事人。(4)离婚只能发生在配偶双方生存期间;婚姻无效即使在当事人一方或双方死亡之后仍然可以依法进行。(5)离婚于确定之日起解除婚姻关系,没有溯及力;婚姻无效或被撤销的宣告具有溯及力,为自始无效。

第二节 登记离婚

一、登记离婚的概念和条件

(一)登记离婚的概念

登记离婚,是指夫妻双方自愿离婚,并就离婚的法律后果达成协议,经过婚姻登记机关认可即可以解除婚姻关系的一种离婚方式。[1] 登记离婚是一种依行政程序解除婚姻的离婚方式。

登记离婚以当事人双方有离婚合意为前提,因而在习惯上也称协议离婚或两愿离婚。但从严格意义上说,登记离婚并不等同于协议离婚或两愿离婚。登记离婚虽然以双方自愿达成协议为前提,但强调的是解除婚姻的程序——登记;而双方自愿离婚在诉讼程序中同样存在,即在诉讼中因达成调解协议而离婚。

(二)登记离婚的条件

根据《民法典》《婚姻登记条例》及其他有关规定,登记离婚应当具备以下条件:

1. 双方当事人适格。首先,当事人双方必须均为完全民事行为能力人,若一方属于无民事行为能力或者限制民事行为能力的精神病人,则不能适用行政程序的离婚方式,而只能按诉讼程序处理离婚问题。其次,双方当事人必须具有在我国登记的合法的夫妻关系,非婚同居、未经登记的事实婚姻关系或不是在我国登记的夫妻关系,都不能在我国以登记离婚的方式解除。

2. 双方当事人必须有真实的离婚合意。登记离婚以当事人的自愿离婚为前提,双方当事人对解除婚姻关系的意愿必须是共同的、一致的。离婚合意应是当事人双方在平等自愿的基础上形成的真实的意思表示,不能有一

---

〔1〕 参见马忆南:《婚姻家庭继承法学》,北京大学出版社2014年版,第109页。

方欺骗或胁迫他方的行为，也不得有任何弄虚作假、规避法律的行为。

3. 双方对离婚后的子女抚养、财产分割、债务清偿等问题已达成协议。离婚不仅解除当事人的婚姻关系，还会涉及双方的财产关系的变动及子女和其他第三人的利益。如果对离婚后果不能达成协议，只能通过诉讼解除婚姻。

此外，离婚协议是双方法律行为，其内容应该合法。但婚姻登记机关对离婚协议的内容只进行形式审查，主要是确定当事人离婚意思的真实性。

二、登记离婚的程序

（一）登记离婚的基本流程

登记离婚要求男女双方亲自到婚姻登记机关办理离婚手续。根据《婚姻登记条例》的规定，离婚登记必须经过申请、审查、登记三个环节。

1. 申请。男女双方必须同时亲自到一方户口所在地的婚姻登记机关申请离婚登记。申请时，双方应持居民身份证、户口证明、离婚协议书和结婚证。申请离婚登记不得代理。

2. 审查。婚姻登记机关应对当事人的离婚申请依法进行审查。一方面，应审查当事人是否符合登记离婚的法定条件，当事人所持的证件、证明材料是否齐全、真实，离婚协议书形式上是否规范、有无明显违反法律规定的情形。如果发现离婚协议书的内容有不恰当之处，应根据法律的规定帮助当事人重新作出调整。另一方面，应根据“保障离婚自由、反对轻率离婚”的指导思想，在自愿、合法的基础上，对当事人进行必要的说服和调解，尽可能避免当事人在冲动情形下的轻率离婚，挽救感情尚未真正破裂的婚姻。

3. 登记。婚姻登记机关经审查，对符合登记离婚条件并于离婚冷静期届满后再次前来申请的离婚双方当事人，应予以办理离婚登记，并发给离婚证，注销结婚证。对不符合登记离婚条件的，不予登记，但应当向当事人说明不予登记的理由。

（二）离婚冷静期

《民法典》第1077条规定：“自婚姻登记机关收到离婚登记申请之日起三十日内，任何一方不愿意离婚的，可以向婚姻登记机关撤回离婚登记申请。前款规定期限届满后三十日内，双方应当亲自到婚姻登记机关申请发给离婚证；未申请的，视为撤回离婚登记申请。”这一规定确立了离婚冷静期制度。

离婚冷静期制度改变了原来登记离婚“即申即离”的程序。婚姻登记机关对离婚的审查基本为形式审查，在“即申即离”模式下，轻率离婚难以避免。婚姻家庭承载着养老育幼的重要社会职能，持续走高的离婚率自然受到关注。全国人大在《民法典》立法报告中指出，“实践中，轻率离婚的现象增多，不利于婚姻家庭的稳定”。可见，离婚冷静期的立法目的是预防、抑制现实生活中存在的轻率离婚现象，以维护婚姻家庭的稳定性。

离婚冷静期只适用于登记离婚中，适用中应注意：第一，受理登记离婚申请之日起的30日为冷静期，这是自然的期间经过，而不是婚姻登记机关的审查期。第二，离婚冷静期届满的后果是，双方仍自愿离婚的，需要在30日之内，共同亲自到婚姻登记机关申请发给离婚证。双方未共同申请的，视为撤回离婚登记申请。第三，30日冷静期内，任何一方可以撤回离婚登记申请。离婚冷静期实行后，当事人需要两次共同前往婚姻登记机关才能完成离婚登记手续，即共同申请离婚登记、共同领取离婚证。

三、司法实务中登记离婚纠纷的处理

（一）离婚协议纠纷

登记离婚以当事人达成离婚协议为前提。离婚协议系复合协议，既包括双方解除婚姻身份的合意，也包括双方就子女抚养、财产分割及补偿等问题达成的协议。所以，因离婚协议引发的纠纷应区分情况处理。

1. 当事人达成离婚协议，但未办理离婚登记的，离婚协议不生效。现实生活中，当事人一般是事先签订离婚协议，再去婚姻登记机关办理离婚登记。但在未办理离婚登记之前，经常会出现一方当事人反悔，拒绝配合办理离婚登记的情形。因离婚必须履行法定程序，故未办理离婚登记的，已经签订的离婚协议不生效。在这种情况下，另一方当事人可以提起离婚诉讼，但是否准予离婚由人民法院根据具体情况作出判决。

当事人起诉离婚时，可能会主张依据之前签订的离婚协议处理有关财产分割、子女抚养等问题。对此，法院不予支持。离婚协议中关于财产分割的约定，性质上属于附随身份的法律行为。离婚行为不生效，附随的财产分割等行为也不生效。《民法典婚姻家庭编解释（一）》第69条第1款规定：“当事人达成的以协议离婚或者到人民法院调解离婚为条件的财产以及债务处理协议，如果双方离婚未成，一方在离婚诉讼中反悔的，人民法院应当认定该财产以及债务处理协议没有生效,并根据实际情况依照民法典第一千零八十七条和第一千零八十九条的规定判决。”

2. 当事人登记离婚后,因履行离婚协议中财产分割条款而发生争议的,可以向法院提起诉讼。一方反悔,要求撤销离婚协议中关于财产分割等内容的约定的,如订立协议时不存在欺诈、胁迫等情形,应当依法驳回当事人的反悔诉请。[1] 一方无正当理由,拒不履行离婚协议中关于子女抚养、财产分割等内容,另一方诉请对方履行的,人民法院应予支持。建立在当事人双方真实意思表示基础上的离婚协议一经婚姻登记机关的认可,就发生了法律效力,对男女双方均具有法律约束力,当事人应该自觉遵守和履行,没有正当理由,不允许反悔。

(二)虚假离婚纠纷

虚假离婚是指夫妻一方或双方并无离婚的真实意思,但出于某种目的,约定暂时离婚,待目的达到后再复婚的行为。虚假离婚既可以发生在登记离婚中,也可以发生在诉讼离婚中,前者为“假离婚”登记,后者为“假离婚”调解协议。但实际生活中前者居多,所以一般将这一问题放在登记离婚中探讨。

就当事人对离婚有无真实意思而言,虚假离婚通常可以分为两种情形:一种情形是夫妻双方都无离婚的真实意思,但双方为了某个共同目的,串通暂时离婚,约定待目的达到后再复婚。这种情形符合民法中通谋虚伪行为的特征。另一种情形是夫妻一方有离婚的真实意思,而另一方无离婚的真实意思。这种情形多符合民法中心意保留行为的特征。

按照民事法律行为的一般理论,通谋虚假和心意保留均在意思表示方面存在瑕疵,其效力或无效、或可撤销。但身份法律行为不同于财产法律行为。在登记离婚中,当事人亲自向婚姻登记机关作出了自愿离婚的意思表示,一般认为当事人是知晓离婚会导致夫妻身份消灭这一法律后果且有追求身份消灭的意愿;而一旦取得离婚证,夫妻关系即告解除,当事人有可能与他人另行结婚。如果允许当事人对登记离婚行为的效力提出异议,会导致后来缔结的婚姻效力处于不确定状态。正因如此,我国目前的司法实践对“虚假离婚”行为的处理持非常谨慎的态度,一般不支持当事人提出的无

---

〔1〕 参见《民法典婚姻家庭编解释(一)》第70条。

效或撤销的诉请,即不承认存在离婚有“虚假”的可能,只要办理了离婚登记,就产生离婚的法律后果。当事人以“离婚意思表示不真实”为由申请撤销离婚行为或宣告离婚行为无效的,不予支持。但如果当事人以“意思表示不真实”为由,提出撤销或变更离婚财产分割协议的,应该依据民事法律行为效力的一般规则予以处理。如确实存在欺诈、胁迫或通谋虚假情形的,可以撤销协议或认定协议无效。

第三节 诉讼离婚

一、诉讼离婚的概念和适用范围

(一)诉讼离婚的概念

诉讼离婚也称裁判离婚、判决离婚,是指夫妻一方基于法定理由提出诉请,由法院依法通过调解或判决而解除婚姻关系的离婚方式。相对于登记离婚而言,诉讼离婚更能实现对婚姻问题的国家干预和对离婚行为的司法监控,是当代各国通行的离婚方式,在部分国家或地区甚至是唯一的离婚方式。

(二)诉讼离婚的适用范围

《民法典》第1079条第1款规定:“夫妻一方要求离婚的,可以由有关组织进行调解或者直接向人民法院提起离婚诉讼。”据此,与登记离婚不同,诉讼离婚的提起并无条件限制。不能登记离婚的,或不愿登记离婚的,都可以通过诉讼方式解决离婚问题。例如,当事人双方都同意离婚,但无法就财产分割问题达成协议;一方为无民事行为能力人或一方下落不明,不能登记离婚的,这些情况都可以适用诉讼离婚方式。

如果婚姻当事人一方为无民事行为能力人或限制民事行为能力人,其解除婚姻的途径如何?现实生活中有“一方为精神病人的,就不能离婚”这一说法,其实不然。实务中应区分不同情况。如果夫妻一方为无民事行为能力人或限制民事行为能力人,另一方想起诉离婚的,因为想离婚的一方本人为无民事行为能力或限制民事行为能力配偶的监护人,所以必须先变更监护人,再提起离婚诉讼,即必须为行为能力有瑕疵的配偶另行确定监护人。如果没有合适且愿意担任监护职责的监护人,就无法顺利完成监护人的变更，进而也不能启动离婚诉讼。所以，涉及无民事行为能力、限制民事行为能力人的离婚案件，真正的难题在于离婚前需要解决变更监护人的问题。如监护人能顺利变更，原配偶不再是监护人，则其离婚诉讼程序并无特殊性，只是行为能力有瑕疵一方变更后的监护人须以法定代理人身份参加诉讼。

至于无民事行为能力人或限制民事行为能力人能否作为原告提起离婚诉讼，在理论界存在争议。解除婚姻的意思表示一般应由本人提起，在本人无意思能力的情况下，一般无从判断其是否需要解除婚姻关系；且无民事行为能力人、限制民事行为能力人的法定监护人为其配偶，自然不能代对方提起与自己的离婚诉讼。但现实生活中确实存在婚姻关系的维系对丧失了行为能力的一方当事人非常不利的情况，从保护无民事行为能力的当事人的权益出发，《民法典婚姻家庭编解释（一）》第 62 条规定："无民事行为能力人的配偶有民法典第三十六条第一款规定行为，其他有监护资格的人可以要求撤销其监护资格，并依法指定新的监护人；变更后的监护人代理无民事行为能力一方提起离婚诉讼的，人民法院应予受理。"据此，在无民事行为能力、限制民事行为能力的一方受到来自配偶的侵害时，其他监护人可以要求变更监护关系，进而代为提起离婚诉讼。

在诉讼离婚中，当事人可以依法委托诉讼代理人。但除非当事人不能表达意志，否则，即使当事人有诉讼代理人，其本人也应出庭。确因特殊情况无法出庭的，必须向人民法院提交针对是否愿意解除婚姻关系的书面意见，即离婚的意思表示仍须由其本人作出。

二、诉讼离婚的程序

（一）诉讼离婚中的调解

婚姻家庭的稳定事关社会稳定和养老育幼社会职能的履行，"以和为贵"是我国民间自古以来处理矛盾和纠纷的基本指导思想，反映在离婚问题上就是尽最大可能促使当事人和好；即使无法和好，也希望能够好离好散，所以对离婚进行调解是我国一贯的传统。《民法典》第 1079 条第 1 款所称，"夫妻一方要求离婚的，可以由有关组织进行调解"，从文义上看是针对一方要求离婚的情况，但从法理层面分析，除了当事人一方失踪的以外，其他不能达成离婚协议的离婚纠纷都可以进行调解。根据调解组织及介入时间的不同,对离婚纠纷的调解有诉讼外的调解和诉讼内的调解。

1. 诉讼外的调解

诉讼外的调解也称诉讼前调解,是指当事人所在单位、人民调解委员会、各级妇联、居民委员会或村民委员会等机构主持的调解。对离婚纠纷进行诉讼外的调解,符合我国民众对家庭纠纷解决的一般观念和传统习惯,易为当事人所接受。这种案外干预也有利于纠纷的防范和化解,减少讼累,节约司法成本。当然,有关部门对离婚纠纷的调解必须是在当事人自愿并且合法的基础上进行的。

诉讼程序以外的调解并不是解决离婚纠纷的必经程序。要求离婚的当事人可以根据自己的意愿和实际情况,决定是否由有关部门调解;不愿调解或调解不成的,当事人可以直接向人民法院提起离婚诉讼,有关部门无权阻止,人民法院也不得以未经有关部门调解为由而拒绝受理。

离婚纠纷经有关部门调解后,一般会出现以下三种结果:(1)经过调解,当事人双方和好,继续保持婚姻关系。(2)经过调解,双方就离婚以及子女抚养、财产分割等问题达成协议。但此时达成的离婚协议并不能产生婚姻关系解除的效力,当事人双方仍需要向婚姻登记机关申请离婚登记。(3)调解无效,双方在离婚问题上或离婚后的子女抚养或财产问题上仍不能达成一致意见。此时,要求离婚的一方可以诉诸法院。

2. 诉讼内的调解

《民法典》第 1079 条第 2 款规定:“人民法院审理离婚案件,应当进行调解;如果感情确已破裂,调解无效的,应当准予离婚。”依据这一规定,无论是因有关部门调解无效而提起的离婚诉讼,还是当事人一方直接向人民法院提起的离婚诉讼,人民法院原则上都应首先依法调解,即离婚案件中,调解为必经程序。如果当事人因特殊情况无法出庭参加调解的,除本人不能表达意志的以外,应当出具书面意见。

人民法院对离婚纠纷的调解,是诉讼程序中的调解。它是司法机关依法行使审判职能的一个重要环节,是我国司法实践的优良传统。法院对离婚案件的审理不只是身份确认、财产分割这么简单,还应发挥修复婚姻家庭关系、治愈情感创伤、降低对未成年人伤害等作用。用调解的方式处理离婚案件,可以对当事人进行法制教育和思想疏导,有助于当事人理智对待离婚纠纷。对调解不能和好的案件,可以促使当事人达成关于离婚及其后果的协议,有利于矛盾的化解,也更容易为当事人自觉履行,减少执行中的问题。

人民法院对离婚案件进行调解，必须坚持自愿、合法的原则，在查明事实、分清是非、做好当事人思想工作的基础上，促使双方和好或达成离婚协议，协议的内容不得违反法律规定。人民法院在进行调解时，可以邀请有关单位和个人协助，共同做好对当事人的调解工作。

离婚案件诉讼内的调解一般有以下三种可能：(1)调解有效，双方当事人达成同意和好的协议，由原告撤销离婚之诉。对调解和好的离婚案件，人民法院可以不制作调解书，但应将调解协议的内容记入笔录存卷，由双方当事人、审判员、书记员签名或者盖章后，本案即告审结。没有新情况、新理由，原告在6个月内又起诉离婚的，法院不予受理。(2)调解有效，双方达成离婚协议，人民法院应按离婚协议的内容，制作调解书，发给双方收执。离婚调解书经双方当事人签收后，即发生法律效力，婚姻关系即告解除。(3)调解无效，当事人对于离婚问题或子女抚养或财产处理问题未能达成协议，或者一方在离婚调解书送达前反悔。此时，离婚案件应转入判决阶段。

(二)判决

人民法院在对离婚案件调解无效的情况下，应及时作出准予或不准予离婚的判决。判决一经生效，即具有法律效力。若作出准予离婚的判决，必须告知当事人在判决发生法律效力前不得另行结婚。当事人对一审法院的判决不服的，有权在判决书送达之日起15日内向上一级人民法院提起上诉。二审人民法院作出的判决为终审判决。判决不准离婚的，没有新情况、新理由，原告在6个月内又起诉的，人民法院不予受理。

三、判决离婚的法定理由

法定离婚理由是指法院判决准予离婚的标准和依据，是法院准不准予当事人离婚的原则界限。我国现行立法对判决离婚的法定理由采取了例示主义立法模式：法律既规定了判决离婚的一般规则——感情确已破裂原则，也例示了认定感情破裂的具体情形。

(一)感情确已破裂是我国法定的离婚理由

《民法典》第1079条第2款后半段规定："如果感情确已破裂，调解无效的，应当准予离婚。"可见，"感情确已破裂，调解无效"是我国法定的判决准予离婚的标准。其中夫妻"感情确已破裂"是判决离婚的法定事由，而"调解无效”只是程序上的要求,它们是对离婚案件进行判决的前置性条件。在通常情况下,感情确已破裂的离婚案件,调解和好的十分少见。但调解无效的并不一定说明夫妻感情确已破裂到不可挽回的地步。因此,二者的关系应该是:如果感情确已破裂,经调解无效的,应当准予离婚;如果夫妻感情没有破裂或尚未完全破裂,即使调解无效的,也可不准离婚。所以说,“感情确已破裂”才是准予离婚的实质性条件,是我国唯一的法定离婚理由。

(二)认定感情破裂的例示性规定

《民法典》第1079条保留了《婚姻法》中关于认定感情确已破裂的例示性规定,并有所补充。明确规定,有下列情形之一,调解无效的,应当准予离婚:

1. 重婚或者与他人同居。

2. 实施家庭暴力或者虐待、遗弃家庭成员。

3. 有赌博、吸毒等恶习屡教不改。此处的赌博、吸毒行为作为认定感情破裂的事项,需达到一定严重程度,即属于“屡教不改的恶习”。此外,淫乱、酗酒等其他严重危害夫妻感情的屡教不改的恶习应该也属于此项范围。

4. 因感情不和分居满2年。“分居”,是指夫妻因为感情不和而中止共同婚姻生活,而且分居的时间须满2年。通常,经过2年的分居,当事人对婚姻关系的状况会有一个冷静的判断和选择,此时提出离婚的请求并一再坚持,一般可以认定夫妻感情确已破裂。

5. 其他导致夫妻感情破裂的情形。此为兜底性条款,用以涵盖其他实务中可能导致夫妻感情破裂的情形,由法官根据具体案件情况进行裁量。审判实务中,以下几类情形也有可能被认定为“夫妻感情确已破裂”,例如,登记结婚后,双方未同居生活,无和好可能的;一方有生理缺陷及其他原因不能发生性行为,且难以治愈的;夫妻双方在是否生育问题上有不可调和的矛盾的,等等。

此外,夫妻一方被宣告失踪,另一方提起离婚诉讼的,应当准予离婚。被宣告失踪的当事人至少下落不明达2年以上,其婚姻关系名存实亡。如另一方不愿意维持而诉请离婚,自然应予以支持。此类案件被告缺席,没有调解可能,所以不适用“调解无效”这一程序性限制。

《民法典》第1079条第5款新补充的例示事由是:“经人民法院判决不准离婚后,双方又分居满一年,一方再次提起离婚诉讼的,应当准予离婚。”

这一规定是根据离婚案件审理现状作出的。审判实务中,夫妻一方第一次起诉离婚,如对方表示坚决不同意离婚,一般情况下法院会判决不准离婚,这样的处理方式客观上是给当事人一段慎重考虑的时间,也有“冷静期”的作用。此次修改中将“判决不准离婚后又分居满一年”作为认定感情破裂的法定事由,对审判实务具有较大指导作用。

需要明确的是,如果存在法定的应当准予离婚的情形,调解无效,法院是否必须判决离婚,即法官是否还有判决不准离婚的自由裁量权?对此,司法实务中一般认可法官仍有裁量权。考虑到离婚案件的复杂性,以及离婚案件不仅涉及夫妻双方还会涉及未成年子女的利益,如果法官认为基于某种原因,判决离婚对当事人一方或子女会产生极为不利影响时,即使存在判决离婚的法定事由,仍可以判决不准离婚。

(三)司法实务中判断夫妻感情是否破裂的具体路径

“感情确已破裂”这一法定事由具有概括性、抽象性的特征。长期以来,如何认定“感情确已破裂”,一直是司法实务中的难题。认定夫妻感情是否确已破裂,是一项复杂细致的工作。根据司法实践的经验和最高人民法院的有关司法解释,分析判断夫妻感情是否确已破裂,一般可从下述四个方面进行综合考察:

一看婚姻基础。就是看双方结婚时的感情状况,例如,双方的结合是自主自愿还是包办强迫;婚前是经过充分了解、慎重考虑,还是由于缺乏社会经验或其他原因而草率结合;是基于两情相悦,还是利益交换,等等。这些因素直接关系到婚姻的基础是否牢固,而婚姻基础对于婚后感情的发展和离婚原因的产生会有直接或间接的影响。

二看婚后感情。就是要对夫妻共同生活期间的感情状况作深入、全面的了解。婚前、婚后是两个不同质的时段,当事人在面对实实在在而且内容多样的婚姻生活后,感情上会有一定的变化。双方的性格脾气、经济收支、工作状况、子女问题以及家庭成员间的关系等因素,都会不同程度地反映到夫妻感情上来。所以,夫妻之间的感情始终处在动态变化之中,既可以从无到有、由浅入深,也可能由好变坏甚至恶化到完全破裂。因此,对夫妻婚后感情状况进行全面了解、评估十分必要。

三看离婚原因。就是要找出引起离婚纠纷的真实原因。离婚纠纷的产生,固然都是感情恶化所致,但是导致感情恶化的原因,可能是单一的,也可能是多种原因的交互作用。有些原因是可以解决或消除的,有些则是无法改变的。因此必须深入调查,细致分析,透过表面现象,把握产生离婚纠纷的真实原因,这样才能抓住症结所在,有针对性地进行调解工作。

四看夫妻关系现状和有无和好可能。就是了解目前当事人双方相互关系的状况,并据此对双方关系的前途进行估计和预测。就婚姻关系的现状而言,主要是看夫妻纠纷的持续时间及其表现形式。判断双方有无和好可能,既要看夫妻感情的实际状况,又要看当事人的态度,包括坚持不离一方有无争取和好的愿望和行动。前者是一个客观条件,后者才是促成和好的能动因素。只要存在恢复和好的可能,就要多做工作,创造各种条件,尽量帮助当事人把这种可能性变成现实性,促使夫妻双方重归于好,相反,对于那些感情确已破裂,和好无望的夫妻,应依法调解或者判决离婚,不要拖延不决。

通过这四个方面的观察,可以全面分析、判断夫妻感情现状,不仅有利于调解工作的展开,也有利于把握判决准予离婚与不准离婚的原则界限,促使当事人达成调解协议或接受判决结果。

第四节 离婚的法律后果

一、离婚法律后果概述

离婚的法律后果,又称离婚的效力,是指离婚在当事人的人身关系、财产关系和亲子关系方面所引发的一系列变化。狭义的离婚效力只涉及夫妻双方,广义的离婚效力还及于未成年子女。本节离婚效力为广义的,不仅包括离婚对当事人双方人身和财产方面产生的法律后果,还涉及离婚后未成年子女抚养的相关规定。

一般认为,离婚之后,当事人之间的身份关系消灭,权利义务会发生以下变化:(1)配偶身份丧失,当事人有再婚的自由。男女自结婚之日起互为配偶,一旦他们的婚姻关系解除,最直接的后果就是彼此配偶身份的丧失,双方在法律上不再是夫妻。当事人恢复单身,婚姻障碍不复存在,享有再婚的自由。(2)夫妻扶助义务的终止。夫妻间在生活中互相扶助是婚姻共同生活的必然要求,当婚姻因离婚而解体时,这种作为婚姻关系维系保障的扶助义务也就失去了存在的基础和必要,由此派生出来的经济供养义务也一并消灭。(3)配偶继承权的丧失。夫妻离婚后,彼此不得再以配偶的身份作为对方的法定继承人,继承对方的遗产。除直接产生身份消灭的法律后果之外,离婚时还会引发夫妻共同财产的分割、夫妻共同债务的清偿以及离婚救济请求权的行使等法律后果。

离婚的效力产生于婚姻关系正式解除之时。《民法典》第1080条规定:"完成离婚登记,或者离婚判决书、调解书生效,即解除婚姻关系。"

二、夫妻共同财产的分割与共同债务的清偿

(一)夫妻共同财产分割的原则

夫妻离婚导致身份关系消灭,夫妻共同财产的基础不存在,应予以分割。需要注意的是,应将夫妻共有财产和个人财产、家庭共有财产进行区分。如当事人对夫妻财产有约定的,按照约定区分;没有约定的,适用法定夫妻财产制的相关规定。家庭财产中有子女或父母、其他近亲属的财产的,应先析产,将夫妻共有财产从家庭财产中析产后再分割。实践中尤其要注意的是,属于未成年子女的个人财产,父母只有管理权,不能视为夫妻共同财产。

《民法典》第1087条第1款规定:"离婚时,夫妻的共同财产由双方协议处理;协议不成的,由人民法院根据财产的具体情况,按照照顾子女、女方和无过错方权益的原则判决。"据此,分割夫妻共有财产,首先应尊重当事人的意思自治,即由双方自行协商处理。这既是对财产共有人享有的处分权利的尊重,体现了民法的意思自治原则,也有利于财产问题的妥善解决。因此,只要协议符合法律行为的一般生效要件,其效力就应予以肯定。若当事人无法达成财产分割协议,人民法院判决分割夫妻共有财产应秉承以下原则:

第一,男女平等原则。男女平等是婚姻家庭关系的基本原则,体现在夫妻共同财产的分割上,就是无论双方收入多少,也无论财产来源如何,夫妻双方对共同所有的财产有平等的所有权。故离婚时,夫妻共同财产原则上应均等分割。

在农村,尤其要注意保护妇女在离婚时享有与男子平等的土地承包经营方面的权益。《民法典》第1087条第2款规定:"对夫或者妻在家庭土地承包经营中享有的权益等,应当依法予以保护。"但现实生活中,农村妇女离婚时,原在夫家取得的土地承包经营权、土地补偿收益权、集体组织中的股

权和各种福利，往往得不到保护，成为维权中的突出问题，司法实务中应予以重视。

第二，照顾子女和女方的合法权益原则。为保证未成年子女的健康成长，减少父母离异可能造成的子女生活水平下降等问题，在分割夫妻共同财产时，应当对直接抚养子女的一方给予必要的照顾。同时，因现实生活中女性整体的经济地位和谋生能力弱于男性，且女性往往在婚姻生活中照顾子女和家庭付出更多，故分割夫妻共有财产时也应适当予以照顾。

第三，照顾无过错方原则。将当事人的过错作为分割夫妻财产中的考量因素，在我国司法实务中一直存在，此前的司法解释中亦有规定。《民法典》将"照顾无过错方"明确规定为离婚时分割夫妻共同财产的原则之一，体现了对婚姻关系的维护，也使无过错一方有所补偿。

（二）司法实务中夫妻共同财产分割的具体方法

对共同财产的分割，一般应根据财产的具体状况和当事人的意愿，选择实物分割、价金分割和作价补偿等方法。财产适于实物分割的，可以进行实物分割；不适于实物分割或当事人不愿意实物分割的，可以将实物变卖，就所得价金进行分割，也可以归一方所有，对另一方作价补偿。对夫妻共有物的分割，应遵循有利生产、方便生活的原则。夫妻共有性质上属于共同共有，分割共有物时应当本着"物尽其用"理念，立足于生产和生活的实际需求，力求充分发挥财产的效用和经济价值。对于夫妻共同财产中的生产资料，应分给有经营条件和能力的一方；对于一方从事职业或正当爱好所必需的工具、仪器、专业图书、收集的资料等，应分给需要的一方；对生活必需品，应考虑双方和子女的生活需要，分给需要的一方。因生产、生活需要分得财产的一方，就超过其应得部分的财产价值应补偿给对方。审判实践中，对夫妻共同财产的裁判分割一般因财产类型不同而存在差异。[1]

1. 与生产经营相关的共同财产的分割。当事人生产经营的方式不同，财产形态和分割方式也存在差异：（1）属于夫妻共同财产的生产资料，可分给有经营条件和能力的一方。分得该生产资料的一方应给予另一方相当于该财产一半价值的补偿。（2）对夫妻共同经营的当年无收益的养殖业、种植业等，离婚时应从有利于发展生产、有利于经营管理的角度考虑，予以合理

---

〔1〕 参见《民法典婚姻家庭编解释（一）》第71～75、80～81条。

分割或折价处理。(3)分割共同财产中的股票、债券、投资基金份额等有价证券以及未上市的股份有限公司的股份时,可以按市价分配,如果按市价分配有困难的,可以根据数量按比例分配。(4)夫妻共同财产中以一方名义在有限责任公司或合伙企业中的出资份额,可以分给一方所有,该方应给予另一方相应的补偿。如另一方要求分得股权,则需要遵循《公司法》《合伙企业法》中的相关规定,征得其他股东同意。(5)对以一方名义投资设立的独资企业中的共同财产,若一方主张经营该企业的,对企业资产进行评估后,由取得企业一方给予另一方相应的补偿;若双方均主张经营该企业的,在双方竞价基础上,由取得企业的一方给予另一方相应的补偿;若双方均不愿意经营该企业的,按照《个人独资企业法》等有关规定办理。

值得注意的是,分割经营性财产,不仅要注重夫妻之间的公平,还要充分考虑分割财产对生产经营的影响,尽可能保持企业的正常运作与发展。涉及股份分割的,不能违背《公司法》《合伙企业法》《个人独资企业法》等法律的特别规定。

2. 知识产权收益的分割。作为夫妻共同财产的知识产权的收益,应是指婚姻关系存续期间,实际取得或者已经明确可以取得的财产性收益。离婚时一方尚未取得经济利益的知识产权,归一方所有。在分割夫妻共同财产时,可根据具体情况,对另一方予以适当的照顾。

3. 军人夫妻特殊财产的分割。分割发放到军人名下的复员费、自主择业费等一次性费用,应以夫妻婚姻关系存续年限乘以年平均值,所得数额为夫妻共同财产。所谓年平均值,是指将发放到军人名下的上述费用总额按具体年限均分得出的数额。其具体年限为人均寿命70岁与军人入伍时实际年龄的差额。例如,军人甲20岁入伍,婚姻关系存续10年,退伍时获得的复员费、自主择业费等一次性费用共计20万元。其中属于甲与配偶夫妻共有财产的为:$\frac{20}{70-20}\times 10=4$ 万元,即甲的配偶可以分得2万元。需要注意的是,军人离婚与其复员往往不是同一时间。如军人离婚时尚未复员、转业,则不可能实际取得复员费、转业费,也无法明确将来可以实际取得的具体数额,所以,军人的配偶不能在离婚时对这两类财产主张权利,但可以在军人复员或转业后再请求分割。

4. 养老保险金的分割。婚姻关系存续期间,夫妻双方实际取得或者应当取得的养老保险金属于夫妻共同财产。但离婚时夫妻一方尚未退休、不符合领取养老保险金条件，另一方不能请求按照夫妻共同财产分割养老保险金；婚后以夫妻共同财产缴付养老保险费，离婚时一方可以请求将养老金账户中婚姻关系存续期间个人实际缴付部分作为夫妻共同财产分割。

5. 一方继承的遗产的分割。婚姻关系存续期间，夫妻一方继承的遗产除了被继承人在遗嘱中明确指定只归夫妻一方所有的以外，原则上都属于夫妻共有的财产。但在双方离婚时，若一方依法可以继承的遗产在继承人之间尚未实际分割的，另一方不能请求分割这部分夫妻共同财产，须待继承人之间实际分割遗产后才能请求分割。

此外，夫妻分居两地的，如无特别约定，各自婚后所得财产仍属于夫妻共同财产。离婚时，各自分别管理、使用的财产宜归各自所有。双方所分财产相差悬殊的，差额部分，由多得财产的一方给另一方一定的补偿。已登记结婚但尚未共同生活期间一方或双方受赠形成的夫妻共同财产，应考虑财产来源、数量等情况合理分割。此间各自出资购置、各自使用的财物，原则上归各自所有。

（三）离婚时夫妻房产的处理规则

离婚案件中的房产纠纷本身也属于夫妻财产分割范畴，但因房产纠纷不仅关系到双方当事人的切身利益，还涉及家庭其他成员的基本生活保障问题，一直是司法实务中关注的重点，有必要单独予以分析。

离婚房产纠纷主要有两大类：一类是关于房产归属及分割的纠纷，即通常所说的产权纠纷；另一类是关于房屋租赁权（使用权）的纠纷，即通常所说的公房租赁权纠纷。此处主要介绍产权纠纷的处理规则。[1]

第一，一方婚前个人所有的房屋，即使婚后由双方共同使用、经营或管理，性质上仍属于夫妻一方的个人财产，离婚时另一方不能主张分割。婚后双方对婚前一方所有的房屋进行过修缮、装修、原拆原建，如离婚时未变更产权的，房屋仍归产权人所有。但对房屋增值部分，非产权一方有权要求对方予以补偿；进行过扩建的，扩建部分的房屋应按夫妻共同财产处理。

第二，一方婚前签订房屋买卖合同，以个人财产首付并在银行贷款，婚后用夫妻共同财产还贷，该房屋登记于首付款支付方名下的，离婚时该房屋由双方协议处理。协议不成的，法院可以判决该房屋归产权登记一方，尚未

---

〔1〕 参见《民法典婚姻家庭编解释（一）》第76～79条。

归还的贷款为产权登记一方的个人债务。双方婚后共同还贷支付的款项及其相对应财产增值部分，应根据《民法典》第1087条规定的原则，由产权登记一方对另一方进行补偿。

第三，对于售后公房的处理，应区分情况。由一方婚前承租、婚后用共同财产购买的房屋，即使房屋权属登记在一方名下，也应当认定为夫妻共同财产。婚姻关系存续期间，夫妻双方用共同财产出资购买以一方父母名义参加房改的房屋，产权登记在一方父母名下，离婚时另一方不得主张按照夫妻共同财产对该房屋进行分割，但可以主张购买该房屋时的出资为夫妻共同债权。

第四，双方对产权性质无争议，但对共有房屋的价值及归属无法达成协议的，法院一般按以下情形分别处理：(1)双方均主张房屋所有权并且同意竞价取得的，应予准许；(2)一方主张房屋所有权的，由评估机构按市场价格对房屋作出评估，取得房屋所有权的一方应当给予另一方相应的补偿；(3)双方均不主张房屋所有权的，根据当事人的申请拍卖房屋，就所得价款进行分割。

此外，离婚时双方对尚未取得所有权，或者尚未取得完全所有权的房屋有争议，协商不成的，法院一般不判决房屋所有权的归属，而是根据实际情况判决由当事人使用。当事人在取得完全所有权后，有争议的，可以另行向法院提起诉讼。

(四)夫妻共同债务的清偿

夫妻共同债务是指债权人可以请求夫妻双方共同清偿的债务。夫妻共同债务既可能是以夫妻双方名义所负债务，也可能是以夫妻一方名义所负债务。夫妻共同债务的清偿在婚姻的各个阶段都会发生，但离婚意味着夫妻共同财产制的结束和共同财产的分割，对夫妻共同债务的清偿影响较大，故《民法典》特别在"离婚"一章中规定了夫妻共同债务的清偿。

《民法典》第1089条规定："离婚时，夫妻共同债务应当共同偿还。共同财产不足清偿或者财产归各自所有的，由双方协议清偿；协议不成的，由人民法院判决。"适用这一规定，应注意以下几点：

1. 离婚时，应先以夫妻共同财产偿还共同债务。对夫妻共同债务，如果直接要求夫妻一方以个人财产偿还夫妻共同债务，不仅对偿还方有失公平，还会在夫妻内部产生新的债权债务关系，使当事人之间的财产关系复杂化。虽然夫妻双方对共同债务都负有清偿责任,但在存有夫妻共同财产的情况下,应当首先以共同财产清偿,清偿后对剩余的共同财产再进行分割。

2. 如果夫妻共同财产不足以清偿全部共同债务,或者双方是采用约定分别财产制而没有共同财产的,则应由双方以个人财产清偿。以个人财产清偿共同债务,具体的清偿方案、承担比例等,由夫妻双方自行协议确定;协议对双方具有法律拘束力。如双方无法通过协议确定偿还比例的,则由人民法院依据具体情况进行判决。

需要注意的是,夫妻双方关于共同债务承担的约定,不能对抗债权人;对债务数额分担的约定,只在当事人之间产生拘束力;债权人仍可以就全部债务要求双方承担连带清偿责任。人民法院关于夫妻债务的调解或判决,既需要明确当事人双方各自承担的数额,也要指明当事人双方仍就全部债务承担连带清偿责任。当然,一方就共同债务承担连带清偿责任后,基于离婚协议中的约定或人民法院的法律文书可以向另一方追偿超出自己承担的部分。

(五)对妨害共同财产分割行为的处理

在司法实践中,经常会发生离婚当事人一方用各种手段妨害夫妻共同财产分割的情况。例如,有的离婚当事人事先故意将属于夫妻共同所有的财产加以隐藏、转移、变卖、毁损,或者与第三人恶意串通伪造债务等。这些行为实际上是对另一方合法财产权利的侵害。行为人既有主观上的过错,又在客观上造成了损害结果,侵犯了对方的合法财产权。为此,行为人须承担相应的法律责任。

《民法典》第1092条规定:"夫妻一方隐藏、转移、变卖、毁损、挥霍夫妻共同财产,或者伪造夫妻共同债务企图侵占另一方财产的,在离婚分割夫妻共同财产时,对该方可以少分或者不分。离婚后,另一方发现有上述行为的,可以向人民法院提起诉讼,请求再次分割夫妻共同财产。"根据本条及司法解释的相关规定,[1]对隐藏、转移、变卖、毁损夫妻共同财产的行为,可以采取三项对策:(1)可以在离婚分割夫妻共同财产时对行为人予以少分或不分。(2)离婚后,被侵权一方可以向法院起诉,请求再次分割离婚前的夫妻

[1] 参见《民法典婚姻家庭编解释(一)》第84条。

共同财产，再次分割夫妻共同财产的请求权应受诉讼时效的限制，请求再次分割夫妻共同财产的诉讼时效期间为三年，从当事人发现之日起计算。(3)在离婚诉讼过程中发生上述行为的，其性质为妨害和破坏民事诉讼程序的行为，人民法院为保证诉讼程序和执行活动的顺利进行，可以对其依法采取强制措施。

三、离婚救济制度

离婚救济制度是法律为离婚过程中权利受到损害的一方提供的权利救济方式，也是为离婚时处于弱势一方提供的法律救助手段。[1] 不同国家的离婚救济方式不同。我国离婚救济制度主要包括离婚经济补偿、离婚经济帮助以及离婚损害赔偿三项。

(一)离婚经济补偿制度

《民法典》第1088条规定："夫妻一方因抚育子女、照料老年人、协助另一方工作等负担较多义务的，离婚时有权向另一方请求补偿，另一方应当给予补偿。具体办法由双方协议；协议不成的，由人民法院判决。"

(二)离婚经济帮助制度

《民法典》第1090条规定："离婚时，如果一方生活困难，有负担能力的另一方应当给予适当帮助。具体办法由双方协议；协议不成的，由人民法院判决。"理解、适用离婚经济帮助制度，应注意以下三点。

1. 离婚经济帮助制度的功能

离婚经济帮助制度在1950年《婚姻法》中已经确立，[2] 其主要目的是保障经济处于弱势的当事人(主要是女方)的离婚自由权。现实生活中，当事人因顾忌离婚后没有生活保障，不得不维系已经死亡的婚姻，导致离婚自由权落空。离婚经济帮助制度的设立，在一定程度上解除了当事人的后顾之忧。

通说认为，经济帮助不是夫妻扶养义务的延续。夫妻间的扶养义务以

---

〔1〕 参见夏吟兰：《离婚自由与限制论》，中国政法大学出版社2007年版，第226页。

〔2〕 参见1950年《婚姻法》第25条规定，"离婚后，一方如未再行结婚而生活困难，他方应帮助维持其生活；帮助的办法及期限，由双方协议；协议不成时，由人民法院判决"。

婚姻关系的存在为前提,而经济帮助发生于离婚时,即以婚姻关系的解除为前提。此时,双方的配偶身份已经消灭,夫妻间的扶养义务因而终止。之所以对生活困难的一方给予经济帮助,并非在延续夫妻间的扶养义务,而是法律上的一种救助手段,其目的是帮助离婚时生活有困难的一方渡过经济上的难关。"离婚经济帮助制度承担着保障离婚时生活困难一方的基本生存利益的重要功能,可以说是离婚救济体系中的兜底条款,人民法院在审判实践中应当依法审慎认定。"[1]

2. 离婚经济帮助适用的条件

第一,要求帮助的一方确实有生活困难。此处"生活困难",是指依靠个人财产和离婚时分得的财产无法维持当地基本生活水平。一方离婚后没有住处的,属于生活困难,这也是现阶段司法实践中比较常见的经济帮助的原因。一般情况下,以下几种情况可以认定为"生活困难":(1)一方缺乏或丧失劳动能力,没有收入来源或收入来源有限,无法以自己的收入及分得的财产维持当地一般生活水平的;(2)一方因患有疾病,个人财产和分得的财产不足以覆盖其基本医疗需要的;(3)一方没有自己的住所,也不具有租住房屋的经济能力的。

第二,帮助方需有经济负担能力。负有帮助义务的一方应具备一定的帮助能力,即在维持其自身正常的生活需求之外,尚有余力提供给对方一定的金钱、住房或其他经济上的帮助。如果没有帮助的经济能力,则不能要求其承担帮助责任。

第三,要求帮助的一方的生活困难存在于离婚时。经济帮助是有严格时间性的,仅限于用来解决离婚时的生活困难。

第四,经济帮助请求权只能在离婚时行使。对当事人生活困难的判断应以离婚时的实际情况为准。如离婚时不存在生活困难,离婚后发生生活困难情况,另一方不再负有帮助义务。

3. 离婚经济帮助的标准和方式

离婚经济帮助的具体办法首先应由当事人双方自行协议决定;如协议不成,可由人民法院判决。具体内容应参考男女双方的财产状况、经济能力、当地生活水平、履行便利等因素,以充分保障生活困难一方的基本生存

---

[1] 最高人民法院民法典贯彻实施工作领导小组主编:《中华人民共和国民法典婚姻家庭编继承编理解与适用》,人民法院出版社2020年版,第324页。

权益、满足其实际生活需要为目的,确定经济帮助的数额及方式。

经济帮助可以是金钱帮助、实物帮助、住房(居住)帮助,也可以是劳务帮助;可以是一次性的帮助,也可以是定期的帮助。一般应根据不同情况,区分对待:(1)离婚时,一方年轻有劳动能力,生活上出现暂时困难的,另一方可给予短期的或一次性的经济帮助。(2)离婚时,一方年老病残、失去劳动能力而又无生活来源的,另一方应当在居住或生活方面给予适当的安排,必要时应给予长期的经济帮助。(3)离婚时,一方以个人财产中的住房对生活困难者进行帮助的,既可以是房屋的居住权,也可以是房屋的所有权。提供居住权的,人民法院可以根据情况对居住权设立一定的期限或进行调解。男女双方应按照《民法典》物权编中关于居住权的规定,签订居住权合同并办理居住权登记。(4)在执行帮助期间,受帮助的一方再婚的,或经济能力足以维持当地基本生活水平的,帮助方可以终止帮助。但帮助方再婚的,一般不影响其履行已经确定的帮助义务。(5)原定经济帮助执行完毕后,一方又要求对方再给予经济帮助的,人民法院一般不予支持。

(三)离婚损害赔偿制度

《民法典》第 1091 条规定:“有下列情形之一,导致离婚的,无过错方有权请求损害赔偿:(一)重婚;(二)与他人同居;(三)实施家庭暴力;(四)虐待、遗弃家庭成员;(五)有其他重大过错。”理解、适用离婚损害赔偿制度应注意以下四点。

1. 离婚损害赔偿制度的功能

离婚损害赔偿制度是指因夫妻一方的重大过错导致婚姻关系破裂,无过错方因离婚而受到损害的,得向有过错的另一方要求赔偿。离婚损害赔偿制度体现了法律的惩罚、保护和补偿的功能,具体表现为:

第一,体现了对违背婚姻义务者的惩罚。婚姻当事人基于配偶身份,负有法定的权利义务。如一方当事人不履行法定义务,不仅会影响婚姻关系的稳定性,也会侵犯另一方当事人的合法权益,理应受到法律的制裁。在离婚时责成过错方赔偿对方因此受到的损失,有利于抑制违背婚姻义务的过错行为。

第二,使无过错方得到一定的抚慰和救济。无过错方因过错方的行为导致婚姻关系无法维系,期待永久共同生活的目的落空,身心受到极大伤害,如不予以适当救济和保护,显然有失公平。

2. 离婚损害赔偿的适用条件

第一，当事人双方具有法律认可的夫妻身份。离婚损害赔偿以离婚为前提，故当事人之间应存在合法有效婚姻。

第二，实施了法定的违法行为。对可以主张损害赔偿的法定情形，《民法典》第 1091 条采取列举加兜底条款的模式，明确规定重婚、与他人同居、实施家庭暴力、虐待或遗弃家庭成员这四种过错行为属于离婚损害赔偿的法定事由，同时也将“有其他重大过错”作为兜底条款，弥补列举方式可能导致的适用面过窄之不足。司法实务中，诸如通奸、卖淫嫖娼等行为也会给另一方造成较大伤害，但是否一定能构成“重大过错”，还应由人民法院根据个案情况，结合过错情节、伤害后果等因素加以判断。

第三，因一方的法定过错行为而导致离婚。夫妻一方的上述违法行为严重伤害了另一方的身心和双方的感情，在没有导致离婚的情况下，可以依据一般侵权行为的构成条件，成立其他赔偿请求权。如家庭暴力或虐待行为，可以产生人身伤害赔偿请求权，遗弃可以产生抚育费请求权等。但是，作为离婚损害赔偿请求权前提的损害，必须通过离婚表现出来。实际上，离婚本身就是对无过错方的损害。这是离婚损害赔偿责任区别于一般民事责任的特殊构成要件。只有在因夫妻一方的上述违法行为导致离婚的情况下，离婚损害赔偿请求权才能产生。因此，凡是人民法院判决不准离婚的案件，对于当事人基于《民法典》第 1091 条提出的损害赔偿请求，法院不予支持；在婚姻关系存续期间，当事人不起诉离婚而单独依据该规定提起损害赔偿请求的，法院不予受理。

第四，请求权人无过错。这里所称的“无过错”，是指请求权人不存在本条规定中导致离婚的重大过错，即不存在严重违反婚姻义务的行为，如果双方都有《民法典》第 1091 条所规定的行为，则任何一方都不能要求对方赔偿损害。

3. 离婚损害赔偿请求权的行使

离婚损害赔偿的权利主体限于无过错的配偶一方，而责任主体仅限于有过错的配偶一方。在因一方重婚、与他人同居而离婚的情况下，插足的“第三者”是否也应承担赔偿责任，理论上虽有不同观点，但依据我国现行司法解释，“第三者”不是离婚损害赔偿的责任主体，即无过错方只能请求有过错方给予损害赔偿，“第三者”不能作为离婚损害赔偿诉讼中的共同被告。

是否提起离婚损害赔偿,由无过错方自主决定,人民法院在审理案件时只能释明其享有的权利,不能主动干预。但无过错方行使离婚损害赔偿请求权也有一定的限制:[1](1)无过错方作为离婚案件的原告,基于《民法典》第1091条主张离婚损害赔偿,必须与离婚诉讼同时提出。(2)无过错方作为离婚案件的被告,在离婚诉讼案件中如果不同意离婚也不提起损害赔偿请求的,可以就此单独提起诉讼。(3)无过错方作为被告的离婚诉讼案件,一审时被告未提出离婚损害赔偿请求,而在二审期间提出的,人民法院应当进行调解,调解不成的,应告知当事人另行起诉。(4)当事人在婚姻登记机关办理离婚登记手续后,再依据《民法典》第1091条向人民法院提出离婚损害赔偿请求的,人民法院应当受理。但当事人在协议离婚时已经明确表示放弃该项请求的,人民法院不予支持。

4. 离婚损害赔偿的范围[2]

离婚损害赔偿的范围包括财产损害赔偿和精神损害赔偿。在因一方的法定违法行为导致离婚的场合,无过错方往往都有财产上的损失。这种财产上的损失包括对方的过错行为直接导致的现有财产的减少及为弥补损害而支出的财产等,也包括因离婚而支出的必要费用。从理论上讲,关于前部分的财产损失的赔偿并非只能在离婚时提出,婚姻关系存续期间也可以请求赔偿。因此,真正要通过离婚损害赔偿补偿的财产损失十分有限,离婚损害赔偿以精神损害赔偿为主,即抚慰无过错方的精神痛苦是确立离婚损害赔偿制度的出发点。

关于离婚精神损害抚慰金的数额确定,适用最高人民法院《关于确定民事侵权精神损害赔偿责任若干问题的解释》中的有关规定。依照该解释第10条的规定,精神损害的赔偿数额根据以下因素确定:(1)侵权人的过错程度;(2)侵害的手段、场合、行为方式等具体情节;(3)侵权行为所造成的后果;(4)侵权人的获利情况;(5)侵权人承担责任的经济能力;(6)受诉法院所在地平均生活水平等。

四、离婚后的父母子女关系

离婚仅解除婚姻关系、消灭夫妻之间的权利义务,不解除亲子关系。但

---

[1] 参见《民法典婚姻家庭编解释(一)》第88条。

[2] 参见《民法典婚姻家庭编解释(一)》第86条。

因夫妻共同生活体的解除,父母对未成年子女的抚养方式可能会发生改变,即由原来的共同抚养改为由一方抚养。故父母离婚时,需一并解决未成年子女的抚养问题。

(一)离婚后父母子女关系的一般规定

1.离婚后父母对未成年子女的监护权问题

《民法典》第1084条第1~2款规定:“父母与子女间的关系,不因父母离婚而消除。离婚后,子女无论由父或者母直接抚养,仍是父母双方的子女。离婚后,父母对于子女仍有抚养、教育、保护的权利和义务。”据此,通说认为,我国对离婚后父母与未成年子女的监护关系采“共同监护”,即父母双方仍都是未成年子女的法定监护人,监护关系不因是否共同生活而改变。

2.离婚时处理未成年子女抚养问题的基本原则

离婚案件在涉及未成年子女问题上,无论是直接抚养人的确定、抚养费的承担,还是探望权的行使等,都应当遵循“子女最大利益”原则,即在处理离婚后的父母子女关系问题上,应该将未成年子女的利益放在第一位考虑,以最大限度保障未成年子女利益为前提和基础。

一般情况下,“父母为未成年子女利益的最佳判断者”,故由父母双方经协商达成的关于未成年子女抚养问题的协议,包括抚养归属、抚养费数额及给付期限和方法、抚养归属或抚养费的变更等,如不存在危害未成年子女利益的情形,都应当予以认可。在父母双方不能就子女抚养问题达成协议时,或有证据证明父母的协议对未成年子女成长不利的情况下,才由法院判决。

(二)离婚后未成年子女直接抚养人的确定

父母离婚不解除亲子关系,父母子女间的权利义务不变,但行使权利、履行义务的方式发生了变化。父母因离婚而分居,对未成年子女而言,首先遇到的问题便是随父母何方生活,即直接抚养人的确定。司法实务中,因父母双方都要求直接抚养权,或都拒绝直接抚养子女而引发的纠纷十分常见,也是离婚案件中难以解决的棘手问题。

《民法典》第1084条第3款规定:“离婚后,不满两周岁的子女,以由母亲直接抚养为原则。已满两周岁的子女,父母双方对抚养问题协议不成的,由人民法院根据双方的具体情况,按照最有利于未成年子女的原则判决。

子女已满八周岁的，应当尊重其真实意愿。”根据上述规定，结合相关司法解释，[1]确定未成年子女直接抚养人应注意以下四点。

1. 两周岁以下的子女，原则上由母亲直接抚养

两周岁以下的子女由母亲抚养，更有利于婴儿健康成长。母亲抚养两周岁以内的子女，既是权利也是义务，故母亲不得推卸直接抚养婴儿的责任。但当母亲不宜或不能直接抚养婴儿时，可以改由父亲直接抚养。一般认为，母方有以下情形之一的，可随父方生活：(1)患有久治不愈的传染性疾病或其他严重疾病，子女不宜与其共同生活的；(2)有抚养条件不尽抚养义务，而父方要求子女随其生活的；(3)因其他原因，子女确实无法随母方生活的。

当然，在对子女健康成长无不利影响的前提下，父母双方也可以通过协议，决定两周岁以下的子女随父方生活。

2. 两周岁以上未成年的子女，父母双方享有平等的直接抚养权

两周岁以上的未成年子女由何方直接抚养，首先应由父母协议，协议不成时，由人民法院根据子女的利益，参考父母的实际情况作出判决。

如父母双方都要求抚养子女，一方有下列情形之一的，可予以优先考虑：(1)已做绝育手术或因其他原因丧失生育能力的；(2)子女随其生活时间较长，改变生活环境对子女健康成长明显不利的；(3)无其他子女，而另一方有其他子女的；(4)子女随其生活，对子女成长有利，而另一方患有久治不愈的传染性疾病或其他严重疾病的，或者有其他不利于子女身心健康的情形，不宜与子女共同生活的。

在父方与母方的条件基本相同而双方均要求子女与其共同生活的情况下，如果子女单独随祖父母或外祖父母共同生活多年，且祖父母或外祖父母要求并且有能力帮助子女照顾孙子女或外孙子女的，可作为子女随父或随母生活的优先条件予以考虑。

3. 子女 8 周岁以上的，应征求其意见

父母双方对 8 周岁以上的未成年子女随父或随母生活发生争执的，应考虑该子女本人的意见。因为他们已有一定的识别能力，尊重他们的意愿，更有利于其健康成长。如果条件许可，在对未成年子女的健康成长没有不利影响的前提下，也可以根据父母双方的协议，以轮流的方式抚养子女。

---

[1] 参见《民法典婚姻家庭编解释(一)》第 44～48、56 条。

在离婚诉讼期间,双方均拒绝抚养子女的,可先行裁定暂由一方抚养。

4. 抚养关系的变更问题

按照上述方法确定直接抚养方后,如果因主客观条件的变化,确有必要变更子女的直接抚养方的,可以由父母双方协议变更。协议不成,要求变更的一方起诉到法院的,如具备下列情形之一,法院应予支持:(1)与子女共同生活的一方因患严重疾病或因伤残无力继续抚养子女的;(2)与子女共同生活的一方不尽抚养义务或有虐待子女行为,或其与子女共同生活对子女身心健康确有不利影响的;(3)8周岁以上未成年子女,愿意随另一方生活,该方又有抚养能力的;(4)有其他正当理由需要变更的。

值得一提的是,无论子女由哪一方直接抚养,双方都是未成年子女的监护人,应本着对子女负责的精神,在抚养和教育问题上互相协商,共同履行应尽的责任。直接抚养子女的一方要求子女与另一方断绝关系、不直接抚养子女的一方拒绝承担对子女的抚养教育义务、因子女变更姓氏而拒付抚育费等行为都是有悖于法律的。

(三)离婚后子女抚养费的负担问题

父母离婚后,双方都有负担子女抚养费的义务。抚养费应包括抚育子女所需的生活费、教育费、医疗费等全部费用。直接抚养方通过与子女共同生活,承担了子女的生活费用,故一般情况下,子女抚养费的承担主要指不直接抚养子女一方所负的义务。

《民法典》第1085条规定:"离婚后,子女由一方直接抚养的,另一方应当负担部分或者全部抚养费。负担费用的多少和期限的长短,由双方协议;协议不成的,由人民法院判决。前款规定的协议或者判决,不妨碍子女在必要时向父母任何一方提出超过协议或者判决原定数额的合理要求。"根据上述规定,结合相关司法解释,[1]确定未成年子女抚养费应注意以下两点。

1. 子女抚养费的具体内容

关于子女抚养费的数额、给付期限和给付办法,首先应由父母双方协议确定;协议不成时,才由人民法院判决。关于抚养费的判决主要包括给付数额、给付期限和给付方法。

第一,抚养费的数额。抚养费具体数额的确定应依据子女的实际需要、

---

〔1〕 参见《民法典婚姻家庭编解释(一)》第49~53、58条。

父母的经济状况及当地的生活水准等因素考量。一般情况下,如果父母有固定收入,抚养费可按其月总收入的20% ~30%的比例给付。负担两个以上子女抚养费的,可适当提高,但一般不得超过月总收入的50%。无固定收入的,抚养费的数额可依据当年总收入或同行业平均收入,参照上述比例确定。有特殊情况的,可适当提高或降低上述比例。

第二,抚养费的给付期限。抚养费的给付期限一般是自离婚时起,至子女18周岁为止。如果子女在16周岁以上不满18周岁时,以其劳动收入为主要生活来源,并能维持当地一般生活水平的,父母可停止给付抚养费。对于不能独立生活的成年子女,父母有负担能力的,仍应承担必要的抚养费。

第三,抚养费的给付方法。抚养费原则上应定期给付,通常以月、季度、年为时间单位。有固定收入的,可按月给付;无固定收入的,可按收益季节或年度给付;有条件的也可一次性给付。一般以现金给付,也可给付实物。当一方无经济收入或者下落不明的,可用其财物折抵子女的抚养费。

2. 子女抚养费的变更

子女抚养费的变更是指当事人对已经由离婚协议确定或由法院判决确定的子女抚养费数额的增减。已经通过协议或判决确定的抚养费数额,在符合特定条件的情况下,允许当事人主张变更。子女抚养费的变更有增加、减少和免除三种情况。

第一,抚养费的增加。如果父或母有给付能力,在符合下列任何一种情形下,子女可以要求增加抚养费:(1)原定抚育费数额不足以维持当地实际生活水平的;(2)因患病、上学,实际需要已超过原定数额的;(3)有其他正当理由应当增加的。

第二,抚养费的减少和免除。在一定条件下,子女抚养费可以减少或免除。例如,直接抚养子女的一方再行结婚,继父或继母愿意负担继子女的生活费和教育费的一部或全部时,不直接抚养子女的一方给付的抚育费可酌情减少或免除。再如,负有给付义务的一方确有实际困难的,亦可通过协议或判决,酌情减免。

值得注意的是,子女抚养费的减少或免除直接关系到子女的切身利益,所以在决定是否减免时必须慎重考虑,严格掌握。当然,减少或免除子女的抚育费,并不意味着可以减轻或终止父母对子女的抚育义务和责任。当减、免抚养费的条件消失时,如继父或继母不愿或无力负担该项费用,或者负有给付义务的一方经济状况有了显著改善时,父或母应当恢复给付,以保护子女的合法权益。

（四）离婚后不直接抚养子女一方的探望权

探望权又称探视权，一般是指不与未成年子女共同生活的父或母依法享有的看望未成年子女，并与之交往的权利。从法理上讲，父母探望权是亲权的一项内容。这一制度的确立为离婚后父母探望子女提供了法律依据。

《民法典》第 1086 条规定："离婚后，不直接抚养子女的父或者母，有探望子女的权利，另一方有协助的义务。行使探望权利的方式、时间由当事人协议；协议不成的，由人民法院判决。父或者母探望子女，不利于子女身心健康的，由人民法院依法中止探望；中止的事由消失后，应当恢复探望。"

第五章 亲子关系与其他近亲属关系

第一节 亲子关系概述

一、亲子关系的概念和种类

（一）亲子关系的概念

亲为父母，子为子女。亲子关系即指父母子女关系。父母子女是血缘关系中最近的直系血亲，构成家庭关系的核心。

亲子制度即为调整父母子女之间关系的社会规范的总和。亲子关系主要是指父母子女之间的权利义务关系。规定父母子女之间权利义务的法律规范，通常称为亲子法。随着社会形态的不断更替，父母子女关系的内容也有所变化。一般认为，亲子关系的立法经历了从家族本位到个人本位的演变。

父系家族至尊地位的确立是人类进入文明社会的标志。为了维护父系家族的统治地位，当时的社会规范赋予了父系家长绝对的权威，要求家庭成员必须绝对地服从家长的支配。所以，早期的亲权带有浓厚的家长权的痕迹，父母子女关系完全从属于宗族关系，这一时期的亲子法凸显的是"以家族为本位"的立法观念。近现代资本主义国家的亲子立法转向"以个人为本位"，设置了亲权制度，规定了父母子女间的权利义务，其内容从维护父母对子女的支配转向强调父母对子女的保护。另外，亲权也从片面地赋予父亲一方转向平等地赋予父母双方，亲权的性质也由单纯的权利演变为权利义务的统一体。

我国古代受宗法家族制度的影响，亲子关系以"孝道"为本，将"不孝"列为十恶之一,将“父为子纲”奉为天经地义,子女被视为父母的私产,没有独立的人格,处于绝对服从的地位。总体而言,我国奴隶社会和封建社会的亲子关系立法都奉行“家族本位主义”。20世纪30年代,国民政府颁布的中华民国民法典大量借鉴了当时西方资本主义国家的立法内容,在亲子法方面引进了亲权制度,在法律上基本形成了以保障子女权益为原则、以父母子女间平等的权利义务关系为内容的亲子法立法模式。但是,受当时历史条件的局限,这一亲子法仍带有浓厚的以父母为中心的“亲本位”色彩。中华人民共和国成立后,1950年颁布的《婚姻法》专章规定了“父母子女间的关系”,确立了以保护未成年子女合法权益为原则、父母与子女法律地位平等的亲子关系规范,此后,1980年《婚姻法》、2001年《婚姻法》(修正)以及《民法典》婚姻家庭编中,都沿袭了亲子关系平等、未成年子女利益受特别保护的立法理念,并逐步完善了相关具体制度。

(二)亲子关系的类型

依据不同标准,可对亲子关系作不同分类。在近现代以来的亲属法理论和亲属立法中,最常用的分类是以亲子关系发生的原因为标准,将亲子关系分为两大类:一类是基于出生的事实而形成的自然血缘的父母子女关系,即亲生的父母子女;另一类是基于法律的拟制而形成的父母子女关系,即非亲生的父母子女。

1. 自然血亲的父母子女关系。这是基于子女出生的事实而形成的、双方之间有最近的天然血缘联系的父母子女关系,包括生父母与婚生子女的关系、生父母与非婚生子女的关系。

2. 拟制血亲的父母子女关系。这是基于出生以外的法律事实而形成的、由法律认可而人为设定的父母子女关系,包括基于收养而产生的养父母与养子女的关系、基于事实抚养行为而产生的继父母与受其抚养教育的继子女的关系。

此外,随着现代人工生殖技术的出现和发展,生育与性行为之间的联系被切断,人工生育方法给亲子关系带来了新的变化,极大地冲击了以血缘关系为基础的传统亲子观念,同时也对传统的亲子法理论和制度提出了挑战。人工生殖技术下的亲子关系,既不同于自然血亲的亲子关系,也不同于传统的拟制血亲关系,通说认为应将其作为与前两类亲子关系并列的第三类亲子关系。

二、亲子关系的内容

《民法典》第 26 条规定:“父母对未成年子女负有抚养、教育和保护的义务。成年子女对父母负有赡养、扶助和保护的义务。”第 1067 条规定:“父母不履行抚养义务的,未成年子女或者不能独立生活的成年子女,有要求父母给付抚养费的权利。成年子女不履行赡养义务的,缺乏劳动能力或者生活困难的父母,有要求成年子女给付赡养费的权利。”第 1068 条规定:“父母有教育、保护未成年子女的权利和义务。未成年子女造成他人损害的,父母应当依法承担民事责任。”第 1069 条规定:“子女应当尊重父母的婚姻权利,不得干涉父母离婚、再婚以及婚后的生活。子女对父母的赡养义务,不因父母的婚姻关系变化而终止。”第 1070 条规定:“父母和子女有相互继承遗产的权利。”上述规定,是规范和调整我国父母子女关系的基本原则和法律依据,适用于所有法律意义上的亲子关系。但父母与未成年子女之间的权利义务,不同于父母与成年子女之间的权利义务。

(一)父母与未成年子女之间的义务

父母对未成年子女所享有的权利义务的总和,在亲属法理论中称为“亲权”。我国现行法中虽然没有使用“亲权”一词,但对“亲权”的内容有明确规定。具体表现为以下三个方面。

1. 抚养的义务

抚养是指父母在物质上供养子女、在日常生活中照料子女。这是子女正常生活、健康成长的客观需要和物质保障。

父母对未成年子女的抚养是全方位的,既有人身照顾,也有经济供养。从子女出生时起,父母即对未成年子女负有不可推卸的抚养义务和责任,不得以任何理由推诿、懈怠。一般情况下,父母对未成年子女的经济供养主要体现在共同生活中,但在未成年子女不与父母共同生活的情况下,抚养义务的履行多体现为相关生活费用的承担。父母对未成年子女的抚养义务是无条件的,即使父母无负担能力,或抚养未成年子女影响到父母的生活,也不能免除父母的抚养义务。无力抚养未成年子女的生父母只能通过法律途径将子女送与他人收养,才能消灭抚养义务。父母对未成年子女的生活保持义务具有长期性,应到子女成年为止。当父母不履行抚养义务时,未成年子女或不能独立生活的成年子女有权向父母主张抚养费。对拒绝抚养并且情节恶劣、构成犯罪的父母，应依法追究其刑事责任。

2. 教育的义务

教育是指父母在德、智、体等方面对子女进行培养和引导。

《未成年人保护法》中对父母的教育责任有更为具体的规定，如父母或者其他监护人应当以健康的思想、品行和适当的方法教育未成年人，引导未成年人进行有益身心健康的活动，预防和制止未成年人吸烟、酗酒、流浪以及聚赌、吸毒、卖淫。父母或者其他监护人应当学习家庭教育知识，正确履行监护职责，抚养教育未成年人。父母或者其他监护人应当尊重未成年人接受教育的权利，必须使适龄未成年人按照规定接受义务教育，不得使在校接受义务教育的未成年人辍学等。[1]

3. 保护的义务

保护是指父母对未成年子女的人身、财产和其他合法权益，应采取有效的措施使其免遭外界的损害。

法律赋予父母保护未成年子女的权利和义务，是为了有效地保障未成年子女的身心健康和财产安全。未成年子女在法律上是无行为能力人或限制行为能力人，他们缺乏对事物的正确理解和处理能力，作为未成年子女的监护人和法定代理人，在未成年子女的人身、财产和其他合法权益面临损害时，父母有权采取必要的措施以防止和排除损害，对针对未成年子女合法权益的不法侵害，父母有权代其提起诉讼、请求赔偿。

同时，作为未成年子女的监护人，当未成年子女对国家、集体或他人造成损害时，父母也应当承担民事责任。当已独立生活的成年子女对国家、集体或他人造成损害时，原则上应由其本人负责，父母不再承担上述责任。如本人无经济能力，经调解可由其父母代为赔偿或由其本人延期支付。

（二）父母与成年子女之间的义务

未成年子女成年后，父母基于身份而享有的亲权消灭。但父母与成年子女之间的亲属关系并不消灭，同样具有一定的义务。其主要表现在以下三个方面：

1. 父母对成年子女的抚养义务

父母对子女的抚养义务一般应至子女成年时终止，但成年子女不能独

---

〔1〕 参见《未成年人保护法》第15～17条。

立生活的,父母仍有抚养义务。成年子女因具有完全民事行为能力,从法律上看并不需要他人的抚养。但如果成年子女由于种种原因不能独立生活,同样属于受抚养人范畴。

父母对成年子女的抚养义务是有条件的。首先,成年子女需符合“不能独立生活”这一要件。所谓“不能独立生活”的成年子女,相关司法解释将其限定为:尚在校接受高中及其以下学历教育,或者丧失、部分丧失劳动能力等非因主观原因而无法维护正常生活的成年子女。[1] 其次,父母应当有负担能力。所谓“有负担能力”,是指父母在维持自己生活之外,还有承担抚养义务的给付能力。如果父母因负担义务而导致自己生活难以维持,则不负抚养义务。

值得一提的是,从我国现实情况看,成年在校大学生多不具备独立生活的条件,所以父母继续承担成年子女接受高等教育期间的生活费用和学习费用是普遍现象。但父母因某种原因不能或不愿继续承担成年子女接受高等教育期间相关费用的情况时有发生,也有成年子女为此提起抚养费诉讼。对此类案件的处理,应首先查明父母不承担相关费用的原因。如果父母有负担能力,只是由于某种原因,最常见的是父母离婚、家庭矛盾激化,则应尽可能做好调解工作,释明高等教育对子女成长发展的重要意义,说服父母在经济能力范围内继续提供子女相关费用。如果是因为父母确无负担能力,因成年在校大学生并不属于“无独立生活能力”范畴,调解不成的,一般应驳回子女的诉请。

2. 成年子女对父母的赡养义务

我国一直有“养儿防老”的传统观念和文化,子女负有赡养父母的义务已根植于民众心理;且因受制于经济状况,我国的社会保障制度并不完善,养老仍然是我国家庭应当承担的重要职能。正因如此,《民法典》和《老年人权益保障法》都明文规定了子女对父母的赡养义务。《民法典》将成年子女对父母的赡养义务细化为赡养、扶助和保护。

赡养是指子女对父母的供养,即在物质上和经济上为父母提供必要的生活条件。成年子女赡养扶助父母是法定的义务,既是无期限的,也不得附加任何条件。子女不得以放弃继承权或者其他理由,拒绝履行赡养义务。和父母同居生活的子女,应依法履行赡养扶助的义务;和父母分居生活的子女,应根据父母的实际需要和自己的负担能力,给付适当的赡养费。如有多个子女,则应根据每个子女的具体经济状况,共同负担赡养费。赡养费的标

[1] 参见《民法典婚姻家庭编解释(一)》第41条。

准,一般不应低于子女本人或当地的平均生活水平。赡养费的支付方法,可根据权利人和义务人的具体情况而定。子女有固定收入的,可按月或定期给付现金;无固定收入的,可按收益季节给付现金或给付实物。当子女有条件履行赡养父母的义务而不履行时,无劳动能力的或生活困难的父母有要求子女付给赡养费的权利。因索要赡养费而发生纠纷的,可由有关部门进行调解,也可经人民法院依诉讼程序处理。成年子女有赡养能力却拒绝赡养的,构成遗弃,情节严重的,应依法追究其刑事责任。

扶助是指子女对父母在精神上的安慰和生活上的照料。与赡养相比,扶助侧重于满足父母精神方面的需求。无力承担赡养义务或父母不需要子女支付赡养费时,子女仍需履行扶助的义务,使父母精神上得到慰藉,感情上得到寄托,生活上得到关心和照顾。一直以来,我们在实际生活中比较强调子女对父母的经济赡养,而忽视了子女对父母的精神赡养。实际上,那种只付给赡养费,但对父母晚年生活不闻不问,不履行扶助义务的做法,是违背立法精神的。

保护是指成年子女有保护父母人身和财产权益不受侵害的义务。成年子女对年迈的父母有保护其免受危害或侵害的义务,对丧失部分或全部行为能力的父母,成年子女作为监护人时,应当保护其人身和财产的安全。

对赡养义务的规定,《老年人权益保障法》有更为具体的规定,包括:(1)赡养人应当履行对老年人经济上供养、生活上照顾和精神上慰藉的义务,照顾老年人的特殊需要。(2)赡养人对患病的老年人应当提供医疗费用和护理。(3)赡养人应当妥善安排老年人的住房,不得强迫老年人居住或迁居条件低劣的房屋。老年人自有的或者承租的住房,子女或者其他亲属不得侵占,不得擅自改变产权关系或者租赁关系。老年人自有的住房,赡养人有维修的义务。(4)赡养人有义务耕种老年人承包的田地,照管老年人的林木和牲畜等,收益归老年人所有。(5)赡养人应当关心老年人的精神需求,不得忽视、冷落老年人。与老年人分开居住的赡养人,应当经常看望或者问候老年人。[1] 成年子女作为老年父母的法定赡养扶助义务人,必须自觉地积极地履行义务,保障年迈的父母有一个稳定的生活环境,真正做到老有所养、老有所依,使父母能够安度晚年。

凡是有赡养扶助保护能力的成年子女,不分男女,不论已婚或未婚,不论是否与父母居住在一起,都必须履行这一义务。

---

〔1〕 参见《老年人权益保障法》第二章。

3. 子女不得干涉父母的婚姻事务

现实生活中,出于情感、观念、家庭财产、继承等因素的考虑,子女对父母离婚、再婚等表达不满甚至横加干涉的情形时有发生,这种行为违反了婚姻自由原则,妨碍了父母的婚姻自主权,为法律所禁止。

第二节 亲子关系具体类型分析

一、生父母子女关系

生父母子女关系,也称自然血亲的父母子女关系,是指因出生而确立的、彼此有自然血缘关系的亲子关系。自进入一夫一妻制、建立了调整婚姻家庭的法律制度以来,人类社会的生育行为就有了合法与非法之分。将生子女依据其父母的婚姻状况而区分婚生子女和非婚生子女,是婚姻的社会属性所决定的,也是亲子立法中最为常见的分类。

(一)婚生子女与非婚生子女的界定

《民法典》中虽然仍有婚生子女和非婚生子女这一概念,但并未对其含义作出明确界定。按照我国司法实践的一贯态度,凡在婚姻关系存续期间出生的子女,如无相反证明,一般均视为分娩母亲与其丈夫的婚生子女。当然,如果夫妻一方确有证据证明妻子所生子女与夫没有亲子血缘关系时,也可以通过诉讼程序请求否认该子女的婚生子女身份。非婚生子女的生母与生父结婚的,视为婚生子女。对于非婚生子女而言,与生母的关系一般无须特别确认,即"分娩者为母亲"。但对非婚生子女生父地位的确定往往容易引发纠纷。

(二)非婚生子女的法律地位

自人类社会确立一夫一妻制以来,非婚男女间的性行为历来为正统社会所排斥。因此,作为男女私通后果的非婚生子女,备受社会歧视,在相当长时期内都不能取得与婚生子女相同的法律地位。近现代社会基于人权保护理念,对非婚生子女的态度已转向宽容和保护。越来越多的国家不再区别对待婚生子女与非婚生子女,甚至取消了婚生与非婚生的分类,统称为亲生子女。

《民法典》第1071条规定:“非婚生子女享有与婚生子女同等的权利,任何组织或者个人不得加以危害和歧视。不直接抚养非婚生子女的生父或者生母,应当负担未成年子女或者不能独立生活的成年子女的抚养费。”可见,《民法典》不仅赋予了非婚生子女与婚生子女完全相同的法律地位,还特别强调任何组织和个人不得对非婚生子女有歧视、危害行为。这一立法态度体现了对未成年人利益的重视与保护。

(三)亲子关系异议之诉

现代社会中,婚前、婚外性行为客观存在,由此引发的婚外生育现象增多,司法实践中出现了大量亲子身份认定与否定纠纷。

究竟哪些人可以诉请确认或否认亲子关系,之前法律并无明文规定。《民法典》对这一立法空白有所弥补,其第1073条规定了亲子关系异议之诉,具体为:“对亲子关系有异议且有正当理由的,父或者母可以向人民法院提起诉讼,请求确认或者否认亲子关系。对亲子关系有异议且有正当理由的,成年子女可以向人民法院提起诉讼,请求确认亲子关系。”理解这一规定,应注意以下几方面:

第一,亲子异议之诉的主体受到限制。亲子异议之诉包括亲子确认和亲子否认。可以请求确认亲子关系存在的主体有父、母和成年子女,其中父亲提起亲子关系确认之诉,主要是指生父自愿认可亲子关系的情形,即类似于传统亲子法中的自愿认领行为;母亲提起亲子关系确认之诉,主要是指生父不愿意认可亲子关系,生母以生父为被告提起诉讼,请求法院确认子女和生父之间存在亲子关系的情形,类似传统亲子法中的强制认领行为。此外,司法实务中在孩子被抱错、由于某种原因被社会福利机构领养等情形下,也存在生父母请求确认亲子关系的可能。成年子女提起亲子关系确认之诉,主要是指以生父为被告,请求确认亲子关系的情形,也包括弃婴或者与父母离散的子女以生父或生母为被告提起的诉讼。可以请求否认亲子关系的主体有父、母,即若被推定为子女法律意义上的生父母,则可以以自己与子女没有血缘关系为由主张被推定的亲子关系不存在。与确认之诉的主体比较,否认之诉的请求权人范围更小。立法未赋予成年子女否认请求权,其理由是:“父母抚养子女成年后,子女应当负有赡养义务,为防止出现成年子女否认亲子关系后不再对原法律意义上的父母承担赡养义务的情形,成年子女不可作为原告提起亲子关系否认之诉。"[1]比较而言,《民法典》对亲子异议之诉主体范围的限制较为严格,其原因主要是尊重既存亲子关系的安定性,以利于未成年子女的健康成长。

第二,亲子异议之诉应有正当理由。亲子关系的确认和否认涉及子女身份的重大改变,直接影响家庭的稳定,因此异议之诉的提起应有正当理由。此处"正当理由"主要是指提起异议之诉应当提供充分证据予以证明。确认或否认自然血亲亲子关系的基础,就是要证明客观血缘关系的存在或不存在,故原告诉请确认或否认亲子关系,应当具备一定的证据。虽然现代医学可以通过DNA技术对当事人之间是否存在血缘关系作出鉴定,但主张通过亲子鉴定来确定或否认血缘关系存在的前提是当事人已经具有其他证据。

针对亲子确认诉讼中的举证问题,尤其是如何利用亲子鉴定技术的问题,相关司法解释特别作出规定:"父或者母向人民法院起诉请求否认亲子关系,并已提供必要证据予以证明,另一方没有相反证据又拒绝做亲子鉴定的,人民法院可以认定否认亲子关系一方的主张成立。父或者母以及成年子女起诉请求确认亲子关系,并提供必要证据予以证明,另一方没有相反证据又拒绝做亲子鉴定的,人民法院可以认定确认亲子关系一方的主张成立。"[2]据此可归纳为:(1)亲子鉴定必须征得相关当事人的同意,不能强制当事人接受鉴定。(2)只有在主张亲子鉴定一方完成必要举证的情况下,才能作出对拒绝做亲子鉴定的另一方不利的判决。

二、继父母子女关系

(一)继父母子女关系的界定和类型

继子女与继父母的关系是以婚姻为纽带而产生的。所谓继子女,通常是夫妻一方对他方与前配偶所生之子女的称谓。所谓继父母,通常是子女对父或母的再婚配偶的称谓。继父母与继子女间的关系,多因父母一方死亡、他方再婚,或父母离婚、一方或双方再婚而形成。

在现代亲属法理论上,普遍将继子女与继父母的关系划入直系姻亲的

[1] 参见最高人民法院民法典贯彻实施工作领导小组主编:《中华人民共和国民法典婚姻家庭编继承编理解与适用》,人民法院出版社2020年版,第223页。

[2] 参见《民法典婚姻家庭编解释(一)》第39条。

范畴,相互间一般不发生法律上的权利义务关系。但为了促使再婚家庭的和睦、鼓励继父母抚养未成年的继子女,《民法典》沿用了此前婚姻立法的精神,以“是否形成抚养关系”为标准,将继父母子女关系分为两类:一类是直系姻亲性质的继父母子女关系,相互之间仅有名分,并不发生法律上的父母子女间的权利义务关系。另一类是拟制血亲性质的继父母子女关系,相互之间发生法律上的父母子女间的权利义务关系。

(二)继子女的法律地位

所谓继子女的法律地位,主要指其与继父母在法律上的关系,同时也涉及其与生父母的法律关系。

《民法典》第 1072 条规定:“继父母与继子女间,不得虐待或者歧视。继父或者继母和受其抚养教育的继子女间的权利义务关系,适用本法关于父母子女关系的规定。”根据这一规定,无论继父母子女间是否形成了抚养教育关系,继父母与继子女都应平等相待,不得虐待或歧视。未形成抚养教育关系的继父母子女间无法定的权利义务关系;形成了抚养教育关系的继父母子女发生与亲生父母子女相同的权利义务关系。

需要注意的是,父母子女之间的关系不因父母离婚而消除,故继子女与继父或继母形成抚育关系后,与不和其共同生活的生父或生母间的权利义务关系仍然存在。在这种情况下,继子女享有着作为子女的双重权利,也负担着作为子女的双重义务。因此,在处理有关抚养、赡养、继承等问题时,应当慎重对待这种双重的权利义务关系。

继子女和继父母形成抚养关系的,与继父母的近亲属之间是否产生近亲属之间的权利义务?例如,继子女与继父母的父母之间,是否产生祖孙之间的权利义务?继子女与继父母的亲生子女之间,是否产生兄弟姐妹之间的权利义务?对此,一般认为,即使继子女和继父母之间产生了父母子女之间的权利义务关系,继子女和继父母的近亲属之间也并不当然产生近亲属之间的权利义务,他们之间仍应属于姻亲关系。这一点与收养产生的后果不同。

(三)继父母子女关系的发生与终止

1. 继父母子女关系的发生

直系姻亲性质的继父母子女关系只需有生父母的再婚行为即可引起。

现实生活中,生父或生母再婚时,如子女已成年并独立生活或子女虽未成年、未能独立生活,但并未受到继母或继父的抚养教育的,就属于这种纯粹的直系姻亲关系。

拟制血亲性质的继父母子女关系除了有生父母的再婚行为外,还须有继父母对继子女事实上的抚养行为。能够与继父母形成抚养关系的,一般应是未成年的继子女。如果继子女虽然已经成年,但确实不能独立生活(如因残疾而无劳动能力),仍需要父母抚养的,也有可能与继父母形成抚养关系。

如何认定继父母与继子女之间"形成抚养关系",一直是困扰司法实务的难题。从审判实务看,多数案件中均将继子女与继父母"共同生活"并"持续一定时间"作为认定"形成抚养关系"的条件。但究竟持续多长时间才可以形成,个案中法官的认定并不相同。甚至有观点认为,只需要有共同生活的事实,无须考虑持续时间。另外,继父母虽然不与继子女共同生活,但为继子女提供了主要生活费用,是否属于"形成抚养关系"范围,同样存在争议。

此外,在现实生活中,有些成年的继子女虽没有受到过继父母的抚养,但却自愿承担了赡养继父母的义务。在这种情况下,双方是否也形成了拟制血亲性质的继父母子女关系呢?对此法律无明文规定,学界也存在争议。我们认为,《民法典》就继父母子女之间拟制血亲形成的条件及后果的规定都非常不完善,尤其是仅以继父母继子女形成抚养关系的事实就当然赋予其拟制血亲的效力,忽视了当事人的意愿,难免会有将身份关系的变动强加于当事人之嫌。因此,不宜对这类拟制血亲的范围作扩大解释。但考虑到权利义务的一致性,《民法典》继承编中规定的"有扶养关系的继子女"享有继承权,此处的"继子女"可以解释包括对继父母尽了赡养义务的成年继子女。

2. 继父母子女关系的终止

直系姻亲性质的继父母子女关系的终止有两种原因:一是继父母继子女一方当事人死亡;二是继父母与生父母离婚。

拟制血亲性质的继父母子女关系的终止相对复杂。一般认为,继子女与继父母的关系不因继父母与生父母的离婚而当然终止,也不因生父或生母的死亡而自然解除。但可以因以下几种情形终止:

第一,因继父母或继子女一方的死亡而终止。亲属关系的一方当事人死亡,亲属关系自然消灭。

第二,协议解除。既然是拟制血亲关系,就可以通过协议而解除。在继子女未成年时,可以经继父母与生父母协商一致,并经有识别能力的继子女的同意而终止双方的权利义务关系。在继子女成年后,若双方因故不愿再维持这种拟制血亲关系,可以由成年继子女与继父母达成解除协议而终止双方的权利义务关系。但此类协议是否需要特定形式或履行特定程序,现行法中并无规定,导致了现实生活中认定继父母子女关系是否解除存在不确定性。例如,与继父母形成抚养关系的继子女成年之后,其生父母死亡,或生父母与继父母离婚,已成年的继子女与继父母不再往来。随后继父母死亡,继子女主张继承权。在这种情况下能否认定当事人之间已经形成的亲子关系已经消灭,司法实务中存在较大争议。

第三,在继子女未成年时,继父母与生父母离婚,若继父母不愿继续抚养的,可以不抚养,也不支付抚养费。如此,可认定双方已经形成的亲子关系解除。

第四,相关当事人就解除已形成拟制血亲的继父母继子女关系发生纠纷,不能达成协议的,可以诉请人民法院解除。但审判实务中,很少有直接提起解除继父母子女关系的诉讼。一般情况下,这类诉讼多以继父母主张成年继子女赡养,或继父母与生父母因未成年继子女的抚养发生纠纷而引起,表现为抚养、赡养纠纷诉讼。在诉讼中,当事人拒绝履行相关义务,往往提出解除已经形成的亲子关系。

总之,基于维系家庭和谐、鼓励继父母主动承担抚养继子女责任的目的,立法规定了继父母子女之间可因抚养事实的存在而产生法律拟制的亲子关系。但立法对这一拟制血亲成立和解除的规定并不明确,在实践中易引发法律适用上的争议。诸如在何种情形下可以认定形成了继父母子女间的抚养关系、何种事实可以导致这种拟制血亲关系的解除、这种拟制血亲关系是否及于双方的近亲属等问题都有待立法的进一步明确和完善。

三、养父母子女关系

养父母子女关系是通过收养行为而创设的亲子关系,是拟制血亲中最主要的一种,对此类亲子关系,《民法典》婚姻家庭编中有单独一节规定。(详见第六章“收养与监护”部分)

四、人工生殖技术介入下的父母子女关系

（一）人工生殖技术概述

人工生殖，也称人类辅助生殖，是指夫妻双方在不能或不愿通过自然生育方法生育子女时，借助于医学辅助技术而实施的生育行为。

自20世纪70年代以来，人工生殖技术的不断应用和推广，对基于自然生育方式建立起来的亲子关系、亲子观念和亲子制度产生了极大的冲击，同时每一种人工生殖技术的问世和应用又带来了诸多全新的伦理和法律问题，立法不得不对之有所应对。

2001年2月20日我国颁布了《人类辅助生殖技术管理办法》，明确人工生殖技术的实施范围与遵循原则，将我国人工生殖技术的应用纳入了法律管制的轨道。但关于人工生殖技术介入所生育的子女的法律地位问题，现行法律尚无明文规定。

现代人工生殖技术主要有以下两种：第一，人工体内授精。即采用辅助手段将精液注入女子生殖道内，使精子与卵子自然结合，以达到妊娠目的的一种生殖技术。其中采用丈夫的精子进行的人工授精，称为同质人工授精（Artificial Insemination by Husband，AIH）；使用丈夫以外的男性精子进行的人工授精，称为异质人工授精（Artificial Insemination by Donor，AID）。第二，人工体外授精。即采人工的方法将卵子取出体外，置入精子使其受精，然后将受精卵经培养后再移植到子宫内孕育的方法，也称“试管婴儿”方式，是体外受精—胚胎移植及其衍生技术的简称。在这种方法下，精子和卵子可能来源于实施人工生殖技术的夫妻双方，也有可能来源于精子和卵子的捐献者。

（二）人工生殖技术介入下的亲子关系认定规则

人工生殖技术介入生育行为，对亲子关系的认定并不必然产生影响。在同质人工授精的情况下，由于精子来源于丈夫，故其与自然生殖的区别仅限于受精方式的不同，没有血缘关系上的变化，所生子女的血缘来自夫妻双方，因而受胎出生的子女仍应是该夫妻的婚生子女。在“试管婴儿”方式下，如由夫妻双方提供的精子和卵子形成受精卵，植入妻子体内孕育并分娩，技术介入同样不影响血缘关系的一致性，因而也可直接认定为夫妻双方的婚

生子女。

在异质人工授精,因使用的精子来源于丈夫以外的男性,使血缘父亲与抚养父亲可能分离;在"试管婴儿"方式中,精子和卵子都有可能来源于捐献者,不仅会出现血缘父亲和抚养父亲的分离,还会出现血缘母亲与分娩母亲的分离。在这种情形下,如果对亲子关系的认定仍以客观血缘为标准,则人工生殖的目的就无法实现。因此,允许实施人工生殖技术的国家和地区都采用"同意原则"取代"血缘规则",作为确立亲子关系的准则。

"同意"是指人工生殖技术所涉及的相关当事人对人工生育及其后果所作出的愿意接受的意思表示。"同意原则"不仅是实施人工生育的前提,也是确定人工生育引发的亲子关系的依据。只要夫妻双方一致同意进行的人工生育,无论精子或卵子的来源如何,所生育的子女均为同意实施手术的夫妻双方法律上的子女。同时,"同意原则"也对精子或卵子的捐赠者产生身份上的排斥效力。捐赠者出于帮助他人实现为人父母的愿望而提供精子或卵子,本身没有成为父母的意思,因此可以排除其亲权人的身份。

《民法典》中没有规定人工生殖技术下亲子关系的认定规则,但相关司法解释曾有涉及。1991 年 7 月 8 日,最高人民法院在《关于夫妻关系存续期间以人工授精所生子女的法律地位的复函》中指出:"在夫妻关系存续期间,双方一致同意进行人工授精,所生子女应视为夫妻双方的婚生子女,父母子女之间的权利义务关系适用《婚姻法》的有关规定。"根据这一解释,只要夫妻双方一致同意进行人工授精,则所生子女无论与夫妻双方或一方有无遗传关系,均是夫妻双方的婚生子女。同时也可以反推出,若妻子未经丈夫同意擅自进行人工授精,则所生子女仅是妻子的非婚生子女,不能当然与丈夫发生亲子关系。这一司法解释虽然内容简单,但明确了"同意原则"是认定人工生殖技术下亲子关系的依据。这一原则同样可以适用于"试管婴儿"技术下的亲子关系的认定,卵子来源于供体与精子来源于供体并无本质区别,接受这一生育方式的夫妻双方因"同意"而取得法律上的父母地位,排除了客观血缘的作用。最新颁布实施的《民法典婚姻家庭编解释(一)》第 40 条沿用了这一规则。

值得注意的是,代孕现象的出现给"同意原则"的适用带来困扰。代孕是指在体外受精的卵子形成胚胎后,将其植入代孕女性子宫内,由代孕女性替代完成怀胎和分娩的过程。代孕行为在技术上并无特殊性,但与传统的人工生殖行为相比，多了第三人——代孕母亲的介入，而这一介入冲击了“分娩者为母亲”这一传统的母亲身份确立规则，动摇了亲子关系认定的基础。

由于代孕涉及孕母的身体、感情、健康等一系列人格尊严问题，其引发的社会、伦理问题更加复杂，因此各国对代孕技术的运用都持更加审慎的态度。目前，德、法、意、瑞等大陆法系国家多对代孕持否定态度，我国《人类辅助生殖技术管理办法》也明确禁止任何形式的代孕。英美法系国家多持有条件允许的态度。

第三节　其他近亲属关系

一、其他近亲属关系的界定

界定其他近亲属关系主要涉及两方面：一是其他近亲属的范围；二是其他近亲属之间的权利义务。

《民法典》第1045条第1款、第2款规定：“亲属包括配偶、血亲和姻亲。配偶、父母、子女、兄弟姐妹、祖父母、外祖父母、孙子女、外孙子女为近亲属。”由于配偶之间的权利义务和亲子之间的权利义务均有专章阐述，此处“其他近亲属”是指兄弟姐妹、祖父母、外祖父母、孙子女、外孙子女；“其他近亲属之间的关系”是指祖孙之间、兄弟姐妹之间的权利义务关系，主要表现为彼此互负扶养权利和义务。

扶养是指特定亲属之间所负的法定生活供养关系。[1] 互有特定亲属身份的当事人之间，一方对另一方承担法定生活供养义务，其中提供扶养的人为扶养义务人，接受扶养的人为扶养权利人。法律上的“扶养”一词有广义和狭义之分。广义的“扶养”包括所有基于亲属身份而发生的法定生活供养关系，无辈分差异，包括长辈对晚辈的抚养、晚辈对长辈的赡养、平辈之间的扶养。狭义的“扶养”仅指平辈亲属之间相互供养的权利义务关系。本节“扶养”为广义上的扶养。但在阐述某一特定亲属间扶养关系时，则依据习惯用法，区分指称。

---

〔1〕 传统民法中扶养仅限于经济上的供养。扶养内容是否涵盖精神上的慰藉和体力上的扶助存在不同观点。

二、祖孙之间的权利义务关系

祖孙之间为隔代的直系血亲,包括祖父母与孙子女、外祖父母与外孙子女。传统观念上祖父母和孙子女之间的关系,与外祖父母和外孙子之间的关系并不相同。前者属于近亲属范畴,彼此权利义务关系密切;后者属于亲戚范畴,权利义务有限。但在现代亲属制度下,二者不再有权利义务上的差异。

一般情况下,祖孙之间并不发生抚养赡养关系,未成年子女由父母抚养,父母由成年子女赡养。但在父母无力履行抚养未成年子女的义务,或成年子女无力履行赡养父母的义务的情况下,祖孙之间作为近亲属,也有法定的扶养义务。《民法典》第 1074 条规定:“有负担能力的祖父母、外祖父母,对于父母已经死亡或者父母无力抚养的未成年孙子女、外孙子女,有抚养的义务。有负担能力的孙子女、外孙子女,对于子女已经死亡或者子女无力赡养的祖父母、外祖父母,有赡养的义务。”据此,祖孙相互之间承担扶养义务都必须具备一定的条件。

(一)祖父母、外祖父母对孙子女、外孙子女承担抚养义务的条件

1. 祖父母、外祖父母有负担能力。首先,祖父母、外祖父母的扶养义务应为经济上的供养义务。判断判断祖父母、外祖父母是否有负担能力,应当从当事人的经济状况着手。即使祖父母、外祖父母因年龄、身体原因无力亲自照顾未成年的孙子女、外孙子女,只要经济状况许可,也属于有负担能力。其次,祖父母、外祖父母的扶养义务属于生活扶助义务。祖父母、外祖父母只在“有余力”的情况下,才对孙子女、外孙子女承担法定扶养义务。“有余力”是指祖父母、外祖父母在满足自己生活并履行顺位在先的扶养义务之后,仍有经济能力。

2. 孙子女、外孙子女的父母已经死亡或确无能力抚养。父母是未成年子女的第一顺位抚养义务人,只有在父母已经死亡或确无能力抚养的情况下,祖父母、外祖父母才承担抚养义务。“确无能力抚养”是指父母不能以自己的劳动收入和其他收入维持自己和子女的生活。

3. 孙子女、外孙子女尚未成年。祖父母、外祖父母只对未成年的孙子女、外孙子女负有法定抚养义务。虽然已经成年的孙子女、外孙子女同样可能需要抚养,但祖父母、外祖父对其并无法定抚养义务。由于对未成年人的

抚养具有期限性，至其成年为止；而对成年的无独立生活能力人的抚养可能是终身的，所以由祖父母、外祖父母承担对成年孙子女、外孙子女的抚养义务显然不尽合理。在成年孙子女、外孙子女没有扶养义务人时，应由国家承担供养责任，即纳入社会保障范围。

现实生活中，负有抚养义务的祖父母、外祖父母可能均有负担能力。在这种情况下，可以由当事人协商确定抚养义务的具体承担方式。如当事人不能就抚养问题协商一致，可根据当事人的经济状况，按照一定比例分担抚养费用。

（二）孙子女、外孙子女对祖父母、外祖父母承担赡养义务的条件

1. 孙子女、外孙子女有负担能力。首先，作为赡养义务人，此处的孙子女、外孙子女应指成年的孙子女、外孙子女，未成年人不具有承担赡养义务的能力。如果孙子女、外孙子女属于"视为完全民事行为能力人"，即"16周岁以上的未成年人，以自己的劳动收入为主要生活来源的"[1]，是否属于扶养义务人？从拟制完全民事行为能力的目的看，主要是便于已经能够以自己的劳动收入独立生活的未成年人从事相关法律行为，如果因其被视为完全民事行为能力人而课以赡养义务，显然有失公平。且当事人可能因为失去劳动收入而不再具备完全民事行为能力，所以不宜纳入赡养义务人范围。其次，孙子女、外孙子女应该具有经济供养能力。孙子女、外孙子女的赡养义务同样应属于"余力"扶养，即在维持自己和顺位在先抚养权利人的生活之外，还有供养能力。

2. 祖父母、外祖父母的子女已经死亡或无力赡养。如果祖父母、外祖父母有子女，应当首先由其子女承担赡养义务。"子女无力负担"应理解所有子女都无力负担。如果某个子女无力负担的，并不意味着该子女的子女（孙子女或外孙子女）就有赡养义务；而是要看作为被赡养人的祖父母、外祖父母是否还有其他有负担能力的子女。只有在没有其他子女或其他子女都无力赡养的情况下，才能要求孙子女、外孙子女负担。

三、兄弟姐妹之间的扶养义务

《民法典》第1075条规定："有负担能力的兄、姐，对于父母已经死亡或

---

〔1〕 参见《民法典》第18条第2款。

者父母无力抚养的未成年弟、妹,有扶养的义务。由兄、姐扶养长大的有负担能力的弟、妹,对于缺乏劳动能力又缺乏生活来源的兄、姐,有扶养的义务。”此处的兄弟姐妹,既包括同父同母的全血缘兄弟姐妹,也包括同父异母或同母异父的半血缘兄弟姐妹,还包括养兄弟姐妹。兄弟姐妹之间承担扶养义务也须具备一定的条件。

(一)兄、姐对弟、妹承担扶养义务的条件

1. 兄、姐有负担能力。此处兄、姐,应为成年人。“有负担能力”是指除了维持自己和扶养顺位在先权利人的生活之外,还有供养能力。

2. 弟、妹为未成年人。已经成年的弟、妹,如果没有扶养义务人,应纳入社会保障负担范畴。

3. 父母已经死亡或无力抚养。父母是未成年子女的第一顺位扶养义务人,所以只有在父母死亡或确实无力抚养的情况下,兄、姐才有法定扶养义务。父母对未成年子女的扶养义务是生活保持义务,“无力抚养”是指父母无法以自己的收入和财产维持其本人和子女的生活。

对未成年人而言,如果父母死亡或无力抚养,不仅兄、姐有扶养义务,祖父母、外祖父母也有扶养义务,二者扶养顺位相同。在有数个同一顺位法定扶养义务人,可由扶养人协商决定扶养义务的承担;协议不成的,应根据各扶养人的经济状况按比例承担。

(二)弟、妹对兄、姐承担扶养义务的条件

1. 弟、妹有负担能力。此处弟、妹应为成年人。“有负担能力”是指除了维持自己和扶养顺位在先权利人的生活之外,还有供养能力。

2. 兄、姐缺乏劳动能力又缺乏生活来源。缺乏劳动能力是指没有劳动能力或不能以自己的劳动维持自己的生活;缺乏生活来源是指维持生存所必需的生活费用或物品不足。二者要同时具备。

3. 弟、妹由兄、姐扶养长大。即作为扶养权利人的兄、姐曾为弟、妹的成长提供了全部或主要扶养费用。

与其他亲属之间的扶养义务相比,弟、妹对兄、姐承担扶养义务所需具备的条件最多。主要原因是:作为被扶养人的兄、姐为成年人,扶养义务的持续时间具有不确定性,对扶养人而言负担较重;且兄弟姐妹之间为旁系血亲,一般情况下各有家庭,课以扶养义务对扶养人家庭也会产生较大影响。

所以只有在极为特殊的情况下，才要求弟、妹对兄、姐承担扶养义务，这既基于权利义务对等理念，也是为了弘扬中华民族固有的重视亲情伦理的传统。

第六章 收养与监护

第一节　收养制度

一、收养制度概述

收养制度是调整收养行为的成立、效力和终止的各种法律规范的总和。收养的目的是形成拟制血亲关系，这种拟制血亲关系在形成和终止的原因、效力所及的范围上，与自然血亲关系存在差别，所以收养制度具有相对独立性。但因收养而产生的拟制血亲是亲属关系中的重要组成部分，因此收养制度是婚姻家庭制度的重要组成部分。

（一）收养的概念和特征

收养是指自然人依照法律规定的条件和程序，领养他人的子女为自己的子女，使之发生父母子女间权利义务关系的民事法律行为。因收养形成的亲属关系，称为拟制血亲关系。领养他人子女为自己子女的人称为收养人，被他人收养的人称为被收养人，将子女或未成年人送给他人收养的自然人或社会组织称为送养人。收养行为具有以下特征：

1. 收养是一种双方法律行为。收养行为是民事法律行为的一种，应符合《民法典》关于民事法律行为的一般规定。收养关系的当事人包括收养人、送养人和被收养人，他们在法律上的地位是平等的。成立收养关系须收养人与送养人双方达成协议，并符合法律规定的条件，履行法律规定的程序，才能达到亲子关系变动的效力。

2. 收养是身份法上的行为。收养是创设拟制血亲的身份法律行为。收养关系成立后，一方面解除了被收养人与其生父母间的权利义务关系，另一方面形成了收养人与被收养人之间拟制的父母子女关系,使养父母代替了生父母的法律地位。收养以变动身份为内容,故该行为应符合身份法律行为的特殊要求。

3. 收养是要式法律行为。收养是引发当事人身份关系变更的重大法律行为,不仅涉及当事人的切身利益,也关系到家庭和社会的利益。因此,各国收养法都规定收养行为必须采取某种法定形式始得成立。这些法定形式主要有收养契约、收养登记、收养公证及法院宣告等。为了保护养子女的利益、强化身份变动的公示性,现今各国立法对收养成立及解除的形式要件多采用国家监督主义。

(二)收养的基本原则

1. 有利于被收养人的抚养、成长

《民法典》第1044条第1款规定:"收养应当遵循最有利于被收养人的原则,保障被收养人和收养人的合法权益。"现代社会的亲子关系秉承"未成年子女最佳利益"原则,体现在收养法中,就是确立"为子女之收养"的立法理念,以保障被收养的未成年人健康成长为目的。

2. 保障当事人合法权益

收养创设了亲子关系,使收养人取得父母身份,该身份就应受到法律保护。保护合法的收养关系有助于更好地发挥家庭养老育幼的社会功能。

3. 不违背社会公德

社会公德是指社会全体成员在社会的公众生活中形成的基本道德规范和行为准则,是社会公共生活的基本准则。收养涉及身份关系的变更,具有极强的伦理性。所以,当事人在进行收养活动时不但要遵守法律规范,还应尊重社会伦理道德及习俗的要求。

4. 不违反计划生育法律政策

计划生育是我国的一项基本国策。收养子女作为补充自然生育的必要手段,与计划生育有着直接密切的关系。收养行为同样应符合计划生育相关法律和政策的要求。

二、收养关系成立的实质要件

收养关系的成立是指收养当事人依照法定的条件和程序建立起收养关系。收养是变更身份关系的一项重要法律行为,不仅涉及当事人的人身和财产，也关系到家庭、社会的利益，因而其成立必须符合法律规定的实质要件和形式要件。

（一）一般收养关系成立的实质要件

所谓一般收养关系成立的条件，是指通常情况下建立收养关系时，当事人和收养行为所应具备的条件。

1. 收养当事人应具备的条件

《民法典》第 1093 条至第 1098 条分别规定了收养各方当事人应当具备的条件。

被收养人应同时具备以下条件：（1）年龄未满 18 周岁；（2）生父母死亡或查找不到生父母，或生父母有特殊困难无力抚养。未成年人缺乏独立生活的能力，需要依靠他人的养育。收养的目的就是使那些无人抚养或生父母无力抚养的未成年人重新获得家庭的温暖，在养父母的抚养下健康地成长。成年人一般能够自食其力，不需要依靠他人的养育。同时，如果被收养人已经成年，则很难与养父母建立起父母子女的感情。

收养人应当同时具备下列条件：（1）年满 30 周岁。若收养人为夫妻的，须夫妻双方均年满 30 周岁。这一规定基于两方面考虑：一方面是收养人需承担对被收养人抚养责任，一般需达到一定年龄才能具备抚养能力；另一方面是保证收养人与被收养人之间有适当的年龄差距。（2）无子女或者只有一名子女，即收养人不论有无配偶，必须无法律意义上的子女，或只有一名子女。（3）有抚养、教育和保护被收养人的能力。首先，收养人要保证自己能够承担起为人父母的责任，能够切实地履行抚养和教育养子女的义务。因此，具有抚养和教育被收养人的能力是收养人不可缺少的前提条件。这种能力首先是指收养人必须具有完全民事行为能力。其次，收养人还必须具备抚养未成年子女的必要的经济条件、身体条件和教育能力，能够从物质生活和教育诸方面为被收养人的成长提供必要的条件。最后，收养人还必须具备良好的道德品质，堪为人父母。（4）未患有在医学上认为不应当收养子女的疾病。为保障未成年养子女的身体健康和正常生活，对收养人的身体状况有一定要求。这是一个概括性的规定，具体收养人患有哪些疾病不准收养子女，法律尚无明确规定，司法实践中通常禁止有严重传染病或精神病的人收养子女。（5）无不利于被收养人健康成长的违法犯罪记录。这一规定是对收养人适格的最基本要求，对于保护被收养人的利益有重要意义。

收养人的人格品行会直接影响被收养子女的健康成长,当事人有违法犯罪记录,并不表明其必然会对养子女实施侵害行为。但有违法犯罪记录表明当事人法律意识淡薄,有不受法律约束的可能,限制其实施收养行为,体现了被收养人利益最大原则。

送养人可以是18周岁以下的未成年人的生父母、其他监护人、社会福利机构,但须分别符合相应的条件。

生父母作为送养人,应具备的条件是:(1)生父母有特殊困难,双方均无力抚养子女。抚养未成年子女是生父母双方的法定义务,一般情况下,父母只要一方有抚养能力,就不允许通过送养转移抚养子女的义务。只有生父母双方均因身体或经济等方面的特殊困难确实无力抚养子女时,才可以为了子女的利益将子女送他人收养。(2)生父母送养子女,须双方共同送养。通常情况下不允许生父母单方送养子女,对于非婚生子女,也应由其生父母共同送养。生父母一方下落不明或查找不到的可以单方送养。生父母离异的,一方要送养子女,必须征得另一方同意。(3)在生父母一方死亡后,如果生存一方父母要将未成年子女送养的,死亡一方的父母,即被送养人的(外)祖父母有优先抚养的权利。也就是说,此种情形下的送养须先征求死亡一方父母的意见。若他们愿意并有能力抚养该孙子女或外孙子女的,生存一方就不得将未成年子女送与他人收养。

其他监护人作为送养人,应具备的条件是:(1)在未成年人的父母均死亡的情况下,该未成年人的监护人要将其送养的,须征得对该未成年人有法定抚养义务的人的同意。根据《民法典》的规定,在未成年人的父母双亡或均丧失抚养能力的情况下,该未成年人的祖父母、外祖父母、成年的兄姐有抚养未成年人的义务。因此,其他监护人要送养未成年的被监护人的,应征得该未成年人的祖父母、外祖父母或成年兄、姐的同意。如果他们不同意送养,监护人又不愿意继续履行监护职责时,应依照《民法典》的规定,变更监护人。(2)在未成年人的父母均不具备完全行为能力时,该未成年人的监护人原则上不得将其送养。但父母对该未成年子女有严重危害性的,允许监护人将其送养。

社会福利机构作为送养人,应具备的条件是:(1)此处福利机构是指特定机构,即由民政部门设立的,专门收容、抚养暂时无法查明生父母或监护人的弃儿、孤儿的社会组织,如儿童福利院等。(2)只能送养查找不到生父母的弃婴、弃儿及孤儿。

2. 一般收养行为应具备的其他实质要件

收养是身份法律行为,必须具备法律行为的有效要件。除了各方当事人必须符合收养法的规定外,还必须符合以下要件:(1)须各方当事人达成收养合意,且合意真实。收养人与送养人须双方自愿,并在此基础上达成收养协议。若被收养人是年满8周岁以上的限制民事行为能力人,则已有相当的判断能力,应当征得其本人的同意。有配偶者收养子女,须征得其配偶的同意,由配偶双方共同作为收养人。(2)收养行为不违反法律禁止性的规定。

(二)特殊收养关系成立的实质要件

特殊收养是相对于一般收养而言,主要是指几类特殊身份当事人的收养行为。出于鼓励或限制这些当事人收养的目的,对其所应具备的条件作了变通规定。需要注意的是,关于这几种特殊收养行为,如果《民法典》未作特别规定的,仍应适用一般收养行为的有效条件。《民法典》规定的特殊收养主要有以下四种。

1. 收养三代以内同辈旁系血亲的子女

收养三代以内同辈旁系血亲的子女,即收养兄弟姐妹、堂兄弟姐妹、表兄弟姐妹的子女,被收养人是收养人的侄(甥)子女、堂侄(甥)子女、表侄(甥)子女。因收养人和被收养人之间存在自然血亲关系,在重视血缘的国情下更容易为民众所接受,所以我国民间历来有亲属间收养(俗称过继)的习俗。由于当事人之间本来就是近亲属,存在天然的血缘关系,相互之间更为了解,他们之间成立收养关系更容易培养亲情,关系也更为稳定。《民法典》对此类收养行为持肯定与鼓励的态度,放宽了收养的条件:

(1)不受第1093条第3项和第1094条第3项的限制。即被收养人不受“生父母有特殊困难无力抚养的子女”的限制、不受“有特殊困难无力抚养子女的生父母”的限制。我国民间习惯上,收养人更倾向于收养与自己有血缘关系的孩子,立法对此持认可态度,规定收养人收养自己的侄子女、外甥子女,不受其生父母状况限制;即使生父母状况良好、能够抚养自己的子女,但只要收养人和送养人双方同意,就符合送养条件。

(2)不受第1102条的限制。即无配偶者收养异性的三代以内同辈旁系血亲的子女,可以不受年龄相差40周岁以上的限制。

此外,如果华侨收养三代以内同辈旁系血亲的子女,除上述放宽条件外，还不受第1098条第1项规定的限制，即不要求收养人无子女或只有一名子女。

2. 收养孤儿、残疾儿童或社会福利机构抚养的查找不到生父母的弃婴和儿童

公民自愿收养父母双亡的孤儿或身心有某种缺陷的残疾儿童，以及查找不到生父母的弃婴和弃儿，承担抚养教育和监护他们的责任，体现了高尚的人道主义精神，也为社会减轻了负担，是利国利民的积极行为。为了提倡和鼓励这种收养行为，《民法典》放宽了这类收养的条件：

（1）收养人可以不受一般收养人必须无子女或只有一名子女的限制。即使收养人已有子女，只要收养人还有抚养能力，仍可以收养孤儿、残疾儿童或社会福利机构抚养的查找不到生父母的弃婴和儿童。

（2）收养人可以不受只能收养一名子女的限制，即可以收养两名以上的孤儿、残疾儿童或社会福利机构抚养的查找不到生父母的弃婴和儿童。当然，具体允许收养几个子女，也要考虑收养人的抚养能力，要能保障被收养人的健康成长。

3. 无配偶者收养异性子女

无配偶者是指因未婚、离婚或丧偶等原因而单身的成年人，包括单身的成年女性和男性。《民法典》允许无配偶者收养子女，但对无配偶的收养人收养异性子女的，有较为严格的限制，即"收养人与被收养人的年龄应当相差40周岁以上"。这样规定的目的，在于维护收养关系的伦理性，保护被收养子女的合法权益，避免发生借收养名义而违背社会伦理的不良行为。

4. 收养继子女

继子女和继父母的关系是因生父母的再婚而形成的，在一般情况下，他们之间只是姻亲关系，并无法律上的权利和义务。但从维护再婚家庭的稳定和睦出发，鼓励继父或继母经继子女的生父母同意收养继子女，使他们之间形成完全等同于生父母子女之间的权利义务关系，这样既有利于对未成年继子女的抚养教育，也可以减少再婚家庭的矛盾。可以说，《民法典》对这类收养的条件，除了要求征得生父母的同意外，几乎没有其他的限制。具体而言：

（1）不受第1093条第3项、第1094条第3项的限制。即可以不受作为送养人的生父或生母应是有特殊困难无力抚养子女的限制；生父或生母即

使没有特殊困难,也可以将子女送养给继父或继母。

(2)不受第1098条和第1100条第1款的限制。即作为收养人的继父或继母可以不受一般收养人的条件限制,包括无子女或只有一名子女,有抚养、教育和保护被收养人的能力,未患有在医学上认为不应当收养子女的疾病,无不利于被收养人健康成长的违法犯罪记录,年满30周岁的限制,也不受收养子女人数的限制。但需要注意的是,在实践中,登记机关在办理收养登记时,仍应当对作为收养人的继父母的人格、品行等方面进行评估,以保护被收养的未成年人利益。如继父母确实存在可能不利于被收养人成长的情形,登记机关应不予办理收养登记。

(三)隔代收养问题

隔代收养是指收养养孙子女。现实生活中,有些老年收养人因与被收养人的年龄差距太大或辈分不当,双方就以养祖父母养孙子女相称。司法实践中通常把这种收养养孙的行为称为隔代收养。

《民法典》对隔代收养没有规定,但也未明文禁止。最高人民法院于1984年在《关于贯彻执行民事政策法律若干问题的意见》中指出:"收养人收养他人为孙子女,确已形成养祖父母与养孙子女关系的,应予承认。解决收养纠纷或有关权益纠纷时,可依照婚姻法关于养父母与养子女的有关规定,合情合理地处理。"由此可见,在隔代收养中,收养人与被收养人只是在称呼上以养祖父母养孙子女相称,在实质上,他们之间的权利义务关系是养父母与养子女的关系,而不适用祖孙关系的规定。需要注意的是,隔代收养中,收养人与被收养人除了具有年龄差距较大或本来就是隔代辈分亲属关系的事实之外,在法律上同样必须符合《民法典》关于收养成立条件和程序的规定,且只能是收养人(包括收养人夫妻双方)本人直接收养,而不是代收养人的子女实施收养行为。

三、收养关系成立的形式要件

收养关系成立的程序也就是收养关系成立的形式要件。收养为要式行为,除了必须收养的实质要件外,还必须履行法定的收养手续。根据《民法典》以及民政部于1999年5月发布的《中国公民收养子女登记办法》[1](以

---

〔1〕 因《民法典》的颁布实施,《收养登记办法》也在修订中。

下简称《收养登记办法》)的规定,中国公民在中国境内收养子女应履行法定的程序。

(一)收养登记

《民法典》第 1105 条第 1 款规定:"收养应当向县级以上人民政府民政部门登记。收养关系自登记之日起成立。"可见,办理收养登记是我国收养关系成立的唯一程序。

1. 办理收养登记的机关

根据被收养人的不同情况,应当分别向以下县级以上人民政府民政部门登记[1]:

(1)收养社会福利机构抚养的查找不到生父母的弃婴、儿童和孤儿的,在社会福利机构所在地的收养登记机关办理登记。

(2)收养非社会福利机构抚养的查找不到生父母的弃婴和儿童的,在弃婴和儿童发现地的收养登记机关办理登记。

(3)收养生父母有特殊困难无力抚养的子女或者由监护人监护的孤儿的,在被收养人生父母或者监护人常住户口所在地(组织作监护人的,在该组织所在地)的收养登记机关办理登记。

(4)收养三代以内同辈旁系血亲的子女,以及继父或者继母收养继子女的,在被收养人生父或者生母常住户口所在地的收养登记机关办理登记。

2. 办理收养登记的具体程序

收养登记的具体程序包括申请、审查及公告、登记三个环节。收养关系当事人应当亲自到收养登记机关办理成立收养关系的登记手续。夫妻共同收养子女的,应当共同到收养登记机关办理登记手续;一方因故不能亲自前往的,应当书面委托另一方办理登记手续,委托书应当经过村民委员会或者居民委员会证明或者经过公证。申请时,收养人和送养人都应当按照规定向登记机关提交相关的证件和证明材料。登记机关对当事人提交的相关证件和证明材料应在法定期间内,就其真实性、合法性进行审查。如果被收养人是查找不到生父母的弃婴和儿童的,登记机关应当在登记前公告寻找被收养人的生父母或其他监护人。经审查合格,又无人提出异议的,登记机关应当准予登记,发给收养登记证,收养关系自此成立;对不符合《民法典》关

[1] 参见《收养登记办法》第 3 条。

于收养条件规定的,不予登记,但应对当事人说明理由。

《民法典》第 1105 条第 3 款规定:“收养关系当事人愿意签订收养协议的,可以签订收养协议。”第 4 款规定:“收养关系当事人各方或者一方要求办理收养公证的,应当办理收养公证。”可见,书面收养协议和收养公证都不是收养成立的法定程序,而是法定程序以外的当事人可自行选择的形式,是否订立书面的收养协议或办理收养公证,不影响收养关系的效力。

(二)收养评估

《民法典》第 1105 条第 5 款规定:“县级以上人民政府民政部门应当依法进行收养评估。”《收养登记办法》中明确规定了办理收养登记需要提交的申请及证明材料,民政部门按照规定的程序对申请人提供的材料进行形式审查。因形式审查不能保证收养人和送养人提供材料的真实性,更无法判断特定主体之间建立收养关系是否适当,尤其是无法判断收养是否有利于被收养人的健康成长。所以,为贯彻“被收养人利益最大”原则,《民法典》规定了登记部门应当进行收养评估。

收养评估是指由评估机构对收养人的能力资质和与被收养人的相处情况进行审查。收养评估机构应当对收养人的婚姻状况、家庭生活、经济收入、居住条件、受教育程度、人格品行、生育或收养子女等情况进行实地考察,作出综合判断,形成评估报告。评估报告应当作为收养登记机关决定是否予以登记的重要参考。收养评估制度的建立,明确了登记机关的义务和责任,强化了国家公权力对收养行为的介入和监督,更有利于保护被收养人的成长。

(三)事实收养问题

在现实生活中,由于种种原因,一些收养人未经办理必要的手续即领养了他人子女。对此类行为,司法实践是根据不同的情况区别处理的。

1. 对于在《收养法》施行之前领养的,应按当时的有关规定认定。1993 年司法部《关于办理收养法实施前建立的事实收养关系公证的通知》规定:“对于收养法实施前已建立的事实收养关系,当事人可以申办事实收养公证。凡当事人能够证实双方确实共同生活多年,以父母子女相称,建立了事实上的父母子女关系,且被收养人与其生父母的权利义务关系确已消除的,可以为当事人办理收养公证。收养关系自当事人达成收养协议或因收养事实而共同生活时成立。”根据该通知并结合1984年最高人民法院《关于贯彻执行民事政策法律若干问题的意见》第28条的规定，在《收养法》正式施行前形成的事实收养关系，如果同时具备以下三个条件的，可以承认其具有收养的效力：第一，双方共同生活多年，形成了事实抚养关系；第二，双方对外公开以父母子女相称，亲戚朋友也认为他们是养父母子女关系；第三，被收养人与其生父母的权利义务关系实际上已经消除。

2.《收养法》施行之后，公民未履行法定的程序而领养他人子女的，按现行《收养法》的规定，原则上不再赋予收养的效力。

但现实中，《收养法》施行后的私自收养行为仍大量存在，其原因是多方面的。一方面，被收养的孩子中有相当一部分是由于自然灾害、意外事件、家庭变故、肢体残疾等原因而成为孤儿、弃儿或生活无法得到保障的儿童。事实收养为这些不幸的孩子提供了家庭的成长环境。另一方面，我国现在受不孕不育困扰的夫妻有相当比例，有些人意欲通过收养获得感情上、精神上的慰藉，享受正常家庭的天伦之乐，但苦于不符合收养的法定条件，便转而私下收养。因此，一概否认现实中存在的事实收养行为的合理性和社会价值似有不妥。

有鉴于此，2003年10月民政部出台了《家庭寄养管理暂行办法》，标志着家庭寄养获得国家的正式认可与鼓励。2008年9月，民政部、司法部等五个部门联合下发了《关于解决国内公民私自收养子女有关问题的通知》，提出应该本着“以人为本、儿童至上、区别对待、依法办理”的原则，积极稳妥地解决已经形成的私自收养问题。对符合实质要件仅欠缺形式要件的私自收养，允许当事人办理收养登记。对于不符合实质要件的私自收养，允许在补正相关实质要件后，办理收养登记。2013年5月，民政部联合国家发展和改革委员会、公安部等七个部门发布了《关于进一步做好弃婴相关工作的通知》，重新强调要解决民办机构和个人收留弃婴的问题。针对因不符合相关法律政策规定不能办理收养登记的个人收留弃婴行为，提出“若收留人坚持自行抚养又符合家庭寄养条件的，当地儿童福利机构可与其签订家庭寄养协议，并参照《家庭寄养管理暂行办法》指导和监管”。

四、收养行为的法律效力

《民法典》第1111条规定：“自收养关系成立之日起，养父母与养子女间的权利义务关系，适用本法关于父母子女关系的规定；养子女与养父母的近亲属间的权利义务关系，适用本法关于子女与父母的近亲属关系的规定。养子女与生父母以及其他近亲属间的权利义务关系，因收养关系的成立而消除。”根据上述规定，收养关系成立的法律效力有拟制和解消两方面的效力。

（一）拟制效力

收养的目的在于使特定的当事人间产生法律上的权利义务关系，所以，收养的拟制效力是收养关系成立的主要法律效力。收养关系成立后，收养人与被收养人之间就产生了拟制的父母子女关系。不仅如此，这种拟制的效力还可能及于收养人的近亲属及被收养人的后代。收养的拟制效力在我国具体表现为：

第一，收养人与被收养人之间形成拟制的父母子女关系，相互之间的权利义务等同于自然血亲的亲子关系。

第二，被收养人与收养人的近亲属之间形成相应的拟制的亲属关系，即收养的效力及于近亲属。被收养人与收养人的近亲属之间，也产生与自然血亲近亲属相同的权利义务。如养父母的亲生子女和养子女之间，产生兄弟姐妹的权利义务；养父母的父母和养子女之间，产生（外）祖父母与（外）孙子女之间的权利义务。

第三，被收养人的后代与收养人及其近亲属之间形成相应的拟制的亲属关系。虽然《民法典》对此没有明文规定，但从法理层面看是成立的，长期以来的司法实践也是认可的。如《民法典继承编解释（一）》第15条规定，被继承人的养子女的生子女、被继承人的养子女可代位继承。由此可见，收养关系成立后，被收养人的后代与收养人及其近亲属之间也形成相应的拟制的亲属关系。

（二）解消效力

在我国收养关系一经成立，被收养人与其亲生父母及其他自然血亲的亲属间的法律上的权利义务关系就此消灭。但收养关系的成立只解除被收养人与其亲生父母及其他自然血亲的亲属间的法律上的权利义务关系，他们之间的血缘上的联系并不因此消灭，因此《民法典》关于禁止直系血亲和三代以内旁系血亲结婚的规定仍然适用于他们之间。需要注意的是，如果生父母与收养人结婚的，该生父母及其近亲属与被收养人的法律关系不消灭。

五、收养行为的无效

收养行为的无效是指收养行为因欠缺法定的条件或程序，不能产生当事人所追求的收养的法律后果。

1. 收养行为无效的原因

《民法典》第 1113 条规定："有本法第一编关于民事法律行为无效规定情形或者违反本编规定的收养行为无效。无效的收养行为自始没有法律约束力。"据此，引起收养行为无效的原因主要有两类：

第一，收养行为不符合民事法律行为一般有效要件的规定。收养行为是引发身份关系变更的重大的民事法律行为，必须符合民事法律行为的一般有效要件。根据《民法典》第 143 条的规定，如收养人或者送养人不具有相应的民事行为能力、当事人关于收养的意思表示不真实、收养行为的内容或目的严重违反了法律、行政法规的强制性规定或者违背了公序良俗等，均可能导致收养行为无效。此外，依据《民法典》第 52 条的规定："被宣告死亡的人在被宣告死亡期间，其子女被他人依法收养的，在死亡宣告被撤销后，不得以未经本人同意为由主张收养行为无效。"已经登记的收养关系受法律保护，被宣告死亡的生父母重新出现后，可与收养人协商收养事宜，仅以未经自己同意而主张收养无效的，不能成立。

第二，收养行为违反了《民法典》婚姻家庭编第五章"收养"中的特别规定。《民法典》婚姻家庭编是规范收养行为的主要法律依据，其中"收养"部分对收养成立的实质要件和形式要件有明确规定，这些规定都是强行性的规定，当事人必须完全符合、严格遵守。因此，如果收养行为不具备《民法典》规定的成立收养的条件与程序的要求，必然是无效的。

2. 收养行为无效的处理程序

确认收养行为无效是对已经过公示的收养行为的推翻，因此为慎重和严肃起见，必须经过法定的程序，才能确认收养行为的无效。依据《民法典》的规定，收养行为无效应根据当事人申请、由人民法院确认。法院作出确认收养无效的判决后，由当事人持法院生效判决到收养登记机关请求撤销收养登记，收养登记机关应当撤销收养登记，并收缴收养登记证。另外，人民法院在审理相关纠纷时，若发现有不符合法定条件的收养关系的，也应当依职权确认其无效。

3. 收养行为无效的法律后果

根据《民法典》的规定，我国收养行为无效采取自始无效制度，即从行为开始时起就没有收养的法律效力。故一经法院确定无效，收养行为自始没有法律约束力，当事人之间的身份相当于未发生变动。

六、收养关系的解除

收养关系的解除，是指在养父母与养子女生存期间，通过人为的手段终止收养关系，是收养关系终止的原因之一。收养关系作为一种法律拟制的父母子女关系，既可依法而成立，也可依法而解除，这是它与自然血亲明显的不同之处。收养关系的解除同样也是引起身份关系变更的重大法律事实，所以不允许当事人随意地解除。因此，《民法典》对收养关系的解除作了必要的限制。

（一）解除收养关系的程序

1. 依行政程序解除收养关系

依行政程序解除收养关系是指当事人通过在民政部门办理解除收养关系登记的方式终止相互间的收养关系，又称登记解除收养关系。登记解除收养关系必须具备以下条件：

第一，当事人之间已经达成解除收养关系的协议。其中，在养子女未成年以前，由收养人、送养人协商一致；养子女年满 8 周岁的，还应征求其本人的意见；养子女成年以后，应由养父母与养子女协商一致。

第二，协议的当事人必须具有完全的民事行为能力。如果一方是无行为能力人或限制行为能力人，难以就如此重大的身份变更行为作出理智的选择，因而法律不认可当事人在这种精神状态下作出的行为。并且，解除收养关系的协议是不得代理的行为。因此，在这种情形下，只能通过诉讼程序解除收养关系。

2. 依诉讼程序解除收养关系

依诉讼程序解除收养关系通常发生在当事人一方要求解除，或双方虽然都愿意解除但不能就相关事项达成协议的情形下。当事人可以向人民法院提起诉讼，请求法院处理解除收养关系的纠纷。人民法院处理此类纠纷，应当查明要求解除收养关系的真实原因，根据养父母与养子女间关系的现状，本着保护合法的收养关系，维护收养关系各方当事人的合法权益及有利

于被收养的未成年子女的健康成长的原则,合法合情地处理纠纷。具体处理规则如下:

第一,养子女未成年的,原则上不得判决解除收养关系。但如果收养关系已经明显恶化,无法继续维持收养关系;或者收养人不履行抚养义务,有虐待、遗弃等侵害未成年养子女合法权益行为的,人民法院应依法解除他们之间的收养关系。

第二,养子女成年后,养子女或养父母一方要求解除收养关系的,应根据要求解除收养关系的真实原因及双方之间关系的现状,决定是否允许解除。养父母与成年养子女关系恶化,双方确实无法共同生活,经调解无效的,应当准予解除收养关系。

(二)解除收养关系的法律后果

收养关系解除的法律后果涉及当事人的人身关系和财产关系两个方面。

1. 人身关系上的效力

收养关系解除后,被收养人与收养人及其近亲属间的权利义务关系因此消除。未成年的被收养人与生父母及其他自然血亲的近亲属间的权利义务关系自行恢复;成年被收养人与生父母及其他自然血亲的近亲属间的权利义务关系是否恢复,可以协商确定。

2. 财产关系上的效力

基于权利义务对等的考量,养父母对养子女已经尽了抚养义务的,收养关系被解除时,应根据解除收养关系的具体原因,对养父母在收养期间所支出的生活费和教育费作适当的补偿。依据《民法典》第 1118 条的规定,对养父母在收养期间所支出的生活费和教育费的补偿,应遵循如下原则处理:

第一,收养关系解除后,由养父母抚养长大的成年养子女,对缺乏劳动能力又缺乏生活来源的养父母,应当给付生活费。至于费用的多少,可根据当地的生活水平和养子女的负担能力确定。因养子女成年后虐待、遗弃养父母而解除收养关系的,无论养父母是否缺乏劳动能力或缺乏生活来源,养父母都有权要求养子女补偿收养期间为其所支出的生活费和教育费。

第二,生父母要求解除收养关系的,养父母可以主张一定的经济补偿。因生父母反悔而导致收养关系解除的,会在一定程度上伤害养父母的感情,也损害了养父母的经济利益。养父母有权要求生父母补偿其于收养期间为养子女所支出的生活费和教育费。但因养父母虐待、遗弃养子女,生父母要求解除收养关系的,养父母无权要求生父母补偿。

第二节 监 护 制 度

一、监护制度概述

通说认为,监护是为保护无民事行为能力人和限制民事行为能力人的人身和财产所设的私法上的制度,即"依照法律规定,对无民事行为能力人和限制民事行为能力人的人身和财产进行监督和保护的制度"。[1]

无民事行为能力人、限制民事行为能力人有未成年人和成年人两类。对未成年人,大陆法系国家多数设置了亲权制度,即父母作为亲权人,对未成年子女负有人身和财产的全面照顾保护之权利和义务。只有不在亲权之下的未成年人,如父母已经死亡或父母没有行使亲权的能力的情况下,才需要监护人。正因如此,监护有广狭义之分。广义的监护包括亲权,是指对所有无民事行为能力人和限制民事行为能力人的人身和财产进行监督和保护的制度,被监护人包括未成年人和成年的无民事行为能力人和限制民事行为能力人。狭义的监护不包括亲权,是指对不在亲权之下的未成年人和成年的无民事行为能力人、限制民事行为能力人的人身和财产进行监督和保护的制度。通常英美法系多采广义监护制度,大陆法系多采狭义监护制度。我国《民法典》中采用了广义的监护制度。本节所涉监护为广义上的监护。

通常情况下,监护人多由被监护人的近亲属担任,亲属身份是取得监护权的重要依据,现实生活中的监护权纠纷多发生在亲属之间,因此,此类纠纷依性质也可以归入家事纠纷。

二、监护的设立方式

监护的设立,又称监护的开始,是指具备了设立监护的条件并发生监护状况。[2] 由于监护制度是为了监督和保护未成年人以及有残障的成年人的人身和财产利益而设置,所以监护的设立必须具备法定的条件。依据《民

---

〔1〕 马忆南:《婚姻家庭继承法学》(第4版),北京大学出版社2019年版,第193页。

〔2〕 参见余延满:《亲属法原论》,法律出版社2007年版,第482页。

法典》的规定,我国监护设立的方式分别有法定监护、协议监护、指定监护、遗嘱监护、意定监护等。

(一)法定监护

法定监护是指直接依照法律规定的监护人的范围和顺序而设立的监护。法定监护的特点是,监护人的范围和顺位都有法律明文规定,只要监护人没有不得担任监护人的限制性条件,就必须担任监护人。承担法定监护人的主要是被监护人的近亲属,且根据亲属关系的亲疏远近确定顺位。法律之所以作如此设计,主要是考虑基于血缘和情感上的关系,由近亲属担任监护人在履行监护职责时更能尽心尽力。《民法典》规定的监护包括对未成年人的监护和对成年的无民事行为能力人、限制民事行为能力人的监护。

《民法典》第 27 条规定:"父母是未成年子女的监护人。未成年人的父母已经死亡或者没有监护能力的,由下列有监护能力的人按顺序担任监护人:(一)祖父母、外祖父母;(二)兄、姐;(三)其他愿意担任监护人的个人或者组织,但是须经未成年人住所地的居民委员会、村民委员会或者民政部门同意。"据此,未成年人法定监护人的设立应遵循以下规则:

首先,父母是未成年子女的法定监护人。父母担任监护人基于其身份,无须具备其他条件。担任监护人不仅是父母的权利,也是父母的义务。父母身份产生,监护职责即产生。其次,父母死亡或父母没有监护能力的,应由其他近亲属担任监护人。其他近亲属包括祖父母、外祖父母和兄姐,其中祖父母、外祖父母顺位在先,兄姐顺位在后。近亲属担任监护人既是权利,也是义务。符合监护设立条件的情况下,顺位在先的监护人如有监护能力,必须担任监护人。最后,其他自然人或组织担任监护人需其自愿,且须得到未成年人住所地的居民委员会、村民委员会或民政部门同意。

《民法典》第 28 条规定,"无民事行为能力或者限制民事行为能力的成年人,由下列有监护能力的人按顺序担任监护人:(一)配偶;(二)父母、子女;(三)其他近亲属;(四)其他愿意担任监护人的个人或者组织,但是须经被监护人住所地的居民委员会、村民委员会或者民政部门同意"。据此,成年人法定监护人的设立应遵循以下规则:

首先,配偶是成年被监护人的第一顺位法定监护人。夫妻以共同生活为本质内容,故在一方为无行为能力或限制行为能力人的情况下,另一方当然为法定监护人。其次,无配偶或配偶无监护能力的,由被监护人的父母或子女担任监护人,父母、子女为同一顺位。再次,无前两类监护人的,由其他近亲属担任监护人。此处其他近亲属指祖父母、外祖父母、兄弟姐妹。最后,其他自然人或组织担任监护人需其自愿,且须得到被监护人住所地的居民委员会、村民委员会或民政部门同意。

担任监护人需具备监护能力,这是法律对担任监护的人所设定的实体要件。虽然被法律列为有监护资格的人的序列,但无监护能力者,不能实际担任监护人。《民法典》中没有关于监护能力的具体规定。从法理层面来看,监护能力不同于民事行为能力,其含义应广于民事行为能力。监护人除了要具备完全民事行为能力外,监护人的监护能力还应从监护人的身体健康状况、经济条件,以及与被监护人的生活联系情况等方面确定。此外,还需要综合考察监护人的年龄、品行、职业、文化水平、生活习惯等。对于有关组织担任监护人的,还需要对其是否具备符合法律法规和行政主管部门要求的特殊资质进行考察。

(二)协议监护

监护人可能是一人,也可能是数人。数人都有监护资格时,可能会存在监护人的确定问题。《民法典》第 30 条规定:"依法具有监护资格的人之间可以协议确定监护人。协议确定监护人应当尊重被监护人的真实意愿。"

协议监护的范围是"依法具有监护资格的人"。监护资格可能来源于法律规定、遗嘱指定、意定监护协议,但监护资格来源于指定的,不适用协议监护,否则构成擅自变更指定。不具有监护资格的人,也不能因订立第 30 条所称"协议"而成为监护人。因协议涉及监护人的变动,属于身份法律行为,应由本人亲自实施,不得代理。确定监护人的协议,不仅可以在同一顺位数个监护人之间达成,也可以在不同顺位之间的监护人之间达成。例如,老年人被宣告为无民事行为能力人,依据法定监护顺位,其配偶应为监护人。但如果配偶因身体、年龄或其他原因不能或不愿担任监护人,而其子女愿意担任的,经协议可确定由子女担任监护人。

法律之所以允许具有监护资格的人通过协议方式对监护顺序进行调整,主要是为了应对法定监护顺序固定可能带来的问题,希望可以通过监护人意思自治因素的加入,更好地迎合被监护人的需求,作出更合理的监护人选任安排。协议确定的监护人,应当承担监护责任。

(三)指定监护

在监护人的确定存在争议的情况下,可由特定组织指定监护人。《民法典》第31条第1款规定:“对监护人的确定有争议的,由被监护人住所地的居民委员会、村民委员会或者民政部门指定监护人,有关当事人对指定不服的,可以向人民法院申请指定监护人;有关当事人也可以直接向人民法院申请指定监护人。”据此,当事人可以向被监护人住所地的居委会、村委会或民政部门申请指定监护人,也可以直接向人民法院申请指定。

指定监护的原则为尊重被监护人的真实意愿、最有利于被监护人。《民法典》第31条第2款规定:“居民委员会、村民委员会、民政部门或者人民法院应当尊重被监护人的真实意愿,按照最有利于被监护人的原则在依法具有监护资格的人中指定监护人。”在没有其他情况时,优先考虑顺位在先者。但监护人的法定顺位,不构成指定监护之限制。如果指定顺位在先者并不符合被监护人的意愿,或并非最有利于被监护人,则应考虑顺位在后者。被指定的监护人可以是一人,也可以是数人。监护人被指定后,不得擅自变更;擅自变更的,不免除被指定的监护人责任。

在指定监护人的争议没有解决之前,有监护资格者中顺位在先且有监护能力的人,应自动成为监护人,履行监护职责。在相关组织指定监护人之前,其监护职责不终止。如顺位在先者认为自己不应担任监护人(如认为自己无监护能力),则可申请相关组织或人民法院另行指定。在指定监护之前,因不存在法定监护人、法定监护人均无监护能力或法定监护人均不履行监护职责,导致被监护人的人身权利、财产权利以及其他合法权益处于无人保护状态的,由被监护人住所地的居民委员会、村民委员会、法律规定的有关组织或者民政部门担任临时监护人。临时监护人仅在时间上具有特殊性,在监护权限方面,法律无特别规定,因此应与非临时监护相同。临时监护的职责因监护人的指定(确定)而终止。

(四)遗嘱监护

《民法典》第29条规定:“被监护人的父母担任监护人的,可以通过遗嘱指定监护人。”这一规定为遗嘱监护。

通过遗嘱方式指定监护,只能由父母为子女指定,且该指定无须征得其他组织的同意,只需要符合法律行为的成立和有效要件以及《民法典》继承编关于遗嘱有效条件的规定即可。遗嘱指定监护人的范围,不限于法定监护人。遗嘱监护优先于法定监护。因父母指定监护人不一致而引发争议的,应按照尊重被监护人的意愿、最有利于被监护人的原则确定监护人。

(五)意定监护

《民法典》第33条规定:"具有完全民事行为能力的成年人,可以与其近亲属、其他愿意担任监护人的个人或者组织事先协商,以书面形式确定自己的监护人,在自己丧失或者部分丧失民事行为能力时,由该监护人履行监护职责。"这是关于意定监护制度的规定。

意定监护主要是针对人口老龄化社会而设计。《老年人权益保障法》第26条规定了意定监护制度,其立法目的主要是针对老年人的精神状态和意思能力存在逐渐衰退的过程,从尊重其本人意愿的角度出发,允许其在意思清醒状态下,自己事先选定监护人。《民法典》扩大了意定监护制度的适用范围,将意定监护制度适用于具有完全民事行为能力的成年人,不再限于老年人。意定监护制度体现了监护法弹性化、任意化的趋势。

意定监护人的范围由当事人自主选择,不限于法律规定的有监护资格的人。意定监护的效力优先于法定监护。至于意定监护的内容,现行法律未作特别规定,当事人可以根据意愿自主设计。

三、监护人的职责及履行

(一)监护人的职责

监护人的职责是监护的具体内容。《民法典》第34条第1款规定:"监护人的职责是代理被监护人实施民事法律行为,保护被监护人的人身权利、财产权利以及其他合法权益等。"据此,监护内容主要包括以下几方面:

1. 代理被监护人实施民事法律行为。监护人为被监护人的法定代理人,代被监护人对外从事民事活动是监护人的重要责任之一。监护人以代理人身份从事民事法律行为,应当遵守法律关于代理行为的规定,为被代理人的利益实施代理行为,不得滥用代理权。此外,除民事活动之外,涉及被监护人的诉讼活动也应由监护人代理。被监护人受到他人侵害的,监护人应代其行使损害赔偿请求权。

2. 保护被监护人的人身权利。监护人应当保护被监护人的身体健康,防止其人身受到伤害,照顾被监护人的生活。被监护人为未成年人的,监护人还应承担教育被监护人的职责,监督其学习、生活。当未成年人被绑架、诱骗、拐卖、隐藏时,监护人有请求交还被监护人的权利。

3. 保护被监护人的财产权利。监护人应当制作被监护人的财产清单,为被监护人利益而管理、使用、处分被监护人的财产。监护终止时,监护人应当进行财产清算、提交财产报告、返还被监护人财产。

(二)监护职责的履行

监护人履行监护职责,应当按照最有利于被监护人的原则。就被监护人利益的判断而言,未成年人和成年被监护人应有所区别。未成年人的监护人履行监护职责,在作出与被监护人利益有关的决定时,应当根据被监护人的年龄和智力状况,尊重被监护人的真实意愿。成年人的监护人履行监护职责,应当最大限度地尊重被监护人的真实意愿,保障并协助被监护人实施与其智力、精神健康状况相适应的法律行为。对被监护人有能力独立处理的事务,监护人不得干涉。

监护人违反监护职责,给被监护人造成人身和财产损害的,应当承担法律责任。《民法典》第 34 条第 3 款规定:“监护人不履行监护职责或者侵害被监护人合法权益的,应当承担法律责任。”

被监护人致人损害的,监护人也应承担民事责任。《民法典》第 1188 条规定:“无民事行为能力人、限制民事行为能力人造成他人损害的,由监护人承担侵权责任。监护人尽到监护职责的,可以减轻其侵权责任。有财产的无民事行为能力人、限制民事行为能力人造成他人损害的,从本人财产中支付赔偿费用;不足部分,由监护人赔偿。”被监护人造成他人损害时,监护人不明确的,由顺序在先的有监护能力的人承担民事责任。

《民法典》第 34 条第 4 款还规定了针对被监护人的临时生活照料。“因发生突发事件等紧急情况,监护人暂时无法履行监护职责,被监护人的生活处于无人照料状态的,被监护人住所地的居民委员会、村民委员会或者民政部门应当为被监护人安排必要的临时生活照料措施。”2020 年年初新冠疫情的暴发,正是《民法典》增设这一规定的背景。此处“突发事件”,是指《突发事件应对法》中规定的,突然发生,造成或者可能造成严重社会危害,需要采取应急处置措施予以应对的自然灾害、事故灾难、公共卫生事件和社会安全事件。[1] 临时监护人承担的是监护责任,行使的是监护权,如享有财产管理和支配权、代理诉讼的权利,承担因被监护人侵权引起的法律责任等。而临时生活照料只是在监护人因特殊原因(如疫情期间被隔离或治疗)无法履行照顾被监护人职责的情况下,安排人员临时照料被监护人的日常生活。在这种情况下,监护人还存在,其监护权也未被剥夺,临时照顾人员只是照顾被监护人日常生活,并不享有监护权。

四、监护人资格的撤销和监护的终止

(一)监护人资格的撤销

监护人违反监护职责,造成被监护人人身或财产损害的,应当承担相应的法律责任;如情节特别严重,不适合继续担任监护人的,可依法撤销其监护资格。

《民法典》第36条第1款规定,“监护人有下列情形之一的,人民法院根据有关个人或者组织的申请,撤销其监护人资格,安排必要的临时监护措施,并按照最有利于被监护人的原则依法指定监护人:(一)实施严重损害被监护人身心健康的行为;(二)怠于履行监护职责,或者无法履行监护职责且拒绝将监护职责部分或者全部委托给他人,导致被监护人处于危困状态;(三)实施严重侵害被监护人合法权益的其他行为”。理解适用这一规定,应注意以下几点:

1. 撤销监护资格必须由特定主体提起,并经人民法院判决。有权提出撤销监护资格的申请人包括:其他依法具有监护资格的人,居民委员会、村民委员会、学校、医疗机构、妇女联合会、残疾人联合会、未成年人保护组织、依法设立的老年人组织、民政部门等。个人和民政部门以外的组织未及时向人民法院申请撤销监护人资格的,民政部门应当向人民法院申请。

2. 撤销的法定事由是监护人实施了严重损害被监护人身心健康或将被监护人陷入危困状态的行为。相关部门曾针对未成年人监护人的严重损害行为有所细化,主要包括以下几种情形:(1)性侵害、出卖、遗弃、虐待、暴力伤害未成年人,严重损害未成年人身心健康的;(2)将未成年置于无人监管和照看的状态,导致未成年人面临死亡或者失所或者生活无着的;(3)有吸

---

[1] 参见黄薇主编:《中华人民共和国民法典总则编释义》,法律出版社2020年版,第94页。

毒、赌博、长期酗酒等恶习无法正确履行监护职责或者因服刑等原因无法履行监护职责，且拒绝将监护职责部分或者全部委托给他人，致使未成年人处于困境或者危险状态的；(4)胁迫、诱骗、利用未成年人乞讨，经公安机关和未成年救助保护机构等部门三次以上批评教育拒不改正，严重影响未成年人正常生活和学习的；(5)教唆、利用未成年人实施犯罪行为，情节恶劣的；(6)有其他严重侵害未成年人合法权益行为的。[1] 上述情形可作为审判实务中认定构成“严重损害行为”的参考。

3. 撤销监护人资格的同时，应安排临时监护措施，并依法指定监护人。监护人的资格一旦被撤销，被监护人即处在无人监护状态，需要同时安排临时监护措施，并及时指定新的监护人。从撤销监护人资格到指定新监护人，必须实现对被监护人监护的无缝衔接，使被监护人始终处于受保护状态。

4. 撤销监护人资格，不影响监护人依据亲属身份应当承担的扶养义务的履行。《民法典》第 37 条规定：“依法负担被监护人抚养费、赡养费、扶养费的父母、子女、配偶等，被人民法院撤销监护人资格后，应当继续履行负担的义务。”监护人通常为被监护人的近亲属，近亲属身份除了产生监护人资格之外，还产生扶养的权利和义务。但这二者之间并无关联，当事人被撤销监护资格后，并不消灭其应承担的扶养义务。

(二)监护人资格的恢复

监护人资格被撤销后，符合特定条件的，也可以恢复。《民法典》第 38 条规定：“被监护人的父母或者子女被人民法院撤销监护人资格后，除对被监护人实施故意犯罪的外，确有悔改表现的，经其申请，人民法院可以在尊重被监护人真实意愿的前提下，视情况恢复其监护人资格，人民法院指定的监护人与被监护人的监护关系同时终止。”监护人资格撤销后的恢复，应符合以下条件：

1. 需经特定主体申请，由人民法院确定。可以申请恢复的只能是父母和子女，即只有在监护人为父母或子女的情况下，被撤销的监护资格才有可能恢复；其他监护人的资格一经撤销，不再恢复。这主要是考虑到父母子女

---

〔1〕 参见《关于依法处理监护人侵害未成年人权益行为若干问题的意见》(法发〔2014〕24号)。

之间具有直系血亲关系,彼此情感上的联系更为密切,很难为其他人所替代。其他监护人并不具有不可替代性,无恢复之必要。

2. 符合恢复的法定情形。在监护人对被监护人没有实施故意犯罪行为、监护人确有悔改表现且恢复监护资格不违背被监护人意愿的情况下,人民法院可以综合各方情形,从最有利于被监护人权益保护的角度,决定是否恢复监护人资格。

(三)监护关系的终止

监护关系的终止,也称监护的消灭。《民法典》第39条规定,“有下列情形之一的,监护关系终止:(一)被监护人取得或者恢复完全民事行为能力;(二)监护人丧失监护能力;(三)被监护人或者监护人死亡;(四)人民法院认定监护关系终止的其他情形。监护关系终止后,被监护人仍然需要监护的,应当依法另行确定监护人”。

一般而言,监护关系的终止有绝对终止和相对终止两种情况。绝对终止是指因被监护人的原因导致设立监护的基础不复存在而终止监护。例如,被监护人死亡或宣告死亡;被监护人已经成年或恢复完全民事行为能力等。相对终止是指因监护人的原因而终止,即监护人因不能或不应行使监护权而终止其监护权,但因监护设立的基础还存在,此时的终止本质上属于监护人的变更。例如,监护人死亡或宣告死亡、监护人行为能力受限、监护人的监护资格被撤销等。在相对终止中,因监护资格被撤销而终止监护关系具有特殊性。

第七章 法定继承制度

第一节 法定继承的概念和适用范围

一、法定继承的概念

法定继承又称无遗嘱继承,是指直接根据法律规定的继承人范围、继承人顺序以及遗产的分配原则,承继被继承人遗产的法律制度。法定继承是与遗嘱继承相对应的一种继承制度,是在不能按照被继承人的遗嘱处理遗产时,由立法按照社会大众的普遍心理,对死者意愿的一种合情合理的推定。

法定继承的主要内容包括,由法律规定哪些人可以成为法定继承人,各法定继承人处于哪一继承顺序,同一顺序的法定继承人如何分割被继承人的遗产等。法定继承有两个主要特点:第一,法定继承人资格的确认,以是否在被继承人生前与其存在特定的亲属身份关系为重要依据;第二,法定继承中,继承人的范围、继承人的顺序以及遗产的分配原则都以法律的直接规定为依据。

二、法定继承的适用范围

在近现代继承法上,法定继承在某种意义上是遗嘱继承的补充,是在无法按照被继承人生前的明确意思表示处理其遗产时的一种替代办法。受传统和观念的影响,中国人大多不习惯在生前用遗嘱处理自己死后的财产事项。时至今日,就绝大多数家庭关系正常的中国人而言,以遗嘱方式处分遗产的仍属凤毛麟角。因此,在我国实践中,大多数情况下,对死者遗产的处理是根据法定继承进行的。

具体而言,法定继承主要适用于下列几种情形:

1. 被继承人生前未订立遗嘱,或者其订立的遗嘱只处分了部分遗产,则被继承人没有用遗嘱处分的遗产,适用法定继承处理;

2. 被继承人生前虽同他人订有遗赠扶养协议,但该协议由于种种原因已经失去法律效力或已经不能执行,则协议中所处分的遗产适用法定继承处理;

3. 被继承人生前所立遗嘱无效或者部分无效,则遗嘱无效部分所处分的遗产适用法定继承处理;

4. 被继承人在遗嘱中指定了遗嘱继承人或者受遗赠人,但遗嘱继承人放弃了遗嘱继承或者受遗赠人放弃了受遗赠权,则被放弃的遗产适用法定继承处理;

5. 被继承人在遗嘱中指定的遗嘱继承人或者受遗赠人先于被继承人死亡(包括被宣告死亡),则遗嘱中指定给予他们的遗产适用法定继承处理;

6. 被继承人在遗嘱中指定的遗嘱继承人或者受遗赠人依法丧失了继承权或者受遗赠权,则遗嘱中指定给予他们的遗产适用法定继承处理。

第二节　法定继承人的范围和顺序

一、法定继承人的范围

法定继承人的范围,是指法律对哪些人可以成为被继承人的法定继承人所规定的界限。在继承立法上,一般以与被继承人之间的血缘关系或姻缘关系的亲疏远近作为确定法定继承人范围和顺序的重要依据。这符合私有制社会中人们的普遍愿望。正常人大多看重家庭亲情,将遗产传给亲人是人之常情,赋予与死者有特定亲属身份关系的人继承权,既是对死者意愿的尊重,也是对其个人财产所有权的保护。作为遗嘱继承补充的法定继承正是对死者意思的合情合理的推定。同时,这种推定也符合社会利益,既可以保障死者亲属的生活得以正常继续,保障整个家庭的存续与发展,也可以让外界对遗产的新主人有所预期,避免因原财产所有人的死亡而使遗产陷入无权利人的混乱状态,从而维护社会财富传承与延续的秩序。

从我国的历史传统和社会制度出发,《民法典》将法定继承人的范围确立为与死者关系比较亲近的自然人。《民法典》第 1127 条规定,被继承人的配偶、父母、子女、兄弟姐妹、祖父母和外祖父母是被继承人的法定继承人,《民法典》第 1129 条规定,丧偶的儿媳对公婆、丧偶的女婿对岳父母,尽了主要赡养义务的,作为第一顺序的法定继承人。

(一)配偶

配偶是指在被继承人生前与其有婚姻关系的人,配偶是组成家庭的最基本的成员,相互之间有着密切的人身关系和财产关系。配偶作为法定继承人,以其与被继承人生前存在有效的婚姻关系为前提,且这种婚姻关系一直持续到被继承人死亡之时。实践中,在确定配偶身份时,应注意以下几种特殊情况:

1. 男女双方未办理结婚登记而以夫妻名义共同生活的,根据《民法典婚姻家庭编解释(一)》第 7 条的规定,应当区别对待:(1)双方以夫妻名义开始同居的时间和符合结婚实质要件的时间均在 1994 年 2 月 1 日之前的,可以认定为事实婚姻。其中一方死亡的,生存一方可以以配偶身份要求继承死者的遗产。(2)双方以夫妻名义开始同居的时间或者符合结婚实质要件的时间在 1994 年 2 月 1 日之后的,不再认定为事实婚姻,应当补办结婚登记。补办登记以后,溯及自双方均符合结婚实质要件时起发生婚姻效力,其中一方死亡的,生存一方可以以配偶身份继承死者的遗产。若未补办结婚登记的,双方仅是非婚同居关系,其中一方死亡的,生存一方不能以配偶身份要求继承死者的遗产。但若在同居生活期间,生存一方对死者扶养较多,或者生存一方是依靠死者扶养的,则生存一方可以根据《民法典》第 1131 条的规定要求分得死者的遗产,至于分得的遗产的多少,应该按照具体情况酌定,可以多于也可以少于继承人。

2. 已经办理婚姻登记的男女双方,尚未共同生活或者共同生活时间很短的,其中一方死亡,另一方可以以配偶身份要求继承死者的遗产,死者的其他法定继承人不得无理阻拦。当然,在具体分配遗产时,双方共同生活的状态和时间应该作为一个考量因素。

3. 在 1950 年《婚姻法》实施以前已经形成的纳妾或一夫多妻的关系属于历史遗留问题,若当事人不提出解除这一关系,应认定各自的配偶身份均有效,妻、妾对男方具有同等的配偶身份,对男方的遗产享有同等的继承权。[1]

4. 在离婚诉讼进行中或者离婚判决生效前一方死亡的,按照《民事诉讼法》(2017 年修正)第 151 条的规定,离婚诉讼就此终结。因婚姻关系并未终止,对方仍得以配偶身份主张继承死者的遗产。当然,在具体分配遗产时,双方的婚姻关系状况应该作为一个考量因素。

(二)子女

子女是被继承人最亲近的直系卑血亲,父母子女之间有着最为密切的血缘联系和共同生活关系。因此,各国法律都将子女列入顺序最先的法定继承人范围。根据我国《民法典》第 1127 条的规定,有继承权利的子女包括婚生子女、非婚生子女、养子女和有扶养关系的继子女。

婚生子女无论性别、年龄,对父母的遗产均享有平等的继承权。婚生子女对父母遗产的继承权也不受父母婚姻破裂的影响。父母离异后,子女无论与哪一方共同生活,也不论离异父母是否与他人再婚,子女对不共同生活的父亲或者母亲的遗产仍享有继承权。非婚生子女也是亲生子女,对父母遗产的继承权基于其与父母之间的血缘关系,而不问其父母相互之间是否缔结了婚姻关系。《民法典》第 1071 条第 1 款规定:“非婚生子女享有与婚生子女同等的权利,任何组织或者个人不得加以危害和歧视。”因此,非婚生子女对生父母遗产的继承权与婚生子女的继承权是平等的。

需要注意的是,虽然自然人的权利能力始于出生,但我国《民法典》第 16 条规定:“涉及遗产继承、接受赠与等胎儿利益保护的,胎儿视为具有民事权利能力。但是,胎儿娩出时为死体的,其民事权利能力自始不存在。”由此可见,涉及继承关系时,胎儿具有主体资格,享有继承权。根据《民法典》第 1155 条的规定,遗产分割时,应当保留胎儿的继承份额。胎儿出生时是死体的,保留的份额仍然属于被继承人的遗产,应该作为被继承人的遗产来处理;若胎儿出生后不久死亡的,保留的份额属于死婴的遗产,应该由死婴的继承人依法继承。

养子女虽不是养父母亲生的子女,但他们与养父母之间依法形成了拟

---

〔1〕 参见中华人民共和国司法部《关于遗嘱、继承问题的综合批复》[1956 年 9 月 20 日(56)司公字第 149 号]。

制的父母子女关系。我国《民法典》第1111条规定:“自收养关系成立之日起,养父母与养子女间的权利义务关系,适用本法关于父母子女关系的规定;养子女与养父母的近亲属间的权利义务关系,适用本法关于子女与父母的近亲属关系的规定。养子女与生父母及其他近亲属间的权利义务关系,因收养关系的成立而消除。”可见,一方面,对养父母及养父母的近亲属的遗产,养子女具有与亲生子女同样的继承法律地位。但另一方面,养子女与其生父母及生父母的近亲属间的权利义务关系已经随着收养关系的成立而消除,养子女不能继承生父母及其近亲属的遗产。如果养子女对生父母或生父母的近亲属扶养较多的,在被扶养人死后,养子女可以根据《民法典》第1131条的规定,请求酌情分得适当的遗产。另外,《民法典》第1117条规定,“收养关系解除后,养子女与养父母以及其他近亲属间的权利义务关系即行消除,与生父母以及其他近亲属间的权利义务关系自行恢复。但是,成年养子女与生父母以及其他近亲属间的权利义务关系是否恢复,可以协商确定”。据此,收养关系解除后,养子女再不能继承养父母以及其他近亲属的遗产。但如果成年养子女在收养解除后仍然对养父母扶养较多的,在养父母死后,可以根据《民法典》第1131条的规定,请求酌情分得适当的遗产。收养关系解除后,养子女对生父母以及其他近亲属的遗产继承关系自行恢复,但成年养子女与生父母及其他近亲属之间也可以协商确定不恢复继承关系。

继子女与继父母属姻亲关系,姻亲之间一般没有法律上的权利义务。因此,通常情况下继子女与继父母相互之间没有权利义务关系。但是,我国《民法典》第1072条第2款规定:“继父或者继母和受其抚养教育的继子女间的权利义务关系,适用本法关于父母子女关系的规定。”据此,当继父或继母在共同生活中对继子女进行了抚养教育的,双方之间就发生了如同亲生父母子女一样的权利义务关系,可以互相继承对方的遗产。需要注意的是,继子女继承继父母遗产的,不影响其继承生父母的遗产,这一点与养子女不同。

需要指出的是,根据《民法典》第1127条的规定,形成“扶养”关系的继子女和继父母相互之间有继承对方遗产的权利。从法律用词上讲,“扶养”一词包含“抚养”一词。所以,通说认为,《民法典》第1127条的“扶养”,既包括继父母抚养未成年继子女的情形,也包括成年继子女赡养继父母的情形。因此,没有受过继父母抚养的继子女虽然不能依据《民法典》第1072条的规定，以自己与继父母形成拟制的父母子女关系为由主张继承继父母的遗产，却可以依据《民法典》第 1127 条的规定，以自己对继父母尽到了主要赡养义务为由主张继承继父母的遗产。换句话说，《民法典》第 1127 条与《民法典》第 1072 条相比，扩大了有继承关系的继父母与继子女的范围，即无论继父母与继子女之间是否形成拟制的父母子女身份关系，只要双方之间形成了扶养关系的，相互之间就可以继承对方的遗产。实务中判断双方是否形成了扶养关系，应该从严掌握。成年继子女对继父母的探望和照顾，是小辈关心长辈的孝道行为，与法律上的赡养不能当然画等号。成年继子女对继父母要尽到主要扶养义务，即为继父母的生活提供了主要经济来源，或在劳务等方面给予了主要扶助的，才算形成扶养关系。如果成年继子女日常对继父母照顾扶助较多，但认定构成扶养仍有一定难度的，不妨根据权利义务相一致原则，适当分给其遗产，这样更能够被各方理解和接受。

（三）父母

父母是与子女血缘关系最近的直系尊血亲。我国历史上受宗祧继承观念影响，曾认为继承是男性后裔对祖父的继承，因此包括父母在内的直系尊血亲，一般不能作为子女等直系卑血亲的继承人，只是在子女无后时才承受其遗产。[1] 根据《民法典》第 1127 条的规定，有权继承子女遗产的父母包括生父母、养父母和有扶养关系的继父母。

生父母对子女的继承权源于与子女的直接血缘联系，至于生父母之间是否存在婚姻关系不影响他们对子女的继承权。因此，即使生父母之间从未缔结过婚姻关系或者已经离异，生父母各自仍然享有对子女遗产的继承权。生父母将亲生子女送养他人的，他们与亲生子女之间的权利义务关系因此终止，所以生父母对已被送养的亲生子女的遗产没有继承权，但实务中要考察生父母是否存在《民法典》第 1131 条规定的适当分得被送养子女遗产的情形。

养父母与养子女因收养关系的成立而发生拟制血亲关系，在收养关系存续期间，养父母对养子女的遗产享有继承权。收养关系一旦解除，相互之间的权利义务关系终止，养父母对养子女的遗产就不再享有继承权，但实务中要考察养父母是否存在《民法典》第 1131 条规定的适当分得养子女遗产

---

〔1〕 参见史尚宽：《继承法论》，中国政法大学出版社 2000 年版，第 55 页。

的情形。

继父母与继子女之间形成了扶养关系的，继父母对继子女的遗产享有继承权。

（四）兄弟姐妹

兄弟姐妹是血缘关系最近的旁系血亲。我国继承法所说的兄弟姐妹，包括同父同母的兄弟姐妹、同父异母或同母异父的兄弟姐妹、养兄弟姐妹、有扶养关系的继兄弟姐妹。其中，养兄弟姐妹包括养子女与养父母的亲生子女、养父母的其他养子女间的兄弟姐妹关系。继兄弟姐妹是异父异母的兄弟姐妹，属姻亲关系，一般情况下相互之间没有继承关系，但若继兄弟姐妹相互之间有扶养照顾的事实，并达到一定程度的，相互之间可以继承对方的遗产。需要注意的是，继兄弟姐妹相互继承遗产的，不影响其继承亲兄弟姐妹遗产的权利，这一点与养兄弟姐妹不同。

（五）祖父母、外祖父母

祖父母、外祖父母是除父母以外最近的直系尊血亲，在我国三代同堂、四代同堂的传统家庭中，祖父母、外祖父母与孙子女、外孙子女往往共同生活或者相互之间经常生活在一起。在父母去世或父母无力抚养孩子的情况下，往往由祖父母或者外祖父母承担起对未成年孙子女或者外孙子女的抚养责任。同样，在子女先亡或无力赡养父母的情况下，往往由成年孙子女、外孙子女来赡养祖父母、外祖父母。所以，祖孙之间的“隔代亲”是我国民间非常看重的情感，将祖父母、外祖父母确立为孙子女、外孙子女的遗产继承人，有利于为痛失孙辈的老人提供一定的精神慰藉和生活保障。

（六）尽了主要赡养义务的丧偶儿媳或丧偶女婿

儿媳与公婆、女婿与岳父母之间属姻亲关系，相互之间本来没有法律上的权利义务关系，彼此亦没有继承对方遗产的权利。但是，在现实生活中，许多儿媳或女婿不仅在丧偶之前与配偶共同赡养、照顾公婆或岳父母，而且在丧偶之后甚至再婚之后仍然继续赡养、照顾前配偶的父母。我国继承立法为了肯定和弘扬这种尊老养老的善良风尚，赋予这样的儿媳或女婿第一顺序法定继承人的地位，让他们对公婆或岳父母的遗产享有相当于子女对父母遗产的继承权。随着我国社会少子化、老龄化的发展，鼓励丧偶儿媳或女婿赡养、照顾痛失子女的公婆或岳父母，于老人、家庭和社会都是有利和必要的。在理解《民法典》第1129条的规定时，必须注意以下几点：

第一，儿媳或者女婿对公婆、岳父母遗产的继承权必须同时符合两个条件：(1)丧偶。若其配偶仍活着，无论出于何种原因事实上由儿媳或者女婿在赡养照顾公婆或岳父母，也只能视为是在协助配偶尽赡养义务，他们不能继承对方父母的遗产。(2)在丧偶之后对公婆或岳父母尽到了主要的赡养义务。"尽了主要赡养义务"包括两个方面，即经济上的帮助或生活上的照料。经济上的帮助，是指其在配偶死亡后的相当一段时间内所提供的物质生活资料是被继承人生活的主要来源。生活上的照料，是指其在配偶死亡后的相当一段时间内，经常性地悉心照顾被继承人的日常生活起居，或者在劳务等方面给予了主要扶助。两者只要居其一，即可认定尽了主要赡养义务。[1] 至于丧偶儿媳或女婿是否再婚，不影响她(他)对公婆或岳父母遗产的继承权。

第二，丧偶儿媳或女婿对公婆或岳父母遗产的继承权具有独立性，其本人可以作为第一顺序继承人独立、直接地参与继承，并不受其子女是否代位已故配偶继承公婆或岳父母遗产的影响，也不影响其子女的代位继承权。

第三，若丧偶儿媳或女婿先于公婆或岳父母死亡，公婆或岳父母不能继承其遗产。但如果他们属于依靠丧偶儿媳或女婿扶养的人，则可以根据《民法典》第1131条的规定，请求酌情分得儿媳或女婿遗产的适当部分。

二、法定继承人的顺序

法定继承人的顺序是指法定继承人继承被继承人遗产的优先劣后的顺位。被继承人死亡后，并非所有的法定继承人都能同时参加遗产的继承。根据继承人与被继承人之间亲属关系的亲疏远近，继承立法将所有法定继承人划分成为若干顺序，这种继承顺序是具有排他性的。继承开始后，由顺位在先的法定继承人继承遗产，顺位在后的法定继承人不继承遗产。只有当没有顺位在先的继承人继承时，才由顺位在后的继承人继承遗产。同一顺序的诸位继承人地位平等，同时参与继承。

根据我国《民法典》第1127条、第1129条的规定，我国的法定继承人分

---

〔1〕 参见中华人民共和国法律诠释编写委员会：《中华人民共和国继承法诠释》，人民法院出版社1995年版，第88~89页。

为两个顺序。第一顺序:配偶、子女、父母、尽了主要赡养义务的丧偶儿媳或丧偶女婿;第二顺序:兄弟姐妹、祖父母、外祖父母。继承开始后,由第一顺序继承人继承。在没有第一顺序继承人或第一顺序继承人全部放弃继承或全部丧失继承权时,才由第二顺序继承人继承。同一顺序的诸位继承人享有平等的继承地位。由于法定的继承顺序具有严格的排他性,因此当存在第一顺序的法定继承人时,第二顺序的继承人不得继承遗产,但并不排除第二顺序的继承人依据其他权利分得遗产的可能。比如,第二顺序的继承人如果符合《民法典》第 1131 条的规定,则虽不能继承遗产,但可以请求酌情分得遗产。

第三节　代位继承和转继承

一、代位继承

(一)代位继承的概念

代位继承是法定继承中的一种特殊现象,在世界各国都普遍存在。在血亲继承中,被继承人遗留的财产通常按血亲远近由近及远地传递。如果最近亲等的血亲继承人因某种原因缺位,则其不能继承的遗产份额仍应该留给其后代。这通常符合被继承人的意愿,因为被继承人对缺位继承人的后代有着同等的感情,特别是在子女先死亡,而该子女又留有未成年的孩子的,这些孩子尤其需要照顾,把本该由被继承人的第一亲等的继承人继承的财产,留给他们的孩子继承是天经地义的道理。[1]

基于不同的理念,各个国家的代位继承制度不完全相同。我国《民法典》第 1128 条第 1 款、第 2 款规定:"被继承人的子女先于被继承人死亡的,由被继承人的子女的直系晚辈血亲代位继承。被继承人的兄弟姐妹先于被继承人死亡的,由被继承人的兄弟姐妹的子女代位继承。"可见,我国的代位继承是指被继承人的子女或兄弟姐妹先于被继承人死亡(包括宣告死亡),由该先亡子女的晚辈直系血亲或该先亡兄弟姐妹的子女按照被代位人的继承顺序和继承份额,继承被继承人遗产的法定继承制度。在代位继承中,先于被继承人死亡的子女或兄弟姐妹称被代位人,代替被代位人继承被继承

〔1〕 参见周枏:《罗马法原论》(下册),商务印书馆 1994 年版,第 439 页。

人遗产的人称代位继承人,代位继承人所行使的继承权称代位继承权。

(二)我国代位继承制度的法律特征

1. 代位继承的发生前提必须是被继承人的子女或兄弟姐妹先于被继承人死亡。如果被继承人的子女或兄弟姐妹死于被继承人之后,则不发生代位继承。如果是被继承人的其他继承人(比如配偶、父母、祖父母等)先于被继承人死亡,也不发生代位继承。换言之,被代位人仅限于两种人,一种是被继承人的子女,另一种是被继承人的兄弟姐妹。

2. 代位继承人仅限于被代位人的晚辈直系血亲。被代位人的配偶、长辈直系血亲、旁系血亲都不能成为代位继承人。然而,被代位人的晚辈直系血亲作为代位继承人是否受到辈分限制?这个问题要根据被代位人的身份加以区分。如果被代位人是被继承人的子女,则该先亡子女的晚辈直系血亲都可能成为代位继承人,即此种情况下,代位继承人不受辈数限制,但近血缘关系排斥远血缘关系。比如,甲乙丙丁是祖孙四代,乙先于甲死亡,现甲死亡,则由丙代位继承甲的遗产;若乙丙两人均先于甲死亡的,则由丁代位继承甲的遗产。如果被代位人是被继承人的兄弟姐妹,则只有该先亡的兄弟姐妹的子女才能成为代位继承人,即此种情况下,代位继承人是受辈数限制的,仅限于被代位的兄弟姐妹的子女。

3. 被代位人必须享有继承权。代位继承人享有的代位继承权要以被代位人享有继承权为前提,如果被代位人生前已经因违法行为丧失了对被继承人的继承权的,则其直系晚辈血亲不能代位继承。当然,丧失继承权的被代位人的晚辈直系血亲虽不得代位继承,但如该代位继承人依靠被继承人扶养,或者对被继承人扶养较多的,可以根据《民法典》第 1131 条的规定,请求适当分得遗产。

4. 代位继承人一般只能依据被代位人的继承顺序和继承份额参与继承。代位继承与本位继承不同。本位继承人直接基于其自身具有的继承资格、继承顺序和应得的遗产份额参与继承,如子女对父母遗产的继承,生存配偶对死亡配偶遗产的继承,都是基于他们自身的身份享有的继承权,是一种直接继承。代位继承是代位已经死去的被代位人继承被继承人的遗产。因此,代位继承人的继承顺序是根据被代位人的继承顺序确定的。比如,在被继承人有配偶、父母、子女任意一人作为第一顺序继承人继承遗产,或者被继承人的子女的直系晚辈血亲代位继承遗产时,被继承人的兄弟姐妹就不能继承,兄弟姐妹的子女亦不能代位继承。在代位继承人有数人的情况下,数个代位继承人一般只能共同继承被代位人应得的那一份遗产,不能要求按照人数与其他继承人平等分割遗产。当然,如果代位继承人是生活有特殊困难又缺乏劳动能力的人,或者是对被继承人尽了主要扶养义务或者与被继承人共同生活的人,则分配遗产时,既可以比其他代位继承人多分,也可以超过被代位人应得的遗产份额,比其他继承人多分。[1]

5. 代位继承只适用于法定继承,不适用于遗嘱继承。遗嘱只有在立遗嘱人死亡时才发生法律效力,如果被继承人在遗嘱中指定子女或兄弟姐妹为遗嘱继承人,而该被指定的子女或兄弟姐妹先于被继承人死亡,说明该子女或兄弟姐妹生前并没有取得遗嘱所赋予的继承权利。《民法典》第1154条第3项规定,遗嘱继承人如果先于遗嘱人死亡的,遗嘱中的有关部分就按照法定继承办理。既然被代位人生前并未取得遗嘱指定的继承权利,其晚辈直系血亲也就不能根据遗嘱来代位继承。比如,重病的甲立遗嘱指明其个人所有的一套房屋身后留给长子乙。不幸次日乙突遇车祸去世,一周后甲病逝。此种情况下,乙的子女就不能主张按照甲的遗嘱代位继承甲的房屋。所以,代位继承不适用于遗嘱继承。代位继承人完全是根据法律的规定取得和行使其代位继承权的,代位继承只是法定继承的一种特殊情况。

二、转继承

(一)转继承的概念和特征

转继承,是指继承人在被继承人死亡后遗产分割前死亡,其可以继承的遗产份额转移归其继承人继承的制度。在转继承中,最初留有遗产的人称为被继承人,还没来得及实际分得遗产就死亡的人称为被转继承人,有权根据法律规定承受被转继承人应得的遗产份额的人称为转继承人。

转继承有以下主要特征:

1. 被转继承人必须死于被继承人之后遗产分割之前。若其死亡时间不在这个时间段内,则不发生转继承问题。

2. 被转继承人对被继承人的遗产必须享有继承权。若被转继承人在生

---

〔1〕 参见中华人民共和国法律诠释编写委员会:《中华人民共和国继承法诠释》,人民法院出版社1995年版,第85页。

前已经放弃了对被继承人的继承权,或者已经因法定违法行为被剥夺了对被继承人的继承权的,因其没有可继承的遗产份额,故不发生转继承的问题。

3. 转继承人可以是被转继承人遗嘱指定的人,也可以是被转继承人的一切合法继承人。在被转继承人有遗嘱的情况下,首先应根据其遗嘱确定转继承人或受遗赠人;在没有遗嘱或遗嘱无效的情况下,其法定继承人才为转继承人。另需注意的是,出于对被继承人意志的尊重,如果被继承人在遗嘱中对于继承人在继承开始后,遗产分割前死亡的情形下相关遗产由谁取得作出了安排的,应根据其遗嘱确定相关遗产的归属。

4. 转继承的只能是被转继承人应得的遗产份额。

(二)转继承与代位继承的区别

从转继承与代位继承的特征看,两者有一些相似之处,但两者是不同的继承制度,在实务中一定要注意区分。两者的主要区别体现在以下几点:

1. 死亡的继承人不同。代位继承中的被代位人仅限于被继承人的子女或兄弟姐妹,而转继承中的被转继承人可以是被继承人的所有继承人。

2. 继承人死亡的时间不同。代位继承中的被代位人先于被继承人死亡,而转继承中的被转继承人后于被继承人死亡。

3. 适用的继承类型不同。代位继承只适用于法定继承,不适用于遗嘱继承。转继承既适用于法定继承,也适用于遗嘱继承。因为遗嘱已经于被继承人死亡时生效,故遗嘱指定的继承人虽然在遗产分割之前死亡,但因为其死在遗嘱生效之后,所以已经取得了遗嘱所指定的继承权利。因此,转继承人可以要求取得被继承人在遗嘱中指定给被转继承人的遗产。比如,甲在遗嘱中指明其个人所有的一套房屋将来留给长子乙,甲去世后不久,还没来得及分割甲的遗产,乙也病故了,并且没有遗嘱。此时,乙的法定继承人就可以主张按照甲的遗嘱转继承甲的房屋。

4. 有权代死亡继承人取得遗产份额的人不同。代位继承中的代位继承人只能是法律规定的被代位人的直系晚辈血亲;而转继承中有权取得被转继承人应得的遗产份额的人,可以是被转继承人在遗嘱中指定的人,在没有指定的情况下,则由被转继承人的法定继承人来转继承。

第八章 遗嘱继承和遗赠制度

第一节 遗 嘱 概 述

一、遗嘱的概念和特征

遗嘱是立遗嘱人生前按照法律规定的方式处分自己的财产或其他事务，于其死后发生法律效力的单方法律行为。

遗嘱人在一份遗嘱中作出的具有法律意义的意思表示可以不止一个。在数个意思表示中，既可以包含财产性质的行为，如指定继承人或受遗赠人，指定每个继承人的应继份，指定遗产处分方式，指定居住权，[1]等等。也可以包含身份性质的行为，如为没有完全民事行为能力的子女指定监护人，[2]同意遗体捐献，[3]承认某人为自己的非婚生子女，等等。还可以是消极意义的行为，如宽恕某个继承人，取消某个继承人的继承权，撤回之前订立的遗嘱，等等。所以，遗嘱人可以通过遗嘱安排的事项是非常宽泛的。实际生活中，遗嘱通常包括以下主要内容：(1)指明遗产或主要遗产的范围及具体情况；(2)指明遗嘱继承人或者受遗赠人；(3)指明遗产的分配方法和具体份额；(4)指明某项遗产的用途；(5)指定遗嘱执行人。

遗嘱具有如下法律特征：

1. 遗嘱是无相对人的单方的法律行为。遗嘱只需遗嘱人一方的意思表示就能产生相应的法律后果。遗嘱人通过遗嘱处分自己的财产及其他事

---

〔1〕 参见《民法典》第 371 条。

〔2〕 参见《民法典》第 29 条。

〔3〕 参见《民法典》第 1006 条。

务，无须征得他人（包括遗嘱继承人、受遗赠人）的同意，也无须向他人（包括遗嘱继承人、受遗赠人）告知自己订立了遗嘱。遗嘱所指定的继承人放弃遗嘱继承、受遗赠人放弃受领遗赠的，所放弃的部分适用法定继承，但不影响遗嘱本身的效力。

2. 遗嘱是死后生效的法律行为。遗嘱人订立遗嘱的目的，在于对自己身后的财产及有关事务做事先安排，这种安排在遗嘱人生前不产生任何法律效力。一方面，对遗嘱人本人不具有任何拘束力，遗嘱人在其生前的任何时候都可以变更遗嘱或者撤回遗嘱。另一方面，遗嘱继承人、受遗赠人即使已经知道遗嘱的内容，也不能要求在此时取得遗嘱指定给他的财产。因为在遗嘱人死亡之前，他们只能期待而没有实际的确定的权利，遗嘱人仍可以变更或撤回遗嘱中的相关指定。

3. 遗嘱是要式法律行为。遗嘱是遗嘱人安排自己身后财产及其他事务的重大的法律行为，由于遗嘱是无相对人的单方的法律行为，其订立与否、内容如何不一定为他人知晓，而遗嘱生效时，遗嘱人已经不在人世。因此，遗嘱的真伪无法直接查证。为避免遗嘱在执行时产生争议、引发纠纷，各国继承法都对遗嘱的订立形式作了比较严格的要求，遗嘱人必须依照法律规定的方式订立遗嘱。

4. 遗嘱是不得代理的法律行为。遗嘱是立遗嘱人处分个人财产的最终意志，必须体现立遗嘱人本人的真实意思。为了确保这一点，遗嘱人必须亲自订立遗嘱，不允许授权他人代理订立遗嘱；无民事行为能力人或者限制民事行为能力人的监护人可以在被监护人生存期间依法处分他们的财产，但不能代理被监护人订立遗嘱处分他们死后的财产事项。

二、遗嘱的形式

遗嘱的形式是指遗嘱人处分自己身后财产及其他事务的意思表示的方式。遗嘱具有改变法定继承人的范围或顺序、指明遗产分配方式或份额、设立遗赠或遗托等的效力，对遗产的最终归属有决定性作用，其生效又在遗嘱人死亡之后。为避免将来的纷争，法律对遗嘱的订立方式有严格的要求，遗嘱必须符合法律规定的形式。

（一）遗嘱订立方式

我国《民法典》继承编规定了六种遗嘱形式。

1. 自书遗嘱。自书遗嘱是遗嘱人亲笔书写的遗嘱。自书遗嘱不需要外界协助，也无费用，遗嘱人只要有书写能力，就可以随时订立，反复推敲修改，因此被普遍采用。根据《民法典》第 1134 条的规定，自书遗嘱必须由遗嘱人亲笔书写、亲笔签名并注明订立的年、月、日。如果对先前所立自书遗嘱作修改的，涂改、增删的内容也必须是遗嘱人亲自所为、亲笔所写，并且遗嘱人在修改之处须亲笔签名并注明修改的年、月、日。

根据相关司法解释的规定，自然人留下的亲笔遗书中，有涉及对其个人财产在身后的处分的内容，如果可以确定是死者的真实意思表示，而且遗书上有其本人的亲笔签名并注明了书写遗书的年、月、日的，在无相反证据的情况下，遗书中的这部分内容可以按照自书遗嘱对待。[1]

2. 代书遗嘱。代书遗嘱是由遗嘱人口述、委托别人代为书写记录的遗嘱，又称代笔遗嘱。代书遗嘱不是代理遗嘱，因为遗嘱内容仍然是由遗嘱人亲自口述表达的。为了保证代书人所书写的内容与遗嘱人的真实意思一致，《民法典》第 1135 条规定，代书遗嘱必须有两个以上的见证人在场见证，由其中一人代书，并且最后要由遗嘱人、代书人和其他见证人在同一份遗嘱上分别签名并注明订立遗嘱的年、月、日。需要注意的是，所谓"在场见证"，是指在订立代书遗嘱的过程中，遗嘱人的口述、代书人的听写、其他见证人的见证，这三者应该在时间上同步，在空间上同场。另外，代书人身兼两职，既是见证人，也是代书人。因此，代书人也必须符合法律对见证人的资格要求。

3. 打印遗嘱。打印遗嘱是指用电脑书写并用打印机将内容打印出来的遗嘱。这是《民法典》为适应时代需要而新增加的遗嘱形式。打印遗嘱使用印刷体，较之手写遗嘱具有规范工整、清晰易辨的优势，但无法通过笔迹鉴定的方式来确定遗嘱的真伪。因此，为了保证打印遗嘱的内容真实体现遗嘱人本人的意愿，防止被他人伪造、篡改，《民法典》第 1136 条规定，打印遗嘱必须有两个以上的见证人在场见证，遗嘱不止一页的，遗嘱人和见证人应当在遗嘱的每一页上都签名并注明年、月、日。

4. 录音录像遗嘱。录音录像遗嘱是由遗嘱人口述、用录音录像设备录制下来的遗嘱。这里实际包含了录音和录像两种制作遗嘱的方式。之前只规定了录音遗嘱，《民法典》根据时代的发展，增加了视听双重的录像遗嘱。录音、录像遗嘱不需要书写，只要遗嘱人能口述即可将自己的遗嘱记录下

---

[1] 参见《民法典继承编解释（一）》第 27 条。

来，所以方便快捷、更为直观。但录音录像遗嘱也存在被人剪辑、篡改、伪造的风险，为防止发生这些弊端，《民法典》第1137条规定，以录音录像形式订立的遗嘱，必须有两个以上的见证人在场见证，遗嘱人和见证人应当在录音录像中记录自己的姓名或者肖像，并且记录订立遗嘱的年、月、日。录制完成后，应当及时封存并妥善保管。

5. 口头遗嘱。口头遗嘱是遗嘱人以口头表述的方式订立的遗嘱。口头遗嘱因其缺乏有效的实物证据，容易引起纠纷。因此，法律对口头遗嘱的适用有着严格的限制。《民法典》第1138条规定："遗嘱人在危急情况下，可以立口头遗嘱。口头遗嘱应当有两个以上见证人在场见证。危急情况消除后，遗嘱人能够以书面或者录音录像形式立遗嘱的，所立的口头遗嘱无效。"关于口头遗嘱，必须注意以下几点：其一，口头遗嘱的订立前提是遗嘱人处于危急情况，比如遗嘱人处于病危、突遇自然灾害、意外事故等生命危急时刻，来不及采用其他方式订立遗嘱。只有在危急情况下方可采用口头方式订立遗嘱。其二，口头遗嘱在订立当时必须有两个以上的见证人在场见证。虽然法律没有明确要求见证人记录口头遗嘱，但为防日后遗忘，在条件允许的情况下，见证人应该及时记录下遗嘱内容，若当时来不及记录，则事后应该补录，补录的内容应由所有见证人一致认可。其三，危急情况消除后，遗嘱人能够用其他方式订立遗嘱时，无论其后来有没有用其他方式重新订立遗嘱，其原先所立的口头遗嘱均无效。所谓"能够用其他方式订立遗嘱"，不仅指时间上充裕，也包括其他客观条件允许。比如，没有订立自书遗嘱的纸笔，或者不能书写的遗嘱人找不到代书人等，此种情形下自然不能苛求遗嘱人用其他方式订立遗嘱，原来的口头遗嘱不应认定无效。

6. 公证遗嘱。公证遗嘱是指经过公证机构公证的遗嘱，包括直接在公证机关订立的遗嘱，也包括遗嘱人将其之前所制作的自书遗嘱、代书遗嘱、打印遗嘱等送公证机关办理公证的遗嘱。遗嘱公证必须由遗嘱人亲自到公证机构申请办理，不能委托他人代办。遗嘱人亲自到公证机构有困难的，可以书面或者口头形式请求公证机构指派公证人员到其住所或者临时处所办理。公证人员不能为其本人或其近亲属办理遗嘱公证，也不能办理与其本人或与其近亲属有利害关系的遗嘱的公证。[1]

公证遗嘱是方式最为严格的遗嘱，公证遗嘱因为有公证机构对其真实

---

〔1〕 参见《公证法》(2006年3月1日起施行，2017年9月1日修正)第23条、第26条。

性、合法性的审核,可以避免草率订立遗嘱,能够帮助欠缺法律知识的人订立有效遗嘱。公证遗嘱还可以避免遗嘱文件被第三人藏匿或伪造。因此,公证遗嘱较之其他的遗嘱方式更能保障遗嘱人意思表示的真实性。不过要注意,《民法典》为了保障遗嘱人的遗嘱自由,充分尊重遗嘱人修改、撤回遗嘱的权利,取消了公证遗嘱原有的凌驾于其他遗嘱形式之上的效力优先地位。当然,公证遗嘱也会因为各种因素的干扰而不能保证其内容完全真实、合法。因此,公证遗嘱生效后,与继承权益相关的人员有确凿证据证明公证遗嘱部分违法的,公证处经调查核实后,应当撤销对违法部分的公证证明。[1] 另外,需要注意的是,公证遗嘱仅仅因为程序上的瑕疵而被撤销的,公证遗嘱本身丧失法律效力,但对于公证机构在制作公证遗嘱过程中留存保管的当事人自行制作的自书遗嘱、代书遗嘱、打印遗嘱、录音录像遗嘱等,应当结合《民法典》的相关规定对遗嘱效力作出认定。

(二)遗嘱见证人

为保证代书遗嘱、打印遗嘱、录音录像遗嘱、口头遗嘱的真实性,我国《民法典》规定,此4种遗嘱必须有两个以上的见证人在场见证。所谓"在场见证",是指见证人须亲眼所见、亲耳所闻遗嘱订立的整个过程,不能事后经由他人转述才知道遗嘱订立的过程。换言之,在遗嘱订立的过程中,遗嘱人口述或打印遗嘱的行为与见证人听、录(代书遗嘱)遗嘱的行为,两者应该在时间上同步,在空间上同场。另外,在代书遗嘱订立过程中,代书人身兼两职,既是见证人,也是代书人。因此,代书人也必须符合法律对见证人的资格要求。

见证人的见证对遗嘱效力有至关重要的影响,为了保证见证人见证的真实性,《民法典》对见证人的资格采用排除法作了规定,有下列情况之一的,不能作为遗嘱见证人:(1)无民事行为能力人、限制民事行为能力人以及其他不具有见证能力的人;(2)继承人、受遗赠人;(3)与继承人、受遗赠人有利害关系的人。

上述第一类人实际又可以区分为两种:一种是无民事行为能力、限制民事行为能力人,他们因为行为能力有欠缺,无法理解遗嘱这种复杂的法律行为,所以不能担任任何遗嘱的见证人。另一种是行为能力无缺陷,但存在事

---

[1] 参见《遗嘱公正细则》(2000年7月1日起施行)第23条。

实上无法担任遗嘱见证人情形的人。比如,盲人因为目不能视,无法担任遗嘱见证人;聋人因为无法听到而不能担任代书遗嘱、口头遗嘱的见证人;文盲因为无法阅读而不能担任代书遗嘱的见证人,等等。当然,究竟何种人属于"其他不具有见证能力的人",应当在具体案件中根据具体情形判断。

第二类人是与继承有直接利害关系的人,顾忌到这类人难免会受到利害关系的驱使而利用见证机会对遗嘱人施加不正当的影响,因此法律将这类人排除于相关遗嘱的见证人之列。有争议的是,这里的"继承人"除了被遗嘱指定的继承人即遗嘱继承人之外,是否也包括遗嘱人的其他法定继承人?就保证见证的客观性、真实性这一目的而言,应该排除遗嘱人的所有法定继承人担任见证人,因为无论遗嘱内容对其有利无利,这些继承人都有可能对遗嘱人施加不正当的影响,或者在将来的继承纠纷中作出不真实的陈述。但是,按照民间传统,订立遗嘱通常有个很重要的目的,就是借此在去世之前召集家族成员交代后事,避免"后人"之间将来因遗产发生纷争。所以,在现实生活中,由子女或孙子女代书、请叔伯姑舅姨(遗嘱人的兄弟姐妹)等亲属担任遗嘱见证人的现象并不少见。这些人都是与继承有直接或间接利害关系的人,严格而言是不能担任遗嘱见证人的。

第三类人与继承有间接的利害关系,如果由他们担任遗嘱见证人,很难避免继承人、受遗赠人借由他们对遗嘱人施加不正当的影响,或者他们基于自己的情感或利益主动对遗嘱人施加不正当的影响。所以,为保证见证的客观性、真实性,这类人也不适合担任遗嘱见证人。至于什么样的关系构成这里的"利害关系",法律上没有进一步明确。相关司法解释中将继承人、受遗赠人的债权人、债务人、共同经营的合伙人列为不能担任见证人的利害关系人,有一定的参照意义。[1]

三、遗嘱的有效要件

遗嘱有效是指遗嘱的内容受到法律认可和保护。这种认可和保护从遗嘱设立时即发生,但并不因此限制遗嘱人对遗嘱的变更和撤回。一份遗嘱能否受到法律的认可和保护,取决于遗嘱是否符合法律规定的实质要件和形式要件。

---

〔1〕 参见《民法典继承编解释(一)》第24条。

（一）遗嘱人在订立遗嘱时必须具有完全民事行为能力

订立遗嘱的能力简称遗嘱能力。在我国，只有具有完全民事行为能力的人才能订立遗嘱。我国《民法典》第 1143 条第 1 款规定："无民事行为能力人或者限制民事行为能力人所立的遗嘱无效。"判断遗嘱人是否具有完全民事行为能力，应该以订立遗嘱时为准。订立遗嘱时不具有完全民事行为能力的，即使后来取得或恢复了完全民事行为能力，所订立的遗嘱仍然无效；订立遗嘱时有完全民事行为能力，后来丧失行为能力的，不影响遗嘱的效力。另外，判断遗嘱人是否具有完全民事行为能力，不能只看其当时是否成年。根据《民法典》第 18 条的规定，16 周岁以上的未成年人以自己的劳动收入为主要生活来源的，视为完全民事行为能力人，也可以订立遗嘱。对患有精神疾病的人所订立的遗嘱，不宜粗暴地一概认定无效，如果经严格审查，确定其是在神志清醒时所立，应该尊重其意志，承认遗嘱的效力。

（二）遗嘱必须是遗嘱人本人的真实意思表示

首先，遗嘱必须是遗嘱人亲自订立的，如果他人假借遗嘱人之名模仿遗嘱人的笔迹、声音制作遗嘱，则是伪造遗嘱的行为。如果他人未经遗嘱人之同意擅自替其制作代书遗嘱，也属于伪造遗嘱的行为。如果他人未经遗嘱人之同意擅自在其遗嘱上增删内容、歪曲遗嘱人意思的，则是篡改遗嘱的行为。根据《民法典》第 1143 条的规定，伪造的遗嘱全部无效，被篡改的遗嘱一般仅篡改的部分无效，未被篡改的部分仍然有效。

其次，遗嘱必须是遗嘱人自愿订立的。出于遗嘱人之手或之口的遗嘱不一定就是遗嘱人内心的真实意思表示。如果遗嘱人是在受到他人胁迫、出于恐惧的情况下订立遗嘱的，或者是在受到他人欺诈、出于错误认识的情况下订立遗嘱的，则遗嘱的内容很难反映遗嘱人内心的真实想法。因此，法律不认可这种情况下订立的遗嘱的效力。《民法典》第 1143 条第 2 款规定："遗嘱必须表示遗嘱人的真实意思，受欺诈、胁迫所立的遗嘱无效。"

（三）遗嘱的内容必须合法

遗嘱的内容不得违反法律的禁止性、强制性规定，不得有悖社会的公序良俗。

1. 遗嘱处分的必须是遗嘱人有权处分的个人合法财产。遗嘱不得处分他人的财产,若遗嘱人与他人形成财产共有关系的,不能在遗嘱中处分整个共有财产,但可以处分属于自己名下的那一部分。根据相关司法解释的规定,遗嘱人以遗嘱处分了属于国家、集体或他人所有的财产的,遗嘱的这部分内容应认定无效。[1] 实务中需要特别注意以下两点:

(1)夫妻一方的遗嘱不得处分夫妻共同财产。夫妻共同财产是不分份额的共同共有财产,夫妻双方享有平等的处理权。任何一方都不能将夫妻共同财产作为其个人财产在遗嘱中进行处分。但现实中这种情况并不少见。对这样的遗嘱,审判实践并不整体否认其效力,而是认定部分无效。因为在遗嘱人死亡时,夫妻间的共有财产关系因此终止,共有财产进入分割状态,属于遗嘱人自己名下的部分可以按照其遗嘱的意思来分配,但属于其配偶的部分则不是其遗产,不能按照遗嘱来处理。[2]

(2)遗嘱不得处分已经在分家析产中处分了的财产。我国民间特别是农村地区一直有分家析产的习俗,通过分家析产来实现代际间的财产传承。分家析产不同于继承,一是其发生时间可能在父母生前或是父母一方死亡时,二是其分的是家庭的共同财产。分家析产之后,家产已全部转移给儿子所有,父母以后的生活也由儿子负担。因此,父母对已经分配给儿子的财产再无所有权,不能再在遗嘱中进行处分。[3]

2. 遗嘱不得违反"必留份"的规定。近亲属之间一般都有法定的扶养义务,在扶养义务人死亡之后,应该用其遗产继续供养需要扶养的人,以保障他们的生活得以正常继续。因此,法律不允许遗嘱人用遗嘱的方式免除其应尽的扶养义务。《民法典》第1141条规定:"遗嘱应当为缺乏劳动能力又没有生活来源的继承人保留必要的遗产份额。"该条规定就是我国继承法律制度上的"必留份"制度。在理解该项制度时,要注意以下几点:

(1)"必留份"权利人仅为"缺乏劳动能力又没有生活来源"的继承人。"缺乏劳动能力"的继承人包括,尚无劳动能力的未成年继承人以及因年老、

---

〔1〕 参见《民法典继承编解释(一)》第26条。

〔2〕 参见最高人民法院《关于财产共有人立遗嘱处分自己的财产部分有效处分他人的财产部分无效的批复》(〔1986〕民他字第24号)。

〔3〕 最高人民法院1985年11月28日作出的《关于对分家析产的房屋再立遗嘱变更产权,其遗嘱是否有效的批复》中指出:对于当事人分家时达成的各自管业且已执行多年的房产协议,应予维护。父母再立遗嘱将已经分配的房产确定由他人继承,所立遗嘱无效。

疾病等原因丧失全部或部分劳动能力的成年继承人。“没有生活来源”的继承人是指没有其他生活来源,完全依靠或主要依靠遗嘱人供养的继承人。实务中对“没有生活来源”的掌握不宜苛刻,不能机械地理解为除了遗嘱人这个唯一的生活来源外,不能再有其他的生活来源。因为自身缺乏劳动能力的继承人必须依靠扶养人才能维持生活,遗嘱人的死亡意味着其失去了一个扶养人,即使其还有别的扶养人,其生活来源也受到了影响。为了以防万一、保障其正常的生活,审判实践中一般会宽松掌握,比如将失去父母一方的未成年人、失去其中一个子女的无劳动能力的老年人等,也视作“没有生活来源”的“继承人”,不许遗嘱取消他们的必要遗产份额。

(2)判断是否存在“必留份”继承人的时间以遗嘱生效时为准。从遗嘱订立到生效往往会间隔一段时间,其间情况会发生变化,判断遗嘱的效力不应以遗嘱人订立遗嘱时的情形而应以遗嘱人死亡时的情形确定。如果遗嘱人在订立遗嘱时存在“缺乏劳动能力又没有生活来源”的继承人,遗嘱并没有为他们保留必要的遗产份额,但在遗嘱人死亡时,即遗嘱生效时,已经不存在这种境况的继承人,比如当年的未成年子女此时已经成年自立,则早先订立的遗嘱是有效的。反之,遗嘱人在订立遗嘱时并不存在“缺乏劳动能力又没有生活来源”的继承人,但遗嘱生效时,发现存在这种境况的继承人,比如遗嘱人的一个成年未婚子女因某种原因丧失了劳动能力又生活困难,此时就要看遗嘱是否为这种境况的继承人保留了必要的遗产份额。若是,则按照遗嘱执行;若非,则不能完全按照遗嘱执行。另外,需要注意的是,在遗嘱生效时不存在“缺乏劳动能力又没有生活来源”的继承人,但在遗产分割时,原有劳动能力或有生活来源的继承人,因情况变化而确实丧失劳动能力又无生活来源的,应从实际出发,分给适当遗产。

(3)“必要的遗产份额”应该根据“必留份”继承人的实际生活需要确定。“必要的遗产份额”如何确定,目前没有规定。通说认为,应该是维持“必留份”继承人一般生活需要的份额。[1]“必留份”可以大于也可以小于法定继承中的平均份额。如果遗产价值较大,“必留份”所占的比例即使小于平均份额,也足以维持“缺乏劳动能力又没有生活来源”的继承人的一般生活需要;遗产价值不大时,可能全部遗产都要作为“必留份”来维持必留份

〔1〕 参见中华人民共和国法律诠释编写委员会:《中华人民共和国继承法诠释》,人民法院出版社1995年版,第134页。

继承人的一般生活。

(4)未保留“必留份”的遗嘱并非无效。实践中,判断遗嘱人是否保留了“必留份”,要结合遗产的多少及遗嘱的具体内容看。如果遗嘱指定给“必留份”继承人的遗产足以维持其一般生活需要的,则遗嘱有效;如果遗嘱指定给“必留份”继承人的遗产已是全部遗产,虽不足以维持其一般生活,遗嘱也仍然有效;如果遗嘱未指定给“必留份”继承人遗产,但遗嘱仅处分了部分遗产,必留份继承人可以依法分得剩余遗产且足以满足其一般生活需要的,遗嘱效力也不受影响;只有当因为遗嘱的处分致使“必留份”继承人最终能够分得的遗产不足以维持其一般生活需要时,遗嘱的效力才会受到影响,但此时并非整个遗嘱无效,而是从遗产中扣除“必留份”,剩下的部分仍参照遗嘱执行。[1]

(四)遗嘱的形式必须符合法律的规定

遗嘱的效力在遗嘱人死后才发生,为了保证遗嘱是遗嘱人真实的意思表示,法律对遗嘱的订立形式有严格的要求,遗嘱必须符合法律所要求的形式。我国《民法典》规定了订立遗嘱的六种形式,并规定了各种形式的遗嘱所必须具备的形式要件。比如,每种形式的遗嘱都必须以相应的方式表明立遗嘱人是谁,如果无法确定遗嘱人,则自然无法使遗嘱生效;需要有见证人的遗嘱必须有符合资格及人数的见证人在场见证,如果见证人不合要求,则其见证的遗嘱的真实性就无法认定;除了口头遗嘱外,其他形式的遗嘱法律都要求必须注明订立遗嘱的时间,并且要具体到年、月、日,因为这对判断遗嘱人在订立遗嘱当时有无遗嘱能力至关重要;当遗嘱人留下数份遗嘱,而这数份遗嘱在内容上又有冲突的情况下,遗嘱上的日期也是判断遗嘱订立先后以及最终以何份遗嘱为准的重要依据。

对遗嘱形式的严格要求,有利于保障遗嘱真实反映遗嘱人的最后意愿。但是,我国地域广大,人口众多,民众的知识水平、法律意识参差不齐,现实中往往存在不符合或不完全符合法律规定的形式要件的遗嘱。对于形式上有瑕疵的遗嘱如何认定其效力,实务中是存在争议的。一种观点认为,对遗嘱形式应采用严格的法定主义,只有完全符合法定形式要件的遗嘱才是有效的,否则不应认可其有效。另一种观点认为,遗嘱只要在一定程度上满足

---

〔1〕 参见《民法典继承编解释(一)》第25条。

法定的形式要件，能够判定是立遗嘱人的真实意思表示，就应该认可其有效。鉴于认识上的不统一，审判实务中存在同案不同判的情况。确实，遗嘱形式的合法性问题事关遗嘱人最终意愿能否实现，也关系到遗产权利人的切身利益。所以，一方面，要加大对相关法律规定的宣传，提高人们对遗嘱形式要件的了解和重视，引导人们订立形式要件完备的遗嘱；另一方面，也要结合个案的具体情况，运用司法智慧，尽量寻求法、理、情三者的平衡，妥善解决纠纷。

另外，需要注意的是，由于各国、各地区继承法关于遗嘱的有效要件的标准不完全一致，所以判断一份涉外遗嘱的效力时，应依照相关规定认定。《涉外民事关系法律适用法》第 32 条规定："遗嘱方式，符合遗嘱人立遗嘱时或者死亡时经常居所地法律、国籍国法律或者遗嘱行为地法律的，遗嘱均为成立。"该法第 33 条规定："遗嘱效力，适用遗嘱人立遗嘱时或者死亡时经常居所地法律或者国籍国法律。"

四、遗嘱的变更和撤回

遗嘱是遗嘱人对自己身后事务的最终安排，其生效是在遗嘱人去世之后。因此，遗嘱人在其生存期间可以自由变更甚至撤回之前订立的遗嘱。遗嘱的变更是指遗嘱人对自己之前所立的遗嘱的部分内容作修改，即在原来遗嘱的基础上进行涂改、增删。遗嘱的撤回是指遗嘱人废除自己之前所立的遗嘱的全部内容。所以，遗嘱的变更与撤回并无实质上的区别，只是程度上的不同。

遗嘱的变更或者撤回与遗嘱的订立一样，必须由遗嘱人亲自为之，不能由他人代理，更不能委托他人在其死后代为变更或者撤回遗嘱。遗嘱人变更或者撤回遗嘱只需根据自己的意愿即可进行，无须征得继承人或其他人的同意，也无须告知他人。

遗嘱的变更和撤回是具有法律意义的行为，遗嘱人在进行变更或撤回行为时，必须具有相应的行为能力，否则不能产生变更或撤回遗嘱的法律效果。

变更或者撤回遗嘱的方式主要有以下几种：

1. 遗嘱人通过另立一份新遗嘱的方式声明变更或撤回原先订立的遗嘱。这是指遗嘱人另立一份新的遗嘱，并在这份新遗嘱中明确声明要变更或者撤回原来所立的遗嘱。需要注意的是，遗嘱人另立的这份新遗嘱必须符合遗嘱的有效条件,不然不能发生变更或者撤回之前所立遗嘱的效果。比如,某位老人亲笔写下:“今声明废除本人某某于2021年1月20日所立的遗嘱。声明人某某,2021年2月1日”,老人的这份声明就是一份新的自书遗嘱,其目的和内容就是撤回2021年1月20日所立的遗嘱,但如果老人在声明的最后忘了签上自己的姓名,或者老人在2021年2月1日已经丧失了完全民事行为能力,则新遗嘱因为不符合遗嘱的有效要件,不能发生撤回原遗嘱的效力。

2. 遗嘱人生前订立数份内容相冲突的遗嘱,法律推定订立在后的遗嘱变更或者撤回订立在先的遗嘱。遗嘱人生前先后订立了数份遗嘱,虽然在后订立的遗嘱中并没有明确声明要变更或者撤回先订立的遗嘱,但前后遗嘱在内容上有冲突,则无论遗嘱人订立后份遗嘱的目的是不是变更或撤回前遗嘱,法律都推定订立在后的遗嘱是对订立在先的遗嘱的变更或者撤回。《民法典》第1142条第3款规定,遗嘱人生前立有数份内容相互抵触的遗嘱的,以最后的遗嘱为准。需要注意的是,如果数份遗嘱在内容上不相冲突,则每份遗嘱只要符合遗嘱的有效要件,在遗嘱人去世后均应得到执行。比如,某位老人过世后,其遗属发现老人生前先后订立了3份都符合有效要件的遗嘱。第一份遗嘱指明其名下的一处房产由长子继承,第二份遗嘱却将这同一处房产指明由次子继承,第三份遗嘱指明其名下的2万元存款由长女继承。因为第一份、第二份遗嘱在内容上有冲突,故以后立的第二份遗嘱为准,老人的房产由次子继承;但第三份遗嘱与前两份遗嘱均无冲突,故2万元存款由长女继承。

3. 遗嘱人自己的行为致使遗嘱内容部分或全部无法执行。遗嘱人生前不受遗嘱的约束,对遗嘱中作出安排的财产仍然可以处分。若其生前处分财产的行为与遗嘱安排相抵触,则法律推定其对遗嘱作出了变更或者撤回。比如,遗嘱人原在遗嘱中写明其所有的两处房产将来由其独子继承。后来,遗嘱人将其中一处房产卖与了他人。这一卖房行为显然与遗嘱的安排有抵触,应视作对遗嘱内容的部分撤回。遗嘱人死后,其子只能根据遗嘱继承没有卖出的那一套房产。需要注意的是,即使遗嘱人在订立遗嘱后,忘记自己已经立有遗嘱而作出与遗嘱内容抵触的行为,这个也不影响该行为在客观上对遗嘱的变更或撤回。《民法典》第1142条第2款规定:“立遗嘱后,遗嘱人实施与遗嘱内容相反的民事法律行为的,视为对遗嘱相关内容的撤回。”

4. 遗嘱人故意销毁、涂改遗嘱。遗嘱人可以直接在遗嘱上对部分内容进行涂改、增删，也可以通过相应方式在遗嘱上表明废止此遗嘱部分内容或全部内容的意思，还可以将记载遗嘱内容的纸张、录音录像带等物质载体销毁。这些行为必须是遗嘱人本人在神志清醒的状态下、出于变更或者撤回遗嘱的目的而为。如果是由于遗嘱人的过失或外力导致遗嘱被损毁或辨识不清，如因存放遗嘱的房屋失火导致遗嘱被烧毁，或遗嘱保管不当被水浸湿导致字迹模糊无法辨认等，则不属于此处所说的遗嘱的变更或撤回。在这种情况下，如果能够确定遗嘱内容的，则仍应按遗嘱内容执行。

五、共同遗嘱

共同遗嘱，是指两个或两个以上的立遗嘱人达成合意、将共同或相关的意思表示记载在一份遗嘱上、不能分立为多份单独遗嘱的合立遗嘱。实务中也有两个或两个以上立遗嘱人将各自独立的遗嘱意思表示记载在一份遗嘱上的情况，这其实是内容相互独立的多份遗嘱，并非严格意义上的共同遗嘱。

（一）共同遗嘱的表现形式

从共同遗嘱的内容看，主要有以下四种情况：

1. 相互指定型的共同遗嘱。在此类共同遗嘱中，共同遗嘱人之间约定彼此互为遗产继承人，即一方指明自己的财产在其死后由另一方继承，同时另一方也就自己死亡后的遗产指定对方为继承人，两方相互间的指定均以对方的指定为条件。如夫妻共同遗嘱写明：若丈夫先于妻子死亡的，则丈夫的遗产由妻子继承；同样，若妻子先于丈夫死亡的，则妻子的遗产由丈夫继承。

2. 共同指定型的共同遗嘱。在此类共同遗嘱中，共同遗嘱人之间约定彼此不继承对方的遗产，他们的遗产都留给共同指定的第三人。如夫妻二人在一份遗嘱中写明：丈夫和妻子相互之间不发生任何继承，他们各自的遗产均由唯一的儿子来继承。

3. 相互及共同指定型的共同遗嘱。在此类共同遗嘱中，共同遗嘱人不仅约定遗嘱人之间互为遗产继承人，并且在遗嘱人均死亡之后，由遗嘱人共同指定的第三人来取得后死亡一方留下的全部遗产。如夫妻立共同遗嘱，相互指定对方为其遗产的继承人，并指定在双方均死后，全部遗产由他们的长子继承。如果妻子先于丈夫死亡，妻子的遗产由丈夫继承，待丈夫死亡后,全部遗产由长子继承;如果丈夫先于妻子死亡的,丈夫的遗产由妻子继承,待妻子死亡后,全部遗产由长子继承。

4. 互为条件型的共同遗嘱。在此类共同遗嘱中,共同遗嘱人相互把对方在遗嘱中作出的意思表示的内容作为表示自己的遗嘱意思的前提条件。比如,夫妻双方均系再婚,二人合立遗嘱约定:如丈夫能将其死后遗产分给包括妻子子女在内的全部子女继承,那么妻子也承诺死后将其遗产分给包括丈夫子女在内的全部子女继承。这个共同遗嘱中,夫妻双方均将对方承诺的遗产分给自己方子女作为前提条件,承诺将自己的遗产分给对方子女。

(二)共同遗嘱的基本特征

共同遗嘱与一般遗嘱相比,有以下基本特征:

1. 共同遗嘱是两个以上的遗嘱人的共同行为,需要有行为人共同的意思表示,全体遗嘱人在订立共同遗嘱时必须都具有完全民事行为能力,全体遗嘱人的意思表示必须都是自愿真实的。

2. 共同遗嘱生效的时间和一般遗嘱生效的时间不同。一般遗嘱,遗嘱人一方死亡,遗嘱即可发生执行的效力。而共同遗嘱的遗嘱人通常不会同时死亡,这就使共同遗嘱的生效时间显得比较复杂,实务中要根据不同的共同遗嘱分别确定。这一特征使共同遗嘱效力的确定性不如一般遗嘱简单,给遗嘱的执行带来一定麻烦。

3. 共同遗嘱因为是两个以上的遗嘱人合意后订立的,所以遗嘱人相互之间有一定的制约,任何一个遗嘱人都不能不受限制地变更或撤回共同遗嘱。这一特征使共同遗嘱人变更或者撤回遗嘱的自由受到了一定限制,被作为不宜承认共同遗嘱的一项理由。

我国实务中的共同遗嘱多由夫妻双方共同订立,处分的多为夫妻共同财产。夫妻订立共同遗嘱的主要目的是保障生存一方配偶的居住权或其他遗产的用益权,且能保证在双方都去世后,相关财产最终由双方子女取得。但问题在于,依据《民法典》的规定,继承自被继承人死亡时开始,遗嘱自被继承人死亡时生效。在共同遗嘱的情况下,一方当事人死亡,该遗嘱是否生效?生存一方能否对遗嘱进行变更或撤回?由于我国立法对共同遗嘱无明文规定,因此,在审判实践中,对于共同遗嘱的效力和生效时间的司法认定并不一致。

有的判决认定,共同遗嘱人之一死亡,遗嘱即生效,但发生效力的仅限于共有财产中属于死者的那部分，遗嘱继承人可以就属于死亡方个人财产的部分主张继承权。[1] 但问题是，这样的认定虽符合现行继承法的规定，但却不一定符合共同遗嘱人的本意，也不能体现共同遗嘱人意思表示上的关联性，实际上是将共同遗嘱中的意思表示进行了拆分，本质上否认了共同遗嘱的效力。

也有判决认定，共同遗嘱在遗嘱人之一死亡时不生效，需待全体遗嘱人都死亡时才能按照共同遗嘱分配财产。[2] 这样的判决充分考虑到了共同遗嘱中当事人处分行为的关联性，认可了这种关联意思表示的效力，但又与《民法典》关于继承开始时间和遗嘱生效时间的规定有一定的冲突，也无法解决在一方当事人死亡后，其名下财产的归属问题。

另外，如果坚持共同遗嘱的遗嘱性质，则应允许生存一方享有变更、撤回遗嘱的权利；但如果允许生存方变更、撤回，哪怕只是变更、撤回遗嘱中涉及其自己名下的财产的处分，也会导致对共同遗嘱人在处分意思上的关联性的破坏，从而不利于对先死亡的共同遗嘱人的真实意思的保护，有损公平。

目前，我国立法上没有规定共同遗嘱，司法实务一般并不承认或者否认共同遗嘱的效力，对于未违反法律禁止性规定且是当事人真实意思表示的共同遗嘱，只要在执行上没有障碍，并不否认其效力。但鉴于共同遗嘱所具有的上述特点和实践中的复杂性，我国并不鼓励订立共同遗嘱。2000 年颁布实施的《遗嘱公证细则》第 15 条就规定，对于两个以上的遗嘱人申请办理共同遗嘱公证的，公证处应引导他们分别设立遗嘱。若遗嘱人坚持申请办理共同遗嘱公证的，应在共同遗嘱内容中明确约定共同遗嘱生效及其变更、撤回的条件，以免日后发生争议。

第二节 遗嘱继承

一、遗嘱继承的概念和特征

遗嘱继承，是指按照被继承人生前所立的有效遗嘱的内容来确定继承

〔1〕 参见（2014）鄂青山民一初字第 00420 号案件。

〔2〕 参见（2014）平民再终字第 59 号案件。

人的范围、顺序以及各继承人可得遗产份额的继承方法。遗嘱继承与法定继承相对应,是两种不同的继承方式。但两者要实现的目的应该说是相同的,都是要将死者的遗产转移给死者亲近的人所有。要切实实现这一目的,首先应该尊重死者本人的真实意愿。一份真实有效的遗嘱,应该是最能反映遗嘱人对自己身后事务安排的真实愿望的。因此,当被继承人死亡后,如果其生前立有遗嘱的,只要遗嘱是真实合法的,就应该按照遗嘱的内容处理遗产。只有在被继承人生前未立遗嘱或者所立遗嘱无效,或者无法按照所立遗嘱处理遗产的时候,才能适用法定继承处理遗产。因此,与法定继承相比,遗嘱继承直接体现了被继承人对自己财产在身后去向的意思。出于尊重和保护私有财产权的宗旨,法律赋予遗嘱继承优先于法定继承适用的效力。

二、遗嘱继承与遗赠的区别

(一)遗赠的概念和特征

在我国,遗赠是指自然人以遗嘱的方式将其遗产的一部分或者全部在其死后无偿赠送给国家、集体或法定继承人以外的个人,并于其死后发生效力的单方法律行为。在遗赠中,立遗嘱人为遗赠人,遗嘱指定接受遗赠财产的人为受遗赠人。

遗赠的意思表示是在遗嘱中作出的,因此遗赠也必须具备前述的遗嘱的有效要件,才能发生遗赠的法律效力。首先,遗赠人必须在设立遗赠时具有完全民事行为能力;其次,遗赠必须是出于遗赠人本人的真实意思表示;再次,遗赠不能影响缺乏劳动能力又无生活来源的继承人的必要遗产份额;最后,遗赠必须以遗嘱的方式进行,要符合法律对遗嘱形式的要求。

同样,遗赠也具有前述的遗嘱的法律特征,即遗赠也是单方法律行为、要式法律行为、死后生效的法律行为和不得代理的法律行为。除此以外,遗赠还是无偿的法律行为。遗赠的方式包括转让自己的财产权利给受遗赠人,也包括免除受遗赠人欠自己的债务。总之,遗赠是给予他人财产利益的无偿行为。单纯将义务给予他人的行为不是遗赠,但遗赠可以附义务,只是附加的义务不能超过受遗赠人能获得的遗产价值。

需要注意的是,作为单方法律行为,遗赠人事先无须征得受遗赠人的同意,也无须告知受遗赠人。遗赠人在遗嘱中一经作出遗赠的意思表示,就产生了遗赠的法律效力。但是,被指定的受遗赠人如果不愿意接受遗赠的,可以在遗赠生效后,一般也就是遗赠人死亡后,拒绝接受遗赠。

(二)遗赠与遗嘱继承的区别

遗赠与遗嘱继承都是以遗嘱的方式处分身后财产,从性质和形式看两者是一致的,受遗赠人与遗嘱继承人都是遗嘱人指定的有权取得其遗产的人,但两者在实质上仍有区别。

1. 两者的主体范围不同。在我国,遗嘱继承人仅限于法定继承人中的一人或数人,法定继承人以外的其他个人不得被指定为遗嘱继承人。受遗赠人仅限于法定继承人以外的民事主体,可以是自然人,亦可以是法人或者非法人组织,还可以是国家。因此,在我国区别受遗赠人和遗嘱继承人的标准是明确的,即只要看被指定接受遗产的人是否为遗嘱人的法定继承人。

2. 两种主体的法律地位不同。受遗赠人原则上只享有受领遗赠财产的权利,并不承担清偿遗赠人生前债务的法定义务。虽然遗赠人可以对受遗赠人附加义务作为其接受遗赠的条件,但该义务是由遗嘱设定的,并不是法律直接规定的。遗嘱继承人因其继承人的身份,在继承死者遗产时,对死者生前尚未缴纳的税款和其他债务依法负有清偿责任。需要注意的是,由于受遗赠是无偿取得遗赠财产,故在执行遗赠时,对被继承人尚未清偿的债务,应首先以遗产清偿,剩余部分才可执行遗赠。《民法典》第 1162 条规定:“执行遗赠不得妨碍清偿遗赠人依法应当缴纳的税款和债务。”

3. 两种主体行使权利的方式不同。《民法典》第 1124 条规定:“继承开始后,继承人放弃继承的,应当在遗产处理前,以书面形式作出放弃继承的表示;没有表示的,视为接受继承。受遗赠人应当在知道受遗赠后六十日内,作出接受或者放弃受遗赠的表示;到期没有表示的,视为放弃受遗赠。”在继承开始后,受遗赠人表示接受遗赠,并于遗产分割前死亡的,其接受遗赠的权利可以转移给受遗赠人的继承人,但如果受遗赠人在未表示接受遗赠前死亡的,其接受遗赠的权利不能转移给他的继承人。[1] 相反,遗嘱继承人在继承开始后遗产处理前,没有明确表示放弃遗嘱继承的,则视为接受遗嘱继承。在继承开始后,遗嘱继承人没有表示放弃继承,并于遗产分割前

---

〔1〕 参见《民法典继承编解释(一)》第 38 条。

死亡的，在遗嘱没有另外安排的情况下，其应当继承的遗产转移给其继承人。[1]

4. 两种主体参与遗产分配的方式不同。受遗赠人不能直接参与遗产的管理和分割，只能向遗嘱执行人或者法定继承人请求交付遗嘱指定的遗赠财产。遗嘱继承人可以凭借其继承人的身份直接参与遗产的管理与分配。

正因为遗嘱继承与遗赠有上述区别，所以实务中应注意区分被遗嘱指定的遗产受益人究竟是遗嘱继承人还是受遗赠人。目前，实务中比较容易产生争议的是遗嘱人指定遗产由其孙子女、侄子女、外甥子女取得，这里的孙子女、侄子女、外甥子女的地位究竟是遗嘱继承人还是受遗赠人？从我国《民法典》第1127条、第1128条的规定看，孙子女、侄子女、外甥子女仅在发生代位继承的情况下，才能参与遗产的继承，又因为代位继承人也属于按照法律规定产生的继承人，所以，在遗嘱人死亡时，如果被遗嘱指定的孙子女、侄子女、外甥子女已经是代位继承人了，则他们的身份就是遗嘱继承人。如果遗嘱人死亡时并没有发生代位继承，则如何确认遗嘱中指定的孙子女、侄子女、外甥子女的地位就有争议了。比如，爷爷在遗嘱中指定孙子继承其某处房产，该孙子的父亲是老人的长子，在老人去世时仍活着。在老人过世一年后，孙子提出要过户爷爷名下的房产，老人的其他几个子女就提出，孙子作为受遗赠人，没有在知道受遗赠后的60日内，作出接受或者放弃受遗赠的意思表示，应该视为其已经放弃了受遗赠。孙子认为，自己是遗嘱继承人，在继承开始后没有明确表示放弃遗嘱继承，说明自己已经接受了房产。对于这类纠纷，需要完善我国立法关于法定继承人范围的相关规定才能正真得到解决。就目前而言，为避免纷争，保护自己的权利，类似案例中的孙子女应尽量在知道遗嘱内容后的60日内，以比较正式的方式，比如书面甚至公证的方式，向遗嘱执行人或者其他继承人作出接受遗嘱指定的意思表示。

三、附义务的遗嘱继承和遗赠

附义务的遗嘱继承和遗赠是指遗嘱人在遗嘱中提出，遗嘱继承人或者受遗赠人在接受指定的遗产时，必须按照遗嘱的要求以作为或者不作为的方式实施某种行为。例如，遗嘱人在遗嘱中指定其妻子作为其全部遗产的继承人，但她必须为他老迈的父母养老送终。又如，遗嘱人在遗嘱中指定其

[1] 参见《民法典》第1152条。

子继承其房产，但其子必须戒赌。再如，遗嘱人指定其朋友作为其收藏的字画、书籍的受遗赠人，但该朋友必须将其未成年子女抚养成人。

遗嘱中所规定的义务并不是遗嘱继承人或者受遗赠人的法定义务，但却是他们获得遗产的附加条件。遗嘱继承人或者受遗赠人表示接受遗产的，应该履行遗嘱中附加的义务。如果他们不愿意承担遗嘱所附的义务，就可能失去获得遗产的权利。《民法典》第1144条规定："遗嘱继承或者遗赠附有义务的，继承人或者受遗赠人应当履行义务。没有正当理由不履行义务的，经利害关系人或者有关组织请求，人民法院可以取消其接受附义务部分遗产的权利。"《民法典继承编解释（一）》第29条规定："附义务的遗嘱继承或者遗赠，如义务能够履行，而继承人、受遗赠人无正当理由不履行，经受益人或者其他继承人请求，人民法院可以取消其接受附义务部分遗产的权利，由提出请求的继承人或者受益人负责按遗嘱人的意愿履行义务，接受遗产。"

四、遗嘱的执行

遗嘱的执行，是指在遗嘱生效后，为实现遗嘱的内容所进行的一系列的程序和行为。遗嘱在遗嘱人死后才生效，遗嘱人不能亲自执行其遗嘱，但遗嘱人可以指定他人作为自己遗嘱的执行人。《民法典》第1133条规定，遗嘱人可以指定遗嘱执行人。指定的遗嘱执行人可以是遗嘱继承人中的一人或者数人，也可以是遗嘱继承人以外的其他人。遗嘱人可以在遗嘱中指定，也可以以其他方式指定遗嘱执行人。遗嘱人的指定无须事先征得被指定的人同意，也无须事先通知被指定的人。在遗嘱生效时，遗嘱执行人的指定也随之产生法律效力。但如果被指定的人在知晓后不愿意的，可以拒绝担任遗嘱执行人。没有遗嘱执行人并不影响遗嘱的效力。此种情况下，一般以全体法定继承人作为遗嘱的共同执行人，当然，也可以经过协商推选其中一人或数人作为遗嘱执行人。遗嘱执行人有管理遗产并按照遗嘱分配遗产的责任和权利。

执行遗嘱是实现遗嘱继承的必经程序，不仅对实现遗嘱人的意志有着决定性的意义，而且关系到遗嘱继承人和其他利害关系人的利益，是一种重要的民事法律行为。遗嘱执行人必须具有完全民事行为能力，无民事行为能力人和限制民事行为能力人不能担任遗嘱执行人。

第三节　遗赠扶养协议

一、遗赠扶养协议的概念

遗赠扶养协议，是指由遗赠人（被扶养人）和扶养人签订的，由扶养人对遗赠人负生养死葬的义务，遗赠人将其财产按约定在其死亡后转移给扶养人所有的协议。我国《民法典》第1158条规定："自然人可以与继承人以外的组织或者个人签订遗赠扶养协议。按照协议，该组织或者个人承担该自然人生养死葬的义务，享有受遗赠的权利。"遗赠扶养协议是在我国农村的"五保"供养制度基础上形成和发展起来的一项颇具中国特色的制度，也是适应我国社会现实需求的一项制度。随着我国社会少子化、老龄化的加剧，以及年轻人外出就学、就业等人口流动的频繁，出现许多空巢家庭和留守老人，有些老人为了老有所依、老有所养，自发地从亲友、邻里中寻找自己中意的扶养人或者养老院，与其签订遗赠扶养协议。这种民间自发的互助协议，既能帮助孤寡老人安度晚年，又能减轻家庭、国家和社会的负担，应该提倡和保护。

二、遗赠扶养协议的法律特征

遗赠扶养协议的成立需要扶养人和被扶养人的协商一致，成立后对双方均有约束力，因此遗赠扶养协议具有合同性质。但遗赠扶养协议的内容和目的又不同于一般意义上的合同，它是一种具有特殊性质的契约。

首先，遗赠扶养协议的主体具有特殊性。在遗赠扶养协议中，需要他人扶养并愿意将自己的财产全部或部分遗赠给扶养人的人称被扶养人，被扶养人同时也是遗赠人；承担扶养义务并接受遗赠的人称扶养人，扶养人同时又是受遗赠人。根据规定，遗赠扶养协议中的扶养人必须是被扶养人的继承人以外的个人或者组织，并且应该具有履行扶养义务的能力。[1] 之所以将继承人排除在外，主要是考虑继承人对被继承人通常负有法定扶养义务，无须再以协议的方式确定双方的扶养关系。需要注意的是，遗赠扶养协议

---

〔1〕 参见《遗赠扶养协议公证细则》（1991年5月起施行）第5条规定："扶养人必须是遗赠人法定继承人以外的公民或组织，并具有完全民事行为能力、能履行扶养义务。"

订立后，遗赠人与其继承人之间的权利义务关系并不因此终止。继承人对遗赠人的法定扶养义务并不免除。同时，继承人对遗赠扶养协议未作约定的遗赠人的遗产，仍享有继承的权利。

实务中，有许多老人为避免子女间就赡养与继承发生矛盾，与子女签订家庭协议的情况不少，这类协议因为主体不合要求，不是遗赠扶养协议。关于这类家庭协议的效力，目前并没有法律上的明确规定，审判实践中只能根据个案情况，本着公平合理的原则处理。

其次，遗赠扶养协议的内容具有特殊性。一方有要求对方对自己尽生养死葬义务的权利，而在自己去世后要将遗产的全部或部分留给对方；另一方有供养对方并料理其后事的义务，并因此有权取得对方遗留的财产。被扶养人的健康状况、寿命长短及最后留下的遗产价值都具有不确定性。因此，遗赠扶养协议虽然也是双务有偿的合同，但不宜用等价、对等的一般合同规则来调整，只能追求公平合理的结果。

最后，遗赠扶养协议的效力具有特殊性。一则，其效力的实现是分阶段的。在被扶养方死亡前，扶养人只能尽供养义务，不能主张取得对方的财产，也不能擅自占有或支配对方的财产。只有等被扶养方死亡并将其安葬后，扶养人才可以主张取得对方的遗产。因此，遗赠扶养协议的履行期可能很长。二则，遗赠扶养协议的内容决定了协议的履行必须依赖双方之间的信任，一旦失去这个基础，再强行维系协议的效力，对双方都是不利的。因此，在处理遗赠扶养协议的违约及解除问题上，不宜完全套用调整一般合同的一套规则。

另外，遗赠扶养协议中虽有“遗赠”一词，但其与遗赠是两种不同性质的行为，两者主要有以下区别：

1. 遗赠是单方法律行为，而遗赠扶养协议是双方法律行为。遗赠只需遗嘱人一方的意思表示即能产生遗赠的法律效力，无须征得受遗赠人的同意，因此受遗赠人即使无完全行为能力，也不影响遗赠的效力。但遗赠扶养协议的成立需要扶养人和被扶养人协商一致，双方在签订协议时，必须均具有完全的民事行为能力。

2. 遗赠是无偿的法律行为，而遗赠扶养协议是双务有偿的法律行为。遗赠通常是遗嘱人将自己的财产利益在死后让与给受遗赠人，即使遗嘱人对受遗赠人附加了某种义务，这种义务也只是受遗赠人接受遗赠的一种条件，而不是一种对价关系。所以，遗赠是不需要受遗赠人支付代价的无偿行为。遗赠扶养协议的扶养人要获得被扶养人的遗产，必须以其对被扶养人承担了生养死葬的义务作为代价；同样，被扶养人获得请求对方供养自己的权利是以其将来转让自己的遗产给对方作为代价的。因此，遗赠扶养协议的扶养人有优先于受遗赠人和遗嘱继承人取得相应遗产的权利。

3. 遗赠是死后生效的法律行为，而遗赠扶养协议是生前生效的法律行为。遗赠在遗嘱人生前并不生效，不具有法律约束力，遗嘱人可以变更或撤回遗赠，受遗赠人必须等遗嘱人死后才能接受遗赠。但遗赠扶养协议自协议成立时起即对双方产生约束力，任何一方不能擅自单方变更或解除协议。当然，遗赠扶养协议的执行有阶段性，即扶养人在被扶养人生前要尽供养义务，在其死后才能获得对方财产，但这并不改变遗赠扶养协议在双方当事人生前已经产生法律约束力的事实。

三、遗赠扶养协议的效力

1. 遗赠扶养协议的优先执行效力。因为遗赠扶养协议具有双务有偿的性质，所以遗赠扶养协议的扶养人有优先于受遗赠人和遗嘱继承人取得相应遗产的权利。《民法典继承编解释(一)》第3条规定："被继承人生前与他人订有遗赠扶养协议，同时又立有遗嘱的，继承开始后，如果遗赠扶养协议与遗嘱没有抵触，遗产分别按协议和遗嘱处理；如果有抵触，按协议处理，与协议抵触的遗嘱全部或者部分无效。"可见，遗赠扶养协议有优先于遗嘱的执行效力。

2. 被扶养人的权利和义务。遗赠扶养协议成立后，被扶养人有权要求扶养人按协议约定的内容提供扶养和接受扶养。被扶养人应恪守协议的约定，不得对协议中约定为遗赠的财产擅自另作处分，不得恶意地使遗赠财产的价值贬损。被扶养人无正当理由不履行协议，致使协议解除的，应偿还扶养人已经支付的供养费用。[1] 被扶养人确有正当理由需要解除协议的，应与扶养人协商，或者通过适当的途径解除协议，并应当补偿扶养人已经承担的扶养费用。

3. 扶养人的权利和义务。遗赠扶养协议成立后，扶养人即开始承担对被扶养人的扶养义务。扶养人应妥善安排被扶养人的衣食住行，不得有对

---

〔1〕 参见《民法典继承编解释(一)》第40条。

被扶养人不利的行为,不能擅自中断扶养。扶养人无正当理由不履行扶养义务,致协议解除的,不能享有受遗赠的权利,其支付的供养费用一般也不能要求补偿。扶养人如果有正当理由需要解除协议的,应事先通知被扶养人,并对被扶养人的短期生活作出妥善安排。扶养人按协议对被扶养人尽生养死葬义务后,有权取得协议指定的遗产。

遗赠扶养协议中,扶养人的义务是对被扶养人履行"生养死葬",其中"生养"主要是对被扶养人履行日常照顾义务,尤其是在被扶养人处于失能的情况下,扶养人需要承担护理工作。扶养人的权利则是在被扶养人死亡后获得其遗留的特定或全部财产。因此,扶养人获取财产的时间以及价值,与被扶养人的生存时间有很大关系。被扶养人生存时间越长,扶养人取得遗产的时间越迟,财产数额可能越少。这样的关联极易引发道德风险,实务中要注意对扶养人的监管,防范这种道德风险。

第九章 继承的开始与遗产的处理

第一节 继承的开始

一、继承开始的时间

(一)明确继承开始时间的法律意义

在司法实务中,确定继承开始的时间具有非常重要的意义。

1. 继承开始的时间是继承人的继承权由可能性转为现实性的时间界限。在继承开始前,继承人享有的继承权仅仅是一种可能或期待,不存在接受或者放弃的问题。即使继承人在继承开始前曾表示过放弃继承权,也不发生放弃的后果。继承开始时,被继承人的财产才成为遗产,继承权才有了实际的对象,自此,继承人才能行使其继承权,包括放弃其继承权。需要注意的是,继承开始的时间与遗产分割的时间不同,两者之间通常相隔或长或短的一段时间。为避免遗产归属上的空白,自继承开始时遗产就整体转移给全体继承人所有,但具体遗产的分配则要通过遗产的分割进行。

2. 继承开始的时间是确定继承人范围的时间界限。在继承开始前,继承关系尚处于不确定状态,继承人有可能先于被继承人死亡,夫妻关系可能因离婚而终止,亲子关系可能因送养而终止,收养关系可能因解除而终止,诸如此类的变故都会导致继承人资格的丧失。相反,在继承开始时生存的继承人,即使在遗产分割前死亡仍然是继承人。另外,放弃继承权的效力也应追溯到继承开始的时间。因此,具体哪些人参与继承,要以继承开始的时间确定。

3. 继承开始的时间是确定遗产范围的时间界限。被继承人生前可以依法为自己设立债权债务、处分自己的财产,此时其财产状况处于变动状态,无法确定其去世后究竟能留下多少财产。所以其生存期间的财产都不是遗产,只有其死亡时遗留的个人合法财产才是遗产。因此,遗产的范围、形态、构成、价值等都是以被继承人死亡之日来确定的。

4. 继承开始的时间是确定遗嘱效力的时间界限。遗嘱不得取消缺乏劳动能力又没有生活来源的继承人的必要遗产份额,不然遗嘱效力即受影响。确定是否存在缺乏劳动能力又没有生活来源的继承人,以继承开始时的情况为判断依据。另外,遗嘱继承人或受遗赠人在继承开始时已经死亡的,则遗嘱相应部分就不能生效执行。

(二)被继承人死亡时间的确定

我国《民法典》第 1121 条第 1 款规定:"继承从被继承人死亡时开始。"被继承人死亡是继承开始的唯一原因,被继承人死亡的时间就是继承开始的时间。被继承人的死亡包括自然死亡和宣告死亡。自然死亡即生理死亡,是自然人生命的终止。关于自然死亡的时间,根据我国《民法典》第 15 条的规定,以死亡证明记载的时间为准;没有死亡证明的,以户籍登记或者其他有效身份登记记载的时间为准。有其他证据足以推翻以上记载时间的,以该证据证明的时间为准。宣告死亡是人民法院根据利害关系人的申请,推定失踪达一定期间的自然人死亡的一项制度,宣告死亡和自然死亡一样能够引起继承的开始。根据《民法典》第 48 条的规定,人民法院宣告死亡的判决作出之日视为被宣告死亡之人的死亡日期;因意外事件下落不明被宣告死亡的,意外事件发生之日视为被宣告死亡之人的死亡日期。宣告死亡毕竟是法律上的一种推定,被宣告死亡之人可能仍然活着。只要被宣告死亡之人重新出现,或有人确知其下落,经本人或利害关系人的申请,法院应当撤销对他的死亡宣告。被撤销死亡宣告的人有权请求依照《民法典》继承编的规定取得其财产的民事主体返还财产。无法返还的,应当给予适当补偿。利害关系人隐瞒真实情况,致使他人被宣告死亡取得其财产的,除应当返还财产外,还应当对由此造成的损失承担赔偿责任。[1]

相互有继承关系的几个人在同一事件中死亡的,如果有足够的证据证明他们死亡先后时间的,按事实确认各自的死亡时间。比如,夫妻二人煤气

---

〔1〕 参见《民法典》第 53 条。

中毒,妻子当场死亡,丈夫在送往医院的途中死亡。根据这一客观事实即可确定丈夫死于妻子之后。如果不能确定各自死亡的先后时间的,根据《民法典》的规定,应当推定没有其他继承人的人先死。死亡人各自都有继承人的,如几个死亡人辈分不同,推定长辈先死亡;若几个死亡人辈分相同的,推定同时死亡,彼此不发生继承,各自的遗产由他们各自的继承人分别继承。[1] 确定死亡的先后顺序,对遗产的继承和分配至关重要。比如,一对夫妻带着一双子女出游,不幸游轮倾覆,四人全部死亡,无法确定死亡先后。查知夫系独生子,无兄弟姐妹,其父母和(外)祖父母早亡;妻是独生女,尚有母亲在世。根据上述死亡推定规则,应推定夫先死亡,因为他没有其他继承人;妻有母亲在世,子女有外祖母(第二顺序继承人),应推定妻第二个死亡,因其系长辈;子女两人同时死亡。在上述案例中,四人的遗产流向就是:首先,夫的遗产由妻及两个子女继承(都是第一顺序继承人);其次,妻的遗产由其母亲和两个子女继承(都是第一顺序继承人);最后,两个子女互不继承,各自的遗产均由他们的外祖母继承。

需要注意的是,根据《保险法》上的特别规定,在确定死亡保险金的归属时,如果保险合同指定的受益人与被保险人在同一事件中死亡,且不能确定死亡先后顺序的,则推定受益人死亡在先。[2]

(三)继承开始的通知

继承开始的通知,是指将被继承人死亡或被宣告死亡的事实告知不知情的继承人或遗嘱执行人。正常情况下,继承人作为被继承人的近亲属,一般会及时知道被继承人死亡或被宣告死亡的事实,但也不排除在某些情况下,继承人或部分继承人或者被继承人指定的遗嘱执行人不能及时获知被继承人死亡、继承已经开始的事实。造成这一现象的客观方面的原因有很多。例如,有的继承人远在他乡或外国,远离被继承人;有的继承人因智力或身体障碍无法将被继承人死亡的消息通知其他继承人或遗嘱执行人;遗嘱继承人或遗嘱执行人并不知道自己已被遗嘱指定,等等。同时,也有主观方面的原因。例如,有的继承人虽然知道继承开始的事实,但出于私心对其他继承人或遗嘱执行人故意隐瞒、封锁被继承人死亡的消息等。为了保护

---

〔1〕 参见《民法典》第1121条。

〔2〕 参见《保险法》第42条。

继承人的权利,及时处理遗产,避免继承纠纷,我国《民法典》第1150条规定:“继承开始后,知道被继承人死亡的继承人应当及时通知其他继承人和遗嘱执行人。继承人中无人知道被继承人死亡或者知道被继承人死亡而不能通知的,由被继承人生前所在单位或者住所地的居民委员会、村民委员会负责通知。”根据此条规定,有通知义务的是两种主体:一是知道被继承人死亡的继承人,他们应当采用可能的方式及时通知其他尚不知情的继承人和遗嘱执行人;二是被继承人生前所在单位或者住所地的居民委员会、村民委员会,这是由组织作为通知人,前提是继承人中无人知道被继承人死亡或者知道被继承人死亡而不能通知。这里的通知义务是法定义务,相关主体应当履行,不得无故拖延。

二、继承纠纷的管辖及法律适用

继承纠纷是指各方当事人就被继承人的遗产继承问题而发生的争议。比如,对遗产的范围、继承人是否丧失或放弃了继承权、遗嘱是否有效等问题的争议,都属于继承纠纷。[1] 对于继承纠纷,各方当事人在不能自行协商解决的情况下,可以请求人民调解委员会进行调解,也可以向人民法院提起诉讼。

(一)继承纠纷的管辖法院

按照《民事诉讼法》第33条第3项的规定,因继承遗产纠纷提起的诉讼,由被继承人死亡时住所地或者主要遗产所在地人民法院管辖。被继承人生前居住过的地方可能不止一处,只有其死亡时住所地的法院才能受理对其遗产的继承纠纷案件。需要注意的是,被继承人死亡时的住所地并非指其实际死亡的场所,比如死于医院或旅行途中住宿的宾馆,医院或宾馆并非死亡时的住所地。住所地有特定的法律上含义,《民法典》第25条规定:“自然人以户籍登记或者其他有效身份登记记载的居所为住所;经常居所与住所不一致的,经常居所视为住所。”所以,被继承人如果有多个住所的,死亡时的住所地应是指其生前最后的经常居所。被继承人遗产分布的地方也可能不止一处,比如在几个城市都遗留了房产,此时一般应根据各地遗产价

〔1〕 根据最高人民法院《关于修改〈民事案件案由规定〉的决定》(法〔2020〕346号)的规定,继承纠纷包括法定继承纠纷(转继承纠纷、代位继承纠纷)、遗嘱继承纠纷、被继承人债务清偿纠纷、遗赠纠纷、遗赠扶养协议纠纷、遗产管理纠纷。

值的大小来认定主要遗产所在地,只有主要遗产所在地的法院才能受理遗产继承纠纷案件。人民法院对继承纠纷案件的管辖属于专属管辖,纠纷当事人只能到被继承人死亡时住所地或者主要遗产所在地的法院起诉,不能到其他法院起诉,也不允许当事人以协议的方式改变专属管辖。

需要注意的是,如果是单纯的遗产分割纠纷,并不一定都是继承纠纷,还有可能是共有财产分割纠纷。根据我国《民法典》第230条的规定,继承开始时继承人就取得了遗产的所有权,数个继承人对没有分割的遗产形成共有关系。因此,如果后来数个继承人之间单纯就遗产的分割发生纠纷的,则并非继承纠纷,而是共有财产分割纠纷。如果分割的遗产是房屋等不动产的,则应由该不动产所在地的人民法院管辖。[1]

(二)继承纠纷的法律适用

改革开放以来,涉外继承纠纷也大大增加。所谓涉外继承纠纷,是指继承关系中的主体、客体或法律事实这三个因素中,至少有一个是涉及境外的继承纠纷。比如,被继承人或继承人是外籍人士,或者被继承人居住在境外,或者遗产的部分或全部在境外,或者被继承人的死亡发生在境外,或者遗嘱的订立在境外等,都属于有涉外因素的继承案件。

因为各国、各地区调整继承纠纷的法律规定有所不同,在处理涉外继承案件时,法院首先需要确定适用哪个国家或地区的法律来调整。根据我国的相关规定,涉外继承的法律适用有以下几项规则[2]:

1. 法定继承适用被继承人死亡时经常居所地法律,但不动产的法定继承,适用不动产所在地法律。如果被继承人生前的最后住所在我国,则无论其是否为我国公民,也无论其遗产是否在我国境内,对其遗产中的动产的法定继承,都可以适用我国《民法典》的相关规定处理;但对其遗产中的不动产的法定继承,则要根据该不动产所处的场所确定,若不动产在我国境内的,也适用我国《民法典》的相关规定处理。

2. 对遗嘱效力的判断,适用遗嘱人立遗嘱时或者死亡时经常居所地法律或者国籍国法律。换言之,如果被继承人是在我国订立遗嘱,或者遗嘱的

---

〔1〕 参见《民事诉讼法》第33条第1项、最高人民法院《关于适用〈中华人民共和国民事诉讼法〉的解释》第28条。

〔2〕 参见《涉外民事关系法律适用法》(2011年4月1日起施行)第31~35条。

订立在境外，但其生前的最后住所在我国，则无论其是否为我国公民，也无论其遗嘱处分的遗产是否在我国境内，对其遗嘱是否有效的判断都根据我国《民法典》的相关规定来确认；如果遗嘱人是我国公民，则无论其遗嘱在何处订立，无论其遗嘱处分的遗产处于何处，无论其生前的最后住所是否在我国，都可以根据我国《民法典》的相关规定来确认其遗嘱的效力。

3. 涉及遗产管理等的事项，适用遗产所在地的法律。遗产可能在被继承人死亡后被移动，对遗产的管理等问题应该适用其实际所在地的法律，因为这样最有利于对遗产的保护。如果外籍人士的遗产在我国境内，则对该遗产的管理等问题，就按照我国法律的相关规定处理。但是，如果涉及的是无人继承遗产的归属问题，则适用被继承人死亡时遗产所在地法律，无论其后来流落到何处。比如，被继承人死亡时遗产在我国境内，并且确定其遗产的部分或全部属于无人接受的遗产，则应根据我国法律的规定，收归我国所有；若被继承人生前系我国集体所有制组织成员，则无人接受的遗产归该集体所有制组织所有。[1] 即使该无人接受的遗产后来被偷带出境，也不影响其归属的确定。

4. 就涉外继承案件的处理，我国与外国订有条约、协定的，应按照相关的条约、协定办理，但我国声明保留的条款除外。[2]

第二节 继　承　权

一、继承权的含义和法律特征

（一）继承权的含义

继承权是指继承人根据法律规定或者被继承人生前有效遗嘱的指定取得被继承人遗产的权利。继承权是继承人才能享有的权利，通常在两种意义上使用“继承权”一词。

一种是指继承开始之前，即被继承人死亡之前继承人所处的地位。这种地位是根据法律的直接规定或遗嘱的指定而取得，如我国《民法典》婚姻家庭编规定，夫妻有相互继承遗产的权利，父母和子女有相互继承遗产的权

[1] 参见《民法典》第1160条。

[2] 参见《民事诉讼法》第260条。

利。《民法典》继承编规定，被继承人的配偶、子女、父母、兄弟姐妹、祖父母、外祖父母以及对被继承人尽了主要赡养义务的丧偶儿媳或女婿均属于法定继承人，上述法定继承人中的一人或数人经被继承人遗嘱的指定即成为遗嘱继承人。在继承开始之前，继承人最终能否继承遗产尚具有不确定性。继承人可能因某种法定事由失去对被继承人的继承权。比如，继承人有可能先于被继承人死亡，夫妻关系可能因离婚而终止，亲子关系可能因收养而不复存在，被继承人也可以通过遗嘱或遗赠把继承人排除在实际的继承人之外，还可能因为前一顺位的继承人的出现而被排除在外，等等。所以，此时继承人享有的继承权仅是一种资格，是其将来继承被继承人遗产的一种可能性，法学理论上称这种继承权为期待的继承权。期待的继承权是由法律直接赋予或由被继承人遗嘱指定的，所以不受继承人主观意志的影响，不存在继承人接受或放弃期待的继承权的问题。不过，期待的继承权虽然不具备现实性，但也受法律的保护，在继承人地位有争议时，可径行就继承资格存在与否，请求法律确认。在继承开始时，享有该种继承权的人可以直接参与遗产的继承关系，而无须另行经过确认。

另一种是指继承开始后，即被继承人死亡或者被宣告死亡后继承人所处的地位。继承开始后，继承人对被继承人的遗产已经享有事实上的财产利益，此时的继承权是一项实际取得的具体的民事权利，也称既得的继承权。对于既得的继承权，继承人可以根据自己的意愿，表示接受或者放弃。这种权利被他人侵害时，继承人可以行使继承恢复请求权。

由可能性的继承权转化为现实性的继承权的必备条件，是被继承人死亡并且留有遗产。若被继承人尚未死亡，则继承不开始，继承人所享有的可能性、期待性的继承资格也就无法转化为现实性的继承权利。另外，继承权的客体是遗产，若死亡的被继承人没有留下任何遗产，则继承权因欠缺可以实际指向的对象也就失去了现实意义。

（二）继承权的法律特征

继承权主要具有如下法律特征：

1. 继承权是一项财产权。当今世界绝大多数国家已经废除了身份继承的内容，现代民法所称的继承仅指财产继承。现代继承制度要解决的是死者遗产的归属以及死者留下的债务由谁负责清偿的问题。因此，继承权与财产所有权、债权债务关系密切，继承的法律后果是这些被继承人死亡时遗留的财产所有权、债权债务关系转由其继承人承受。继承权的客体仅限于被继承人可供继承的各类财产权。因此,继承权为财产权之一种。正因为继承权是一项财产权,继承人失去这项权利并不会影响其作为主体的存在,所以继承权可以因继承人的原因而被剥夺,也可以依继承人的意愿而放弃,还可能因遗嘱人的意思而被取消。

2. 继承权是基于特定身份才能享有的权利。继承权虽为财产权,却因一定的身份关系而发生。继承人与被继承人之间是否存在特定的身份关系,如婚姻关系、血缘关系等,是认定继承权是否存在的主要依据,甚至是唯一的依据。在我国继承立法上,无论是法定继承人还是遗嘱继承人,都只能是与被继承人生前存在特定亲属身份的自然人,其他个人、组织或国家均不能成为继承人。

3. 继承权具有专属性。由于继承权基于一定的身份关系而取得,所以,继承权虽为财产权,但却具有专属性质,继承人不能将自己享有的继承权转让与他人,这一点与其他财产权利有所不同。不过,无行为能力的继承人或限制行为能力的继承人所享有的继承权仍然可以由其法定代理人代理行使。

二、继承权的发生根据

继承权的发生根据是指生者取得对死者遗产继承权的理由。继承人取得继承权的根据主要在于其与被继承人生前存在某种特定的亲属身份关系。赋予与死者有特定亲属身份关系的人以继承权,既是对死者意思的尊重,也是对其个人财产所有权的保护。

我国《民法典》将与死者生前存在婚姻关系、一定范围的血缘关系以及因共同生活而形成的扶养关系的亲属列为法定继承人,显示我国继承立法将婚姻关系、血缘关系和扶养关系作为继承权的发生依据。

婚姻关系是家庭关系的基础和核心,配偶是生活共同体,双方之间具有最为密切的人身关系和财产关系。一方离世后,让生存一方继承对方遗产,既能减少对生存方生活的影响,也有利于保障整个家庭的存续与发展。我国《民法典》第 1061 条规定:“夫妻有相互继承遗产的权利。”第 1127 条将配偶列为第一顺序的法定继承人,相互之间有继承对方遗产的权利。

血缘关系是基于出生的事实自然形成的亲属关系,血缘亲情是人类最朴素最基本的情感。让死者的血缘近亲继承死者的遗产,符合人之常情,也是人类社会延续的必然要求。我国继承法将父母、子女、兄弟姐妹、祖父母、外祖父母确立为法定继承人，将先亡子女的晚辈直系血亲、先亡兄弟姐妹的子女确立为代位继承人，并且确认胎儿享有继承权，就是要保护财产在家族内部代际间的传承，保护死者后代的延续。

与死者生前存在一定的扶养关系也是继承权取得的一项重要根据。我国《民法典》规定，形成扶养关系的继父母继子女、形成扶养关系的继兄弟姐妹相互之间可以继承对方的遗产，对被继承人尽了主要赡养义务的丧偶儿媳或女婿可以继承被继承人的遗产。确认扶养关系是取得继承权的一种根据，这充分体现了我国社会主义继承法的性质。养老育幼、扶贫帮困是我国社会的传统美德。让本身没有法定扶养关系但事实上已形成扶养关系的人享有继承对方遗产的权利，一方面能充分发挥遗产的经济价值，弥补社会扶养的不足；另一方面也符合我国传统习惯，能鼓励亲属之间相互帮扶的伦理善行。

三、继承权的接受与放弃

从被继承人死亡时开始，继承人就取得了现实的继承权，可以依法实际支配自己的继承权。支配的方式可以表现为接受继承权，也可以表现为放弃继承权。我国《民法典》第1124条第1款规定：“继承开始后，继承人放弃继承的，应当在遗产处理前，以书面形式作出放弃继承的表示；没有表示的，视为接受继承。”

（一）继承权的接受

继承权的接受是继承人在继承开始后作出的接受被继承人遗产的意思表示。在我国，继承权的接受要特别注意以下几点：

1. 接受继承只要有继承人本人的意思表示即可发生法律效果，无须征得他人的同意。

2. 继承人接受继承无须主动、明确地表态，可以采用默示方式，只要在法定期间内没有作出明确的放弃表示的，法律即推定其接受了继承。当然，继承人也可以采用明示的方式表示接受，这对尽早确定继承关系是有利的。

3. 继承人接受继承不许附加任何条件或期限，比如以不负担遗产债务的清偿为条件接受继承，或仅接受部分遗产，或者以其自身经济状况在一定时期内的变化等为接受条件的，这样都会导致继承关系的复杂化或难以确定,因此是不被允许的。

(二)继承权的放弃

继承权的放弃,是指继承人在继承开始后遗产处理前,以明示的方式作出的不接受被继承人遗产的意思表示。在我国,继承权的放弃要特别注意以下几点:

1. 放弃继承权无须征得他人的同意。放弃继承是继承人处分自己权利的行为,无须征得其他人的同意,只要继承人自己依法作出了放弃的意思表示,即可产生放弃的效果。

2. 放弃继承权的意思表示必须采用书面形式明确表示出来。放弃继承权的后果是不能继承遗产,这对继承人自身利益的影响是重大的,必须有其主动、明确的表态,不能采用默示的方式。另外,放弃继承权也会牵涉其他继承人的继承份额及对遗产债务的清偿。因此,虽然其放弃继承无须征得他人的同意,但其放弃继承的意思必须让相关当事人知晓。为了避免将来发生纠纷,法律要求这种意思表示需采用书面的方式明确表达出来。

3. 放弃继承权的意思表示一般应由本人亲自作出。继承权是基于身份关系取得的一项财产权利,有一定的人身专属性。放弃继承权又事关继承人的重大财产利益,而且实务中继承人放弃继承权出于许多考虑因素,如不想承担遗产债务的清偿责任,想帮助照顾其他继承人,等等。因此,放弃继承的意思表示应该由继承人本人亲自作出。当继承人为无行为能力人或者限制行为能力人时,他们的法定监护人(或法定代理人)一般不允许代替他们作出放弃继承的意思表示,以免损害无行为能力或者限制行为能力的继承人的利益。

4. 放弃继承权必须是无条件的。放弃继承权依继承人单方的意思表示就能产生法律效果,但放弃会涉及其他继承人的继承份额及对遗产债务的清偿,因此为了尽快使继承关系稳定下来,法律不允许继承人对放弃继承权的行为附加任何条件或期限。实务中,在父母一方去世后,有些子女以不履行对生存一方父母的赡养义务为条件放弃继承权,这是不允许的。不过,我国民间一直有这样的情况,即父母一方去世后,生存父母与子女们经过协商就分配遗产与履行赡养等问题达成家庭协议,这一协议是家庭成员间协商一致的结果,与继承人单方放弃继承权的行为有本质不同,对这类家庭协议效力的认定,应该根据其他法律、法规的相关规定来处理。

另外，如果继承人放弃继承权的行为侵犯了他人的合法权益的，比如因为放弃继承权导致其不能履行法定义务等，则属于滥用权利的行为，其放弃行为很可能被认定为无效。

5. 放弃继承权的意思表示必须在继承开始后遗产处理前作出。继承开始前，自然人的继承权仅仅是一种继承资格，不是一项现实的权利，不存在接受和放弃的问题。遗产处理后，继承人取得遗产的所有权，遗产已转变为其个人财产，再表示放弃已不能产生放弃继承的效果，只能认为是对其所继承遗产的所有权的放弃。实务中，从继承开始到遗产处理可能跨越很长的时间，特别是父母一方去世后，生存的另一方与子女往往不会分割遗产，一般都要等另一方父母也去世才会分割父母双方留下的遗产，当中间隔的时间的长短是不确定的，这容易滋生误会和纷争，所以应该劝导当事人尽快协商遗产的处理。

6. 放弃继承权的效力追溯到继承开始时发生。放弃继承权的继承人自继承开始起就不能参与遗产的继承，其原已占有的遗产应返还给遗产管理人或其他继承人，并可请求从遗产中返还其为管理遗产支出的必要费用。但在其他人还没有接管相关遗产以前，放弃的继承人应继续管理遗产。

7. 放弃继承权一般不能反悔。放弃继承权的意思表示一经作出即产生法律效力，所以一般不允许继承人出尔反尔，影响继承关系的稳定性。当然，也不能完全排除特殊情况下继承人反悔的合理性。不过，其反悔的原因、时机是否合理，应由法院根据具体情况在个案中斟酌确定。

这里要注意，放弃继承的意思表示必须是继承人本人真实的意愿，若其系在受欺诈、胁迫等外因作用下或基于重大误解等原因作出放弃继承的意思表示的，则放弃并非出于其真实的意愿，继承人事后可以依照《民法典》总则编中的相关规定，主张撤销放弃继承权的行为〔1〕，这与放弃继承权的反悔不是同一个性质的问题。

8. 放弃继承权的法律后果。继承人可以仅放弃法定继承权或遗嘱继承权，也可以将两种继承权都放弃。根据其放弃对象的不同，分别产生以下的法律后果：(1)仅放弃法定继承权的，由其他法定继承人分割弃权人原应继承的遗产份额。(2)仅放弃遗嘱继承权的，遗嘱所指定的该弃权人可得的遗

〔1〕 参见《民法典》第147~151条。

产份额，在遗嘱无另外指定的情况下，由法定继承人继承。但是，放弃遗嘱继承权的继承人仍可依其法定继承人的身份参与法定继承。(3)两种继承权都放弃的，不再享有继承被继承人任何遗产的权利，也无须承担遗产债务的清偿义务。但需要注意的是，放弃继承权的继承人自己与被继承人生前形成的债权债务关系不因其放弃继承权而消灭。

四、继承权的丧失

(一)继承权丧失的含义

继承权的丧失又称继承权的剥夺，是指继承人因对被继承人或者其他继承人实施了某种不法行为，被依法剥夺继承被继承人遗产的资格。之所以设立继承权丧失制度，一则出于维护人伦道德和家庭秩序的需要，因为继承人是与被继承人关系密切的亲属，若对被继承人有悖德或不当行为，会破坏人伦道德和家庭秩序；二则出于维护良好的遗产继承秩序的需要，若继承人为争夺遗产杀害其他继承人，易造成继承秩序的混乱；三则出于维护遗嘱自由的需要，若继承人针对被继承人订立遗嘱的行为或遗嘱本身实施违法行为，将会妨碍或违背被继承人对自己身后财产事项的安排。

(二)继承权丧失的法定事由

继承权的丧失是法律对有过错行为的继承人的一种惩罚，必须符合法定事由，才能剥夺继承人的继承权。我国《民法典》第1125条规定了以下五种继承权丧失的法定事由：

1. 继承人故意杀害被继承人。继承人故意杀害被继承人，直接危害到被继承人的人身安全，本身就是一种严重的犯罪行为，不仅应受到刑法的制裁，还应剥夺其对被害人遗产的继承权。在认定这一行为时应特别注意以下几点：(1)继承人在主观上有杀害被继承人的故意，即明知自己的行为会导致被继承人的死亡，并且希望或者放任这种结果的发生。如果不是出于故意，而是过失致被继承人死亡，则不发生继承权丧失的后果；如果是故意伤害被继承人而致其死亡，也不属于这里的故意杀害行为，不能按照故意杀害被继承人这一行为剥夺继承人的继承权。(2)故意杀害行为不问动机，是为尽快继承对方遗产还是因其他事由而实施杀害行为，都导致继承人丧失继承权。(3)故意杀害行为不问方式，无论是继承人亲手杀害还是唆使他人杀害,是直接杀害还是间接杀害,都导致丧失其继承权。(4)故意杀害行为不问结果,无论该行为最终是否导致被继承人死亡,继承人都丧失其继承权。

2. 继承人为争夺遗产而杀害其他继承人。这一行为发生在有数个继承人的场合,通常的情形有:后顺位的继承人为争夺遗产而杀害前顺位的继承人,法定继承人为争夺遗产而杀害遗嘱继承人,同顺位的继承人为争夺遗产而杀害同顺位的其他继承人。当然,也不排除继承人因为无知,以为后顺位的继承人会妨碍他继承遗产而杀害后顺位的继承人。前述情形都是一个或数个继承人出于谋夺遗产的动机而故意杀害其他继承人。在认定这一行为时应特别注意以下几点:(1)这一行为不仅是故意的杀害行为,而且须强调动机是为争夺遗产。如果是过失致其他继承人死亡,或者是故意伤害其他继承人而致其死亡,或者是出于其他原因而非为争夺遗产而故意杀害其他继承人,都不构成为争夺遗产而杀害其他继承人的行为,不导致继承权丧失。(2)杀害行为的方式与结果如何不影响继承权的丧失。无论是继承人采用何种手段实施这一杀害行为,也无论其行为最终是否导致其他继承人死亡,继承人均丧失其继承权。

3. 继承人遗弃被继承人,或者虐待被继承人情节严重的。此处有两个行为:一个是遗弃被继承人,另一个是情节严重的虐待被继承人。遗弃被继承人是指有扶养(包括长辈对晚辈的抚养、平辈之间的扶养和晚辈对长辈的赡养)能力的继承人,对需要扶养的被继承人(尤指没有独立生活能力的老、弱、病、残、幼)拒绝承担扶养义务的不作为行为。遗弃是置被继承人于危难境地的严重侵害行为,不论情节轻重,继承人均丧失继承权。实务中要注意,继承人本身无扶养能力,或者被继承人本身并不需要扶养,则不会构成遗弃行为。此外,要注意不能将继承人与被继承人关系淡漠、来往不密切的情形等同于遗弃。

虐待被继承人,是指继承人在被继承人生前经常对其进行精神或肉体上的折磨,如经常以打骂、冻饿、强迫从事过度劳动、有病不给治疗等手段折磨、摧残被继承人。虐待被继承人必须是情节严重的才丧失继承权。情节是否严重,可以从实施虐待行为的持续时间、手段、后果及社会影响等诸多方面综合考虑,并不以是否构成刑事犯罪,是否应承担刑事责任为依据。在实务中要注意,不能将继承人对被继承人态度不好、照顾不周或偶有口角甚至肢体冲突的情形等同于虐待。

4. 继承人伪造、篡改、隐匿或者销毁遗嘱，情节严重的。伪造遗嘱是指继承人假冒被继承人的名义制作假遗嘱，以假遗嘱充当被继承人的遗嘱；篡改遗嘱是指继承人对被继承人订立的遗嘱的内容私自进行修改；隐匿遗嘱是指继承人故意将被继承人订立的遗嘱隐藏起来，不让其他利害关系人知晓遗嘱内容；销毁遗嘱是指继承人故意将被继承人订立的遗嘱毁灭，使之不复存在。伪造、篡改、隐匿或者销毁遗嘱都是阻碍被继承人以遗嘱所表示的最后意志实现的故意行为，如果是继承人过失造成遗嘱的遗失、灭失或毁损，则不属于此处所说的行为。伪造、篡改、隐匿或者销毁遗嘱必须是情节严重的，才剥夺继承权。

5. 以欺诈、胁迫手段迫使或者妨碍被继承人设立、变更或者撤回遗嘱，情节严重的。欺诈是指继承人故意告知被继承人虚假情况，或者对被继承人隐瞒真实情况，诱使被继承人在不明真相的情况下为或不为设立、变更、撤回遗嘱的行为；胁迫是指继承人以给被继承人本人或其亲友的生命、健康、名誉、隐私、财产等造成损害为要挟，迫使被继承人在恐惧的情况下为或不为设立、变更、撤回遗嘱的行为。对被继承人进行欺诈、胁迫，使被继承人无法表达其真实意志，是侵犯被继承人遗嘱自由的行为，情节严重的话，将导致继承权的丧失。

上述五种不法行为是我国《民法典》规定的继承人丧失继承权的法定事由。继承人的上述五种行为，按其性质可以发生在继承开始之前，也可以发生在继承开始之后。继承人一旦实施了这五种不法行为之一，无须任何法定程序，即自动丧失对被继承人的继承权。但如果继承人之间就某一继承人是否丧失继承权发生争议的，应该由人民法院判决确定其是否丧失继承权。

另外，需要注意的是，继承人有第一、第二两种故意杀害行为的，无论是否受到刑事制裁，都应当按照《民法典》的规定，剥夺继承人对被继承人的继承权。即使被继承人对其表示了宽恕，或者事后在遗嘱中指定将部分或全部遗产给该继承人的，也不能恢复该继承人的继承权。但是，继承人曾经有过后面三种不法行为之一，但后来确有悔改表现，被继承人也表示宽恕或者事后在遗嘱中仍将其列为继承人的，该继承人不丧失继承权。[1]

---

〔1〕 参见《民法典》第1125条第2款。

五、继承权的恢复

(一)继承权恢复的含义

继承权恢复，是指当继承人的继承权受到不法侵害时，有权请求恢复其继承权，又称继承权恢复请求权。继承权恢复请求权包括对人的请求权和对继承标的的请求权。对人的请求权，是指继承人对侵权人所提出的确认其继承人资格和地位的主张；对继承标的的请求权是指，继承人有权请求侵权人恢复继承标的的原状。

(二)继承权遭遇侵害的主要情形

1. 非继承人以继承人自居，或者在没有任何法律根据的情况下，侵占被继承人的遗产而拒不返还，或者争夺遗产。

2. 同一顺序有数个法定继承人在无人丧失继承权，也无人放弃继承权的情况下，一个或部分继承人取得了全部的遗产而排除其他继承人应得的遗产份额。

3. 在法定继承中，在没有法定情节的情况下，第二顺序的法定继承人先于第一顺序的法定继承人取得遗产。

4. 在有遗嘱的情况下，法定继承人排斥遗嘱继承人取得遗产。

5. 已经取得遗产的继承人后被确认丧失继承权，但拒绝返还遗产。

6. 继承开始后，在依法需要对某项遗产进行新的产权登记时，遗漏或者排斥应予登记的继承人。

7. 其他人以不正当手段使继承人违背真实意愿，作出放弃继承权的表示。如共同继承人或非继承人以欺诈、胁迫等手段，使继承人作出放弃继承权的表示。

8. 数个继承人之间就某一继承人是否丧失继承权发生争议。

(三)继承权恢复请求权的行使方法及行使期限

提出继承权恢复请求权的人只能是继承权受到侵害的继承人本人，他人不能代位行使。当继承权受到侵害的当事人是无行为能力人或者限制行为能力人时，其继承权恢复请求权应由其法定代理人提出。

继承人行使继承权恢复请求权，可以直接向侵权人提出，要求承认其合法继承人的地位并返还其应得的遗产份额;也可以直接向被继承人生前的户籍所在地人民法院或者主要遗产所在地人民法院提出,由人民法院审理解决。

继承权受到侵害后,继承人应当在法定期限内及时提出保护请求。根据我国《民法典》的相关规定,继承权恢复请求权的行使期限应区别情况而定:

1. 在继承人知道或者应该知道其继承权被侵犯的情况下,继承人应该在3年之内向人民法院提起诉讼,3年的时间自其知道或者应该知道其继承权被侵犯之日起计算。这里的"知道"是指继承人实际已经知道自己的继承权被侵犯这一事实;这里的"应当知道"是指由客观事实推定继承人已经知道其权利被侵害,实务中应注意推定的事实根据。这一行使期限适用《民法典》关于诉讼时效中止、中断的规定。

2. 在继承人不知道其继承权被侵犯的情况下,继承人应该在其继承权受到损害之日起的20年内向人民法院提起诉讼;若其在20年之内没有提起诉讼,20年届满后,原则上就不能请求人民法院给予保护。但继承人确有特殊情况未能在此期限内行使恢复请求权的,人民法院经审查核实后,有权作出延长的决定。

实务中需要注意的是,在我国,继承开始后,共同继承人往往在很长时间内不分割遗产,也没有继承人明确表示放弃继承,那么根据《民法典》第1124条的规定,这种情况就视为接受继承。因此,按照《民法典》第230条的规定,没有分割的"遗产"是继承人共有的财产。日后当事人可以财产共有人的身份向人民法院提起分割共有财产的诉讼。对当事人以侵害共有财产份额为由提起的诉讼,不能适用诉讼时效的规定,应该按照共有财产分割之诉处理。

第三节 遗　　产

一、遗产的概念和特征

关于遗产的内涵,有广义和狭义之分。广义的遗产既包括死者留下的积极财产,也包括死者留下的消极财产即债务。狭义的遗产仅指死者留下的积极财产,不包括死者留下的债务。就我国《民法典》的相关规定看,我国立法采用狭义的遗产定义,仅指死者留下的积极财产,这与民间将财产与债务严格区分的传统理解一致,可以避免适用上的混乱。

《民法典》第1122条规定:"遗产是自然人死亡时遗留的个人合法财产。依照法律规定或者根据其性质不得继承的遗产,不得继承。"根据上述规定,遗产具有如下法律特征:

1. 遗产仅限于财产。首先,死者生前享有的姓名权、肖像权、名誉权、隐私权、荣誉权等人身权利不能继承。当然,死者的这些人身遗存仍有保护的必要,如果他人以侮辱、诽谤、贬损、丑化或者违反社会公共利益、社会公德的其他方式,侵害死者姓名、肖像、名誉、荣誉,或者非法披露、利用死者隐私,或者以违反社会公共利益、社会公德的其他方式侵害死者隐私,甚至非法利用、损害遗体、遗骨,或者以违反社会公共利益、社会公德的其他方式侵害遗体、遗骨,给死者的近亲属造成精神痛苦的,死者的近亲属可以向人民法院起诉请求赔偿精神损害。[1] 但这种赔偿并非因为死者的近亲属继承了死者生前享有的这些人身权利,而是因为对死者人身遗存的侵犯直接造成了死者近亲属的精神痛苦,所以赔偿的是死者近亲属的精神损害。其次,知识产权中的署名权、发表权等人身性权利,股权等投资性权利中的表决权、知情权等人身性权利,不是遗产。只有因发表作品、许可使用等原因获取收益的权利,或者分享经营利润的权利等,这类财产性权利才是可以继承的遗产。

2. 遗产是自然人死亡时遗留的财产。自然人死亡的时间是区分其生前个人财产与死后留下的遗产的时间界限。自然人生前已经转让的财产,不管是否为其继续占有,都不得作为遗产,因为其生前已经丧失了所有权。同样,自然人生前享有所有权的财产,即使其死亡时被他人占有,也仍然应该列为遗产。另外,遗产通常应该是死者生前已经合法取得的财产。如果是在自然人死亡后获得的,一般不能作为遗产,比如死亡赔偿金,其形成及实际取得均发生在死亡之后,故死亡赔偿金不是死者的遗产,而是对死者近亲属的赔偿。[2] 当然,法律另有规定的除外,如我国《保险法》第42条规定,

---

〔1〕 参见最高人民法院《关于确定民事侵权精神损害赔偿责任若干问题的解释》第3条。

〔2〕 最高人民法院《关于空难死亡赔偿金能否作为遗产处理的复函》(〔2004〕民一他字第26号)中明确,空难死亡赔偿金是支付给死者近亲属的赔偿,不是死者的遗产。该复函目前仍有指导意义。

被保险人死亡后,如果没有受益人的,保险金作为被保险人的遗产。[1]

3. 遗产是死亡自然人的个人财产。首先,遗产必须是死者生前的个人财产,属于国家、集体或他人所有的财产,即使为死者生前占有或使用,也不属于死者的遗产。比如,死者生前占有和使用的宅基地、自留地、公租房等,其所有权都属于集体或国家,不能继承。其次,遗产必须是专属于死者个人的财产。若死者生前与他人形成财产共有关系的,比如夫妻共有财产关系、家庭共有财产关系、合伙共有财产关系等,应该先析产,将属于死者的那一部分财产分割出来,才能作为其遗产,不能将共有财产整体作为遗产处理。

4. 遗产是死亡自然人遗留的合法财产。死者生前的非法所得以及非法侵占的国家、集体以及其他人的财产,不得作为遗产,如偷盗、贪污、受贿等不法手段取得的财产皆不能作为遗产。

5. 遗产能否继承要受制于法律的规定或其本身的性质。死者生前享有的财产权利绝大部分在其死后可以由其继承人继承,但也有个别财产权利因法律的规定或其本身性质的限制不能继承。比如,《民法典》第 369 条规定,居住权不得继承。对于经济适用房、共有产权房等政策性住房的所有权转移,国家政策有一定限制,在确定这类遗产的归属时,要把握好法律与政策的平衡。另外,属于死者生前专有的与其人身密切联系的财产权利,如死者生前享有的领取抚恤金、救济金、养老金、扶养费等的权利,在权利人死亡时随即消灭,不能由其继承人继承;但死者生前依据此类权利已经实际取得的财产,可以作为遗产由其继承人继承,比如公民死亡后,其养老金个人账户的余额就可以继承。[2]

二、确定遗产范围时应注意的几个问题

1. 农村土地承包经营权的死后转移问题。根据我国《农村土地承包法》的规定,农村土地承包采取农村集体经济组织内部的家庭承包方式,对不宜采取家庭承包方式的“四荒”土地,即荒山、荒沟、荒丘、荒滩等农村土地,可以采取招标、拍卖、公开协商等方式承包。家庭承包的,承包经营权属于农户家庭,任何一个家庭成员都不享有独立的承包经营权。因此,在承包期内

〔1〕 参见《保险法》第 42 条。

〔2〕 参见《社会保险法》第 14 条。

任何一个家庭成员死亡,不会导致承包经营权的变化,不存在承包经营权的继承问题。但是,死亡的承包人应分得的那份承包收益,在其死后可以按照继承立法的相关规定转移。考虑到林地的投入产出周期较长,通过招标、拍卖、公开协商等商业化方式取得的"四荒"土地经营权具有更浓的财产属性,所以法律规定,林地承包的承包人在承包期内死亡,或者通过招标、拍卖、公开协商等方式获得的"四荒"土地承包的承包人在承包期内死亡,除了其应得的承包收益依照继承法的规定继承以外,其继承人还可以在承包期内继续承包。[1]

2. 宅基地使用权、自留地使用权的死后转移问题。宅基地是农村村民用于建造住宅及其附属设施的集体建设用地,包括住房、附属用房和庭院等用地。农村村民一户只能拥有一处宅基地。[2] 自留地是农业合作化过程中由农村集体经济组织按政策分配给其成员长期耕种使用的小块土地。在农村集体土地实行家庭承包责任制后,自留地已基本纳入承包地范围,但对于不进行包产到户的农村地方,社员仍保有自留地。宅基地使用权、自留地使用权的客体是集体所有的土地,主体是该农村集体经济组织的成员,并且是以户为单位分配的。家庭中个别成员死亡,并不妨碍该农户中其他成员对宅基地、自留地的继续使用和经营。这里不发生继承也不终止使用,因"户"的继续存在,该使用权也继续存在。当然,宅基地上的私人住房在房屋所有人死后是可以依法继承的,根据"地随房走"的原则,继承了房屋的人也因此取得了房屋所占用的宅基地的使用权。

3. 房屋租赁权的死后转移问题。房屋租赁要区分公房租赁和私房租赁两种情况。公房租赁是指公房所有人或管理人以出租人的身份,将国家所有或集体所有的房屋出租给承租人居住使用,由承租人向出租人支付房屋租金的民事法律行为。公有住房承租权源于计划经济时期,是保障劳动者及其家庭居有其屋的福利性质的分房,租金一般远低于市场价,通常不明确

---

〔1〕 参见《农村土地承包法》(2018年12月29日第二次修正)第3条、第16条、第32条、第48条、第54条。

〔2〕 参见中央农村工作领导小组办公室、农业农村部《关于进一步加强农村宅基地管理的通知》(中农发〔2019〕11号)。

约定租赁期限。[1] 这种福利性质的公有住房租赁通常以劳动者的家庭为单位承租,家庭成员中个别人死亡甚至户主死亡,一般不影响租赁关系继续存在。公房租赁的政策性较强,当承租人死亡时,该公房上的租赁权能否继承的问题,应当按照当地的相关政策办理。比如,上海市规定,承租人死亡,其生前在该公房处有本市常住户口的共同居住人可以协商一致后要求变更租赁户名,若无共同居住人的,其生前具有本市常住户口的配偶与直系亲属可以协商一致后要求变更租赁户名。[2] 当然,也应该看到,随着我国市场经济的发展和房产制度的改革,传统意义上的公有住房性质发生了巨大的变化。我国对公有住房的差价交换和公有住房的转租并无明确的法律和政策限制。在现实中,公有住房承租权人能以公有住房租赁权获得或换取一定的甚至丰厚的财产利益,这是不争的事实。所以实务中,死亡承租人的近亲属因公有住房承租权的归属发生纷争并不罕见。司法审判中,除了参照当地的相关政策外,也应该兼顾公房租赁权的福利保障性及各方当事人之间的利益平衡。

私房租赁由出租人和承租人以租赁合同确定,一般明确约定租赁期限。在租赁合同有效期限内出租人死亡的,依照《民法典》第 725 条的规定,死亡出租人的继承人不得擅自终止租赁合同。依照上海市的相关规定,房屋租赁期间,因继承发生房屋所有权转移的,新的房屋所有权人应当继续履行原租赁合同,不得以房屋所有权已转移为由要求终止租赁合同。[3] 承租人在租赁期内死亡的,按照《民法典》第 732 条的规定,与承租人生前同住的人或共同经营的人(指营业用房)可以按照原租赁合同租赁该房屋。据此,承租人的继承人若是与承租人生前同住的人或共同经营的人,则租赁合同继续有效。若承租人的继承人不符合上述条件,则该租赁合同终止,此后继承人希望继续租用的,须与出租人重新订立租赁合同。

---

〔1〕 本书所讲的公房租赁与现在所谓的公共租赁不是一个概念。后者是市场经济体制下,出租给低收入或特殊人群的保障性住房。根据 2012 年 7 月 15 日起施行的《公共租赁住房管理办法》第 18 条的规定,公共租赁住房的租赁期限一般不超过 5 年。而本书所讲的公房租赁是计划经济体制遗留下来的产物。

〔2〕 参见上海市房屋管理局印发的《关于公有居住房屋变更、分列租赁户名的若干规定》(沪房规范〔2019〕3 号)。

〔3〕 参见《上海市居住房屋租赁管理办法》(2011 年 10 月 1 日起施行)第 19 条。

4. 现役或非现役军人从部队获得的各项资费的死后转移问题。按照有关规定，军人的伤亡保险金、伤残补助金、医药生活补助费这些用来救助、恢复军人身体的费用具有人身专属性，属于军人的个人财产，军人死亡时尚有余存的，应作为其遗产。发放到军人名下的复员费、自主择业费等一次性费用，不具有人身专属性，若军人生前有过婚姻关系的，要考虑是否为军人与其配偶的共同财产，不能简单地全部作为遗产处理。按照有关规定，对于复员费、自主择业费等一次性费用中属于夫妻共同财产部分的计算，应以婚姻关系存续年限乘以年平均值，所得数额为夫妻共同财产。所谓年平均值，是指将发放到军人名下的上述费用总额按具体年限均分得出的数额。其具体年限为人均寿命 70 岁与军人入伍时实际年龄的差额。[1] 属于夫妻共有的部分应先进行析产分割，属于军人名下的部分才能列入其遗产。

5. 抚恤金、人身保险金的死后转移问题。抚恤金可以分为伤残抚恤金和死亡抚恤金。伤残抚恤金是职工、军人等因工、因公伤残而全部或部分丧失劳动能力时，由有关部门发给其本人的生活补助费。这类抚恤金归伤残者个人所有，在其死亡时尚未用完的部分可作为其遗产。死亡抚恤金是职工、军人等因工、因公死亡，或者因病死亡，或者因其他意外事故死亡，由有关单位按照规定给予死者近亲属的抚恤金。例如，按照我国的有关规定，职工因工死亡的，按照职工本人工资的一定比例发给由因工死亡职工生前提供主要生活来源、无劳动能力的配偶、子女、父母、祖父母、外祖父母、孙子女、外孙子女、兄弟姐妹一笔供养亲属抚恤金。[2] 这类抚恤金是给死者生前供养的特定近亲属的，只能按规定由优抚对象享有，不是死者的遗产。

人身保险金是投保人与保险公司订立人身保险合同，因保险事故发生致被保险人死亡时，保险公司按约定支付的金钱。人身保险金能否作为遗产应区分两种情况：一种情况是有受益人的，则人身保险金由受益人取得，不能作为死亡的被保险人的遗产，更不能用这笔保险金来清偿死者的债务。另一种情况是无受益人的，无受益人的原因可能是保险合同未指定受益人，

---

〔1〕 参见《民法典婚姻家庭编解释(一)》第 30 条、第 71 条。

〔2〕 参见《工伤保险条例》(2003 年 4 月 27 日中华人民共和国国务院令第 375 号公布，2010 年 12 月 20 日修订)第 39 条规定，《因工死亡职工供养亲属范围规定》(2004 年 1 月 1 日起施行)第 2 条。

或者指定的受益人先于被保险人死亡，或者指定的受益人放弃或丧失了受益权，等等。总而言之，在没有受益人的情况下，人身保险金按照规定作为死亡的被保险人的遗产，按继承法的规定转移。[1]

第四节 遗产的处理

一、遗产的管理

遗产管理是指继承开始后遗产分割前，为了维护遗产价值和遗产权利人的合法利益，而由有关主体对遗产进行保存和管理的制度。遗产管理事关遗产的完整与安全，涉及与遗产相关的各方当事人的利益，是继承立法中不可缺少的一项制度。

（一）遗产管理人的确定

遗产管理首先得确定遗产管理人。《民法典》第 1145 条规定："继承开始后，遗嘱执行人为遗产管理人；没有遗嘱执行人的，继承人应当及时推选遗产管理人；继承人未推选的，由继承人共同担任遗产管理人；没有继承人或者继承人均放弃继承的，由被继承人生前住所地的民政部门或者村民委员会担任遗产管理人。"本条规定了遗产管理人产生的四种方式：遗嘱指定、继承人推选、继承人共同担任和特定组织担任。但需要注意这四种方式在采用上是有先后顺序的。首先，被继承人在遗嘱中指定了遗嘱执行人的，由该遗嘱执行人担任遗产管理人。由死者信赖的遗嘱执行人担任遗产管理人，最符合死者的生前意愿。遗嘱执行人可能是继承人中的一人，也可能是继承人以外的自然人或组织，比如遗嘱指定的遗嘱执行人是某个律师或者某个居委会。在遗嘱中，可能是一个民事主体，也可能是数个民事主体一起被指定为遗嘱执行人。其次，在没有遗嘱执行人的情况下，由继承人担任遗产管理人。继承人与死者关系密切，往往在第一时间实际占有或控制了遗产，由继承人担任遗产管理人，也是对遗产既有管理秩序的维护。这里要进一步区分继承人是单个还是复数。当继承人为多人时，应当通过协商推选其中一个或数个继承人担任遗产管理人；如果共同继承人没有推选或无法

---

〔1〕 参见《保险法》(2014 年修正)第 42 条。

协商推选出具体的遗产管理人的，则由继承人共同担任遗产管理人。在实务中，对于并不复杂的继承关系，比如被继承人生前的债权债务关系比较简单的继承关系，没有必要设立专门的遗产管理人，此时可以由继承人共同担任遗产管理人。最后，在既无遗嘱执行人也无继承人的情况下，才由被继承人生前住所地的民政部门或者村委会担任遗产管理人。《民法典》第1145条将无继承人的原因规定为“没有继承人或者继承人均放弃继承”。此时由被继承人生前住所地的民政部门或者村委会担任遗产管理人，与《民法典》第1160条规定的无人继受遗产的归属相对应。[1] 如果对遗产管理人的确定有争议的，比如无人愿意担任或者争相担任遗产管理人，则利害关系人可以向人民法院申请，由法院来指定遗产管理人。

（二）遗产管理人的职责

《民法典》第1147条明确规定了遗产管理人应当履行的职责包括：

1. 清理遗产并制作遗产清单。这是遗产管理人的首要任务。查明遗产、明确遗产范围是对遗产进行管理的前提。遗产管理人就任后，应该及时查清遗产的种类、数量、价值、处所等状况，对构成复杂、价值巨大的遗产，还可以委托专业机构进行审核评估。为了保证后续的债务清偿和遗产分割的公平顺利，将遗产与继承人财产隔离开来，遗产管理人还应该编制遗产清单，将已经查明的遗产及时登记入册，以备后用。

2. 向继承人报告遗产情况。继承人自继承开始就当然成为遗产的主人[2]，有权了解遗产的状况，遗产管理人应该向继承人报告自己已经掌握的遗产信息。

3. 采取必要措施防止遗产毁损、灭失。这是遗产管理的基本内容。遗产管理人应该根据各项遗产的特性，以合适的方式收集、接收、保存、处置遗产，防止遗产被转移、隐藏、毁损或灭失。遗产管理人采取的措施以必要为限，尽量不改变遗产的性质，其宗旨在于保全遗产、防止遗产减损。

4. 处理被继承人的债权债务。将继承人与遗产管理人区分，目的是将遗产与继承人自己的财产隔离开来，这样既能保障债权人在遗产实际价值

---

〔1〕《民法典》第1160条规定：“无人继承又无人受遗赠的遗产，归国家所有，用于公益事业；死者生前是集体所有制组织成员的，归所在集体所有制组织所有。”

〔2〕《民法典》第230条规定：“因继承取得物权的，自继承开始时发生效力。”

范围内受清偿,也能避免继承人自己的财产受遗产债务的连累。因此,处理被继承人的债权债务是遗产管理人的一项重要职责。遗产管理人首先应确认被继承人债权债务的数值、相对人、到期日等情况,再根据法律规定,向债权人进行清偿,或者向债务人进行追讨。

5. 按照遗嘱或者依照法律规定分割遗产。这是遗产管理的最后环节。在清偿完遗产债务后,遗产还有剩余的,遗产管理人应当根据遗嘱或者法律的规定,确定每个遗产受益人应有的遗产份额,并将相应的遗产分配给有权分得遗产的人,包括有权酌分遗产的人、受遗赠人、遗嘱继承人和法定继承人等;对无特定人继受的遗产,则交给国家或集体所有。

6. 实施与管理遗产有关的其他必要行为。这是一个兜底性规定,在必要的情况下,遗产管理人可以进行上述五项之外的管理遗产行为。

遗产的管理与分配涉及诸多主体的利益,管理人应该中立、公允地履行职责,协调各方的利益冲突,避免或减少纠纷的发生。在管理过程中,管理人应该尽到善良管理人的注意义务,如果其出于故意或重大过失违反法定职责,并且造成继承人、受遗赠人、债权人等损害的,应根据其造成的损害后果承担相应的民事责任。

随着市场经济的发展和个人财富的增加,被继承人生前的债权债务关系增多,遗产的种类、构成日益复杂。现实中的遗产管理往往是一项千头万绪、纷繁复杂的工作,管理人通常要投入大量的时间和精力。因此,遗产管理人可以依照法律的规定或者有效的约定,获得一定的管理报酬。另外,遗产管理人对自己在管理遗产中支出的必要费用,有权请求偿还。

二、遗产的分割

遗产分割是指有权取得遗产的数个民事主体按照法律规定或者遗嘱指定的遗产份额对遗产进行分配。遗产分割的结果是结束遗产的共有状态,使遗产转变为遗产权利人各自所有的财产。

(一)分割遗产的原则

1. 尊重被继承人意思原则。这一原则尤其适用于遗嘱继承场合。在被继承人立有有效遗嘱时,应该首先按照遗嘱的安排分配遗产。

2. 平等分配原则。在适用法定继承时,根据我国《民法典》继承编的规定,同一顺序的法定继承人继承遗产的份额一般应当均等。在各继承人的情况没有明显差异的情况下,应当考虑遗产平均分配;继承人之间经济条件差异明显的,或者共同继承人中有未成年人、缺乏劳动能力又没有生活来源的继承人的,可以考虑对这些继承人予以一定的倾斜和照顾;对于继承人中对被继承人生前照顾或尽义务较多的,可以考虑适当多分。

3. 有利生产和方便生活原则。在分割遗产时,应考虑遗产的性质和继承人各自的情况,将生产资料尽可能地分配给有生产经营能力的继承人,将生活资料首先分配给有特殊需要的继承人,尽可能不破坏遗产的原有使用价值。

(二)分割遗产的方法

各继承人对遗产的分割能够达成协议的,按协议约定的方式分割遗产。没有协议或者不能达成协议的,可以考虑按下列方式分割遗产:

1. 实物分割。遗产为可分物时,共同继承人应按照各自可得的遗产份额对遗产作实物分割,由各继承人继承。

2. 作价补偿。当遗产为不可分物或者不宜实物分割时,可由最需要该遗产的人取得,当遗产的价值超出其应继承的份额时,对超出部分应作价补偿给其他继承人。

3. 分割价款。对不宜作实物分割或者作价、折价的遗产,各继承人又不愿意维持共同所有关系的,可以变卖、拍卖遗产,对所得的价款进行分割。

4. 共同所有。当遗产不宜作实物分割或作价补偿时,遗产也可由全体继承人共同所有。

三、遗产债务的清偿

广义上,遗产债务是指应该用遗产清偿的所有债务、税款和费用。从发生的时间划分,遗产债务包括以下三类:第一类是被继承人生前所欠的债务或税款;第二类是继承人死亡时产生的债务,如遗赠之债等;第三类是被继承人死亡后产生的债务,如遗产的管理费等。狭义上的遗产债务仅是指被继承人生前个人应该缴纳的税款和个人所欠的债务。虽然《民法典》继承编条文中主要聚焦于广义上的第一类遗产债务,但后面两类债务也应该用遗产清偿无疑是合理的。

(一)遗产债务的清偿原则

根据继承人在继承遗产时所承担的责任的不同,可以将继承划分为无限责任继承和有限责任继承。无限责任继承是指当所继承的遗产价值不足以清偿被继承人遗留的全部债务时,继承人对遗产不足清偿的债务部分,仍然负有清偿义务。有限责任继承是指继承人对被继承人遗留的债务,仅仅以其所继承的遗产的实际价值为限承担清偿责任;债务超过其所继承的遗产价值的,就超出部分继承人并不负有清偿义务,继承人自愿清偿的除外。

我国《民法典》继承编只采用有限责任继承,以避免所谓的"父债子还"的不合理现象。《民法典》第1161条规定:"继承人以所得遗产实际价值为限清偿被继承人依法应当缴纳的税款和债务。超过遗产实际价值部分,继承人自愿偿还的不在此限。继承人放弃继承的,对被继承人依法应当缴纳的税款和债务可以不负清偿责任。"由此可见,我国在处理遗产债务的清偿问题上,要同时贯彻以下两项原则:

1. 概括继承原则。在我国,继承人如果接受遗产继承,就要负责清偿遗产债务,这在理论上称为"概括继承"原则。这一原则保护了遗产债权人的利益,使其不因债务人的死亡而致债权无法实现。

2. 限定继承原则。如果让继承人承担全部遗产债务的清偿,则可能产生"父债子还"的不合理现象,不仅违背民事责任应该自行承担的基本法理,也可能让继承人因此背上沉重的债务负担,影响其今后的正常生活。因此,我国在采用概括继承原则的前提下,也规定继承人仅在遗产的实际价值范围内负责清偿遗产债务,对超出遗产实际价值部分的遗产债务,继承人没有清偿责任。这在理论上称为"限定继承"原则。这一原则保护了继承人的利益,可以避免单纯的概括继承可能对继承人造成的不利影响。如果继承人放弃对全部遗产的继承权,则其对遗产债务就不负任何法律上的清偿义务。当然,如果继承人自愿用自己固有的财产清偿超出遗产实际价值部分的遗产债务,法律当然允许。

遗产实际价值范围的确定往往需要对遗产进行清算。《民法典》第1147条将清理遗产并制作遗产清单列为遗产管理人应当履行的第一个职责,这有助于将被继承人的遗产和继承人的固有财产区分开来,对遗产债权人和继承人都能提供有效的保护。

(二)遗产债务的清偿顺序

遗产债务的清偿顺序包含以下两个方面的内容:

1. 不同种类的遗产债务的债权人的受偿顺序,即当遗产不足以清偿全部遗产债务时,应该优先清偿哪类遗产债务。我国《民法典》第 1162 条规定:“执行遗赠不得妨碍清偿遗赠人依法应当缴纳的税款和债务。”可见,对遗赠债务的清偿应该排在对被继承人所欠税款和其他债务的清偿之后,即只有清偿了被继承人的债务以后,还有剩余遗产的,才能执行遗赠。这样规定也可以防止被继承人利用遗赠形式转移财产,从而损害国家和债权人的利益。需要注意的是,这里的遗赠仅指在遗嘱中设立的无偿的遗赠,不适用于遗赠扶养协议中的遗赠,因为后者是履行扶养义务后的有偿取得。

《民法典》继承编对于其他遗产债务的清偿顺序问题未作进一步的规定。比如,因管理、维护遗产产生的费用与以遗产设立担保的债权何者优先受偿,依照《民法典》第 1131 条产生的酌分遗产的债权与依照遗赠扶养协议请求遗赠的债权何者优先受偿等,对这些实务中难免会发生的冲突,有待司法实践给出指导。

2. 遗产获益人清偿遗产债务的顺序。当只有一个继承人时,该继承人应以其所继承的全部遗产的实际价值清偿遗产债务。当有数个继承人时,这数个继承人之间对遗产债务应该如何分担? 对此,首先应当尊重被继承人的安排,在其遗嘱对清偿债务有具体安排的情况下,遗嘱执行人、遗产管理人或者遗嘱受益人应当按照遗嘱的指定用相应遗产清偿债务。在对债务清偿问题没有遗嘱安排的情况下,或者无法按照遗嘱执行的情况下,数个遗产受益人应该按照法律的规定承担相应清偿责任。《民法典》第 1163 条规定:“既有法定继承又有遗嘱继承、遗赠的,由法定继承人清偿被继承人依法应当缴纳的税款和债务;超过法定继承遗产实际价值部分,由遗嘱继承人和受遗赠人按比例以所得遗产清偿。”这条规定明确了“先法定继承人、后遗嘱继承人和受遗赠人”的清偿顺序,同样体现了对被继承人意愿的尊重。换言之,对于一般债务,应该先用遗嘱没有处分的、按照法定继承处理的遗产来偿还遗产债务;当这部分遗产没有或不足以清偿时,才动用遗嘱指定给遗嘱继承人或受遗赠人的遗产来清偿,这个时候,应按照遗嘱确定给遗嘱继承人和受遗赠人的遗产的比例,拿出相应的遗产来清偿。比如,被继承人生前欠债 35 万元,其遗产总价值 50 万元,其在遗嘱中指定 30 万元个人存款中的 20 万元给母亲,10 万元给同居女友。被继承人的法定继承人还有两个成年子女。对被继承人留下的 35 万元欠债,应该先用遗嘱未处分的 20 万元遗产清偿,不足的 15 万元,从遗嘱处分的 30 万元存款中扣除。最后,按照遗嘱确定的比例,被继承人的母亲可以取得 10 万元,被继承人的同居女友可以取得5万元。

(三)清偿遗产债务应注意的几个问题

1.应当区分遗产债务与非遗产债务。只有遗产债务才能在遗产实际价值范围内获得清偿,若是非遗产债务,则其清偿就不受此种限制。确定遗产债务的标准不能只看债务是否以被继承人的名义所欠。

首先,在实务中,应将遗产债务与夫妻或家庭共同债务进行区分。被继承人生前以个人名义为夫妻共同生活或家庭生活需要所欠的债务,是夫妻共同债务或者家庭共同债务,应该以夫妻共有财产或家庭共有财产清偿,没有共同财产或共同财产不足清偿的,生存的夫妻一方或生存的家庭成员应该用自己的财产对共同债务继续负清偿责任,不能作为死者个人债务处理。如果被继承人生前是从事“两户”即个体工商户经营或农村承包户经营的,对经营中所负债务的性质,应根据实际经营的主体来确定。《民法典》第56条规定:“个体工商户的债务,个人经营的,以个人财产承担;家庭经营的,以家庭财产承担;无法区分的,以家庭财产承担。农村承包经营户的债务,以从事农村土地承包经营的农户财产承担;事实上由农户部分成员经营的,以该部分成员的财产承担。”可见,若是由被继承人个人经营“两户”的,经营中所负债务为其个人债务,死后属于遗产债务,应以遗产实际价值为限清偿;如若不然,则经营债务为被继承人与其他家庭成员的共同债务,应以被继承人与其他家庭成员的共同财产清偿,没有共同财产或共同财产不足清偿的,生存的家庭成员应该用个人财产对债务继续负清偿责任,不能作为死者个人债务处理。

其次,须将遗产债务与应由继承人负担的债务进行区分。比如,被继承人以个人名义为有劳动能力的继承人的需要而欠下的债务,或者被继承人因继承人不对其尽扶养义务、迫于生活需要所欠下的债务,这些债务不应作为遗产债务,而应认定为相关继承人的债务。

最后,还有一个需要注意的问题是,死者的丧葬费用是不是属于遗产债务?对此,我国没有明确规定。我国民间大多数人认为,安葬死者是扶养义务人应尽的义务。这符合我国的伦理文化,也利于简化丧事,避免继承人借机损害遗产债权人的债权。但在被继承人没有扶养义务人的情况下,用遗产来负担其丧葬费用,利于尽快让死者入土为安,同样符合我国的伦理文化。

2. 清偿遗产债务不应影响缺乏劳动能力又没有生活来源的继承人的正常生活。《民法典》第1159条规定，清偿被继承人依法应当缴纳的税款和债务时，应当为缺乏劳动能力又没有生活来源的继承人保留必要的遗产。换言之，继承人中有缺乏劳动能力又没有生活来源的人时，即使遗产不足以清偿债务，也应当为这样的继承人保留必要的遗产，以满足其基本生活需要。需要注意的是，本条规定保护的对象仅限于缺乏劳动能力又没有生活来源的继承人，不包括继承人以外的依靠被继承人扶养的人。

四、无人继受遗产的归属

（一）“五保户”遗产的处理

“五保户”制度是在我国农村地区实行的一项社会救济保障制度。对“五保户”遗产的处理有其特殊性，应根据不同情况作不同处理：（1）集体组织对“五保户”实行“五保”时，双方有遗赠扶养协议的，按协议办理。（2）集体组织与“五保户”之间没有遗赠扶养协议的，死者有法定继承人或者遗嘱继承人要求继承遗产的，按遗嘱继承或者法定继承处理，但集体组织有权要求分给适当的遗产。“五保户”没有继承人的，遗产由集体组织取得。[1]

（二）无特定人继受的遗产的处理

根据我国《民法典》的相关规定，自然人死亡后，其遗产在清偿遗产债务后仍有剩余的，可以通过以下几种主要途径转移给特定的民事主体：（1）继承人通过法定继承或遗嘱继承取得遗产；（2）受遗赠人根据遗嘱指定取得遗产；（3）符合《民法典》第1131条规定情形的人可以请求酌情分得适当遗产；（4）遗赠扶养协议的扶养人按照协议取得遗产。如果根据前述几种途径都分配不出去的遗产，即为无特定人继受的遗产，我国民间俗称为“绝产”。

发生遗产无特定人继受的原因很多，主要有以下几种：（1）死者没有继承人；（2）死者的全体继承人放弃继承；（3）死者的全体继承人丧失继承权；（4）受遗赠人放弃受遗赠，且其放弃的遗产也没有继承人继承。

无特定人继受的遗产不是无主财产，《民法典》第1160条规定：“无人继承又无人受遗赠的遗产，归国家所有，用于公益事业；死者生前是集体所有

---

〔1〕 参见《民法典》第1131条、第1158条、第1160条，《民法典继承编解释（一）》第39条。

制组织成员的,归所在集体所有制组织所有。”可见,无特定人继受的遗产的归属要根据死者生前的身份确定:死者生前是集体所有制组织成员的,归所属集体所有制组织所有;死者生前不是集体所有制组织成员的,无论其是其他何种身份,均归国家所有,由国家将这类遗产用于社会公益事业。

下　编

家事调解制度

第一章 家事纠纷调解制度概述

第一节 家事纠纷及其解决机制

一、家事纠纷内涵解析

家事纠纷是指发生于婚姻家庭领域的民事纠纷，该类纠纷不同于一般民商事纠纷的缘由在于其基础关系是以身份关系为核心的婚姻家庭关系。

在社会学家眼里，人与人之间的社会关系可以划分为初级关系（primary relationships）和次级关系（secondary relationships）。初级关系是指在初级群体内部形成的一种个人的、情感的、不容置换的关系，包括个体的各种角色和利益。与初级关系相对应的组织是初级群体，是指相对规模小、有多重目的的群体，在那里人们的互动是亲密无间的，并存在强烈的群体认同感。家庭就是最重要的、最常见的初级群体。与初级关系相比，次级关系是缺乏感情深度的关系，其所包含的只是人格的某些方面。次级关系存在于次级群体之中。所谓次级群体，是指其成员为了某种特定的目标集合在一起，通过明确的规章制度结成正规关系的社会群体。相比之下，初级关系主要以习俗、伦理道德、群体意识等非正式手段加以控制和维持，以诉讼方式解决纠纷的可能性小；而次级关系主要以正式的、明确的法律、法规和规章予以控制，以诉讼方式解决纠纷的可能性大。[1]

---

〔1〕 参见［美］戴维·波普诺：《社会学》，李强等译，中国人民大学出版社1999年版，第172~177页。本部分内容之论点及阐述还受到中国人民大学巫若枝博士的博士学位论文的启发，特此感谢！参见巫若枝：《当代中国家事法制实践研究——以华南R县为例》，中国人民大学2007年博士学位论文。

与初、次级关系的分类类似，美国学者格鲁克曼（Gluckman）把人们的关系划分为简单关系和复杂关系。所谓简单关系，是指人们之间为了非常有限的特殊目的而建立的关系，其特点是目的单纯、接触单面、存续时间短。而复杂关系，则是指人们之间为了各种目的而广泛接触所建立起来的关系，特点是目的复杂、接触面广，存续时间长。简单关系和复杂关系所需要的社会控制形式不同。在复杂关系中，人们之间有较多的相互控制方式，使正式的法律方法较少被使用，而且复杂关系中多方面的权利义务关系相互交错，非黑即白的法律方法的运用存在较大的困难。反之，在简单关系中，人们之间相互控制的方法较少，而权利义务关系明确，正确的法律方法是主要的控制手段。[1]

根据社会学家对人类关系的上述分类，婚姻家庭关系是典型的初级关系、复杂关系，家庭是典型初级群体，家庭成员间的契约形式是身份契约；与此相对应，民事主体之间的财产契约关系是典型的次级关系、简单关系，其契约形式是货币契约或者目的契约。

其一，婚姻家庭关系作为一种特殊的社会关系，该类关系一旦发生纠纷，其纠纷的样态、特征以及具体的解决纠纷的途径和方法也将与一般民事纠纷有着显著的区别。因为家庭纠纷不仅涉及私人之间的权益之争，同时也涉及社会之公益，如果听任私人按照私法纠纷自主解决机制进行塑造，势必会引发某些严重的家庭危机或社会问题，这是任何一个理性的政治国家都不愿意看到的现象。

其二，作为初级群体内部的家庭纠纷不仅涉及成年人之间的感情纠葛，而且还会涉及生活于家庭群体内的无辜的未成年子女，他们的抚养、监护、教育乃至身心健康等都会受到一定的影响。因此，在家庭纠纷的解决过程中，法官不得不考虑或斟酌纠纷直接当事人之外的群体的利益，而不仅仅是就事论事。

其三，家庭纠纷是亲人之争、熟人之争，纠纷当事人之间的权利义务关系表现得相当复杂。因为作为初级关系的人身关系突出的特点是长期性、非计算性、全面合作、相互依赖和难以转化。与次级关系相比，初级关系成

---

〔1〕 参见朱景文：《比较法社会学的框架和方法——法制化、本土化和全球化》，中国人民大学出版社2001年版，第433～443页。

员之间出现纠纷的频率更高[1],但成员之间对待纠纷的态度常常首先体现为忍让而不是对立,解决方式也多半是容忍、包容、回避或争吵等,较少对簿公堂。[2]

其四,家庭纠纷不仅涉及过去、现在,还可能涉及未来。当事人之间的纠纷往往不可能做到一了百了,在法院判决作出后的未来日子里,当事人可能还需要继续合作或进行共同的事务,如夫妻离婚后,不与子女共同生活的一方应探视子女,另一方有义务配合,这样的交往至少要延续到未成年子女成年。

其五,婚姻家庭关系作为一种身份关系,其身份契约的特点并没有由于现代化而发生本质变化。[3] 相反,现代化只是改变了传统社会和家庭中的那些负面的、消极的、不平等的控制因素,如家庭内部通过家长制的权威消解纠纷的力量被削弱或消除,法的利用增加,"法不入家门"的传统被逐步挤压。这恰好是生成亲属法秩序以及形成家事专门法庭的重要因素。因此我们仍需要将身份关系和契约财产关系进行分类考察和分析。

总之,正因为家庭关系以及家庭关系纠纷的特殊性,很多国家才将它与普通民商事交往和民商事纠纷区别对待,不仅在实体法上进行特别规制,而且在程序法上单独设计解决该类纠纷的特别程序或者允许特殊规则存在。为了上述实体法和程序法追求的法秩序和法的效果能够最大限度地得以实现,很多国家在普通的法院之外设立了专门处理家庭案件的家事法院(家事法庭),以此来应对日益复杂的家事纠纷。

---

〔1〕 为了解释这一点,费孝通先生在其《乡土中国——生育制度》中曾对初级关系的典型关系——夫妻关系进行过精辟的分析。他认为世上美满姻缘难求的原因主要在于人与人相处本身固有的难题。人本身是一个独立的封闭的系统,每个人的体验都不会完全相同,每个人都有自己的特殊经验,而两个人的合作需要共同知识。然而,人与人的完全理解是不可能的。夫妇之间更由于性别的差异而增加了相互理解的困难。传统中国社会里夫妻不追求互相理解,只要求各尽其职,交流也不是必要的,代表阿波罗文化的现代西方文化追求的是夫妇的相互理解,这就可能产生更多琐碎的误解、不满和冲突。参见巫若枝:《当代中国家事法制实践研究——以华南R县为例》,中国人民大学2007年博士学位论文,第71页。

〔2〕 参见[美]戴维·波普诺:《社会学》,李强等译,中国人民大学出版社1999年版,第172~177页。

〔3〕 参见[美]麦克尼尔:《新社会契约论》,雷喜宁、潘勤译,中国政法大学出版社2004年版,第12页。

二、家事纠纷解决机制

尽管家事纠纷具有特殊性，但家事纠纷的当事人在很多情况下也具有平等的地位，因此，在不违反法律禁止性、强制性规定的情形下，家事纠纷当事人可以通过多元化的纠纷解决机制来化解纠纷。法律许可的纠纷解决机制有很多，一般包括和解、调解、仲裁、诉讼等。

1. 和解

和解，是指纠纷当事人双方在纠纷发生以后，自行协商，互谅互让达成协议解决纠纷。和解是通过纠纷当事人自己直接交涉解决纠纷的纠纷解决机制，和解的过程不需要国家公权力的介入，也不需要依靠第三人主持和劝导。和解这一纠纷解决机制通过充分发挥当事人的自主性，实现纠纷的自主解决。

在家事纠纷发生后，相当一部分可以通过和解解决，如一方要求离婚，另一方自愿认错，并通过积极的行为表现赢得对方谅解，由此达成双方的和解或和好，对方不再起诉离婚；再如，与离婚诉讼相关的离婚损害赔偿、子女抚养费的负担、子女探望权等，也可以进行和解达成协议；此外，解除收养、赡养、继承、遗产分配等，都可以由当事人进行协商解决。和解分为诉讼外的和解和诉讼上的和解两类。诉讼外的和解法律不予调整；诉讼上的和解一般通过当事人申请撤诉、法院同意撤诉来终结案件，进而解决纠纷，或者通过转化为法院调解，并通过出具调解书来终结案件。

2. 调解

调解，是指在纠纷当事人以外的第三人的主持下，通过第三人的说服、劝导，促使纠纷当事人双方互谅互让，达成协议解决纠纷。调解由第三人出面主持，居中劝导说和，但最终是否能达成调解协议依旧取决于纠纷当事人双方的意愿。

调解有民间调解、法院调解、行政调解等。家事纠纷是适合进行调解的纷争类型，因此，无论是法院调解还是法院外的调解都可以针对家事纠纷。

3. 仲裁

仲裁，是指合同纠纷以及其他财产权益纠纷的当事人在纠纷发生之前或者发生后达成协议，约定将纠纷交给第三者裁决，所产生的裁决对双方当事人有法律约束力的纠纷解决机制。仲裁是以纠纷当事人双方签订仲裁协议为前提的，没有仲裁协议，纠纷当事人是不能申请仲裁的。此外，仲裁机构是由当事人在仲裁协议中约定,仲裁裁决对双方当事人有法律约束力。对于家事纠纷而言,原则上不能进行仲裁。我国《仲裁法》第3条明确规定,下列纠纷不能仲裁:(1)婚姻、收养、监护、扶养、继承纠纷;(2)依法应当由行政机关处理的行政争议。《民法典》第1087条第1款也规定了离婚财产分割的解决方式为协议和法院判决,即:"离婚时,夫妻的共同财产由双方协议处理;协议不成的,由人民法院根据财产的具体情况,按照照顾子女、女方和无过错方权益的原则判决"。可见,民商事仲裁不是家事纠纷的解决渠道。

4. 民事诉讼

民事诉讼,是指法院在当事人以及其他诉讼参与人的参加下,审理和解决民事纠纷的纠纷解决机制。民事诉讼是典型的公力救济形式,这种公力救济的最大特点是具有特殊的法律强制性。这种强制性包括两个层面:一是被告应诉具有强制性,即原告起诉无须征求被告意见,只要原告起诉被法院受理,被告就必须进入诉讼进行答辩或者庭审活动;二是法院所作的确定判决具有强制性,在义务人不履行义务时,权利人可以申请法院强制执行。民事诉讼还是国家处理民事纠纷的最有效也是最后的手段。因此,国家往往要对诉讼的主体、程序、制度等作出严格的规定。但因为家事纠纷所具有的特殊性,立法和实践中逐步形成了专门满足家事纠纷解决需求的新型民事诉讼——家事诉讼。

5. 纠纷解决机制简评

与民事诉讼相比,和解、调解等属于替代诉讼的纠纷解决机制(Alternative Dispute Resolution,ADR)的范畴,ADR的功能在于它能够迅速、简易、灵活、低成本地解决纠纷。20世纪50年代以来,ADR在世界范围内受到了关注,一些国家和地区重视发展ADR,鼓励纠纷当事人通过ADR解决纠纷。如美国1998年颁布了世界上第一部《ADR法》、日本2007年颁布了《ADR促进法》、德国2012年颁布了《法庭外争议解决促进法》、波兰2016年颁布了《促进友好型纠纷解决法》。我国也十分关注纠纷解决的多元化,鼓励民事纠纷和家事纠纷领域的ADR。

我国"多元化纠纷解决机制"最早于2004年在《人民法院第二个五年改革纲要(2004~2008)》中首次出现,之后,党的十八届四中全会部署了完善多元化纠纷解决机制改革的任务,五中全会又提出要构建全民共建共享的社会治理格局,与此相应,2015年12月中共中央办公厅、国务院办公厅发布《关于完善矛盾纠纷多元化解机制的意见》。2016年6月,最高人民法院发布《关于人民法院进一步深化多元化纠纷解决机制改革的意见》，总结吸收了10年改革成果，系统构建了多元化纠纷解决体系。

第二节　家事纠纷调解制度的基本理论

一、家事纠纷调解的概念与特征

家事纠纷调解，是指在家事纠纷当事人以外的第三人的主持下，通过第三人的说服、劝导，促使家事纠纷当事人双方互谅互让，达成协议解决纠纷制度。

家事调解，相比于一般的民商事调解，具有如下特征。

（一）调解主体的多元性

家事纠纷的调解主体既包括法院调解中的法官调解，也包括附设法院或法院外调解中的其他主体的调解；既包括个体主持的调解，也包括组织调解。具体而言，有以下五种类型：

1. 法官

家事案件一旦进入法院，法院原则上必须进行调解，《民法典》第1079条第2款规定："人民法院审理离婚案件，应当进行调解；如果感情确已破裂，调解无效的，应当准予离婚。"最高人民法院2004年发布的《关于人民法院民事调解工作若干问题的规定》第2条也规定，对于有可能通过调解解决的民事案件，人民法院应当调解。法院进行的调解原则上由法官主持进行，所以法官是家事案件调解中最重要的主体。

2. 律师

律师调解是指律师、依法成立的律师调解工作室或者律师调解中心作为中立第三方主持调解，协助纠纷各方当事人通过自愿协商达成协议解决争议的活动。关于律师调解，最高人民法院和司法部曾经联合下文，就律师调解在部分省市进行试点，如2017年10月最高人民法院、司法部联合下发了《关于开展律师调解试点工作的意见》，根据该意见，北京、黑龙江、上海、浙江、安徽、福建、山东、湖北、湖南、广东、四川省（直辖市）高级人民法院、司法厅（局）作为试点地区和试点单位，开展律师调解工作。

律师调解的工作模式包括：在人民法院设立律师调解工作室；在公共法

律服务中心(站)设立律师调解工作室;在律师协会设立律师调解中心;在律师事务所设立调解工作室等。调解成功的,双方当事人可以向法院申请确认调解协议的效力。

实践中,越来越多的律师参与到法院家事案件的调解活动中,成为家事案件的调解人。如南京市玄武区人民法院自2018年4月以来,根据该院与南京市律协的合作部署,南京市律师协会婚姻财产委员会在玄武法院锁金村法庭设立“律师调解工作站”,每周三全天安排4名律师作为中立第三方参与调解,为家事案件当事人提供调解及法律咨询等专业知识服务。2018年4月至2018年12月,该委律师共参与调解125件家事案件,调解成功51件案件,调解成功率为40.8%,其中离婚案件调解和好4对。2019年1月至8月,该委律师共参与调解113件家事案件,调解成功37件案件,调解成功率32.74%。[1]

3. 家事调解员

在我国家事审判改革的实践中,很多法院为了顺利化解家事纠纷,与司法行政部门合作,在法院附设人民调解工作室或者聘请专门家事调解员成立家事调解特色工作室,实施诉前的委托调解或先行调解。如常州天宁法院专门聘请了两名对民情比较了解的原社区工作人员作为调解员进行诉前调解。

法院附设人民调解中的家事调解员,一般由法院从妇联、社区、学校、婚姻家庭领域专家中进行选聘,[2]由司法行政部门予以确认。家事调解员通过接受委托或者协助法官等方式主持或参与家事案件的调解。

对于特色调解工作室,实践中有多种表现,如河南省商丘市虞城县人民法院成立了“马大姐调解工作室”,由经验丰富的资深女法官马新兰对家事案件专门进行调解,令不少案件双方当事人做到了握手言和。安徽省马鞍山市雨山区人民法院组织退休女干部及社区工作人员等建立了“夕阳红”调解工作室。上海市金山区人民法院结合地方经济发展和人文环境的特点,

---

〔1〕 参见《南京玄武法院积极推进律师参与家事调解》,载快资讯:https://www.360kuai.com/pc/9a411f1a628670632?cota=3&kuai_so=1&sign=360_57c3bbd1&refer_scene=so_1,最后访问日期:2019年9月9日。

〔2〕 如江苏省徐州市铜山区人民法院在其《家事调解员工作规则》第1条规定,家事调解员可以由妇联、共青团、司法、民政、工会等部门推荐。

强化多方联动，由法院牵头与各街镇司法所构建“八公里调解圈”，与区妇联成立广泛吸收女性法律执业者加入的“法、理、情”女子会等，这既是金山区社会综合治理的特色，也是金山区构建家事纠纷多元化解决机制的基础。

4. 行政机构

行政机构作为调解主体，实际上属于组织调解。典型的例子是婚姻登记机构在办理离婚登记之前所进行的劝导和调解服务。

近年来，很多婚姻登记机关主动担责，集思广益，快速行动，认真研究家庭领域出现的新情况、新问题，把推进婚姻调解工作作为一项长期任务来抓，有效地控制了离婚率。如河南省漯河市召陵区婚姻登记处安排了专用调解办公室，聘请资深情感导师每周一至周五，义务为问题家庭做咨询、疏导、调解，成绩突出，效果明显。[1] 还有些民政部门和司法行政部门合作，在离婚登记处设立“离婚调解室”“惜缘工作室”，即离婚之前必须经过调解室的先行调解，以便将危机婚姻筛选出来，并通过对前来登记离婚的双方当事人提供咨询、辅导和调解服务，挽救了很多负气离婚、冲动离婚的夫妻，帮助他们重新回到和美的家庭。[2]

5. 妇联组织

妇联组织是国家设立的专门保护妇女儿童权益的群团组织，它本身就有解决或参与解决家庭问题的功能，因此，在我国实践中，妇联通过主持或参与的方式，对家事纠纷实施调解，已经成为妇联工作的一项重要内容。有些地方的妇联，不仅和法院进行合作，为家事纠纷的诉前调解提供支持，还参与到“大调解”的格局之中，为人民调解和司法调解助力。还有些妇联组织，推动成立专门的社会调解组织，调解处理家事纠纷。如浙江省绍兴市越城区妇联牵头组建了“越城区家事调解中心”，这是该区首个专门从事家事调解的社会组织。调解中心由区妇联牵头，区司法局、区人民法院、区检察院、全区巾帼志愿队伍、热心调解的志愿者共同组成，夯实了婚姻家庭纠纷

[1] 参见《区民政局婚姻登记处全力开展婚姻调解工作》，载搜狐网：http://www.sohu.com/a/292148195_120093517，最后访问日期：2019 年 1 月 16 日。

[2] 参见《济阳设立离婚调解室挽救危机婚姻》，载大律师网：http://www.maxlaw.cn/p-lhlhccls-cn/artview/900200848731，最后访问日期：2017 年 12 月 4 日。

调解力量,为有效预防和妥善化解家事纠纷打下了坚实的基础。[1]

需要说明的是,在上述诸多调解主体中,只有法院或法官主持的调解、法院委托的调解协议才具有法律效力,根据协议制作的调解书才具有与生效判决一样的法律效力,可以作为申请执行的根据。其他主体制作的调解协议不具有强制效力,需要经过司法确认程序或者通过另行起诉将调解协议转化为法院调解书,方具有法律约束效力。

(二)调解的案件类型具有特殊性

家事调解的案件类型具有多样化,既包括夫妻、亲子等身份关系的案件,也包括家事财产类案件;既包括家庭成年人之间的纠葛,也包括对未成年人的保护和关照;既包括诉讼类案件,也包括具有非讼性质的案件。因此,家事调解的案件类型有很多。

1. 婚姻家庭类

婚姻家庭类案件是家事案件的主要类型,具有案件数量多,复杂性高,矛盾焦点多,处理难度大等特点。这类纠纷又包括:(1)婚约财产纠纷;(2)离婚纠纷;(3)离婚后财产纠纷;(4)离婚后损害责任纠纷;(5)婚姻无效纠纷;(6)撤销婚姻纠纷;(7)夫妻财产约定纠纷;(8)同居关系纠纷;(9)抚养纠纷;(10)扶养纠纷;(11)赡养纠纷;(12)收养关系纠纷;(13)监护权纠纷;(14)探望权纠纷;(15)分家析产纠纷,等等。此类纠纷凡是能够调解的,在进入正式的诉讼之前必须先行调解,因为此类纠纷涉及未成年人、妇女、老人的特别保护,如果直接进行诉讼,不仅可能造成二次伤害,难以彻底化解纠纷,还可能遗留未来难以执行的风险,给家庭中的弱势群体利益带来损害。因此,必须强化对该类纠纷的调解解决,力争通过调解妥当圆融地解决问题。

2. 亲子关系类

亲子关系类的案件,主包括两类:(1)确认亲子关系纠纷;(2)否认亲子关系纠纷。尽管从数量上而言这类案件并不多,但这类案件大多数涉及未成年人利益,处理不好,会直接损害未成年人的人身利益和财产利益,影响其健康成长。因此,这类纠纷也具有较大的调解空间。当然,对于亲子确认

---

[1] 参见《越城区成立首个专业家事调解社会组织》,载浙江女性网:http://www.zjswomen.org.cn/ch118/system/2019/03/22/031539092.shtml,最后访问日期:2019年3月22日。

和否认纠纷的调解，并非对亲子关系有无进行和稀泥，而是通过说服和教育促进当事人在亲子关系确认或否认的事实认定层面予以协作，促进当事人妥当安排好未成年子女的未来生活，促进双方当事人妥善处理好财产关系。

3. 继承类

继承类纠纷类型有越来越多的趋势，此类纠纷涉及财产利益，同时也涉及家庭中弱势群体的利益保护。因此，调解解决既有利于维护当事人之间的亲情和良好关系，也有利于继承财产的合理分配和尽快发挥其效用。继承类纠纷主要包括五种情形，分别是：(1)法定继承；(2)遗嘱继承；(3)被继承人债务清偿；(4)遗赠；(5)遗赠扶养协议。

4. 特别程序类

家事审判改革中涉及的特别程序类的案件主要是非讼案件，目前主要包括两类：第一类是针对监护人监护权的相关案件，即监护权特别程序案件，如对指定监护人不服起诉的案件、变更监护人案件、撤销监护人资格案件等，此类案件涉及对无行为能力、限制行为能力的未成年人和精神病人的监督和保护，这类保护具有法定性和强制性，原则上不能调解，但与此相关的后续安排却是可以调解的。第二类是人身保护令案件。此类案件涉及对家庭暴力的预防和制止，原则上也不能进行调解，但为了后续的执行以及对家庭成员的保护等可以进行有限制的调解。

(三)调解的手段具有特殊性

家事调解的方法或手段也具有多样化。有一位法官说过："就经验而言，判决主要是针对人谈事，这里的事就是案件事实的确认、法律观点的形成。调解主要针对事说人，在事实清楚、责任明确的基础上，怎样让各方当事人达成共识，握手言和。基于此，调解更带有个性化的色彩，而判决侧重于主流观点的主流意识，法官的制约要多一些。"[1]相较于其他民商事案件的调解，家事案件的调解更具有个别性，有着多样化的调解方法和手段。过去，法院对家事案件的调解往往存在强制性调解(或称压制型)、包办型调解(或称家长型)和稀泥型调解。现在，因家事调解的主体多元、案件类型多元，调解的方法和手段也更加科学规范，有经验性调解，技术型调解、法律型调解等多种方法和手段。

---

〔1〕 宋鱼水：《我对调解的感悟》，载《中国审判》2007年第3期。

1. 经验性调解

这是家事调解中常用的方法，典型的例证是社区调解、人民调解或附设法院的人民调解，这类调解中往往邀请有经验的“五老”（老党员、老干部、老军人、老教师、老模范）人员主持调解，调解成功率高，因为“老同志德高望重、公道正派、老有所为，在解决矛盾、化解邻里纠纷方面可以辅助专业法律层面发挥‘五老’余热和正能量，老百姓也比较信任、认可”。[1] 除了上述“五老调解”，生活中还有“老娘舅式”的调解，也多半是运用生活经验对婚姻家庭纠纷的当事人进行说服教育，进而调解解决纷争。

2. 技术型调解

技术型调解，主要针对某些疑难复杂、矛盾尖锐的家事纠纷的化解。如对于情绪偏执、对立情绪大、矛盾纠缠久的家事纠纷，可以邀请或聘请心理专家或者婚姻家庭专家利用心理疏导、专业辅导等技术为婚姻家庭的当事人提供辅导和援助，达到钝化矛盾、化解纠纷的目的。“由于此类纠纷通常关系到婚姻双方的情感问题，因此在调解过程中进行心理疏导尤为重要。通过联合妇联等部门并引入婚姻和心理咨询师对案件进行调解，让专业的人做专业的事情，有利于及时把家事矛盾化解在诉前，促进社会和谐稳定。”[2] 心理专家和婚姻家庭专家介入家事调解不仅能够对症下药解决纠纷，而且有利于调适当事人缺损的心态和面对未来的信心，因此有着良好的效果。

3. 法律型调解

家事调解的方法中还有法律型调解，即对于一些理性的当事人可以充分利用法律，让调解员在法律的规则下进行释法和说理，促使当事人明理讲法，依法化解纠纷。家事调解既需要感性经验主导的人性关怀和温情提醒，更需要理性支撑的事理分析和程序保障。因此，对某些相对理性的家事纠纷当事人，调解员可以在法律的指引下进行调解，这样能更好地实现立法的目的，满足当事人对家事纠纷妥当化解的合理期待。

---

〔1〕 参见《安徽合肥社区“五老”为基层调解注入新活力》，载新浪网：https://k.sina.com.cn/article_1726918143_66eeadff02000nmx7.html，最后访问日期：2019 年 5 月 17 日。

〔2〕 参见《引入婚姻和心理咨询师参与调解　广东省东莞市第三法院联合妇联、白玉兰家庭服务中心多元化解家事纠纷》，载人民法治网：http://m.rmfz.org.cn/contents/2/241507.html。

二、家事纠纷调解的价值和比较优势

相对于民商事审判,家事调解具有其独特的价值和比较优势,这也是家事调解近年来不断受到各国重视和关注的根本原因所在。

(一)家事调解具有非对抗性

相比于民事诉讼的对抗性,家事调解具有非对抗性。家事调解的非对抗性有利于促进当事人理性面对现实,避免夫妻或亲属间的相互憎恶和紧张对立。

民事诉讼是对抗性的程序,在诉讼中法官的态度往往与责备、查找过失相连,它令正在办理离婚手续的夫妇关系更趋恶劣,而这又会妨碍他们在离婚之后合作,继续履行为人父母的责任。"对抗制模式中充满了耻辱、冲突。莫怪一位女权主义的修辞家将诉讼比作男性,而将非讼方式与非攻击性、举止率直的女性相连。非讼方式'不同于诉讼的强权,它们是廉价的、任意的、私人的、自愿的、调查导向的、有效的解决纠纷的方式'。"[1]

家事调解就具有明显的非讼性、非对抗性。在调解中,主持调解的法官或调解员着重考虑的要点是夫妻的利益而非权利。他们的工作重点不是在夫妻相互指责的局面中查明事实、分清是非,而是从相互合作的角度来界定影响双方当事人的事宜,并以夫妻所认为公平的原则为依据、以双方所认同的方式逐步推进解决问题的进程,形成解决问题的结论。

家事调解的非对抗性促使离婚双方正面审视自己面临的问题,而不是情绪激动地相互攻击,因为那是毫无意义的。调解鼓励夫妻直接沟通,也鼓励他们商谈关乎子女未来的安排。在非对抗制的调解氛围下,那些有和好可能的夫妻,在调解员的友善提醒下,可能很容易地找到和好的契机,进而破镜重圆;对那些不得不离婚的夫妇,大多数会平静地接受分手的现实,不仅在法律上、经济上离婚,而且完成"感情上"的离婚。

国外有学者经考察发现,非对抗制的调解具有促进当事人道德升华的功效,"调解方法内部包含着一种能够改造人类的独特潜力——引发道德的

〔1〕 See Anne Griffiths, *Mediation, Conflict, and Social Inequality: Family Dispute Processing among the Bakwena*, from Divorce Mediation and the Legal Process, Clarendon Press Oxford, 1988, pp. 129 – 130.

升华。这种改造性潜力源于调解能够产生两种重要效果——赋予和认可——的能力……当这两种方式在调解实务中居于中心地位时，就能促进各当事方把冲突作为道德升华的机会加以利用，调解的改造性潜力就得以实现”[1]。这种“道德升华”的功效为离婚等家事案件当事人日后的健康生活打下了心理基础。

(二)家事调解具有保密性

诉讼具有公开性，而家事调解具有保密性，保密性有利于减少家事事件尤其是离婚事件给当事人以及未成年子女带来的精神压力。

几乎所有国家的家事法都规定，家事调解不公开进行。调解员对其在主持调解中获知的信息、资料等具有保密义务，不得随意披露，也不得在随后的诉讼程序中使用。在家事调解程序中，当事人会被告知，他在调停会议中所作出的所有让步和承认，不会在调解失败后的诉讼程序中被当作对付自己的武器，而且即使第三人参加了调解会议，并因此“接获需要保密的资料，法院也不会强迫他在未经当事人同意的情况下披露所谈及之事”[2]。“除非情况非常特殊，即陈述内容已清楚表明作出陈述的人以往曾经或相当可能会严重损害儿童的利益……(主审法官)将会采纳陈述……但这只限于根据其判断，保障儿童利益的公众利益，较将试图调停一事保密的公众利益为重。”[3]

首先，家事调解的保密性可以使当事人在调解中获得一种安全感。如在离婚案件的调解过程中，尽管可能涉及对双方当事人过错以及各自的性格、兴趣、爱好、道德品质的评价和争论，但因为知情范围仅限于当事者和调解员之间，因而不会给当事人造成太大压力或令其感到不安。其次，保密性还能有效保护儿童的情感隐私。如在涉及儿童利益时，调解员可能通知儿童参加调解会议，此时保密性令儿童敏感的自尊心得以维护，使他感到他的尊严、名誉、脸面一个也没有丢。最后，保密性还可以使当事

---

〔1〕［美］斯蒂芬·B. 戈尔德堡、［美］弗兰克 E·A. 桑德、［美］南茜·H. 罗杰斯等：《纠纷解决——谈判、调解和其他机制》，蔡彦敏、曾宇、刘晶晶译，中国政法大学出版社 2004 年版，第 116～117 页。

〔2〕See Case of reD (Minors), [1993] 2WLR721, p. 726.

〔3〕See Case of reD (Minors), [1993] 2WLR721, p. 729.

人有效地宣泄情绪——以一种安全的、无威胁性的方式宣泄心底的各种忧虑和不快。这种宣泄可以为当事人减轻压力，使其在感情上更能接受可能出现的处理结果。

（三）家事调解具有灵活性

家事调解具有灵活性，既有利于家事纠纷的妥善解决，又有利于实现实质正义。相对于诉讼的严格形式性、法定性、程序性而言，调解具有极大的灵活性，它不需要严格依据实体法或程序规定，也不需要遵循严格的证明规则，它所着眼的是家庭纠纷的妥善解决。为了求得妥当，它针对不同的案件可能采用不同的调解策略，因为不同离婚案件的发生原因、背景、争执焦点可能千差万别，如果用诉讼进行整齐划一的解决，其结果可能是以形式上的正义掩盖了实质上的不正义，调解可以为每个案件度身定做一个适合的解决方案。正如某学者所言，身份关系是“具体的”身份人个人之间的关系，而不是“抽象的”人与人之间的财产价值关系，所以其纠纷的处理“应按照该个人个性，作具体的、个别的处理，才能符合亲属的身份关系之实质”〔1〕，不能像财产问题那样，将纠纷之处理方式予以定型化、划一化。

调解的灵活性让当事人自己发现、总结纠纷之所在，各自提出自己的观点，并基于双方共同最佳利益而达成独有的协议。因为这样的协议是从个案当事人自身利益出发拟定的，因此能够保证长久的执行。

（四）家事调解的内容开放性

民事诉讼一般仅针对原告的诉讼请求作出判决，而不能解决诉讼请求以外的事项，因此具有一定的封闭性和局限性。家事调解具有开放性，有利于纠纷的彻底解决。家事调解是在当事人平等、自愿的基础上互谅互让解决纠纷，在调解过程中可以一并解决与争议有关的各种问题，从而在整体上具有开放性，能够彻底解决矛盾纠纷，最大限度地保障多方当事人的合法权益。如当事人在离婚纠纷中，不仅可以通过调解“一揽子”解决与离婚相关的子女抚养、夫妻共同财产分割、离婚损害赔偿纠纷，还可以一并解决其他案件的相关纠纷，如夫妻对外债务、赡养老人等。

---

〔1〕 陈棋炎：《亲属、继承法基本问题》，台北，三民书局1980年版，第557页。

（五）家事调解具有温和性、治疗性

家事调解的温和性、治疗性，有利于促进离婚事件当事人恢复信心，重新面对生活。通常，诉讼具有冷冰冰的威严，在诉讼中当事人面对不利的诉讼结果，可能口服心不服，诉讼中的不满可能演化成诉讼外的仇恨和憎恶，并将给未成年子女带来无所适从的尴尬，对其健康人格的塑造和培养带来无尽的阴影。而家事调解则不同，它不仅具有温和的外观，而且具有温和的实质和内容，它能使当事人自己得出解决纠纷的结论，心平气和地走出纠纷，开始新的生活。

从调解的场所来看，家事调解一般设在温馨的小会议室或专门的调解室或法官的办公室，这些场所是不向外开放的；从室内的陈设看，很多设计成家居的式样，桌子上可能放置一瓶恬静的康乃馨或温和的黄玫瑰，暖瓶里有热腾腾的开水，旁边有咖啡、茶、牛奶可供取用，这是一种极具亲切感的场所；从调解员的穿着来看，调解员既不穿法袍，也不戴假发，而是日常的穿着，亲切得就像邻家大哥或大嫂；再从调解员的知识背景来看，他们不一定是法律专业人员，很多是具有不同社会科学背景的普通人士，但他们具有极高的调解技巧。

更为可贵的是，家事调解的重心偏重于当事人之间的感情整合和心理治疗。在家事调解中，调解员可能是心理医生、家庭问题专家或者富有生活经验的长者、家庭妇女，他们能够发挥其特长，对症下药，符合实际、合情合理地解决纠纷。他们在调解中一般不强调法律规定和权利义务，而是以进行心理矫治为主，告诉当事人放弃仇恨和报复心理，携手处理好离婚中的各种问题。[1] 这一宗旨还反过来引领当事人自我反省、换位思考，促使当事人认识并理解调解员的良苦用心，主动抛弃仇恨、耻辱、不安、憎恶等不良情绪，向着未来重新规划自己的生活。

（六）家事调解具有高效性

相对于诉讼而言，家事调解的高效性有利于减少诉讼成本，节约诉讼资源。这里的高效性既包括节约时间，也包括节省费用。从家事诉讼情况看，正常的诉讼程序往往需要几个月甚至更长的时间，如果诉讼中涉及子女生

---

〔1〕 参见范愉：《非诉讼程序（ADR）教程》，中国人民大学出版社2002年版，第171页。

养监护等问题，则可能耗时更长。尽管家事案件的处理并不是越快越好，但对于儿童来说，监护权争议拖得越久，其受到的伤害就越大；拖延对离婚当事人自身也不见得有什么益处。所以对于大多数家事案件来说，通过调解快捷地解决纠纷仍具有重要意义。

调解还可以节约费用。从当事人角度而言，如果调解成功，可能由政府支付调解费用，自己只需支付适当的律师费。对于贫困当事人而言，一些国家还提供了法律援助帮助他们参加调解服务；即便政府不支付调解费用，当事人支付的调解费用也远远低于诉讼费用，可能只需要诉讼费的一半甚至更少。另外，从国家的角度而言，家事调解可以节约诉讼资源，缓解诉讼爆炸。

三、家事纠纷调解的局限性

家事纠纷调解机制具有诸多的优势，但同时也存在一定的局限性。如调解的范围具有局限性，调解中的事实查明具有一定的局限性，调解的结果具有一定的不确定性等。

（一）家事调解的范围具有一定的局限性

尽管调解是家事纠纷解决的最佳手段，但并非所有家事纠纷都能进行调解。其一，对于离婚纠纷，民间调解、人民调解只能调解和好，不能调解离婚，如果调解离婚，只能由法院主持的调解来完成。其二，对于涉及婚姻效力的无效婚姻案件，不能调解。对此，我国《民法典婚姻家庭编解释（一）》第11条第2款规定，对婚姻效力的审理不适用调解，应当依法作出判决。最高人民法院2004年发布的《关于人民法院民事调解工作若干问题的规定》第2条也明确："……婚姻关系、身份关系确认案件以及其他依案件性质不能进行调解的民事案件，人民法院不予调解。"其三，对于家庭暴力案件，需要进行评估才能决定是否能付诸调解，并非所有家庭暴力案件都能直接交付调解。

（二）家事调解中的事实查明具有一定的局限性

家事纠纷往往伴随着多种情绪和复杂的人际关系，甚至还有一些非理性行为。因此，家事纠纷要想调解成功，需要对纠纷当事人之间的生活事实、法律事实等进行调查，只有在了解来龙去脉的情况下，家事纠纷才能顺利调解成功。

实践中,对于法院主持的调解,可以通过法官的职权调查或者法院委托的调查员调查来查明事实、分清是非。但法院因为案多人少的缘故,法官很难有时间和精力去实施调查,委托家事调查员去进行调查,也会因为费用的有限性而不能展开充分调查,只能对某些特别个案进行调查和追踪。

对于法院外的家事调解,如人民调解,在查明事实分清是非等方面更是存在天然的局限性。因为人民调解员没有事实调查的权利,也没有调查的能力,因此,法院外的民间调解很难进行有效调查事实。

(三)家事调解的主体缺乏专业性

国外的家事调解员多数是由具有社会学、医学、教育学、心理学、行为学知识以及经过法律训练的专门人士担任或兼任。调解员通常精通调解的方法、策略、技巧,能充分发挥自己特长帮助当事人找到问题症结,说服或鼓励当事人自己达成合意,妥善解决家庭纷争。在我国,各种类型的家事调解都存在调解主体专业性欠缺的困境或局限性。

对于法院调解而言,法院的家事调解通常由审理案件的法官兼任,这种格局尽管可以使调解具有一定的权威性,但调解的成效并不高,而且还存在诸多弊端。其一,因为通常情况下法官擅长的是法律判断而不是涉及人情事理的调解,法官的职业本性促使他们不由自主地"厚判轻调",那些尚未结婚的年轻法官更是如此;其二,即使法官情愿进行调解,也往往难以胜任,因为法官多半缺乏调解的专门知识和科学训练,不能对当事人的性格、出身、成长环境等事项作出科学判断;其三,审理法官主持调解,还可能产生滥用职权的风险,如出现"以判压调""以拖压调"等强制调解倾向,既损害了法院的司法权威,也背离了家事调解的宗旨。

对于民间调解的人民调解而言,人民调解员的来源比较单一。因为,根据《人民调解法》的规定,人民调解员的产生有选举和聘任两种方式。人民调解员除由村民委员会、居民委员会成员或者企业事业单位有关负责人兼任的以外,一般由本村民区、居民区或者企业事业单位的群众选举产生,也可以由村民委员会、居民委员会或者企业事业单位聘任。乡镇、街道人民调解委员会委员由乡镇、街道司法所(科)聘任。区域性、行业性的人民调解委员会,由设立该人民调解委员会的组织聘任。由于我国现实中的纠纷性质日益专业化、纠纷内容的日益广泛化,上述人民调解员来源的单一性、非专业化等局限性等问题日益显现,对于具有一定专业性的家事纠纷而言,仅仅依靠传统的经验已经不能全面应对纠纷解决需求。此外,专职人民调解员与兼职人民调解员的数量比例严重失衡。目前,“全国兼职人民调解员有317.2万人,占总数的86.5%;专职人民调解员49.7万人,占总数的13.5%”[1]。尽管中央政法委、最高人民法院、司法部、民政部、财政部、人力资源和社会保障部联合印发的《关于加强人民调解员队伍建设的意见》中要求,要注重选聘律师、公证员、仲裁员、基层法律服务工作者、医生、教师、专家学者等社会专业人士和退休法官、检察官、民警、司法行政干警以及相关行业主管部门退休人员担任人民调解员,不断提高人民调解员的专业化水平。同时,大力发展专职人民调解员队伍,对各类人民调解委员会专职人民调解员配备提出数量要求。但实践中调解员队伍建设与上述要求还具有较大的距离。

第三节　家事纠纷调解的基本类型

通常而言,家事调解可以分为民间调解、法院调解、行政调解等几种类型。

一、家事纠纷的民间调解

民间调解最典型的就是人民调解,即在人民调解委员会的主持下,依照法律、政策及社会主义道德规范,对纠纷当事人进行说服规劝,促其彼此互谅互让,在自主自愿情况下,达成协议,消除纷争的活动。中华人民共和国成立以后,人民调解制度逐步发展成为一项社会主义民主和法制制度,是我国创造的矛盾解决方式。1982年人民调解制度作为群众自治的基本制度载入宪法。2011年1月1日,《人民调解法》正式实施,人民调解正式上升到法律层面。该法目的是规范人民调解活动,及时解决民间纠纷,维护社会和谐稳定。实践中,人民调解也的确发挥了巨大的作用,分流了大量纠纷。据统计,近年来,“全国人民调解组织每年调解各类矛盾纠纷达900万件左右,调解成功率在96%以上”[2]。

---

〔1〕 参见《司法部:人民调解组织每年调解纠纷900万件》,载央广网:https://baijiahao.baidu.com/s?id=1598953648996565329,最后访问日期:2018年4月28日。

〔2〕 参见《司法部:人民调解组织每年调解纠纷900万件》,载央广网:https://baijiahao.baidu.com/s?id=1598953648996565329,最后访问日期:2018年4月28日。

在我国,一般家事纠纷可以经由人民调解委员会进行调解,根据我国《民法典》第1079条第1款的规定,夫妻一方要求离婚的,可以由有关组织进行调解或者直接向人民法院提起离婚诉讼。最高人民法院的司法解释还鼓励基层法院对家事纠纷实行调解前置,如最高人民法院《关于人民法院进一步深化多元化纠纷解决机制改革的意见》第27条规定,"有条件的基层人民法院对家事纠纷、相邻关系、小额债务、消费者权益保护、交通事故、医疗纠纷、物业纠纷等适宜调解的纠纷,在征求当事人意愿的基础上,引导当事人在登记立案前由特邀调解组织或者特邀调解员先行调解"。

在实践中,一些法院与司法局合作专门设立了附设法院的人民调解委员会,甚至设立了专门的调解工作室,对起诉到法院的家事案件当事人,在立案之前,建议其到家事调解工作室接受人民调解员的调解,或者在立案后委托人民调解员进行调解。如马鞍山市雨山区人民法院成立了"夕阳红调解工作室",聘请老党员、老干部、老教师等专门从事家事调解事宜;山东省武城县人民法院专门组建了"秀英大姐调解工作室";河南省商丘市虞城县人民法院成立了"马大姐调解工作室";云南省大理市人民法院成立了"金花调解室",选聘熟悉法律、通晓白族语言和当地民风的白族女性担任家事案件调解员等。家事案件经人民调解达成协议,可以根据当事人的共同申请进行司法确认,也可以通过立案环节,立案后由人民法院出具法院调解书。如果是法院委托的调解,则直接由法院在审查后出具法院调解书。

二、家事纠纷的法院调解

法院调解,是指法院主持的调解活动,它是我国《民事诉讼法》明确规定的一项制度。对所有民事案件、家事案件,除了法律禁止调解的纠纷外,人民法院都可以进行调解。我国的法院调解是全程调解,既可以与诉前调解衔接,又可以在诉讼启动后的任何阶段进行调解,如根据《民事诉讼法》第122条的规定,民事、家事纠纷可以进行"先行调解",根据《民事诉讼法》第133条的规定,可以对民事、家事纠纷进行庭前调解。此外,根据民事诉讼法的精神,民事、家事纠纷在庭审后的任何阶段都可以进行调解。同时,从审级层面看,既可以在一审程序中进行调解,也可以在二审、再审程序中进行调解。

在我国家事审判实践中,一些法院创造性地规定了家事调解的时机和节点,指导家事调解的运行。家事案件进入诉讼程序后,按照相关民事诉讼规定，根据家事案件的具体情况，在以下节点进行调解：

1. 送达调解：送达相关诉讼文书时，进行单方庭前调解。主要是初步了解当事人思想状态、安抚情绪、端正态度及其基本诉求，同时做好相关程序释明工作。该阶段调解在送达笔录中显示。

2. 庭前调解：通过证据交换、庭前会议或专门组织的庭前调解，对当事人进行开庭前调解。主要是在确定当事人诉辩主张、基本事实、争议焦点、主要证据、待查证据的基础上进行调解。该阶段调解在相应笔录中显示。

3. 庭审中调解：在法庭审理阶段组织当庭调解。家事案件庭审中的调解可在法庭调查、法庭辩论中穿插，不限于在法庭调解阶段进行。该阶段调解在法庭审理笔录中显示。

4. 庭后调解：在法庭审理结束后、宣判前组织当事人调解。该阶段调解在调解笔录中显示。

5. 宣判后调解：在宣判后，应根据情况对当事人做好宣判后疏导、答疑、及时履行等调解工作。该阶段调解在宣判笔录或工作记录中显示。

三、家事纠纷的行政调解

行政调解，是指由我国行政机关主持，通过说服教育的方式，促使民事纠纷或轻微刑事案件当事人自愿达成协议，解决纠纷的一种调解制度，通常称为政府调解。因为行政机关在行使行政管理职能过程中所遇到的很多纠纷，大多数是可以进行调解的，因此，我国行政机关依法可以调解很多种类的民事纠纷和家事纠纷。

行政机关对家事纠纷的调解可以分为以下几类：一是基层人民政府的调解。多年来，基层人民政府在工作过程中调解了大量民事纠纷、家事纠纷和轻微刑事案件，这本身也是基层人民政府的一项职责。实践中，调解工作主要是由乡镇人民政府和街道办事处的司法助理员负责进行。二是公安机关的调解。公安机关可以对一些诉称家庭暴力的当事人进行批评教育和调解处理。三是婚姻登记机关的调解。根据《民法典》第 1076 条第 1 款、第 1077 条第 1 款的规定，夫妻双方自愿离婚的，应当签订书面离婚协议，并亲自到婚姻登记机关申请离婚登记。自婚姻登记机关收到离婚登记申请之日起 30 日内，任何一方不愿意离婚的，可以向婚姻登记机关撤回离婚登记申请。从我国婚姻登记机关的实践做法看，婚姻登记机关可以结合离婚冷静期对前来登记离婚的婚姻双方当事人进行调解。调解的方式主要是通过劝导其慎重对待离婚事宜等方式,最大限度地挽救可以挽救的婚姻,这样有利于婚姻家庭的正常发展。

第四节 我国家事纠纷调解制度的实践历程

中华人民共和国成立以来,我国的法院调解经历了从“鼎盛繁荣”到“逐步萎缩”,再到“二次复兴”、理性规范的变化历程。

一、1949年至1989年:家事调解的“鼎盛繁荣”期

(一)法院调解原则的变迁:从调解为主到自愿合法调解

家事调解的“鼎盛繁荣”主要是中华人民共和国成立后到20世纪80年代末这段时期。自中华人民共和国成立后至1982年《民事诉讼法(试行)》颁布之前,我国民事审判一直以“调解为主、审判为辅”作为原则。因为这个时期我国处于新政权建立和巩固的转型阶段,一切百废待兴,在审判领域,主要是承续抗战后期陕甘宁边区的“马锡五审判方式”,1956年,最高人民法院提出了“调查研究,就地解决,调解为主”的民事审判工作方针,这实际上就是“马锡五审判方式”的核心和主要内容;1964年,这一方针又被拓展为“依靠群众、调查研究、调解为主、就地解决”的十六字方针,在该方针指导下,在之后20多年时间里,民事审判与深入群众调解相结合,调解结案成为处理民事案件的普遍方式。

1991年,我国颁布《民事诉讼法》,将有关调解制度的规定从“普通程序”前移至“总则”部分,同时规定“人民法院审理民事案件,应当根据自愿和合法的原则进行调解。调解不成的,应当及时判决”。至此,人民法院民事调解制度“自愿”“合法”的基本原则终于确立,“调解为主”让位于“自愿调解”,调解不再是民事审判的必经程序,而是强调当事人的合意,人民法院更多地对调解的合法性负责,使调解与判决的关系得到合理调整。人民法院民事调解制度进入新的发展阶段。

(二)法院调解对象的特殊性:家事纠纷占据民事纠纷的绝对多数

中华人民共和国成立后的40年,我国民事纠纷的主要构成就是家事纠纷,因为中华人民共和国成立以后,尤其是社会主义改造完成后,我国在很

长一段时间实行的都是高度集中的计划经济体制,社会生活中基本上没有严格意义上的平等主体之间的经济交往,经济或商事纠纷极少,因为计划几乎无所不在地调整人们在生产、交换、分配、消费中的关系。再加上计划时代每个人都被毫无例外地固定在“单位”(包括国有单位和集体组织)这样一种组织之中,而单位的相对固定和稳定,使隶属于其中的成员也几乎在一个单位“从一而终”,极少流动,这就客观上造成了人们生活在一个“熟人”的社会,〔1〕而熟人之间是极少产生纠纷的。所以在特定的历史年代,我国社会生活中普通的民事纠纷一直很少。与上述状况形成反差的是,相对于人们之间的较少民事纠纷而言,在婚姻家庭领域,涉及婚姻、监护、收养等纠纷却空前发达,占到整个民事纠纷的绝大部分。尤其是中华人民共和国成立之初,历史上遗留下来的封建主义的婚姻家庭制度还没有在全国范围内被废除,包办、买卖婚姻等旧习俗在许多地方仍然广泛流行,虐待、伤害妇女事件还时有发生。中华人民共和国成立后广大妇女的地位和精神面貌焕然一新,她们勇敢地拿起法律武器砸碎套在自己脖子上的精神枷锁。

资料显示,1950年《婚姻法》颁布后的头几年,我国在全国范围内掀起了离婚及其他家庭事件诉讼的高潮,仅离婚案件就达数十万件。如以北京市为例,根据北京市妇联服务部1952年的统计资料显示,“在离婚方面有不少男女突破了封建的束缚而获得解放。全市经调解而成立离婚的2109对,较去年增加22%,其中女方提出的1384起,占成立离婚之总数66%。在成立离婚中,由于包办重婚感情不和或因虐待而离婚的1948对,占总数92.3%”。〔2〕

1980年我国对婚姻法进行了修订,进一步增强了对婚姻、家庭、妇女和儿童的保护精神,婚姻家庭领域又掀起了一场革命,法院受理婚姻及其他家庭纠纷案件的数量又上了一个台阶。家事纠纷的调解,包括家事纠纷的人民调解和法院调解都继续保持较高的比例。有数据表明,20世纪五六十年代,我国85%的民事案件是“通过调解解决”的。〔3〕 20世纪80年代一直保持在70%

---

〔1〕 参见江伟:《中国民事诉讼法专论》,中国政法大学出版社1998年版,第412页。

〔2〕 参见《1950年〈婚姻法〉的评价及其对现代婚姻制度的启示》,载行之部落网:https://www.xzbu.com/2/view-11996777.htm。

〔3〕 参见陆思礼:《毛泽东与调解:共产主义中国的政治和纠纷解决》,载强世功编:《调解、法制与现代性:中国调解制度研究》,第119页。

左右,如1988年民事案件一审调解结案率为71.7%,1989年为69.3%。[1]

(三)人民调解:不断制度化、规范化

从人民调解来看,中华人民共和国成立初期,人民调解受到极大的重视,因为现实中“纠纷少有发生,所发生的纠纷限于婚姻家庭纠纷、邻里纠纷、债务纠纷、伤害或侵权纠纷,纠纷种类少、数额小,且大多是事实较清楚、情节简单,争议不大,这就为以人民调解方式解决争端,提供了便利”。[2] 1953年,全国第二届司法工作会议通过决议,在全国范围内有领导、有计划、有步骤地建立健全人民调解组织。1954年3月政务院颁布《人民调解委员会暂行组织通则》,系统规定了人民调解委员会的相关制度内容,确立了人民调解制度的法律地位,在解决家事纠纷的实践中发挥了重大的作用。1980年我国重新颁布了《人民调解委员会暂行组织通则》,对旧的通则进行了相应的修改。1982年《宪法》《民事诉讼法(试行)》以及1987年《村民委员会组织法(试行)》等法律对人民调解制度又作了专门规定,1989年6月国务院颁布《人民调解委员会组织条例》对人民调解制度作了更加详细的规定,进一步提升了人民调解制度在我国法律体系中的地位,为人民调解制度切实发挥作用奠定了坚实基础。

二、1990年至2003年:家事调解的“逐步萎缩”期

家事调解的“逐步萎缩”主要发生在1990年至2003年。

(一)民事审判方式改革对家事调解的影响

1989年,我国开展了民事审判方式改革,至整个20世纪90年代,民事审判方式改革的目标实际上都是以弱化调解,实现审判的专业化、规范化为核心。在纠纷解决领域,司法中心主义盛行,诉讼案件数量急剧增长,法院判决数量同期增长,法院调解比率日渐下降。

与此相对应,诉讼外的其他纠纷解决方式也日渐衰落。以人民调解为例,随着社会法治化程度的提高和社会结构转型加快,民间性质的人民调解日渐衰落,很多地方的人民调解工作处于瘫痪状态。因经费的限制,调解委

[1] 参见中国法律年鉴编辑部:《中国法律年鉴》(1987~1998)。

[2] 蒋月:《人民调解制度的理论与实践》,群众出版社1994年版,第122页。

员会主任没有工资,一些地方只好由领取国家财政工资的治保主任兼任人民调解委员会主任,使此项工作的开展因人而异,成为调解员个人的良心活。因此,经人民调解组织调解解决的纠纷数量呈现逐年下降的趋势,相对于已经大为上升的纠纷总量和法院的受案量,人民调解的作用大大降低。如1990年人民调解组织调解的民间纠纷740.92万件,其中家事纠纷312.09万件,而2000年则下降至503.06万件,其中家事纠纷195.11万件。[1]

从婚姻登记机关的离婚调解职能看,随着20世纪90年代的民事审判制度改革的不断深入,2003年颁布的《婚姻登记条例》直接取消了婚姻登记部门调处离婚纠纷的规定,婚姻登记机关不再履行调解职能。在1987年之前,民政局婚姻登记部门长期扮演着离婚纠纷的调解者角色,在处理离婚纠纷方面发挥着积极的作用,调解和好的离婚案件甚至远远高于人民法院受理的离婚案件数量,法院受理的离婚案件有相当一部分是民政局转送过来的。

从妇联方面来看,中华人民共和国成立后的很长时间,妇联积极介入家事纠纷调解之中,在保护妇女、儿童权益,化解纠纷方面一直发挥着重要的作用。但进入20世纪90年代,妇联基本不介入家事纠纷解决,一般只是被动接受妇女关于家庭暴力的投诉,提供疏导和法律帮助等工作。

从公安派出所方面来看,公安派出所对于家事纠纷也是原则上不予介入,除非是较为严重的家庭暴力案件或者家庭成员之间的虐待遗弃等转化为治安事件的案件。

(二)家事调解的相关数据和比率

由于上述原因,家事纠纷通过诉讼外的各类调解机制进行解决的比率大大降低,诉讼至法院的家事纠纷日益增多,而在诉讼中心主义的家事审判改革影响下,法院处理家事纠纷的手段也以判决为主要手段,调解不再占据绝对优势地位。如1990年全国民事案件一审调解结案率为64.5%,[2]1991年至1998年,法院一审民事案件的调解率从59.1%下降到45.8%;[3]之后

---

〔1〕 参见法律年鉴编辑部:《中国法律年鉴》(1991~2001)。

〔2〕 参见法律年鉴编辑部:《中国法律年鉴》(1987~1998)。

〔3〕 参见法律年鉴编辑部:《中国法律年鉴》(1987~1998)。

继续下降,1999 年至 2003 年,一审民事案件的调解率从 42.6% 下降到 29.94%,[1]达到中华人民共和国成立以来调解比率的最低点。

从家事纠纷调解的情况看,也呈现一样的下降趋势,如 1991 年全国婚姻家庭案件一审调解情况显示,当年结案总量 100.79 万件,调解结案数 59.87万件,调解比例为 59.40%;1998 年全国一审家事案件结案总量142.75 万件,调解结案数 71.04 万件,调解比例为 49.77%;2000 年全国一审家事案件结案总量 134.78 万件,调解结案数 62.71 万件,调解比例为 46.52%;2002 年全国一审家事案件结案总量 126.58 万件,调解结案数 54.58 万件,调解比例为 43.30%。[2]

由此可见,家事调解在法院的比例也在逐年减低,其中 1998 年跌破 50%,2001 年达到中华人民共和国成立以来的最低点。

三、2004 年至 2014 年:家事调解的"二次复兴"期

(一)家事调解"二次复兴"的相关政策文件

由于对调解认识的偏差,导致人民调解和法院调解的利用双双下降,致使涌向法院的民商事纠纷、家事纠纷日益增多,法院迎来了诉讼爆炸的新形势。在这一背景下,案多人少的困境日益显现,而且由于案件调解率的下降,更多的案件因通过判决结案而受制于审限等因素的制约,法院判决案结事不了的现象突出,社会矛盾更加严峻。基于此,调解重新受到关注,并逐步迎来了调解的"二次复兴"。

实际上,从 2003 年起,家事调解的价值就已经被重新关注,并被包裹在民事调解的政策中加以强调。其中,2004 年 9 月最高人民法院发布的《关于人民法院民事调解工作若干问题的规定》首次提及法院可以通过委托其他机构、组织调解的方式处理民事案件,并规定了对通过人民调解组织调解达成的协议的司法确认制度,为法院调解的全面复苏打下了法律基础。2004 年 10 月,最高人民法院出台了《关于进一步加强人民法院基层建设的决定》,提出"能调则调,当判则判,调判结合"作为处理调解与审判关系的指导意见,同时重申调解的自愿合法原则;要求法院在鼓励法官提高调解技能的

---

[1] 参见《中国法律年鉴》(1999~2002);2003 年数据参见吴兆祥:《关于诉讼调解司法解释的几点看法》,载《民事审判指导与参考》(总第 19 集),法律出版社 2004 年版,第 157 页。

[2] 参见中国法律年鉴编辑部:《中国法律年鉴》(1992~2003)。

同时,加强对人民调解的指导,注重利用社会力量调解。时任最高人民法院院长肖扬在2004年召开的全国高级人民法院院长会议上也特别提出了"能调则调、当判则判、判调结合"的原则,要求各级人民法院应当尽量通过诉讼调解达到平息纠纷的目的。

在这一阶段,尽管最高人民法院已经开始重视人民调解和法院调解的作用,但是没有将二者联系起来,只是意识到人民调解作用的增强可以缓解法院案件压力,表示要重视对人民调解的指导与规范。因此,在重新重视法院调解的同时,没有放弃以判决为中心的程序规范化的审判方式改革方向,提出"调判结合"的审判方式,而且强调调解的自愿、合法原则,因此"能调则调,当判则判"更多透露的是"能调才调",不能调解的或调解不成的要及时判决。

2005年3月,最高人民法院向全国人大所作的《最高人民法院工作报告》中,将处理调解与判决关系原则修正为:"能调则调,当判则判,调判结合,案结事了"的十六字原则,并首次提出了要将人民调解与诉讼调解相衔接,探索多元化纠纷解决机制的改革思路。在2005年10月出炉的《人民法院第二个五年改革纲要(2004~2008)》中,将法院要与其他部门共建多元化解纷机制的想法写入了"二五"改革规划。

为了进一步鼓励调解,国务院于2006年通过的《诉讼费用交纳办法》明确规定"对调解结案的减半收费",鼓励当事人把调解作为解决纠纷的优先选择。

2007年3月,最高人民法院颁布《关于进一步发挥诉讼调解在构建社会主义和谐社会中积极作用的若干意见》,将十六字原则上升为民事审判工作的指导方针。此后,"能调则调,当判则判,调判结合,案结事了"成为各级法院进行诉讼调解的重要理念与指导方针。

2008年12月,最高人民法院举办了"多元化纠纷解决机制国际研讨会",当月公布《关于为推进农村改革发展提供司法保障和法律服务的若干意见》,明确提出法院要推动构建多元化纠纷解决机制,同时要加大诉讼调解的比重,将调解适用的范围拓宽到刑事、行政程序中,鼓励当事人在执行中和解。同月,中央政法委发布《关于深化司法体制和工作机制改革若干问题的意见》,提出要推动建立人民调解、行政调解、行业调解、司法调解等相结合的"大调解"工具,探索繁简分流机制。

2009年2月,最高人民法院发布两个文件:《关于进一步做好2009年人民法庭工作的通知》和《关于进一步加强司法便民工作的若干意见》,将“调解优先,调判结合”的“八字原则”确定为民事司法原则,同时促进司法调解与人民调解的“对接”,促进多元化纠纷解决机制的构建。2009 年 3 月最高人民法院在其《最高人民法院工作报告》和《人民法院第三个五年改革纲要(2009～2013)》中重提“马锡五审判方式”在当代司法工作中的意义,将构建多元化纠纷解决机制作为司法工作的核心,同时指出法院要配合有关部门发展 ADR,扩大调解主体范围,加强诉前调解与诉讼调解的衔接,建立健全诉讼与非诉讼相衔接的解纷机制。2009 年 7 月最高人民法院发布《关于建立健全诉讼与非诉讼相衔接的矛盾纠纷解决机制的若干意见》,扩大赋予合同效力的调解协议范围,鼓励 ADR 的发展,减轻法院解纷压力。2009 年 8 月,中共中央办公厅、国务院办公厅转发中共中央政法委《关于加强和改进涉法涉诉信访工作意见》,指出要坚持调解优先原则,建立和完善司法调解与人民调解、行政调解、仲裁等的衔接机制,减少涉法涉诉信访问题的发生。2009 年 12 月最高人民法院颁布《深入贯彻落实全国政法工作电视电话会议意见》,提出要强化诉调对接;重申“八字原则”,特别强调要在“案结事了”上下功夫,首次提出“全程调解”,即将调解贯穿于立案、审判、执行以及申诉、信访等各环节;全面加强各类案件的调解;强调与其他解纷机构协调配合,共同化解纠纷。

(二)家事调解的相关数据或比率

在一系列促进调解的政策文件推动下,民商事调解和家事调解开始走向新的繁荣,调解率在经过了日渐下降的曲线波动后,又开始了新一轮的上升。据统计,2005 年,全国一审民事案件调解结案率达到了 32.1%,许多基层法院达到 70% 以上。[1] 2003 年至 2007 年 5 年间,我国共审结一审民商事案件 2214.5 万件,其中有 50.74% 的案件调解、撤诉结案。[2] 2009 年、2010 年、2011 年全国一审民事案件调解与撤诉结案率分别为 61.98%、

---

〔1〕 参见肖扬:《最高人民法院工作报告》,载《最高人民法院公报》2006 年第 4 期。

〔2〕 参见最高人民法院工作报告:《从数字看 2003～2007 年度审判和执行工作》,载《人民司法》2008 年第 4 期。

65.29%、67.3%。[1] 在家事案件调解方面,2004年,全国法院一审婚姻家庭案件总量116.35万件,调解结案50.66万件,调解占比43.66%;2008年,全国法院一审婚姻家庭案件总量128.73万件,调解结案59.81万件,调解占比46.47%;2009~2013年的5年间,法院家事案件调解结案率持续保持在47%~48%,2014~2015年有所下降。(见表1)

表1 2009~2016全国婚姻家庭案件一审调解情况统计表

年份	项目		
	结案总量/件	调解量/件	调解比例/%
2009	1,380,762	659,065	47.73
2010	1,428,340	698,900	48.93
2011	1,609,801	768,238	47.72
2012	1,647,464	803,919	48.80
2013	1,611,903	770,437	47.80
2014	1,618,904	724,776	44.77
2015	1,733,299	706,628	40.77

数据来源:《中国法律年鉴》2005~2016年各卷"全国法院审理民事一审案件情况统计表"。

从人民调解的情况来看,在调解组织保持基本不变、调解人员逐步减少、而在人民调解的家事案件数量逐年增长的前提下,调解成功的家事案件数量稳中有升。表2是2009年以来家事纠纷人民调解相关信息和数据比率。

表2 2009~2016年全国人民调解基本情况统计表

年份	调解组织/万	调解人员/万	调解民间纠纷件数/万	其中家事纠纷件数/万	所占比例/%
2009	82.4	493.9	579.7	114.4	19.7
2010	81.8	466.9	841.8	159.7	19.0
2011	81.1	433.6	893.5	176.2	19.7
2012	81.7	428.1	926.6	177.3	19.1

[1] 参见《民事案件调解率上升是喜是忧》,载法律快车网:http://www.lawtime.cn/info/minfa/minfadongtai/20120313103801.html,最后访问日期:2012年3月13日。

续表

年份	调解组织/万	调解人员/万	调解民间纠纷件数/万	其中家事纠纷件数/万	所占比例/%
2013	82.0	422.9	943.9	175.0	18.5
2014	80.3	394.1	933.0	184.2	19.7
2015	79.8	391.1	933.1	183.4	19.7

数据来源:《中国统计年鉴》2010~2016年各卷“律师、公证和调解工作基本情况”“调解民间纠纷分类”和《中国法律年鉴》2010~2016年各卷“律师、公证和调解工作基本情况统计表”和“调解民间纠纷分类统计表”。

四、2015年至今:家事审判改革背景下的调解状况

2015年前后,最高人民法院对家事审判状况进行密集调研,并在调研中提出了进行家事审判方式和工作机制改革的设想和建议。2015年12月,中共中央办公厅、国务院办公厅印发《关于完善矛盾纠纷多元化解机制的意见》,要求拓展司法调解范围,加强诉调对接平台建设。对此,最高人民法院在第八次全国法院民事商事审判工作会议上,特别强调要探索和完善家事审判多元化纠纷解决机制,构建家事纠纷综合调解模式。除婚姻关系、身份关系确认等案件不进行调解外,其他家事案件应当进行调解。要动员社会各方面力量参与家事纠纷化解工作,建立与妇联、居委会等社会团体和组织的沟通联系,吸纳法律、心理学、社会学等方面的专业人员进入特邀家事调解员名册。完善委派或委托调解制度,化解婚姻家庭矛盾纠纷。探索建立特邀家事调解组织与家事调解员的资质认证制度,不断完善诉讼外纠纷解决方式与审判的有效对接与协调。

2016年4月21日,最高人民法院发布《关于开展家事审判方式和工作机制改革试点工作的意见》,根据该意见,最高人民法院决定在各省、自治区、直辖市高级人民法院推荐的基础上,确定100个左右基层人民法院和中级人民法院开展家事审判方式和工作机制改革试点工作。试点期限为2016年6月1日起两年。

在家事审判改革实践中,多地法院对家事调解倾注了大量心血和精力。如山东省德州市武城县人民法院专门发文,对家事案件调解进行规范,根据《武城县人民法院家事审判方式及工作机制改革实施方案(试行)》第4条的规定,领导小组要从多元化纠纷解决机制入手,构建家事纠纷综合调解平台、设立由人民法院管理的家事特邀调解委员会。试点庭室应将诉前调解、

诉讼中的委托调解、法官调解等贯穿于家事审判的不同阶段。再如,宁夏回族自治区吴忠市中级人民法院严格贯彻调解优先原则。因为家事纠纷不宜简单地用"一刀两断"式的判决来处理,所以在实践中,该院家事审判合议庭严格贯彻调解优先原则,从法治、人情、伦理和习俗等方面探寻当事人矛盾的根源,寻求解决之策。

随着家事审判改革进程中调解制度的广泛运用,在实务中已经确立了一系列关于家事调解的诸多原则和程序制度。

(一)实施调解优先或调解前置原则

几乎所有家事审判改革的法院都采用了调解优先、强化调解的举措,并建立了特殊的审前调解机制。如深圳市宝安区人民法院在 2016 年被最高人民法院确定为"家事审判方式和工作机制改革试点法院"之后,迅速成立有独立建制的家事法庭,并建章立制,设立家事案件立案流转绿色通道,启用家事案件特色档案袋和家事案件调解前置程序。徐州市铜山区人民法院将家事案件的诉前调解与诉讼调解进行有机衔接,并专门制定了《徐州市铜山区人民法院家事调解员工作规则》。北京市海淀区人民法院立案庭为家事案件当事人特别制作了"婚姻家庭纠纷诉前调解建议书",在家事案件当事人进入法院时予以发放,温馨提示和引导当事人选用诉前调解解决家事纠纷。北京市房山区人民法院在 2014 年以来的家事审判实践中,在法院成立了专门由一名入额法官带领法官助理、人民调解员组成的诉前调解组。北京市西城区人民法院在其《家事审判方式与工作机制改革试点工作规程》中专门规定了家事调解专章,并形成一系列规则。

2016 年 6 月,最高人民法院发布《关于人民法院进一步深化多元化纠纷解决机制改革的意见》,该意见第 27 条指出,探索建立调解前置程序。探索适用调解前置程序的纠纷范围和案件类型。有条件的基层人民法院对家事纠纷等适宜调解的纠纷,在征求当事人意愿的基础上,引导当事人在登记立案前由特邀调解组织或者特邀调解员先行调解。可见,家事案件的调解前置实践得到了最高人民法院的肯认和支持。

(二)建立多元化调解和联动调解机制

2017 年 3 月 17 日,为进一步完善矛盾纠纷多元化解机制,做好婚姻家庭纠纷预防化解工作,全国妇联、中央综治办、最高人民法院、公安部、民政部、司法部6部门联合发布《关于做好婚姻家庭纠纷预防化解工作的意见》，对健全完善预防化解婚姻家庭纠纷工作机制，引导社会公众建立和维护平等、和睦、文明的婚姻家庭关系作了指导安排，对推进基层综治中心心理咨询室或社会工作室（站）建设，配备心理辅导人员或引入心理咨询师、婚姻家庭咨询师、社会工作师等专业队伍，就婚姻家庭问题开展心理服务、疏导和危机干预等工作提出了要求。

根据文件精神，地方各级人民法院的法官在审理婚姻家庭案件时，可以引入婚姻家庭调解的专业人士——心理咨询师、家事调查员、社会工作者等参与调解。例如，江苏省泰州市高港区人民法院与区政法委共同研究出台《第三方参与涉诉矛盾纠纷多元化解工作机制》，依托法院驻各镇街"何芬法官工作室"的良好口碑和优势地位，与司法局、公安局等18个部门建立联动机制，实现家事纠纷矛盾调处无缝对接。再如，贵州省的各试点法院在家事审判改革中始终坚持全程调解，将诉前调解和诉中调解，法院调解与第三方诉外调解相结合，充分利用调解具有的多元性、灵活性、修复性的特点，化解家事纠纷。此外，广西部分试点法院采行家事审判中三员功能合一制度，即家事调查员、心理疏导员、家事调解员三员合一，在家事调解和家事调查中合并进行心理疏导，在心理疏导中进行家事调解和家事调查。[1]

2017年7月，最高人民法院联合中央综治办、最高人民检察院、教育部等15个部门和单位联合召开家事审判方式和工作机制改革联席会议第一次全体会议，共同签署了《关于建立家事审判方式和工作机制改革联席会议制度的意见》，明确了15个部门的各自职责和分工。上海、北京、广东、广西、河南、江苏、福建等也陆续出台了专门性的家事审判规则和配套措施意见。至此，家事调解的联动机制具有了坚实的制度基础。

（三）整合人民调解资源，建立附设法院的特色调解工作室

在实践中，很多法院整合社会资源，将人民调解与法院调解进行衔接，通过设置附设法院的调解工作室来实现两种调解的优势互补，如河南省宁陵县人民法院从人民陪审员及人民调解员等社会力量中选聘调解经验丰富的10名人员组建专职家事调解团队，负责家事案件的诉前调解工作，并全

[1] 上述材料和信息来源于笔者进行的实地调研或参加"全国部分法院家事审判方式和工作机制改革试点工作座谈会"所获取。

程参与矛盾纠纷的解决,协助法官开展工作。[1] 河南省商丘市虞城县人民法院成立了“马大姐调解工作室”,由经验丰富的资深女法官马新兰对家事案件专门进行调解,使不少案件双方当事人做到握手言和。安徽省马鞍山市雨山区人民法院利用退休女干部及社区工作人员等组建“夕阳红”调解工作室、山东省德州市武城县人民法院组建“秀英大姐”调解工作室、江苏省南京市玄武区人民法院成立“三八红旗手”调解工作室,这些调解工作室对家事案件进行了细致入微的调解,成效卓著。此外,在少数民族地区,一些法院设立了特色调解工作室,如云南省大理市人民法院喜洲法庭成立了“金花调解室”,由多名熟悉法律政策、通晓白族语言、熟知当地民风的白族女性作为家事纠纷调解员,拉近了法律和群众的距离。

(四)家事调解进一步制度化

2018 年 7 月 18 日,在家事审判方式和工作机制改革两年试点到期的背景下,最高人民法院总结改革试点的经验和成效,专门出台了《关于进一步深化家事审判方式和工作机制改革的意见(试行)》文件,该文件的第二部分对家事调解作出了系统规定。

(1)人民法院审理家事案件,应当增强调解意识,拓展调解方式,创新调解机制,提高调解能力,将调解贯穿案件审判全过程。婚姻效力、身份关系确认、人身安全保护令申请等根据案件性质不能进行调解的案件除外。

(2)依托特邀调解做好家事案件调解工作,通过在立案前委派或者立案后委托特邀调解组织、特邀调解员依法进行调解,促使当事人在平等协商基础上达成调解协议,解决纠纷。可以设立家事调解委员会,设定入册条件,规范家事领域特邀调解程序。

(3)依法成立的人民调解、行政调解、商事调解、行业调解及其他具有调解职能的组织,可以申请加入家事调解委员会特邀调解组织名册。品行良好、公道正派、热心于调解工作并具有较强沟通协调能力的个人可以申请加入家事调解委员会特邀调解员名册。人民法院可以邀请人大代表、政协委员、人民陪审员、专家学者、律师、基层法律服务工作者、仲裁员、退休法律工作者、基层工作者以及其他具有社会、人文、法律、教育、心理、婚姻家庭等方面专业知识的个人

---

[1] 参见《河南首个家事诉讼中心揭牌!看我省家事审判怎样改》,载网易订阅网:http://dy.163.com/v2/article/detail/ER4BN8MH0514ILCJ.html,最后访问日期:2019 年 10 月 10 日。

加入家事调解委员会特邀调解员名册。少数民族聚居地区可邀请熟悉当地语言、风俗习惯、宗教信仰等情形的个人加入家事调解委员会特邀调解员名册。

(4)对适宜调解的纠纷,登记立案前,经当事人同意或者当事人虽未提出调解申请但人民法院认为有必要调解的,可以委派给特邀调解组织或者特邀调解员进行调解。当事人情绪或心理受到严重困扰,无法正常发表意见,情况紧急需要尽快启动有关诉讼程序的案件,除双方当事人申请外,不得进行立案登记前委派调解。

(5)离婚案件的调解,双方当事人应亲自到场。当事人确因特殊情况无法到场参加调解的,除本人不能表达意志的以外,应当出具书面意见。

(6)家事案件的调解过程不公开,但当事人均同意公开的除外。主持调解以及参与调解的人员,对调解过程以及调解过程中获悉的国家秘密、商业秘密、个人隐私和其他不宜公开的信息,应当保守秘密。调解人员违反保密义务给当事人造成损害的,应当承担相应法律责任。

(7)委托调解过程中,特邀调解员认为有事实问题需要进行调查的,可以向人民法院提出申请。人民法院根据案情需要,决定是否委托家事调查员进行调查。

总之,家事审判改革以来,家事纠纷调解得到了全方位的发展,法院调解、人民调解、行政调解、行业调解、律师调解甚至公证调解等都有发挥的空间和余地,家事纠纷调解呈现出分散化的样态。因此,从统计数据看,法院主持的家事调解和人民调解委员会主持的家事调解都有下降趋势(见表3、表4),但从绝对数据看,并非调解数据和比率下降,而是调解主体的多元化而使调解数据被稀释的缘故,总量并没有降低。从效果上看,家事调解多元化的积极效应是非常明显的,它不仅能更好地回应和满足家事纠纷当事人的多元化需求,也能较为彻底地化解家事纠纷,实现社会的和谐稳定。

表3　2016~2017年全国婚姻家庭案件一审调解情况

年份	项目		
	结案总量/件	调解量/件	调解比例/%
2016	1,752,052	674,866	38.52
2017	1,830,023	676,606	36.97

数据来源:《中国法律年鉴》2017~2018年各卷“全国法院审理民事一审案件情况统计表”。

表4 2016~2017年全国人民调解基本情况

年份	调解组织/万	调解人员/万	调解民间纠纷件数/万	其中家事纠纷件数/万	所占比例/%
2016	78.4	385.2	901.9	175.1	19.4
2017	75.9	362.9	874.1	164.5	18.6

数据来源:《中国统计年鉴》2017~2018年各卷“律师、公证和调解工作基本情况”、“调解民间纠纷分类”和《中国法律年鉴》2017~2018年各卷“律师、公证和调解工作基本情况统计表”和“调解民间纠纷分类统计表”。

第二章 家事纠纷人民调解制度

>> 案例导入

案例一：处理不当，家事纠纷升级为刑事惨案

【基本案情】

犯罪嫌疑人麻某东与妻子兰某甲（被害人，孕妇，殁年 24 岁）婚后常因琐事发生矛盾，兰某甲的父亲兰某乙（被害人，殁年 44 岁）、母亲兰某丙（被害人，殁年 44 岁）得知后曾数次将兰某甲领回自己家中居住，并提议二人离婚。2013 年 10 月 14 日 14 时许，麻某东打电话向妻弟兰某丁索要 2700 元欠款未果，并与兰某丁互发短信谩骂，后又因琐事与兰某甲发生争吵，并殴打兰某甲，兰某乙、兰某丙得知后便打 110 电话报警，并到麻某东家再次将兰某甲领回自己家，让兰某甲离婚。当日 21 时许，麻某东给一个朋友打电话声称要杀死兰某甲全家。当日 22 时许，麻某东携带用花布包裹的马刀，驾驶摩托车来到兰某乙家，翻墙进入院内，敲开兰某乙、兰某丙所住的东房北侧卧室房门。麻某东进入室内后，提出接兰某甲回家的要求遭到兰某乙、兰某丙反对，即持马刀先后朝兰某乙、兰某丙、兰某甲及同在该卧室中的兰某乙的孙女兰某戊（被害人，殁年 3 岁）、兰某己（被害人，殁年 1 岁）的头面部、颈部、四肢等处砍击。麻某东认为已将上述人员砍死后，又推门进入东房南侧卧室，持马刀先后朝兰某乙之父兰某庚（被害人，殁年 74 岁）、兰某乙之母马某某（被害人，殁年 70 岁）的头颈部、四肢砍击。为确认兰某乙等人是否均已死亡，麻某东又返回北侧卧室，见到兰某丙尚有气息，即持马刀又朝兰某丙的头颈部连砍数刀，后又再次朝兰某乙的头颈部连砍数刀。

杀害 7 名被害人后，麻某东将马刀藏匿在北侧卧室墙外的炕洞里，骑摩托车逃离现场。途中，麻某东将摩托车和作案时所穿戴的棕色皮夹克、帽子

丢弃。

经法医鉴定：兰某乙因出血性休克合并颅脑损伤死亡，马某某、兰某庚、兰某戊均因重度颅脑损伤死亡，兰某甲、兰某丙、兰某己均因颅脑损伤合并失血性休克死亡，兰某甲腹中胎儿亦死亡〔1〕。

【评析与思考】

这是一起典型的因为家庭纠纷没有得到即时妥善地化解而引发犯罪的灭门惨案。犯罪嫌疑人麻某东因婚姻家庭矛盾，蓄意报复行凶，以极其残忍的手段致一家四代七口人死亡，两个原本幸福美满的家庭就此彻底破裂，令人惋惜！

痛定思痛，我们发现，在该灭门惨案发生前麻某东与兰某甲夫妻及双方家庭曾多次发生矛盾，并且村支书、派出所民警、亲戚等都进行了调解工作。如2013年8月18日，夫妻双方爆发了一次激烈的争吵并且麻某东对兰某甲大打出手，第二天文沟村村支书和红河派出所民警就此事专程前往麻家调解，当天下午因兰某甲是否该跟随麻某东回家一事村支书又赶到兰家进行调解；又如，惨案发生的当天，红河派出所民警曾到麻家就双方的纠纷调解了十余分钟；兰某甲的姑妈也表示她此前通过电话调解过双方的矛盾纠纷长达48分钟。在惨案发生前的普通家事纠纷阶段，人民调解、行政调解以及亲戚间自发的调解都相继介入，但都没能阻止悲剧的发生。原因何在呢？

进一步回溯案件过程会发现，双方在争吵中多次放过“杀人”的狠话，但村干部、派出所民警及邻居们一致认为这只是普通家庭纠纷在爆发中的情感宣泄，谁也不相信真的会发展到杀人灭门的程度。其实就是工作人员固有思维的“不相信”，导致事件一步步升级，最终酿成惨祸。

假如，我们的人民调解工作人员在该案的纠纷初起阶段，对纠纷情节多一些警惕和重视、对犯罪嫌疑人麻某东多一些心理上的关注、运用调解技术的时候多一些讲究，让调解工作更深入，而不是浅尝辄止，是不是可以阻止这场悲剧的发生呢？对于家事纠纷，新时代的人民调解工作绝对不能再像以前那样只关注于矛盾的本身，而是要紧扣住家事纠纷其情感具有可沟通性、其空间具有内部性、其冲突具有可修复性等特质，设计出一套情感修复

---

〔1〕 参见最高人民法院：《麻永东故意杀人死刑复核刑事裁定书》，载中国裁判文书网：http://wenshu.court.gov.cn/website/wenshu/181107ANFZ0BXSK4/index.html? docId = 361bbe117bdb4a2386dae4b1feb759c4。

与心灵征服技术来作用于当事人的内心,以求得在与家庭危机斗争中实现完胜[1]。这样的技术系统不仅要求人民调解员应具备除法律知识外的心理疏导、调解技巧等综合素质,也对人民调解化解家事纠纷的配套机制建设提出了更高的要求。

案例二:有理有据,人民调解员巧解家事纠纷

【基本案情】

向某和黄某是初中同学,自由恋爱结婚,育有一女(1 岁多)。两人结婚两年多来一直有争吵,最主要原因是女方向某怀疑男方黄某与其嫂子有问题。2017 年 5 月 17 日,两人因家庭开支问题再次发生争吵,女方向某遭到男方黄某家暴,事后黄某又对前来质问的岳父动手,导致两人关系恶化。

5 月 23 日,当事人双方申请高坝洲镇人民调解委员会调解纠纷,鉴于双方感情基础较好,又都有继续生活下去的意愿,调解员会同两位村调解主任联合进行了调解,耐心细致地对双方进行劝说和批评教育,实事求是分析双方的过错,指出作为妻子的向某应体谅在外打拼的丈夫,要给予信任,不要随便猜疑,让丈夫感受到家庭的温暖;作为丈夫的黄某也应多关心妻子,多照顾一下妻子的感受,做什么事多报告、多沟通,让妻子在心理上感到宽慰,不能一吵架就失踪,更不能实施家庭暴力。同时,调解员积极讲解了《婚姻法》(现为《民法典》婚姻家庭编)和《反家庭暴力法》的相关规定,希望双方互谅互让,最终双方和解。

6 月 10 日,调解员电话回访了双方当事人,询问其感情状况,得知双方目前关系和睦,双方还对调解员表达了谢意[2]。

【评析与思考】

案例二中双方家庭矛盾纠纷的主要情节与案例一有很大的相似之处,都是夫妻彼此因为家庭琐事发生较为激烈的争吵并演变为家庭暴力,同时

---

〔1〕 参见李拥军:《作为治理技术的司法:家事审判的中国模式》,载《法学评论》2019 年第 6 期。

〔2〕 参见宜昌市司法局:《夫妻不和闹矛盾 人民调解化纠纷》,载宜昌市司法局官方网站:http://m.yichang.gov.cn/web19/content.html? catid=54148&nid=972947,最后访问日期:2018 年 5 月 7 日。

双方其他家庭成员也被卷入其中，导致矛盾旋涡波及范围进一步扩大，事态升级，解决起来更为棘手。但该纠纷最终被人民调解工作妥善化解，夫妻双方重归于好，处理结局与第一起案例截然相反。虽然两起案件的双方当事人及家庭成员的家庭状况、性格脾气、心理健康等存在很大的差异，均会影响到调解的效果，但是我们还是要透过现象看到本案中人民调解工作发挥出的积极作用。

一是该次人民调解流程正规完整，让当事人感受到调解工作的正式和权威。高坝洲镇调委会调解员在告知双方调解原则、调解纪律、调解程序后，才受理了该案件，予以调解。

二是调解工作人员准确地把握住夫妻双方纠纷的主要矛盾，运用了一些调解技巧，让工作更加有效。调解员首先向双方了解了调解的诉求，经过认真细致的调查了解，紧紧抓住了妻子对丈夫因怀疑不信任而发生的争吵继而玩失踪，丈夫使用家庭暴力这一主要突破口，耐心细致地对双方进行劝说和批评教育，同时宣传法律法规，使双方受到了启迪和教育，逐渐认识到自己的错误。并且调解员巧妙借力，请当事人所在村的两位调解主任共同参与调解，不仅增加了调解力量，更利用了同村较近的物理空间所带来的地缘、亲缘及熟人情面等优势，让有利因素都尽可能参与到矛盾的化解进程中，大大提高了解纷的效率和效果。

三是调解人员开展回访工作，及时了解掌握调解的效果，对经过调解还有可能再次发生矛盾纠纷的家庭予以密切跟进关注，并适时干预接入，防患于未然。回访不仅为了实时掌握矛盾化解的动态效果，更是倒逼和促进整个人民调解工作流程与实体更加规范的有力举措。

2016 年，全国人民调解组织共排查纠纷 3,014,313 件，其中婚姻家庭纠纷 1,751,287 件，占调解纠纷总数的 19.4%。防止因民间纠纷转化为刑事案件 26,436 件，防止群体性上访 46,050 件；化解矛盾纠纷 9,019,050 件。调解成功率 97.5%。[1] 从这组数据上我们可以看出在构建社会主义和谐社会的大背景下，人民调解制度对于化解矛盾，定分止争，维护社会的稳定和谐具有重大的现实意义，虽然其具有自身固有的局限性，但它仍然是当前我国构建多元化纠纷解决机制中不可或缺的重要一环。

---

[1] 参见司法部基层工作指导司人民调解工作指导处：《2016 年度人民调解工作发展报告》，载《人民调解》2017 年第 6 期。

第一节　家事纠纷人民调解制度概述[1]

一、人民调解制度概述

（一）人民调解制度的概念和特征

人民调解，是指作为基层群众性自治组织的人民调解委员会，依据一定的标准，居中教育、疏导纠纷当事人自愿达成和解协议的活动。[2]《人民调解法》第2条规定："本法所称人民调解，是指人民调解委员会通过说服、疏导等方法，促使当事人在平等协商基础上自愿达成调解协议，解决民间纠纷的活动。"人民调解制度就是有关人民调解组织、人民调解参与者、人民调解活动和人民调解协议的法律规范制度。[3] 因此，人民调解制度主要由四大要素构成：

其一，人民调解的对象。人民调解的对象必须是民间性质的纠纷，包括发生在公民与公民之间、公民与法人或其他社会组织之间涉及民事权利义务争议的各种纠纷。

其二，人民调解的主体。在我国，人民调解的主体：一是主持的主体——人民调解委员会，即人民调解必须在人民调解委员会的主持下进行；二是参与的主体，即纠纷双方当事人。

其三，人民调解的原则。人民调解的最重要原则就是"自愿"，即当事人在人民调解活动中不受威胁或强制，只有在遵循意思自治原则前提下达成的调解协议才可能对当事人产生约束力。当然，该调解协议除了遵循自愿原则外，还必须不违反法律的禁止性和强制性规定。

其四，人民调解的调解协议。调解协议不仅是调解组织一系列调解过程和行为的逻辑终点，更是解决纠纷当事人之间矛盾，重塑其权利义务关系的书面证明。调解协议具有法律约束人，当事人不得擅自变更或解除调解协议。

此外，人民调解制度还有其自身的鲜明特点：

---

[1] 本章节中的全部数据如未有特别说明，均来自历年的《中国法律年鉴》。

[2] 参见梁德超主编：《人民调解学》，山东人民出版社1999年版，第6页。

[3] 参见李祖军等：《民事调解规范化研究》，厦门大学出版社2015年版，第67页。

一是群众性。人民调解委员会是依法设立的调解民间纠纷的群众性组织，是由村民会议或者村民代表会议、居民会议推选产生，或者由职工大会、职工代表大会或者工会组织推选产生。人民调解员由人民调解委员会委员和人民调解委员会聘任的人员担任。人民调解的组织和成员从源头都是来自人民群众，是自我教育、自我管理、自我服务，化解自己内部矛盾的一个解纷机制。

二是开放性。一方面，调解对象越来越广泛，已逐渐从传统的婚姻家庭、邻里关系、小额债务、轻微侵权等常见多发的矛盾纠纷，向土地承包、拆迁安置、环境保护、医患纠纷等社会热点、难点纠纷扩展。[1]另一方面，调解的参与主体更加多元。在征得当事人的同意后，既可邀请当事人的亲属、邻里、同事等参与调解，也可邀请具有专门知识、特定经验的人员或者有关社会组织的人员参与调解。当地公道正派、热心调解、群众认可的社会人士也可参与其中。

三是规范性。人民调解具有灵活性和便利性，但其本质仍然是一种严格规范的法律制度。法律对调解组织形式、调解程序以及调解协议效力均作了较为完整的规定。并且《人民调解法》完善了经费保障机制，要求县级以上地方人民政府提供所需经费对调解工作和调委会、调解员给予支持和保障。

（二）我国人民调解制度的运行情况

人民调解制度最重要的功能在于解决民间纠纷，人民调解工作好坏的衡量标准可以从人民调解纠纷数量以及调解成功率等角度予以考察，由于我国人民调解工作具有良好的历史基础，人民调解成功率一直都很高，2010年至2017年的8年间，我国人民调解工作成功率分别为96.87%、96.9%、97.6%、97.7%、98.2%、98.2%、98.2%、98%，年平均成功率高达97.7%，且各年份之间涨幅变化很小，高低峰之间只相差1.3个百分点，从调解成功率着手无法正确剖析人民调解工作解决矛盾纠纷的功能发挥变化情况。因此，选取动态变化的人民调解解决纠纷数量、人民法院一审民事案件受理数量以及两者之间的比例关系来分析人民调解制度的运行情况，更为合理和准确。

---

[1] 参见扈纪华、陈俊生主编：《中华人民共和国人民调解法解读》，中国法制出版社2010年版，第2页。

表5　1982～2017年人民调解案件数和法院一审民事案件数及其比例

年份	人民调解解决纠纷数量/万件	人民法院一审民事案件受理数/万件	人民调解解决纠纷数量与法院受理一审民事案件的比例(%)
1982	816.60	77.89	10.48
1983	697.80	75.64	9.23
1984	674.80	83.83	8.05
1985	633.40	84.63	7.48
1986	730.70	98.94	7.39
1987	696.61	121.32	5.74
1988	725.52	145.51	4.99
1989	734.10	181.53	4.04
1990	740.92	185.18	4.00
1991	712.55	188.06	3.79
1992	617.32	194.87	3.17
1993	622.30	208.92	2.98
1994	612.37	238.37	2.57
1995	602.85	271.85	2.22
1996	580.20	309.93	1.87
1997	554.30	327.75	1.69
1998	526.70	337.50	1.56
1999	518.86	351.92	1.47
2000	503.10	341.22	1.47
2001	486.10	345.90	1.41
2002	314.10	442.01	0.71
2003	449.20	441.02	1.02
2004	441.42	433.27	1.02
2005	448.68	438.01	1.02
2006	462.80	438.57	1.06
2007	480.02	472.44	1.02

续表

年份	人民调解解决纠纷数量/万件	人民法院一审民事案件受理数/万件	人民调解解决纠纷数量与法院受理一审民事案件的比例(%)
2008	498.14	541.26	0.92
2009	579.73	580.01	1.00
2010	841.83	609.06	1.38
2011	893.53	661.40	1.35
2012	926.58	731.64	1.27
2013	943.94	778.19	1.21
2014	940.45	830.74	1.13
2015	933.10	1009.78	0.92
2016	901.90	1076.21	0.84
2017	876.00	1137.37	0.77

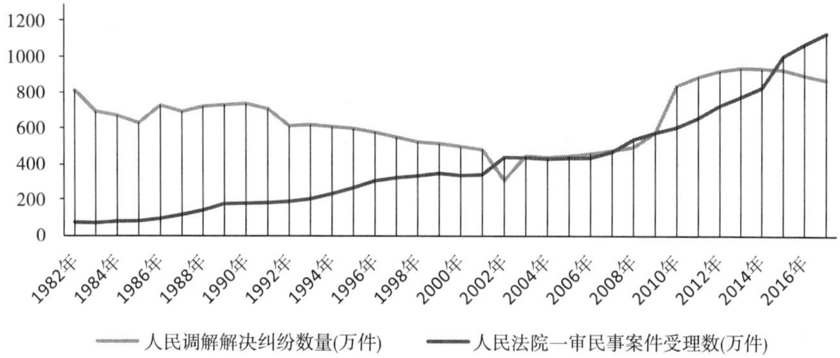

图1　1982~2017年人民调解解决纠纷数与法院一审民事案件数关系

由表5、图1可以看出1982年至2017年的36年间，我国的人民调解工作的变迁历程呈现明显的高低起伏变化。第一阶段是20世纪80年代，该时期整体为“W”形的变化趋势，为先降后升，小幅下降后再稳中有升的局面，虽然人民调解解决纠纷的数量有一定的涨跌，但没有出现集中的变化趋势。但从20世纪90年代开始的第二阶段，人民调解工作开始出现下坡路的倾向并一直持续了13年，并于2002年下降到历史最低点，下降幅度为57.6%。第三阶段是从2003年开始人民调解工作的复兴和回升，不仅停止了下降的趋势并且逐年上升,上升幅度逐年增大,其中2010年人民调解纠纷数同比增长超过45%,涨幅明显。最新的一个阶段为2013~2017年5年间又开始出现小幅度的下降趋势。反观人民法院一审民事案件的受理情况则是不断攀升,36年间案件数量上涨了14.6倍。人民调解解决纠纷数量从开始是法院受理民事案件数量的10倍一直降低到与之旗鼓相当,近些年法院一审受理民事纠纷数量连续反超人民调解解决的纠纷,并且有逐步拉开差距的态势,这也表明越来越多的人开始转向通过诉讼途径解决矛盾纠纷。

以上分析可以清晰地看出,2002年是我国人民调解工作的重要转折点,在这之前虽然也存在变化起伏,但适用人民调解调解民间纠纷的数量是出现明显的下降趋势,人民调解制度发挥调解纠纷的功能被持续弱化。2002年以后解决纠纷的数量开始持续上升,人民调解的功能又开始复苏增强,36年以来的人民调解工作基本可以概括为"U"形的"先衰落,后复兴"的发展态势。

为什么人民调解工作会出现如此高低起伏的变化,探究其背后形成的原因对更好地适用该项制度解决矛盾纠纷具有重要的意义。这一趋势变化可能会和诸多因素形成的综合影响有关,但其中最重要的一个因素是立法、司法政策的直接推动。

民事纠纷的化解机制包括诉讼和其他非诉讼方式的替代性机制,人民调解制度是其中之一。我们党和政府在不同的历史时期,根据社会经济发展的实际情况和综合治理的现实需要会对处理矛盾纠纷的机制实施不同的方针政策,而这会直接影响人民调解制度在纠纷解决机制中的地位及作用发挥。总体而言,有关我国人民调解工作的立法、司法政策经历了以下的变化:首先是1978年至1992年的"着重调解",人民调解在纠纷解决体系中居于首要地位,在很大程度上替代了诉讼成为解决矛盾纠纷当仁不让的首选机制。其次是1993年至2002年的强调运用法律手段来解决社会矛盾,除仲裁外的各种民间性和行政性替代纠纷解决方式机构的权限和效力受到严格的限制。这一时期人民调解的功能发挥受到了严重的压制,大量的案件如潮水般涌入法院。最后是2003年至今的号召构建多元化纠纷解决机制,人民调解再度焕发新生与活力。尤其是2011年实施的《人民调解法》,从人民调解工作的性质、原则、组织、人员、程序、效力等各个方面规范了人民调解工作,为其依法解决矛盾纠纷提供了坚实的法律支持和保障,人民调解工作的法律地位全面提升。这一时期内人民调解化解矛盾纠纷数量再一次超越人民法院的一审受案数,其功能作用的发挥为法院"案多人少"的矛盾起到了很好的分流作用。人民调解立法、司法政策的"强调—忽视—再强调"变化路径直接引起了人民调解制度在化解矛盾纠纷中的数量变化。

二、人民调解制度与家事纠纷的化解

"愿意使用法律的程度并不仅仅取决于一般法律体系的比较制度能力,而且取决于具体纠纷的特点。"[1] 特定类型的民事纠纷应该选择符合纠纷特点的恰当的、实用的解决方式。一方面,纠纷性质和特点对于当事人选择解决纠纷的方式具有直接影响。民事纠纷的主体不同、所蕴含的利益大小、涉及事实的复杂程度、性质等因素均直接或者间接地影响着纠纷解决方式的选择,当事人对纠纷的主观感受,虽然不可见,但可感知的情绪要素也是影响纠纷解决的有关因素。另一方面,解决民事纠纷的方式如诉讼、调解、仲裁、和解等在程序构造、法律适用、代价付出、成本计算上也各有不同,根据不同类型的纠纷选择适合其解决的方式才能让双方当事人的利益得到最大化。如果当事人选择的纠纷处理方式不适合纠纷的特性,不仅会导致当事人成本的重复,甚至会造成国家资源的浪费,处理结果也有可能无法尽善尽美。对于不同类型和性质的案件采取不同的处理程序是现代社会纠纷解决的大势所趋。适合人民调解制度来化解的纠纷的特点之一便是当事人关系密切、纠纷主体争执的利益不大。人民调解作为传统的民事纠纷解决机制,是通过矛盾双方之间的互相谅解和彼此退让妥协达成协议来化解冲突、维持和谐,在调解的过程中,当事人之间的友好协商贯穿始终。其具有扎根基层、群众基础广泛、方便快捷、成本低廉、不容易制造对立局面等特点,因此,对于权利义务关系简单、双方当事人具有感情基础、对抗性不强的纠纷,比较适宜适用人民调解的方式进行解决。

家事纠纷特有的身份性、情感性、伦理性等区别于一般民事纠纷的特点天然地决定了此类纠纷更适宜适用人民调解等非对抗性的合意纠纷解决方式。

(一)家事纠纷人民调解的内涵解析

家事纠纷人民调解制度,从字面上理解,即"人民调解 + 家事纠纷",是

---

[1] [美]罗伯特·C. 埃里克森:《无需法律的秩序》,苏力译,中国政法大学出版社 2003 年版,第 26 页。

指通过人民调解的方式来解决家事纠纷。家事纠纷是亲人之争、熟人之争，纠纷的非理性因素较多，纠纷当事人之间的权利义务关系表现得相当复杂，家庭成员之间关系作为初级关系突出的特点是长期性、非计算型、全面合作、相互依赖和难以转化。[1]与次级关系相比，初级关系成员之间出现纠纷的频率更高，但成员对待纠纷的态度常常体现为忍让而不是对立，解决方式也多半是容忍、包容、回避或争吵等，较少诉讼。[2]同时，由于家庭自身具有相对封闭性等特点，当一般家庭内部发生矛盾纠纷时，家庭成员之间更倾向于采取非公力的救济方式来解决纠纷，这也是我国千百年来“家丑不可外扬”的传统观念对纠纷方式选择的深刻影响。因此，民间性、自治性的人民调解方式在化解家事纠纷领域具有独特的优势，婚姻家庭也一直是人民调解化解的纠纷案件的主要类型之一。

此外，虽然同为调解制度，但人民调解和法院调解、行政调解是不同的解纷机制。在家庭发生矛盾纠纷后，家庭成员可以不通过人民调解而是直接将纠纷起诉到法院，在整个诉讼过程中，法院也可以对其进行调解，但其性质已经不是人民调解而是法院调解，达成调解协议后，法院可以直接制作调解书，调解书经当事人签收后，与生效判决一样具有法律效力。同理，当事人也可以直接寻求行政机关的调解，最典型的就是通过报警寻求公安机关的介入，但行政调解最突出的问题是调解协议效力欠缺，[3]由于当前只有人民调解的协议被法律明文规定赋予了合同效力，在实践中行政调解经常采用人民调解的包装。[4]

当然，对于家事纠纷，人民调解与法院调解、行政调解也存在紧密的相互联系，最显著的一个表现是人民调解的路径越来越开放，联合司法、行政资源进行协商调处变得普遍常见。如法院可以邀请人民调解委员会进驻法院，在家事案件立案前后，委托人民调解委员会进行调解：调解成功的，可以

---

〔1〕 参见陈爱武：《情理与互让：家事调解的技术构造解读》，载《社会科学辑刊》2013年第2期。

〔2〕 参见[美]戴维·波普诺《社会学》（第10版），李强等译，中国人民大学出版社1999年版，第172～177页。

〔3〕 参见徐昕：《迈向社会和谐的纠纷解决》，中国检察出版社2008年版，第71～73页。

〔4〕 参见范愉等：《多元化纠纷解决机制与和谐社会的构建》，经济科学出版社2011年版，第375～382页。

由当事人共同申请确认调解协议,或者办理登记立案手续,由法院对调解协议审查后出具调解书结案;调解不成功的,可以登记立案,进入法院审理程序。

(二)家事纠纷人民调解的性质

从性质上看,家事纠纷人民调解属于诉讼外调解、选择性调解。

第一,根据调解主体进行区分,家事纠纷人民调解明显区别于法院调解,属于诉讼外调解。家事纠纷人民调解具有高度的群众性、灵活性和自治性,矛盾双方达成的调解协议具有合同效力。双方可以将达成的人民调解协议在规定的期限内提交法院进行司法确认,经法院确认后的调解协议具有强制执行力。运用人民调解作为解决婚姻家庭矛盾纠纷是我国传统特色的调解形式,更是我国家事矛盾得以化解的重要途径之一。虽然人民调解制度几经浮沉,但无论过去还是现在,婚姻家庭纠纷仍然是基层人民调解委员会大量处理的纠纷。

第二,根据调解程序适用的强制性与否区分,家事纠纷人民调解属于选择性调解。当事人可以选择申请调解,也可以拒绝调解而通过申请仲裁、向人民法院起诉等其他途径寻求矛盾解决的方式方法,调解委员会不得因调解而阻止当事人依法行使自己的诉权。

与选择性调解对应的是前置性调解或强制性调解,即当事人在诉讼前必须先参加调解,也就是调解前置,域外很多国家和地区,如日本、韩国、我国台湾地区等实行这一制度。即对于家事纠纷,当事人在向法院起诉前必须先经过调解,未经家事调解而直接向法院起诉的,视为申请调解。但这里的调解是指法院调解,而不是人民调解。如日本家事法院有专门的法院调停,家事案件调停委员会由法官和两名调停委员组成,该调解具有司法性质,调解成功直接具有法律效力。我国的人民调解不同于域外的法院调解,它是纯民间性质的调解。因此,家事纠纷人民调解不是强制性调解,也不是法院受理家事纠纷案件的必经前置程序。

(三)家事纠纷人民调解运行之基本特征

1. 婚姻家庭纠纷是人民调解纠纷案件的主要类型

婚姻家庭纠纷与人民调解纠纷总数的年平均比值为31.85%,也就是说,人民调解成功调解的3件案件中有1件便是婚姻家庭纠纷,婚姻家庭纠纷是人民调解纠纷案件的主要类型来源。在人民调解中调解人与当事人生活在同一地域环境中，即使彼此不认识，但生活习惯、价值观念接近，对解决婚姻、家庭等纠纷具有良好的效果。2002 年之前，人民调解机制化解家事纠纷达到总数的 35% ~40%，比例相当可观，2002 年更是突破了全年人民调解总数的 50%。虽然 2003 年后的占比持续下降，但基本都维持在 20% 上下，占据调解总数的 1/5。此外，前述分析人民调解在化解婚姻家庭纠纷的数量与人民调解总量的整体变化趋势高度一致，反向表明化解婚姻家庭纠纷的具体数量可以直接影响到人民调解工作总量的变化。因此，做好婚姻家庭纠纷的人民调解工作是发展整个人民调解工作的重要阵地。

2. 人民调解在化解家事纠纷中的作用有所降低

虽然婚姻家庭纠纷依然是人民调解纠纷案件的主要类型，但其在人民调解纠纷总数中的比例持续走低已然是不争的事实，出现这种情况的原因在于人民调解化解婚姻家庭纠纷的数量相对 20 世纪末的时候下降明显，同时近 10 年来人民调解的纠纷总数却一直在上升。人民调解纠纷的总数有所增加，但其中的婚姻家庭纠纷数量却在减少，更多的家事矛盾通过其他途径得以解决，人民调解在化解婚姻家庭纠纷中的作用发挥效果在降低。

家事纠纷人民调解的数量变化密切关系到人民调解整体工作的繁荣发展，这一现象的出现需要我们提高警惕。对比 10 年间人民调解家事纠纷数和人民法院一审家事案件数，我们不难发现造成人民调解在家事纠纷中功能弱化的原因主要在于诉讼对家事纠纷起到了较强的分流作用。

3. 人民调解对家事纠纷当事人的吸引力有待提升

前述数据分析也揭示了当前我国人民调解适用解决家事纠纷的一大困境——即使是成本极具竞争优势（免费）的家事纠纷人民调解，吸引力也开始不敌诉讼。民众对费用的敏感度降低，开始转向对调解机构的公正性、专业性和权威性提出了更高的要求。改革开放以来，我国法治建设不断增强，通过司法实现公平正义逐渐深入人心。尤其是党的十九大以后，人民对美好生活向往的需求日益增长，对公平公正的要求更高，当发生纠纷时，更期待通过确定的法律规则和具有强制力的国家规制进行社会调整。2018 年下半年，最高人民法院在总结家事审判改革的有益经验基础之上，出台了《关于进一步深化家事审判方式和工作机制改革的意见（试行）》，其中专门关于“家事（法院）调解”的条文就有 9 条，该意见有力促进了家事纠纷的法院调解机制驶入专业化、正规化调解轨道的步伐。反观人民调解机制，虽然也在大力推进行业性、专业性改革，但始发于医疗卫生、道路交通、劳动关系、物业管理等领域，家事纠纷在这几年才开始号召专业化、正规化。因此，培养专业化的人民调解力量应该是未来家事纠纷人民调解工作的重要方向。

三、家事纠纷人民调解制度的价值与功能

（一）家事纠纷人民调解制度的价值

1. 人民调解是契合家事纠纷特质的优良机制

家事纠纷多发生于家庭成员内部，此种矛盾相对比普通民事纠纷不仅涉及当事人之间的利益纠葛，还会牵扯当事人之间的情感冲突，具有明显的争点复杂性。[1]情感纠纷的解决相对利益纠纷的处理困难很多，因为其蕴含大量的不可量化及不可固化的非理性因素，交叉着道德伦理、无法更改的血缘、长久的感情甚至是亲情等诸多元素，并不适合非黑即白，“一刀切”式的处理模式。虽然法院判决是以国家的强制执行力为后盾支撑，多数人在遇到棘手的纠纷时往往会通过先向专业化、中立性、权威性的法院寻求解决之道。但法院的判决目的是在查清事实真相的基础上，运用法律规定来确定和调整既存的权利义务关系。家庭是社会的细胞，家庭和谐则社会兴旺，家事纠纷的处理除解决纠纷之外还有更重要的目的——修复受损的家庭主体间的和谐情感关系。相对于诉讼，调解作为一种自愿的、非正式的、非对抗的、没有公权力直接介入的方式，让纠纷双方当事人在中立的第三方的协调和协助下，通过彼此让渡一定的权利来达到某种双方均可接受的状态，调解的顺序讲究按照“情—理—法”的先后进行，调解员大量运用“情理”来劝服双方，始终强调当事人之间的平等协商和互谅互让，以期减少彼此情感上的激烈对抗。因此，刚性的、明辨是非的诉讼方式并非解决家事纠纷的最佳选择，这也是法律上特别规定家事纠纷即使直接起诉到法院也应该进行先行调解的原因。由于调解本身固有的优势与家事纠纷案件的特质天然契合，家事纠纷一直是人民调解纠纷案件的主要类型来源，人民调解制度在解决家事纠纷方面发挥出了重要的作用。

---

〔1〕 参见陈宝军、王琦：《家事纠纷特质的反思与重识》，载《海南大学学报》（人文社会科学版）2018 年第 1 期。

2. 人民调解可以使破碎的家庭关系“破镜重圆”

家事纠纷区别于一般普通民间纠纷的另一大特点在于该纠纷的主体之间具有紧密的联系性和连续性。普通民间纠纷的主体之间可能会因为矛盾的引发和化解就不存在有任何的后续交集，但家事纠纷则不同，无论纠纷结果处理的是双方重归于好，抑或形同陌路，双方在未来的日子里还有广泛而密切的接触，并不适宜将彼此关系降到老死不相往来的最冰点，这也是家事纠纷调解成功率较高的原因之一。日本学者棚濑孝雄指出，“在对调解的期待中……包含了接触情感上的对立、恢复友好关系等强调共同体内秩序的内容”。[1] 但如果双方将家庭矛盾付诸法院寻求裁判，在胜诉心理的驱使下，双方当事人会穷尽所有的攻击防御方法互相质证，互揭伤疤，双方感情都将受到严重的伤害，理性的协商和仅存的感情基础会被愤怒甚至仇恨所取代，和谐的家庭关系将在等待判决中被蚕食殆尽，从而导致诉讼解决家庭矛盾的同时常常随着“事了情断”的结局。通过人民调解，家庭成员间可以平心静气、私密地来化解纠纷，不必以作出是非分明的判决为追求。现实也表明，真正不可调和的、异常尖锐对立的家事纠纷相对于可以和解的家事纠纷要少得多，因为家事纠纷中的根本性冲突较之于非根本性冲突要少得多。[2] 因此，家事纠纷中适用人民调解机制应该把促成当事人之间的情感恢复、消除对立作为根本的目标和价值取向，在消除当事人之间矛盾纠纷的同时努力维持和重塑和谐的人际关系，避免纠纷主体因针锋相对所衍生的其他社会问题。

3. 人民调解零费用、成本节约，适合我国国情

完美地解决纠纷是有代价的，这个代价就是时间、精力、金钱和若干社会资源。因此在构建任何法律制度时，都不能无视成本问题。[3] 而人民调解是完全免费的，其运作成本全部由国家财政负担，“人民调解委员会调解民间纠纷，不收取任何费用”。这对于涉及家长里短、日常生活琐事、财产标的一般都较小的家事纠纷的当事人来说是一个降低经济成本的解决矛盾的

---

〔1〕［日］棚濑孝雄：《纠纷的解决与审判制度》，王亚新译，中国政法大学出版社 2004 年版，第 243 页。

〔2〕参见吴志刚：《家事纠纷的特质性及其调节机制的构建》，载《青岛农业大学学报》（社会科学版）2008 年第 3 期。

〔3〕参见王学棉：《特殊类型诉讼中的司法正义》，人民法院出版社 2003 年版，第 117 页。

绝佳选择,尤其是对于我国广大农村地区发生的矛盾而言更是如此。虽然当前我国农村大量的劳动力涌向城市,农村的城市化进程加快,但截至2017年我国农村常住人口依旧有57,661万人,占全国总人口数的41.48%,乡村里传统的礼治秩序和"熟人社会"依然一定程度地存在,无讼的观念也深深扎根,村民邻里之间发生的矛盾纠纷大都适合通过经济成本低、时间成本低、性价比高的人民调解进行化解。2016年全国人民调解的邻里纠纷数量占调解纠纷总数的25.4%,占据所有类型纠纷中最大的比例,相信这里面有很大一部分是由乡村邻里纠纷贡献的。由此也可以看出,对于发生在农村的家事纠纷,人民调解可以发挥其地缘、人际优势等特点,就近进行调解,省时省力,实现双赢。

此外,人民调解的非强制性还可以有效降低双方当事人的心理成本。对于诉讼而言,法院的判决结果并不在起诉人的控制范围内,其有可能要承担败诉的风险,会担心启动诉讼程序后投入的金钱、精力是否能够产生预期的利益。但人民调解不同,其完全建立在双方当事人自愿接受调解的基础之上,在进程中有任意一方当事人明确拒绝调解的话,则流程中断,双方当事人均可以掌握调解的节奏和进程。正如日本学者棚濑孝雄所言"由于调解赋予当事人拒绝的权利,因此可以不必在通过证据的审查逐一认定事实和法律规范的辩论解释花时间,也可以不用花钱请律师来处理复杂的程序,当事人能够一下就进入所争议问题的核心,谋求纠纷的圆满解决"。[1]因此,适用人民调解可以避免较多的费用开支和不确定的时间消耗,大幅度提高解决纠纷的效率。

(二)家事纠纷人民调解制度的功能

1. 化解家事纠纷

"中国法律制度最引人注目的一个方面是调解在解决纠纷中不寻常的重要地位。"[2]家事纠纷人民调解制度的最大功能也在于化解家庭矛盾纠纷。

---

〔1〕[日]棚濑孝雄:《纠纷的解决与审判制度》,王亚新译,中国政法大学出版社2004年版,第89页。

〔2〕[美]柯恩:《现代化前夕的中国调解》,王笑红译,载强世功主编:《调解、法制与现代性:中国调解制度研究》,中国法制出版社2001年版,第146页。

习近平总书记指出："家庭是社会的细胞。家庭和睦则社会安定，家庭幸福则社会祥和，家庭文明则社会文明。"这句话高屋建瓴地揭示了家庭不只是一个"小家"，而且对社会的影响具有强大的扩张性和代际传播的特点。据有关资料显示，70%以上的青少年犯罪都是因为家庭不和造成的。[1] 因此，当出现的家庭纠纷没有得到妥善解决可能像蝴蝶效应一样引发更大范围的社会矛盾，尤其在强调多元化纠纷解决机制的大背景下。根据统计，2008年至2017年的10年，通过人民调解解决的婚姻家庭纠纷数量为1611.69万件，起诉到人民法院一审的婚姻家庭、继承纠纷为1598.66万件，人民调解的家事案件数量比家事审判的案件数量多13.03万件。人民调解制度的运行不仅解决了大量的家事纠纷矛盾，并且在客观上也起到了减少诉讼，缓解法院办案压力的效果。虽然近年来家事纠纷人民调解的数量少于一审人民法院受理的婚姻家庭、继承纠纷案件数，人民调解制度在解决家事纠纷方面的作用有所下降，但其依然发挥着不可替代的重要作用。

2. 预防犯罪，维护社会稳定

家事纠纷人民调解制度还具有预防犯罪，维护社会稳定的功能。伏尔泰说，"雪崩时，没有一片雪花是无辜的"。很多刑事案件的发生是由于民间纠纷长期得不到妥善解决转化而来的，民间纠纷的激化是产生犯罪的一个不可忽视的重要因素。家庭矛盾纠纷也不例外，据全国妇联的调查显示，在全国2.7亿个家庭中，50%以上的女性犯罪涉及家庭暴力因素，80%以上严重伤害、杀人的女性犯罪是由于家庭暴力因素引起的。因此，及时发现并妥善处理婚姻家庭纠纷，可以预防和减少家庭恶性刑事案件的发生。人民调解委员会是与家庭联系最密切的基础组织，调解员因生活在民众之中，实行不同于法院不告不理的工作方针，能及时地发现纠纷并主动进行调解。近年来，人民调解组织广泛开展经常性的矛盾纠纷预防、排查、化解工作，成效显著。每年都能预防近200万起民间纠纷的发生，防止因民间纠纷转化为刑事案件的数量更是逐年减少，人民调解制度有效预防和减少了大量矛盾纠纷，为社会的稳定发展贡献了巨大的力量。

---

〔1〕 参见《习近平谈家庭与社会》，载中国网：http://www.chinanews.com/gn/2018/05-22/8519395.shtml。

表 6　2011～2016 年全国人民调解预防纠纷和防止民转刑案

年份	预防纠纷/万件	防止民转刑/万件
2011	238.00	8.60
2012	206.52	6.16
2013	215.22	—
2014	195.29	4.64
2015	192.29	3.68
2016	—	2.64

第二节　家事纠纷人民调解制度的基本内容

一、家事纠纷人民调解制度的基本原则

家事纠纷人民调解的原则是调解员在调解过程中必须严格遵守的行为准则，如有违反，则有导致调解努力付之东流的危险。调解家事纠纷除了需要遵循一般人民调解工作的基本原则外，还要遵循符合化解家事纠纷的特有规律。

（一）平等自愿原则

人民调解必须在当事人自愿、平等的基础上进行。自愿即双方当事人都心甘情愿接受人民调解及达成的调解协议；平等即双方当事人地位平等，调解员平等的对待双方。平等自愿并不排除调解组织主动上门调解，也不排除调解员对矛盾双方错误的言行进行必要的批评教育及纠正。

（二）依法原则

人民调解不得违背法律、法规和国家政策，调解员在调解中应当坚持原则，明法析理，主持公道。如果达成的调解协议违反法律、行政法规的强制性规定，则该协议无效。无效的调解协议自始没有法律约束力，部分无效的不影响其他有效部分。

（三）不影响当事人诉权原则

尊重当事人的权利，不得因调解而阻止当事人依法通过仲裁、行政、司法等途径维护自己的权利。即使在调解过程中，当事人也可以拒绝或要求

终止调解。哪怕经调解达成了调解协议,一方当事人仍可以向人民法院提起诉讼。

(四)调解不公开原则

虽然《人民调解法》没有明文规定调解家事纠纷公开与否的方式,而是赋予了当事人自主选择权,可以要求调解公开或者不公开进行,但依据家事纠纷的特性以及司法惯例,家事纠纷适宜采用不公开的调解方式。因此我们建议家事案件的调解过程不公开,但当事人均同意公开的除外。

二、家事纠纷人民调解的参与主体与程序

(一)家事纠纷人民调解的参与主体

1. 当事人

家事纠纷人民调解当事人是指请求人民调解委员会(以下简称调委会)解决家事纠纷的民事权利义务的主体。相对于普通纠纷的当事人范围而言,家事纠纷明显小于普通纠纷。普通民间纠纷可能会发生在公民与公民之间,也可能发生在公民与法人及其他组织之间,抑或法人、组织之间。但家事纠纷亲缘性的特点决定了双方当事人只可能是家庭成员,排除了非家庭成员之间的其他主体。家事纠纷调解的当事人虽然范围相对狭窄,但他们在调解中的具体特征和普通纠纷人民调解并无二样。

第一,双方当事人地位平等。我国《人民调解法》第3条明确规定,在当事人自愿、平等的基础上进行调解,家事纠纷双方当事人在人民调解的过程中,不问地位高低,不问对家庭贡献的大小,始终处于平等的地位。

第二,双方当事人处于调解的中心地位。"从本质上说当事人主导着调解过程。选择调解类型、调解员以及调解风格等,所有这一切都取决于当事人而不是其他任何人。所有有关调解需要作决定的权力也总是保留给当事人",[1]不过在涉及未成年子女的家事纠纷中,必须遵循"最有利于未成年子女"原则,不能任由当事人达成损害未成年子女利益的人民调解协议。虽然我国《人民调解法》并未明文规定该项原则,但各国关于家事纠纷的调解

〔1〕［英］迈克尔·努尼:《法律调解之道》,杨利华、于丽英译,法律出版社2006年版,第221页。

机制均建立在保护未成年子女最大利益的基础之上。在牵涉未成年子女的家事纠纷实践中,由于父母双方与子女各有不同的独立利益,而父母是具有明确判断能力的成年人,未成年子女并非完全民事行为能力人,加之父母之间常常会因为子女的抚养权归属而争论不休,实在难以确保他们作出的安排是从子女利益角度出发的。因此,在家事纠纷人民调解制度中也需要严格贯彻这一基础原则。

此外,家事纠纷调解的当事人也享有法定的权利和必须履行的义务,如对于调解的拒绝、终止都可以随时、自由地,不需要任何理由地行使,诉权不会因为人民调解成功与否受到限制等。同样,在调解过程中当事人也需要如实陈述纠纷事实、遵守调解秩序、尊重人民调解员以及对方当事人的相关权利等。总之,调解的顺利进行需要双方当事人充分地发挥享有的权利和积极履行该履行的义务,需要各方共同努力,创造和维持一种便于交流和沟通的积极氛围。

2. 人民调解委员会

我国数量最多的人民调解机构主要是农村村民委员会、城市(社区)居民委员会设立的人民调解委员会。[1]但随着社会的迅速发展,人员流动的加快,经济交往的日益密切,各种类型与内容更加纷繁复杂的民间纠纷层出不穷,依据人居区域建立起来的传统的基层调解组织已经无法有效地应对。于是人民调解组织的范围和形式也顺应时代的变化而进行了扩大和升级。现行的调解委员会已经扩展到乡镇街道、企事业单位、社会团体等,各行各业专业性、行业性的人民调解组织也得到大力发展。截至2016年,全国人民调解委员会总数为783,995个。其中,村(居)调委会为664,285个;乡镇(街道)调委会为42,580个;企事业单位调委会为44,954个;社会团体和其他组织调委会为32,176个;行业性、专业性人民调解组织45,778个(设立人民调解委员会24,330个,设立调解室21,448个)。

行业性、专业性人民调解委员会是《人民调解法》明确规定的人民调解组织的法定形式之一。大力推进的行业性、专业性人民调解工作对有效化解大量行业和专业领域的矛盾纠纷发挥了重要的作用。在此背景下,专业的婚姻家庭纠纷人民调解委员会(以下简称婚调委)也应运而生。婚姻家庭

---

[1] 根据《2016年度人民调解工作发展报告》显示,2016年全国村(居)人民调解委员会占全国调委会总数的84.7%,占绝大多数的比例。

纠纷人民调解委员会的构成严格按照《人民调解法》的规定设定，一般由3~9人组成，设主任1人，必要时，可以设副主任若干人。在当前的具体实践中，婚调委一般在本级妇联领导下开展工作，由同级司法行政部门负责指导本级婚姻家庭纠纷人民调解工作，主任由同级妇联分管领导担任。婚姻家庭纠纷调解室根据各地实际的财政状况或者单独设立或者合署办公，但一般内部构造都与普通的纠纷调解室布置不同，其突出温馨和谐的家庭式调解环境的营造。例如，北流市婚姻家庭纠纷人民调解委员会通过摆放和安装绿萝、沙发、茶几、导诉台、婚姻家庭视频播放设备、便民桌、家事圆桌等设备，张贴"和""二十四孝""弟子规"等字画，设立单独的惜缘工作室、爱善家园等，努力营造轻松、和谐的外部调解环境，从空间因素出发助力家事矛盾纠纷的成功化解。

总体而言，婚姻家庭纠纷人民调解委员会的主要工作有：一是调解本地区因婚姻家庭生活中涉及妇女儿童权益保护的赡养、扶养、抚养、继承等各类矛盾纠纷，防止纠纷激化；二是定期汇总分析受理的家事纠纷矛盾，排查可能存在的隐患，并向上级有关部门报告，做好事前预防；三是开展婚姻家庭方面的政策法律的宣传，引导双方当事人依据事实和法律公平解决婚姻家庭纠纷，解答关于婚姻家庭方面法律法规的咨询，并提出改善婚姻家庭关系的合理化建议；四是协助和引导双方在不能调解和调解未达成协议的情况下进入诉讼程序。

3. 人民调解员

人民调解员是人民调解制度的细胞，是具体实施人民调解工作的直接承担者，因此人民调解员的业务水平、综合素质对人民调解功能的发挥，妥善化解矛盾纠纷起着至关重要的作用。现实中我国婚调委的调解员多数从妇联工作人员和懂法律、有专长、为人公道正派、热心人民调解工作的维权志愿者中选聘，也有积极吸收从家事审判岗位退休的法官、有处理家事案件经验的律师、研究家事法律法规的学者等人员参与家事纠纷人民调解工作。例如，湖南省组建了由省直相关部门负责人以及省内心理学、社会学、法学等领域专家、学者参加的婚姻家庭纠纷多元化解机制建设项目团队，建立了20多人的婚姻家庭纠纷调解专家库，为家事纠纷化解提供咨询和指导。总体而言，国家大力加强人民调解员队伍建设，通过加强对人民调解员的选聘、培训、管理、保障不断提高队伍素质，优化队伍结构。

(二)家事纠纷人民调解的程序

程序是指按时间先后或依次安排的工作步骤。[1]人民调解的程序相对自由和灵活,没有严格的规范限制,全国各省市依据《人民调解法》制定的人民调解工作条例中关于调解程序的规定也各有不同,地域特色明显,[2]但基本流程可以概括为管辖—受理—确定调解员—进行调节—调解结束—记录与归档。

1. 人民调解的管辖

原则上,家事纠纷由纠纷发生地或者纠纷当事人所在地、所在单位的人民调解委员会受理调解。如果当事人所在地设立了专门的婚姻家庭纠纷人民调解委员会,则当事人也可以协商选择求助于该专业性、行业性的人民调解组织。此外,人民调解委员会还可以受理在征求当事人同意基础上由法院委托的进入诉讼程序的婚姻家事案件的调解,以及接受行政机关委托的有关调解。

2. 人民调解的受理

人民调解委员会受理家事纠纷与受理其他矛盾纠纷并无两样,一般有两种途径:一种是纠纷当事人主动申请调解,对于符合受理条件的应及时受理并开展调解,对于不符合受理条件的应告知当事人正确的解纷途径;另一种是人民调解委员会或者婚调委发现属于职责范围的纠纷后主动介入进行调解,但主动调解也必须征得双方当事人的同意,一方明确拒绝调解的不得强行调解。

3. 确定调解员

对调解员的确定,人民调解委员会或者婚调委可以根据调解家事纠纷的需要,指定一名或者数名调解员进行调解;也可以由当事人选择一名或者数名调解员进行调解。如果是两名以上调解员共同调解则需要确定由其中一人主持调解过程,如果当事人对调解员提出回避申请,则应予以更换新的调解员。

---

〔1〕 参见《辞海》,上海辞书出版社1979年版,第1752页。

〔2〕 以我国的闽南地区为例,当地的人民调解员在调解婚姻家庭纠纷的案件中,注重运用闽南地区居民传统的风俗习惯、地方民情以及具有闽南特色的俗语、闽南语交流的方式开展调解,当地婚姻家庭纠纷案件的调解成功率非常高。

4. 进行调解

调解员确定后，家事纠纷就进入最重要的环节——开展调解。

首先，确定调解地点。调解纠纷可以在调解室进行，也可以就地进行，但应当及时。在调解地点上有条件的调委会可以选择"场景营造"的策略，即使用仿"家"的塑造模式，利用调整当事人座位的方式减少对抗的意味，对室内装饰增加有关"家文化""家风"等内容以体现浓浓的"家"的韵味，通过符号、仪式心理刺激功能以实现软化对立情绪，凸显家庭亲情，拉近彼此距离的效果。[1]

其次，在进行调解时，调解员可以根据纠纷的不同情况采取多种方式调解，充分听取当事人的陈述，讲解有关法律、法规和国家政策，耐心疏导，在当事人平等协商、互谅互让的基础上提出纠纷解决方案，帮助当事人自愿达成调解协议。家事纠纷的情感基础决定了其必须遵循内心的接受与情感上的弥合的"攻心"路径。

最后，调解员在调解纠纷过程中必须严格把握，防止矛盾激化。一旦发现纠纷有可能激化的，应当及时采取有针对性的预防措施。对有可能引起治安案件、刑事案件的纠纷，应当及时向当地公安机关或者其他有关部门报告。

5. 调解结束

结束家事纠纷人民调解的方式有两种：一种是调解成功，双方达成调解协议；另一种是调解不成功，当事人寻求其他合法解决途径。

6. 记录与归档

调解员应认真记录调解情况，建立调解工作档案，将调解登记、调解工作记录、调解协议书等材料立卷归档。实践中，尤其是基层人民调解的归档工作不甚理想，当然这也与家事纠纷的性质有关。对于非正式的民间调解而言，家庭纠纷被解决后一家人往往就高高兴兴地回家了，案结事了后调解员也确实没必要再对案件进行登记归档。而且很多家事纠纷属于比较简单的矛盾，调解员通过讲道理般的语言沟通就能解决问题，当事人之间也多是达成口头协议，无须动笔起草协议书，因此现实中有很多纠纷虽是通过人民调解处理但并没有纳入统计。

---

〔1〕 参见李拥军：《作为治理技术的司法：家事审判的中国模式》，载《法学评论》（双月刊）2019年第6期。

三、家事纠纷人民调解的方法和技巧

(一)家事纠纷人民调解的方法

1. 面对面调解法

该办法适用于分歧不大、矛盾不尖锐、对抗性不强,且当事人情绪均比较稳定的家事纠纷。此类纠纷大都案情简单,只需要组织当事人面对面开诚布公地将彼此对矛盾的态度和要求表达出来,实现更好的沟通。而且调解员全程参与可以掌控交流的局面,并且利于凸显调解员中立的地位,让当事人更加信服调解结果。

2. 背靠背调解法

该办法适用于当事人之间对抗情绪明显或者对矛盾纠纷认识分歧大,固执己见,采用面对面的方法容易导致矛盾激化的情况。调解员需要分别听取双方当事人对纠纷的看法和认识,通过说服、教育等手段使双方均作出让步,不断缩小分歧,最终达到调解成功的目的。在使用该方法的时候由于调解员发挥着类似于沟通桥梁的作用,因此在传递双方当事人信息的时候一定要注意措辞表达,既要删除会引起对方不愉快的言语又要保持讲述者的原意,较为考验调解员的表达沟通能力。

3. 情感触动法

该方法比较适合在家事纠纷调解中运用,因为矛盾双方有着较为深厚的感情基础,可以通过情感的"攻心为上"策略使纠纷得到妥善化解。调解员在运用该方法的时候不能仅局限于矛盾双方的感情因素,还应该利用父母、孩子等其他亲属的感情因素。

例如,南京市某调解员接待了一对因为支付孩子抚养费而产生分歧的离异男女,调解员在运用该方法前做了充分的调查工作,了解到离婚后孩子跟着女方生活,女方在培养孩子方面倾注了大量的心血,不仅关注孩子的日常学习,更在其兴趣爱好上狠下功夫。孩子也不负众望,学习之余刻苦钻研书法,在某次的国家级比赛上荣获一等奖。调解员在掌握该信息之后动之以情,晓之以理地劝说男方:培养孩子是一件极其不容易的事情,由于孩子尚年幼,生性顽劣,女方在教育培养他的过程中付出了太多,而这一切作为父亲的男方并没有参与什么,因此应该在经济上更多地支持孩子的成长。而且孩子在书法上已表现出过人的天赋,兴趣教学的投入是需要很大花费的，男方不应该斤斤计较抚养费的多与少，而是要从利于孩子全面发展的角度出发。最后男方体会到女方培养他们共同孩子的良苦用心，同意追加抚养费。调解员巧妙利用父亲对孩子的爱成功化解了这起因金钱而起的抚养费纠纷。

4. 明法析理法

通常情形下，人民调解员会灵活运用法律、道德伦理、常识情理等多种多样的社会规范来处理当事人之间的纠纷事实，但有的时候当事人凭借自己固有的思维和意识来主张并非合情合理的需求。此时就需要调解员耐心地向当事人释法说理，引导其转向法治思维的轨道上寻求解决纠纷的办法，让当事人意识到自己的错误观点以及行为于法不合、于理不通，必要时可以用法律对当事人进行震慑，因此便需要调解员熟练地掌握有关家事纠纷处理的法律法规知识。

5. 利弊分析法

该方法是调解中最常运用的方法，也是一个综合性的方法，往往与其他方法融合使用。该方法要求调解员跳出当局者迷的境地，站在全局的一个角度帮助矛盾双方进行综合分析和思考，帮助其在全面、客观、权衡下作出最佳的选择。利弊分析法一般包括经济成本分析、感情维系分析、矛盾影响分析等内容。

此外，还有褒扬激励法、冷热交替处理法、模糊处理法、多方协助调解法等多种方法。[1]对于具体的个案调解而言，每种调解方法之间并非独立存在，而是结合具体矛盾纠纷灵活使用，在同一家事纠纷尤其是比较复杂的纠纷中多种调解方法往往会并行使用，以实现有效调解，案结事了的目的。

（二）家事纠纷人民调解的技巧

1. 耐心疏导

耐心是调解工作的基础，也是人民调解法明确规定的工作要求，在面对任何矛盾纠纷的时候都需要耐心，对于家事纠纷而言尤为重要。一般家庭发生了矛盾纠纷，在没有发展到一定程度的情况下当事人并不情愿将所谓的“家事”“家丑”让外人知道，他们寻求外界帮助前大都作了一番心理斗争，

---

〔1〕参见孟德花：《法律视角下的婚姻家庭纠纷调解技巧探究》，中国社会科学出版社2017年版，第256~268页。

因此我们的调解员一定要让当事人感受到人民调解是可信赖的“自己人”，能够帮助其维护自身权益。耐心、态度好能体现出尊重、关心这种人类最基本的需要，是做好调解工作的基础。

如一位调解员接待了一对怒气冲冲的夫妻，调解员耐心听双方足足吵了10分钟后发现吵架只是为了一件芝麻大的小事：之前家中请的保姆要离职，妻子想再请一个，催了丈夫几天，丈夫因为工作忙给忘了，就为了这事两人闹到了司法所还嚷嚷着要离婚。调解员耐心地陪他们聊了近5个小时，并和颜悦色地劝导两人，最后夫妻俩相视而笑结束了这场争吵，离开了调解室，实现了双方当事人的“双赢”。[1]

2. 平复情绪

家事纠纷尤其是夫妻间的矛盾，很多是因为闹情绪引发，因此调解员在调解时要注意平复或舒缓当事人的情绪。在这方面可以参考很多基层法院的创新做法：例如，宁陵县人民法院制定诉前夫妻情感试卷，让闹得不可开交的夫妻通过答题能冷静下来，唤起其曾经共同生活的点滴和回忆；也有通过放松当事人身心的举措来平复情绪的，如“看电影、造氛围、品香茗、忆往事”的“温情四部曲”。上述举措均是巧借外力唤醒情感的技巧，适合因为鸡毛蒜皮的家庭生活小事引发的“情绪化”矛盾。

3. 心理辅导

心理辅导对于调解员来说是一项专业性极强、要求性极高以及全新的工作。以往的调解中不会突出强调心理辅导的作用，但对于家庭关系及情感产生“瘀堵”的家事纠纷而言，帮助当事人释放极端负面情绪，纠正心理上的偏差，解开心结，是活血化瘀的绝佳办法。最高人民法院《关于进一步深化家事审判方式和工作机制改革的意见（试行）》第29条也将心理疏导作为常规的技术手段纳入法院的家事审判实践中，作为同样处理家事纠纷的人民调解也要与时俱进。心理辅导不仅需要专业性的技术人员支持，还需要配置沙盘分析、宣泄设备等硬件设施，这对于长期受到经费保障制约的人民调解而言难以短期内实现，因此可以在对调解员的常规性培训中加入心理疏导的有关知识，鼓励调解人员自学心理学，考取心理咨询等专业证书等。

---

[1] 参见王恒勤主编：《人民调解理论与实务》，中国政法大学出版社2011年版，第203页。

四、家事纠纷人民调解的结果

(一)调解成功

1. 人民调解协议的达成

人民调解协议是指在调解委员会的主持下,双方当事人为解决他们之间的纠纷,经协商,自愿达成的协议。[1]调解协议分为书面和口头两种,根据人民调解协议的有关数据显示,2015 年达成协议的人民调解案件共计 9,100,066件,占纠纷总数的 97.52%,其中达成口头调解协议的为 5,630,798件,占达成协议案件总数的 61.9%;2016 年达成协议的人民调解案件共计 8,797,171 件,占纠纷总数的 97.5%,其中达成口头调解协议的为 5,351,397 件,占达成协议案件总数的 60.8%。由此可见超过一半的人民调解案件是以口头协议形式结案的。经人民调解委员会调解达成的调解协议,不管书面还是口头,均具有法律约束力,当事人都应当按照约定履行。口头调解协议自各方当事人达成协议之日起生效,书面调解协议自各方当事人签名、盖章或者捺指印,人民调解员签名并加盖人民调解委员会印章之日起生效。

如果当事人之间就调解协议的履行或者调解协议的内容发生争议的,一方当事人可以向人民法院提起诉讼。但此时原告的诉讼请求将不再是双方当事人之间最原始的矛盾纠纷及原民事法律关系,而是经过调解达成的协议。当调解协议被法院确认符合法定有效条件的,法院应当维护调解协议的效力,当事人应当按照协议的约定履行自己的义务,当事人之间原民事法律关系被达成的调解协议所覆盖。从诉讼法的角度看,调解协议属于具有证明力的书证,当一方当事人向法院起诉要求对方当事人履行调解协议的,调解书是本诉的证据[2],并且当一方以原纠纷起诉时,对方可用调解协议来进行抗辩。

因此,当事人向人民法院就调解协议起诉的,只能是请求对方当事人履行调解协议、请求变更协议、请求撤销协议以及请求确认调解协议无效四种情形。

---

〔1〕 参见徐胜萍:《人民调解制度研究》,北京师范大学出版社 2016 年版,第 106 页。

〔2〕 参见王恒勤主编:《人民调解理论与实务》,中国政法大学出版社 2011 年版,第 228 页。

2. 人民调解协议的效力

我国《人民调解法》第 31 条规定,经人民调解委员会调解达成的调解协议“具有法律约束力”。

“具有法律约束力”,一是指实体法上的效力。矛盾双方在平等协商的基础上自愿达成调解协议。因此,协议一经达成,就在当事人之间产生相当于合同的效力,依据“先前行为产生作为义务的原则”,理性的成年人应该按照协议的内容履行相应的义务,不可轻易毁约。如果随意对达成的调解协议进行反悔,则会产生依法承担违约责任的法律后果。我国《民法典》第 465 条第 2 款规定:“依法成立的合同,仅对当事人具有法律约束力……”此处的法条用语与《人民调解法》第 31 条有着异曲同工之妙。二是指程序法上的效力。《人民调解法》第 31 条规定,当事人应当按照约定履行调解协议,并且人民调解委员会应当监督,督促当事人履行约定。此处法条用的是“应当”的强制性规定,对于当事人而言,合法有效的调解协议必须履行,没有不履行或者部分履行的选择自由。因此,对于经过司法确认后的人民调解协议,如果一方当事人不履行的,将被课以承担程序法上的强制执行之后果。

3. 人民调解协议的司法确认

《人民调解法》的颁布在法律层面对人民调解制度产生了诸多重大而深远的影响,其中之一便是建立调解协议司法确认制度。司法确认给人民调解协议武装上有利的“牙齿”,让其在合同效力之外获得执行力,扭转了它在民众心中刚性不足的刻板印象,使其功能更为强硬。人民调解协议司法确认程序的应用率与人民调解协议履行情况存在密切联系。[1]并不是所有的人民调解协议都需要进入司法确认程序,多数达成的人民调解协议得不到有效履行是该程序运行的前提。前述分析 2016 年人民法院受理当事人申请司法确认的人民调解协议比上一年下降 4 个百分点,比例的减少一方面说明纠纷当事人的诚信意识、履约意识增强;另一方面说明人民调解工作的质量和水平进一步提升,当事人自觉履行约定的义务,无须再申请司法确认。[2]目前,人民调解协议较高的自动履行率是我们所期望看到的良性运

〔1〕 参见乔欣主编:《民事纠纷的诉讼外解决机制研究——以构建和谐社会为背景的分析》,中国人民公安大学出版社 2018 年版,第 140 页。

〔2〕 参见司法部基层工作指导司人民调解处:《2015 年度全国人民调解工作数据统计》,载《人民调解》2016 年第 4 期。

行状态,除了上述原因,也与人民调解化解纠纷的类型多为案情简单、法律关系清楚的民间纠纷有关,其具备即时履行协议的客观条件。

(二)调解失败

人民调解在化解矛盾纠纷上一直保持着较高的成功率,但也有少数无法被成功调解。当人民调解员无法调和矛盾双方的纠纷时,应当终止调解,并依据有关法律、法规的规定,告知当事人可以依法通过仲裁、行政、司法等途径维护自己的权利。"调解不成"是调解失败的典型类型,此外,还有几种情形也可以归纳入调解失败的范畴:

一是如果当事人请求变更、撤销调解协议,或者请求确认调解协议无效,法院最终依据有关规定支持了当事人的请求,则原调解协议将被变更、撤销或宣告无效,此时说明调解协议存在变更、撤销及无效的法定情形,当事人之间的纠纷并未通过公正、合法、合理的解纷机制得到解决,这种情形可以被判定为调解失败。

二是在双方当事人请求法院进行司法确认时被法院依法确认调解协议无效的,由于法院裁定驳回的是对调解协议进行司法确认的申请,此时法院的裁定并未涉及当事人之间的权利义务关系,该裁定只能说明法院否认了调解协议的效力,并未对双方的矛盾纠纷进行实体处理。当事人的当务之急仍是解决原纠纷,因此可以通过再次进行人民调解、私下和解、诉讼、达成仲裁协议申请仲裁等方式继续解决原解纷。

第三节 我国家事纠纷人民调解制度的实践与改革

一、我国家事纠纷人民调解制度的发展状况

我国32年以来人民调解工作的发展进程,可以发现人民调解组织、人民调解员队伍、人民调解案件总数以及人民调解家事案件数量等构成人民调解制度的不同要素之间的发展趋势并不完全一致。

人民调解员人数与解纷的总数及化解家事纠纷的数量并未呈正相关的关系,反而呈负相关的关系。调解员人数众多的时期,调解解决的纠纷数量并没有猛增。反观调解解决的纠纷数量增长的时期,恰好调解员人数正逐年下降,这与我们日常认知中的调解力量增强化解纠纷数量也会随之增多

的刻板印象正好相反。之所以出现上述现象,原因主要在于:

一是司法政策定位的转变直接影响人民调解。人民调解员众多的时期正好集中于20世纪90年代,这段时期调解制度因为自身的局限受到学界的广泛批评,国家政策逐渐从调解优先转向重视审判,因此虽然该时间段人民调解员人数众多,但当事人受到司法政策导向的影响选择用审判而不是调解的居多。2010年以后官方对调解的态度和政策又回归到鼓励和推动,官方努力推动下的制度革新和完善是人民调解制度再次复兴的"强心剂"。[1]

二是新型纠纷增加导致调解数量上升。20世纪90年代我国经济体制改革开始进入社会主义市场经济阶段,该阶段的矛盾、纠纷数量都有限,类型也比较单一。2010年以后我国经济进入快速发展阶段,各种新型矛盾、纠纷层出不穷,包括婚姻家庭案件也出现了很多新的问题,如婚姻出轨、家庭暴力呈现上升趋势,离婚时一方当事人的探望权保障不足、农村留守儿童的健康成长问题,等等。矛盾纠纷的基数逐渐变大,被调解的案件数也自然水涨船高。

三是人们对调解方式的认知出现变化。经济的发展带来个人利益保护意识的觉醒,在20世纪90年代用诉讼的方式解决纠纷被认为是一种进步的体现,而调解则与"落后""妥协"等负面词语挂钩,所以该阶段大量的纠纷涌入了法院,而调解遭到冷落。2010年以后经济的高速发展让人们的思想进一步解放,个人权益保护意识进一步增强,个体更多地考虑如何解决纠纷对自己最为有利,不再执着于单一的诉讼方式,有越来越多的当事人能够接受理性地协商调解的方式。这种思想认识的转变在离婚案件中也得到了体现,根据最高人民法院2018年发布的《司法大数据离婚纠纷专题报告》,77.51%的夫妻离婚是因为"感情不和"这个无过错的理由,这充分表明了夫妻对待感情纠纷越来越理性,不再过分追求一个基于过错判断的权利保护,当事人调解意愿增强。[2]

四是人民调解队伍门槛的要求逐步提高。全国各级司法行政机关高度重视人民调解员队伍建设,严格按照条件选聘,及时调整、撤换不合格的人民调解员,人民调解员整体数量下降但质量提升。此外,从2013年起,人民

[1] 参见朱新林:《人民调解:衰落与复兴——基于1986~2009年人民调解解纷数量的分析》,载《河南财经政法大学学报》2012年第4期。

[2] 参见汤鸣:《比较与借鉴:家事纠纷法院调解机制研究》,法律出版社2016年版,第139页。

调解委员会的数量以平均每年 1 万个的速度逐年减少，人民调解员数量与之相应地也有所减少。

二、我国家事纠纷人民调解制度的经验成就

（一）我国家事纠纷人民调解组织运行更加规范

根据《人民调解法》的规定，家事纠纷人民调解组织作为人民调解主体中更加细致的一个专业分支，和其他专业性、行业性的人民调解组织一样受到司法行政部门和人民法院的指导。近些年在对人民调解组织的指导和支持的力度上日益向家事纠纷人民调解组织倾斜。2017 年 3 月司法部出台的《关于做好婚姻家庭纠纷预防化解工作的意见》，要求通过建立健全婚姻家庭纠纷人民调解组织、建设婚姻家庭纠纷人民调解员队伍、加强婚姻家庭纠纷调解工作经费保障等途径加强婚姻家庭纠纷人民调解工作。其实湖南省早在 2014 年便开始在全省各县（市、区）逐步建立婚姻家庭纠纷专业性人民调解委员会，并于当年年底建立了 66 个县级层面的婚姻家庭纠纷人民调解委员会。此外，该省还专门出台了《关于在县市区建立婚姻家庭纠纷专业性人民调解委员会的通知》和《婚姻家庭纠纷人民调解工作实施办法》等文件，对婚调委的组织建设、队伍建设、经费保障机制、工作内容和程序要求等进行了具体、明确的规定。无独有偶，湖北省妇联等 7 部门也联合印发《关于进一步加强和规范婚姻家庭纠纷人民调解工作的意见》，建立县以上婚调委 116 个，对婚姻家庭纠纷人民调解组织的工作责任、联动机制、经费保障、自身建设等都进行了详细的规定，为婚姻家庭纠纷人民调解制度化、规范化的运行奠定了坚实的基础。

（二）我国家事纠纷人民调解队伍迈向专业化

由于大量行业性、专业性矛盾纠纷已经成为影响社会和谐稳定的难点、热点问题，所以大力加强行业性、专业性人民调解委员会的建设，具有重要意义。2017 年，司法部会同全国妇联、最高人民法院等部门联合印发了《关于做好婚姻家庭纠纷预防化解工作的意见》，推进婚姻家庭等领域人民调解工作深入开展。截至 2016 年年底，全国共设立行业性、专业性人民调解组织 45,778 个，其中设立人民调解委员会 24,330 个，设立调解室 21,448 个。其中，已经有 12 个省、区、市妇联和部分地市妇联与司法行政、法院、民政等

有关部门联合下发文件，成立婚姻家庭纠纷专业性人民调解委员会。[1]全国各地婚调委多措并举大力加强婚姻家庭纠纷调解队伍的建设，例如，湖南省婚调委形成了一支富有特色的、专兼职结合的调解队伍。其在聘请了286名专职人民调解员的基础上还从司法行政、妇联、民政等部门选拔了879名兼职工作人员，专职与兼职调解人员基本都是有法学、心理学背景和妇女儿童工作及人民调解工作经验的专业人员。部分试点县（市、区）通过政府购买服务或设立公益性岗位，为婚调委配备了2名以上专职人民调解员。[2]吸纳专业人士及社会上关心妇女儿童和家庭健康发展的公益人员等多元化的主体参与家事纠纷人民调解，正逐步成为一种趋势。

（三）我国家事纠纷人民调解工作的质量和水平日益提高

人民调解曾经饱受诟病的一大原因是法律没有对人民调解协议的性质和效力予以确定，导致双方当事人不受已经达成的协议的限制。根据《人民调解法》中关于人民调解协议的规定，人民调解协议的属性是民事合同，双方当事人原来的民事法律关系被调解协议所覆盖，不能再就原民事法律关系向法院起诉，只能就调解协议的履行或者调解协议中有争议的内容起诉，民事调解协议被赋予了法律约束力。同时，我国还专门引入人民调解协议司法确认制度，最高人民法院也根据《人民调解法》第33条的规定颁布了《关于人民调解协议司法确认程序的若干规定》，使人民调解协议的权威性及强制性大大增强。从具体的司法实践来看，由于人民调解案件纠纷质量和水平的不断提升，当事人大都能自觉履行约定的义务，申请司法确认的人民调解协议在逐渐减少。2013年，当事人共同申请人民调解协议司法确认案件共19.1万件；2015年，法院依照当事人申请司法确认的人民调解协议为13万余件；2016年申请司法确认的为9万余件，3年间下降了10万余件，同时这也反映出纠纷当事人的诚信意识、履约意识的增强。此外，在婚姻家庭纠纷的调解中，当事人达成协议后又反悔起诉至法院的比率也很低，[3]

---

[1] 参见《关于进一步推进政府购买婚姻家庭纠纷人民调解专业化服务的建议》，载《中国妇运》2016年第4期。

[2] 参见刘委东：《筑牢婚姻家庭纠纷人民调解防线》，载《人民调解》2017年第7期。

[3] 参见厦门大学法学院课题组、何丽新、李逸斯：《运用人民调解机制解决婚姻家庭纠纷调研报告——以闽南地区为样本》，载《东南司法评论》2012年卷。

2015 年反悔起诉至法院的仅占达成调解协议总数的 0.05%，2016 年该项数据为 0.06%，依然微乎其微。

三、我国家事纠纷人民调解制度的问题分析

（一）人民调解化解家事纠纷的功能逐步弱化

前述分析家事纠纷人民调解的职能活动存在调解数量和在总体中占比出现明显“双降”的趋势，但这还不能断言其对于化解家事纠纷功能已经减弱，还需要更多的数据来证明。对于人民调解的价值与作用，单个调解员年均调解案件量具有很强的说服力，该数据的增长，意味着人民调解在进步。[1]

（二）家事纠纷人民调解工作的针对性不强

前述分析家事纠纷相较于普通民事纠纷而言具备独特的、鲜明的特质，因此在化解家事矛盾的时候不能只追求表层的案结事了，还应关注纠纷背后受损的家庭关系及成员间的情感修复，而这些需求则要求家事纠纷人民调解工作的程序和侧重点与一般的人民调解有所区别。如普通财产纠纷的当事人之间更多需要的是中立的第三方对他们的权利义务关系进行不偏不倚的权益分配，而彼此间未来的关系走向并不是关注的重点，其目的相对功利。但家事纠纷不同，哪怕是亲属间的财产纠纷也必定掺杂着较多的非理性因素，当事人之间的法律关系表现得较为复杂，除了经济上的调和还要进行情感上的弥合和内心的自我接受，粗放式的家事调解技术已经难以满足家事纠纷圆满、妥当解决的个性化需求。但是当前人民调解工作受经费、人员等现实条件的限制，并没有足够的实力对家事纠纷进行单独的技术构造，普适性的方式、方法无法突出调解家事纠纷的天然优势，因此为了将家事纠纷人民调解的成功率最大化，有必要在调解实务的基础上对家事调解的技术特点进行归纳总结和梳理，并对广大调解员们进行专项培训。

2011 年至 2016 年虽然经过了 5 年的发展，我国的人民调解员队伍依然存在结构不合理之处，主要体现在，人民调解员整体队伍的学历水平和专职

---

[1] 参见乔欣主编：《民事纠纷的诉讼外解决机制研究——以构建和谐社会为背景的分析》，中国人民公安大学出版社 2018 年版，第 138 页。

调解员比例的双重下降。家事纠纷随着社会经济的变迁出现了越来越多的新型问题,给人民调解工作提出了更新、更高的要求。如今进行婚姻家庭纠纷调解的人民调解员不仅需要拥有法律、心理咨询、社会工作等方面的专业知识,还应具有社会性别意识、儿童利益优先和特殊保护家庭弱势群体利益等理念。同时,面对日益复杂的纠纷案件,也需要他们投入更多的时间和精力,耐心、细致地开展调解工作。然而,我国2016年高中以上文化程度的调解员人数比2011年减少了12.8个百分点,相当于全国一半以上的人民调解员的学历只有高中以下水平,专职调解员比例也下降了4.9%。我国经济的腾飞与社会的进步却随着人民调解员学历水平以及专职人民调解员比例双双下降,这表明人民调解员这一岗位已陷入难以吸引高学历层次人才的进入,并且还存在一定的人才流失的困境。有的学者认为造成这种局面的原因是人民调解员任职资格门槛低,但门槛低可能会和学历层次下降有关,但不应该出现人员的流失,相反地应该更加吸引人员的进入。

深究其背后的原因,应该是与缺乏经费保障支持有关。如表7数据显示,2011年全国落实司法行政机关指导人民调解工作经费是64,574.85万元;人民调解委员会工作补助经费44,435.85万元,每个调委会补助经费年平均540元;人民调解员补贴经费111,142.016万元,年人均补贴经费240元。而2016年上述项目经费分别变为28,192.25万元、27,605.96万元与352元、84,696.55万元与220元。相比2011年,2016年人民调解工作的指导经费减少36,382.6万元,每个调委会补助经费年平均减少188元,每个调解员年人均补贴经费减少20元。虽然《人民调解法》规定人民政府对人民调解工作所需经费应当给予必要的支持和保障,但2016年全国人民调解工作的各个类别经费均比2011年不同程度地减少。由于人民调解不收取任何费用,人民调解委员会的正常运转以及人民调解员积极性的调动完全依靠财政资金保障和支撑,一旦经费短缺就可能致使人民调解委员会和调解员无法充分开展工作,并且缺少了经济上的直接刺激和物质保证,势必会导致部分调解人员因为收入问题而选择离开该支队伍,从而造成人员流失。人民调解财政资金保障支持的不足是该制度长远发展的主要“瓶颈”。

表7　2011年与2016年人民调解经费落实情况及比较

经费类别	年份及增减	经费落实/万元	平均/元
指导经费	2011	64,574.85	/
	2016	28,192.25	/
	增减情况	-36,382.6	/
补助经费	2011	44,435.85	540(每个调委会)
	2016	27,605.96	352(每个调委会)
	增减情况	-16,829.89	-188(每个调委会)
	2011	111,142.016	240(每个调解员)
	2016	84,696.55	220(每个调解员)
	增减情况	-26,445.466	-20(每个调解员)

(三)家事纠纷人民调解组织出现职权主义色彩

虽然婚姻家庭纠纷调解委员会在全国如火如荼地推行,很多乡镇、社区纷纷建立婚调委,但由于受到人员和财政资金的限制,婚调委虽然在名义上成立了,但其组成人员大都是从司法行政、妇联等部门抽调人员组合而成,或者是与普通的调解委员会联合办公,形成一套人马两块牌子的工作局面。以2019年4月射洪市太乙镇新设立的婚姻家庭纠纷调解委员会的组成人员为例,该婚调委的主任由镇综治办主任担任,副主任由镇妇联主席担任,调解员分别由镇民政办主任、镇法庭庭长、镇司法所所长、镇派出所所长等人员担任。再看宣汉县峰城镇婚调委的人员组成情况,镇党委委员任主任,大调解中心主任担任副主任,派出法庭庭长、司法所工作人员、治安办主任、民政办主任、社区副书记、妇联主席等担任成员。上述两个婚调委虽然组成人员均来自法律实务部门和基层一线岗位,拥有丰富的办案经验和工作经历,专业性完美契合家事纠纷的解决,但是弊端也很明显,这些调解人员全部都是乡镇领导和派出机构的负责人,没有普通社会大众的参与。人民调解委员会本应该是在基层人民政府和基层人民法院指导下调解民间纠纷的群众性组织,但全部由行政官员组成的婚调委似乎与人民调解委员会要求的群众性和自治性相差甚远。不难想象,由这些人员来担任调解员其在化解矛盾纠纷的时候将很难与自己本职的行政工作界限明确地区分开,这样一方面导致人民调解工作夹杂了行政化、司法化的职权主义色彩；另一方面行政权力一旦介入操控调解，由于调解协议的民事合同性质，行政机关可以完美地避开在处理矛盾和纠纷中可能会承担的行政责任，从而导致当事人合法权益受损。因此，婚调委法律地位不清晰及在调解实践中责任混同可能会给调解双方当事人带来隐患。

（四）人民调解制度并未真正地深入人心

根据一项基于1426份的人民调解问卷调查，虽然人民调解工作在我国具有深厚的群众基础，但其并没有真正深入人心。44.74%的调查者表示自己不了解人民调解，大多数人（61.01%）认为人民调解的效果一般，当发生纠纷时只有8.63%的调查者表示会选择人民调解，近一半比例的人首选协商解决。[1]由于人们对人民调解的了解程度与当事人是否选择其作为解纷方式具有显著的相关性，因此需要考虑究竟是什么原因导致人民调解在群众中的认知度和评价度均低的现象，以期针对性地推广该项解纷制度。

第四节 完善我国家事纠纷人民调解制度构想

一、探索家事纠纷调解主体专业化、职业化发展

2018年中央政法委、最高人民法院、司法部等6部门联合印发《关于加强人民调解员队伍建设的意见》，对人民调解员队伍建设要求、选任工作、职责任务、思想作风建设、业务培训和工作保障等方面作出了细致的规定。因此，我国家事纠纷调解主体专业化、职业化的发展路径必须在此意见的相关要求内进行搭建。首先是提高准入门槛。家事纠纷调解主体是行业性、专业性人民调解委员会的调解员，根据该意见，一般应具有大专以上学历，并具有法律法学、社会学、心理学等专业知识或与家庭矛盾处理有关的工作经验。在国外，调解机构对调解员的素质都有比较严格的要求，严格的人民调解员选任条件也是顺应世界家事调解潮流。但一定要确保婚姻家庭人民调解的群众性、自治性、民间性的基本属性。其次是优化队伍结构，确保家事

---

[1] 相关数据来自北京师范大学“影响人民调解制度使用的因素、模型及对策”课题组，该调查的时间是2010年6月至2011年9月，课题组负责人为北京师范大学法学院徐胜萍教授。

纠纷人民调解委员会有3名以上专职人民调解员。这也是与“大力加强专职人民调解员队伍建设”相互呼应。同时,设立婚姻家庭纠纷人民调解委员会专职调解员公益岗位,弥补专职调解力量的不足。再次是加强业务培训,积极组织家事纠纷调解人民调解委员会主任、骨干调解员参加岗前培训、年度培训以及各类形式的行业、专业领域知识的培训,鼓励调解员获得法律职业资格、社会工作者职业资格、婚姻家庭咨询师、心理咨询师等资质,提高调解员专业能力和素质。最后是建立退出机制,对违规调解、违反管理制度等行为按照情节轻重建立相应的惩戒措施,让调解员的岗位变成优胜劣汰的、具有竞争性的岗位,杜绝一劳永逸的情形发生。

此外,还可以探索人民调解员“走出去”的方式。选择部分业务能力强、综合素质高的人民调解员进驻法院专职办公,对来法院立案起诉的家事案件在当事人同意的基础上进行立案前的人民调解。对调解成功并达成调解协议的建议双方当事人进行调解协议的司法确认;对于调解不成功或者当事人不愿意在此阶段先行调解的,则重新立案。这样不但可以充分地发展家事纠纷人民调解工作,而且可以大大分流法院的安检压力,实现双赢。2015年,设在法院的调解组织人数为6271,仅占调解员总数的0.16%,这表明人民调解“走出去”的规模还远远不够,仍有很大的进步空间。

二、建立专门的家事纠纷人民调解程序

纠纷解决程序与纠纷类型相适应是民事诉讼程序设置的一般原理,详言之,民事纠纷的性质宰制着民事纠纷的类型,民事纠纷的类型要求相应的解决纠纷的程序,[1]尽管家事纠纷与普通民事纠纷存在诸多差异,但家事纠纷的调解并没有属于自己的独特程序。为了充分发挥人民调解制度解决家事纠纷的功能,有必要建立专门的家事纠纷人民调解程序,且实行类似于劳动争议仲裁前置般的家事纠纷调解前置规则。一是注重对家事调解技术的建构。首先应找寻当事人间的“互让”因素,促使部分纷争及时解决;其次是分析家事案件中的“实情”,促使当事人理性认识自己在家事纷争中的地位,接受调解;最后是“情、理、法”的运用,目的是在当事人难以跟自己达成

---

〔1〕 参见许少波:《家事纠纷类型化分析》,载《江海学刊》2014年第3期。

和解时,由调解员从外部运用“情、理、法”进行说服,最终使其接受调解。[1]二是强调心理疏导在调解中的运用。化解家事纠纷需要帮助家庭成员解开心结,纠正心理极端,实现这一目标的核心途径便是开展心理咨询与疏导,尤其是面对当事人情绪波动较大、存在家庭暴力和反常行为、涉及未成年人情绪等情形时。[2]不过心理疏导是一项专业性极强的工作,并且涉及的时间跨度也比较长,因此需要专业的团队支持,当前的人民调解工作现状距离该目标的实现尚有很长一段距离。三是在适用人民调解的过程中可以综合运用多种规则。与“穷尽规则才能使用原则”的要求不同,人民调解在化解家事纠纷的时候所适用的规范除了法律规范和原则外,还可以是当地的风俗习惯和村规民约等。对于婚姻家庭争议,很难用物质利益、逻辑等财产关系的构成要素加以衡量或判断。[3]因此,需要充分利用可以运用的一切正当合法的规范制度,柔性地解决家事矛盾纠纷,以增强家事纠纷人民调解的成功率。四是加强调解内外部制度化建设。首先,可以设置外部硬件环境,将调解场所改造为拉近心理距离的温馨场所;其次,加强联合调解,吸纳专业力量和社会力量,与相关部门或单位联合调解,努力化解纠纷矛盾;最后,鼓励调后回访,将温情延伸至调解之外,实践证明在案结事了后和当事人保持适当的良性互动将对行为人产生潜移默化的积极效果。

虽然当前家事纠纷人民调解强制前置并未被法定化,但在司法实践中早已有所探究。如上海市长宁区联合人民调解委员会在法院设立人民调解窗口,当原告就婚姻家庭等纠纷向法院起诉时,立案庭在征得当事人同意的情形下暂缓立案,请其移步到人民调解窗口。如果双方当事人都同意进行人民调解,则窗口受理并调解。调解成功的,即以区联合人民调解委员会的名义出具人民调解协议书;调解不成的,由法院立案审查。这种做法已经为人民调解前置立法提供了实践基础。[4]由此可见,人民调解前置需要法院与调解组织的密切配合与协调,同时为了落实便民原则,减少当事人对强制

---

〔1〕 参见陈爱武:《情理与互让:家事调解的技术构造解读》,载《社会科学辑刊》2013 年第 2 期。

〔2〕 参见王宇:《家事改革试点收获诸多创新做法》,载《法制日报》2018 年 5 月 25 日,第 3 版。

〔3〕 参见蒋月:《构建婚姻家庭诉讼司法调解制度》,载《甘肃社会科学》2008 年第 1 期。

〔4〕 参见范愉:《社会转型中的人民调解制度——以上海市长宁区人民调解组织改革的经验为视点》,载《中国司法》2004 年第 10 期。

人民调解前置可能存在的心理抵触，建议初期婚调委或人民调解组织常驻法院立案大厅，缩短要求当事人变换解纷机构的物理空间距离，减轻制度落实初始阶段的阻力和压力。

三、加大人民调解制度的经费保障力度

充足的经费保障，是构建和完善人民调解制度的前提和保证。人民调解在2010年“数据层面”强势复兴的原因很有可能是因为《人民调解法》关于补贴和奖励的落实到位。〔1〕但人民调解工作所需经费不增反降，保障的缺位让人民调解工作因资金问题导致调解效果大打折扣的现象屡见不鲜。很多地方探索成立了专业化的婚姻家庭纠纷调解机构，培训专门人员开展婚姻家庭纠纷调解工作，但普遍面临缺少专门的经费预算等难题，直接影响了婚调委的可持续发展。由于人民调解不收取任何费用，不具备自我造血的功能，想要解决该难题最根本的还是需要依靠省级财政拨付专款支持，同级政府财政予以配套紧跟。2019年5月在海南召开的全国调解工作会议专门强调要加大人民调解经费保障力度，家事纠纷人民调解委员会的设立单位和相关行业主管部门应依法提供场地和必要的日常运营经费，包括调解员工资、补助以及宣传、文书制作、耗材等。广东2018年、2019年连续两年每年拨付5000万元支持经济欠发达地区人民调解工作，江西每年下拨人民调解专项经费1000万元。同时加快运用政府购买服务的方式，建议把婚姻家庭纠纷调解工作纳入政府购买服务指导性目录，按照规定的购买方式和程序积极组织实施，并逐步加大购买力度，实现双赢。此外，还可以充分发挥社会大众对人民调解工作的认识和关注，吸收一定的民间资本来支持和巩固其发展。最后可以发挥婚调委专业性的优势，开展个性化辅导和专业培训等，这些项目可以向参与者收取一定的费用，在一定程度上减轻运营成本。

四、提高人民调解协议的可履行性

前述分析《人民调解法》最关键的一项突破便是以立法的方式确定了人民调解协议的司法确认程序，使人民调解协议在本身的合同效力之外额外获得强制执行力，使其得到了“武装”，向社会传递了经由人民调解达成的协

〔1〕 参见兰荣杰：《人民调解：复兴还是转型?》，载《清华法学》2018年第4期。

议同样具有严肃的约束性和法律的权威性。由于人民法院对于申请确认涉及婚姻、收养和身份关系的调解不予受理，司法实务中涉及婚姻家庭纠纷的司法确认案件还是多局限于财产类或者争议较为简单的人民调解家事案件。同时，具有亲密关系的家庭成员之间在矛盾被妥善化解后再达成书面协议的人数理应少之又少，达成口头协议的按常理推论都在少数。但为了促成调解效力的确定，调解员有义务将司法确认制度的申请程序、时间、确认后的法律效果等重要信息如实、明确告知矛盾双方，如果当事人决定申请，建议调解员陪同双方一同前往法院，以防止形成的调解协议因为审查不过关而导致调解失败。

由于司法确认要求双方当事人共同申请，在无形中提高了对调解协议的反悔率。调解协议是双方当事人真实的意思表示，理应赋予任意一方拥有向法院申请司法确认的权利，当前规定的请求变更、撤销以及确认调解协议无效的救济方式也足以保障未申请的一方。但自愿主动履行调解协议是"诚实信用"原则的体现，在家事纠纷中更应该体现夫妻相敬如宾，亲属间诚实守信的中华传统美德，因此在全社会营造守信光荣、失信可耻的浓厚氛围，促使诚信成为全民自觉行为规范是推动双方遵守承诺，自觉高效履行调解协议的根治方法。

五、加强对人民调解及相关法律的宣传

针对人们缺乏对人民调解制度及有关法律的了解、容易将人民调解与法院调解混淆、不清楚人民调解的功能等现状，司法部门需要创新手段大力宣传人民调解制度。除传统的发传单等宣传方式外更要探索符合现代民众喜好，顺应潮流的宣传方式。例如，邀请具有正能量、接地气的公众人物或搞笑人士创作和参演人民调解题材的微电影、微视频等，利用名人效应和网络力量扩大人民调解的影响力。此外，各地司法部门应该利用本地的"两微一端"大力宣传人民调解家事纠纷的优秀案例，让民众知晓人民调解及其免费的政策，提高他们利用人民调解解决矛盾纠纷的意愿，引导其合理地选择适合的解纷解决方式。

第三章 家事纠纷法院调解制度

第一节　家事纠纷法院调解制度概述

一、法院调解制度之内涵

家事纠纷的法院调解，主要指的是人民法院在处理具体的家事案件时，通过协商、劝解等柔和的方式，促使当事人之间消除对立情绪、恢复冷静状态，使当事人能够理性地对待纠纷，并在平和的状态下达成协议，使纠纷得以妥善解决。其旨在协助涉及争议的当事人通过诉讼外争议处理方案的方式解决争议。

调解是多元化解决家事纠纷非常重要的手段，其强调通过情感修复化解家庭矛盾，努力恢复和谐的家庭氛围。同时，通过调解方式能够减少家事纠纷对当事人及其未成年子女的不良影响。

目前，从国家层面看，最高人民法院多次召开会议要求各级法院认真部署和积极稳妥推进家事审判方式和工作机制改革试点工作，全面提升家事审判水平，维护婚姻家庭和谐稳定，保障未成年人、妇女、老年人合法权益，培育和践行社会主义核心价值观，促进社会建设健康和谐发展。早在2016年最高人民法院就出台了《关于人民法院进一步深化多元化纠纷解决机制改革的意见》以及《关于人民法院特邀调解的规定》旨在探索建立诉前调解前置程序，引导家事纠纷等适宜调解的纠纷在立案前先行调解。实践中各法院也都积极地推行多元化化解家事纠纷的机制，基本都确立了调解优先原则，坚持调解贯穿全程的处理方式。在调解方式上，注重“感情修复、私密保护、案后回访”。在调解与审判的关系上，各级法院积极探索诉调对接机制。

二、法院调解制度之特点

调解制度相较于审判制度，有其自己的特殊性，家事调解程序虽因当事人离婚、收养、继承等纠纷产生而启动，但实质上是处理所有家庭成员之间的争执。家事调解的目标是增进家庭成员之间的沟通，使父母和子女间持续保持接触，并在短时间内减缓冲突，达成各方当事人互谅互让的协议。[1]

关于法院调解制度的特点，具体而言，有以下几个方面：

第一，解决纠纷的手段兼具司法的权威性及温和性。家事纠纷依赖于身份关系，具有强烈的伦理性。例如，在离婚诉讼中，虽然夫妻双方解除了婚姻关系但是并不能改变父亲或母亲与子女的血缘关系，他们在生活中不可避免地会产生联系，这种关系是无法切断的。因此，家庭纠纷同契约关系纠纷是有本质区别的，不能以区分对错作为家事调解的目的，而应当侧重于感情及心理的治疗与协调，必须要调和冲突双方的个性与人格，消除纠纷产生的根源。所以，仅凭一纸判决书无法从根本上解决双方当事人之间的矛盾与纠纷，反而会造成社会的不稳定因素。调解则具有修复性的功能，手段更为柔和，主要以抚慰当事人的情绪、劝说当事人双方作出退让，进而解决纠纷。其实最早在家事诉讼中推行修复治疗理念的国家是美国，20 世纪 30 年代，美国就在家事领域推行调解，并将对当事人采用调解作为代替审判程序的手段。因为从事家事调解的人员多具有心理学方面的素养，治疗理念随之带入了调解之中，具体而言，就是促成当事人正面认识到纠纷的根源在于感情上的争点，在调解人认为适当的场合，鼓励当事人继续维持婚姻关系。虽然在这方面家事调解人之间的意见并不统一，但一般都认为应更多地考虑人际关系而不是法律方面的争点。[2]

因而案件进入诉讼程序，法院组织的程序内的调解，既能维护司法的权威性又能柔和地解决纠纷，真正地实现了有温度的司法。

第二，法院的调解实现了法与德、情与理的结合。法院的审判活动具有其固有的严肃性与权威性，给人的感觉就是“对簿公堂”，即围绕着当事人双方的诉讼主张进行举证、质证，营造了双方主体积极对抗的局面。家事纠纷本身就无法明确区分是非对错，所以非此即彼的方式并不利于纠纷的解决。

---

〔1〕 参见汤鸣：《比较与借鉴：家事纠纷法院调解机制研究》，法律出版社 2016 年版，第 12 页。

〔2〕 参见范愉：《非诉讼纠纷解决机制研究》，中国人民大学出版社 2000 年版，第 96 ~ 97 页。

因而家事调解基本采取“拉家常”的方式进行。具体实践中主要采取“情绪疏导、视频教育、亲情规劝、社会介入”等方法，形成“梳、劝、帮、教”的调解模式。很多隐藏的案件事实当事人在法庭审理中不愿意说，但是在调解的过程中却愿意吐露。

第三，法院的调解能够实现案件的繁简分流，提升诉讼的效益。目前，实务中大部分法院在家事案件受理之初就作初步的分析，将一部分适合诉前调解的案件引入诉前调解，对于审理中发现适宜调解的案件实行随时调解的灵活方式。调解手段的灵活性，首先，体现在调解的范围不限于当事人的请求范围，家事调解员可以主动地向前探知案件的事实情况，摸清整个纠纷的症结所在，对症下药，提出具体的调解方案；其次，具体的调解手段由家事调解员根据具体的案情进行判断适用，并无必须遵守的模式。具体而言，家事调解员可以要求案件的双方主体到其办公场所进行面对面的调解；也可以采取背靠背的调解方法，即避免当事人双方矛盾激化，可以分别进行约谈；家事调解员还可以进行实地走访与案件的关联人员进行交流与劝说。

第四，法院对于家事纠纷的调解实现了司法资源及社会资源的有效整合。调解贯穿了家事纠纷解决的始终，而法院对于家事纠纷的调解并非完全依赖家事法官，有很多案件在受理之初是借助了专业的社会力量进行调解。目前来看大部分的法院聘请了特邀调解员全面助力家事纠纷的多元化解决，这些调解员都是在某些领域有着特别的优势，如心理方面、教育方面、法律方面，利用特邀调解员的调解充分发挥调解员的亲和力及专业的影响力，提升了解决纠纷的实效。同时，在审理程序中调解员能够实现与家事审判人员的无缝对接、有效沟通，真正地将情、理、法三者有效融合，也使司法资源与社会资源实现了合理配置。

第二节　家事纠纷法院调解制度的基本原则

一、未成年人利益最大化原则

孩子是国家的未来、民族的希望。然而，在家事案件中离婚案件占80%以上，而离婚中涉及未成年子女的也在80%以上，一旦进入离婚的程序，孩子往往会成为双方争夺的重点。然而，从生理学角度而言，孩子的心智发展尚未成熟的时候被卷进家庭的矛盾纠纷中，其处于明显的弱势地位，并且对父母的关系本身没有任何的发言权,仅仅处于被选择、被伤害的地位。这种伤害会跟随孩子相当长的时间。正如西方学者所言:"离婚对于成人和孩子而言是一种完全不同的体验,因为孩子们在此过程中失去了对他们发展至关重要的东西——家庭结构。与成人不同,孩子的痛苦并非在父母关系破裂之时达到顶峰慢慢减少。正相反,离婚所造成的伤害对孩子而言是一个累积的过程,它的影响随着时间而增加,在孩子成长的各个阶段,这种影响以不同的形式存在……父母离异一直影响子女前30年的生活。"[1]

所以在处理涉及未成年子女的家事纠纷中,调解的主体要特别注重对未成年子女利益的保护。第一,调解的主体必须积极、全面地了解案件的情况,这样在达成具体调解方案时才能选出对未成年子女最优的方案。例如,孩子平时的成长情况,和谁生活在一起的时间比较多;父或母的具体情形,包括工作情况、经济情况、个人习惯,如是否有恶习不利于未成年子女的成长。第二,在具体家事案件的处理中,双方当事人的处分权要受到一定的限制。即便案件中父母双方已经通过协商对孩子的抚养问题、监护问题、探望问题等事项达成了一致意见,只要调解员认为需要进行深入的调查或者发现协议中存在不利于儿童利益保护的时候,也可以对涉及孩子利益的事实进行审查。第三,在调解时应当遵循未成年子女参与原则。未成年子女参与原则并不要求他们在涉及自身利益的一切诉讼中均亲自参加或者亲自表达意见,因为他们的年龄和智力发育水平各不相同,对于不同年龄的子女,其参与权与表达意见的权利有着不同的方式。通常情况下,只要未成年子女有意思表达能力,对与其自身有关事务就有表意的权利和自由,家事调解员在进行调解的过程中就有义务进行听取,并根据其年龄或成熟程度予以权衡,作出自己专业的判断。

江苏省徐州市贾汪区人民法院少家庭处理过这样一起案件:

甲男与乙女二人育有一子小丙,2017年11月甲男与乙女协议离婚,二人约定将目前二人名下所有的财产都赠与儿子小丙,其中包括一套住宅,住宅的贷款由小丙的父亲甲男承担,母亲乙女享有房子的居住权。但是离婚

---

〔1〕 Wallerstein, Judith & Sandra Blakeslee (1989), *Second Chance: Men, Women, and Childrena Decade after Divorce*, Boston: Houghton Miffin., p. 11. 转引自[英]安东尼·W. 丹尼斯、[英]罗伯特·罗森编:《结婚与离婚的法经济学分析》,王世贤译,法律出版社2005年版,第118页。

后乙女发现甲男私自将房子出租,乙女遂向法院起诉,主张房屋居住权,而甲男以经济困难为由停止支付房贷。银行将甲男乙女一起告上法院,后房屋被拍卖,偿还银行债务后剩余金额80余万元,多次协商未果,甲男将乙女诉至法院。而在审理的过程中儿子小丙(15岁)作为第三人也被卷入了父母的纠纷之中,在审理中法官发现儿子小丙对父母存有较强的抵触情绪,并一直坚称自己已经长大,可以决定自己的事情了,了解之下法官才发现儿子小丙还有半个月就要面临中考,如何解开孩子的心结、安抚其情绪让其顺利进行中考成为审理法官要面临的问题。

本案的审理法官赵法官首先向孩子的父亲了解孩子成长的轨迹以及二人离婚的原因等事项,并同时向孩子的母亲确认上述事实,梳理后发现由于父母对婚姻的处理方式不当,导致儿子陷入了矛盾的旋涡,疑惑、不安、怨恨等负面情绪对儿子的学业造成了较大的影响。而通过与孩子的交流发现,这个男孩在坚强的外表下藏着一颗脆弱而敏感的心,孩子渴望父母的爱却又害怕被伤害。经过多方的调解劝说父母改变了各自原来针锋相对的状态,把重心放到了孩子的身上,让孩子感受到了虽然父母不能生活在一起,但对自己的爱并没有减少。后父母二人达成调解协议为历时几年的纠纷画上了句点,据了解,后孩子被一所重点高中录取。

二、保密原则

调解必须要遵循保密的原则,因为调解也是建立在对案件事实调查较为清楚的状态下进行的,不是无原则地"和稀泥"。基于家事纠纷的身份性、隐蔽性、伦理性等特点,案件的双方当事人对案件事实往往会闭口不谈,因为中国传统的理念就是"家丑不可外扬",尤其是案件涉及个人隐私时,如夫妻有一方是同性恋,或者存在出轨、婚外恋的,甚至有的案件还涉及私生子等情形。要想让当事人解除心理戒备,敞开心扉地对调解人员吐露自己的心声,并冷静地与对方当事人进行协商,那么就必须让纠纷的当事人获得一个心理安全感。所以对调解活动的基本要求就是必须严格遵循保密原则。具体而言,以下几点需要注意:第一,在调解之前,担负调解职能的调解员需主动告知案件中的相关主体,所有在案件调解过程中涉及的纠纷信息,调解主体会进行保密,不会对与案件无关的人泄露,并告知其一旦泄露调解主体可能承担的责任,以此解除当事人的心理防备;第二,对调解成功,达成调解协议的,协议的内容也需要保密,除要衔接人民法院的司法确认时,可以提交法院以外,对社会主体一律保密,任何无关人员不可查阅;第三,对调解不成功通过审判的方式解决纠纷的,对调解人员在调解过程中知道的信息也应当保密,防止在审判中对当事人产生不利的后果。

保密原则可以在当事人与调解人员之间架起信任与沟通的桥梁,从而能够迅速地找到家事纠纷的症结所在,帮助当事人理顺情绪、跨越心理障碍、联络感情、消除误解、化解矛盾、妥适地解决纠纷。

三、自愿性原则

调解是多元化解决家事纠纷非常重要的手段,其与审判行为解决纠纷相比,是比较柔和的。要想让调解手段能够更深层次地化解纠纷,让当事人双方发自内心地遵守调解协议的内容,则必须遵循自愿性的原则,不得强迫双方当事人接受调解的方式或调解协议的内容,否则整个调解行为会濒临破产,纠纷不仅不能够得到解决,甚至会激化矛盾,引起更不利的结果。而遵守自愿性原则,主要有两个层面:

第一,是否采用调解的方式解决纠纷需要尊重当事人的意愿。化解纠纷的手段有调解、有审判,当事人有权进行选择,这也是当事人处分权的表现。在此处需要注意的是前置调解的概念,我国目前有限地规定了部分的案件需调解前置,即必须先经历调解,调解不成才能进入审理程序。目前来看只有两个规范性的文件对前置调解的范围作出了规定:一是《民法典》第1079条明确规定了夫妻一方要求离婚的,可以由有关组织进行调解或者直接向人民法院提起离婚诉讼。人民法院审理离婚案件,应当进行调解。二是最高人民法院《关于适用简易程序审理民事案件的若干规定》第14条规定,对适用简易程序审理的婚姻家庭案件和继承案件,应当先行调解。家事调解前置是指对家事纠纷的解决应以诉前调解为必经阶段,即法院家事调解程序的启动必须要采取非自愿性原则,必须给予当事人充分的劝说、辅导以及心理方面的治疗,即使最终无法达成调解协议,也可以让当事人怀着一颗爱心,理性地来解决家事纠纷。[1] 此处“强制”二字仅意味着当事人参加

---

〔1〕 对于因家事纠纷若干特征、家庭居住环境、一定血缘或亲属关系而特别需要维持家事纠纷当事人彼此之间和谐关系的家事纠纷来说,其适宜被列入强制调解之事件范围。参见邱联恭:《程序选择权论》,台北,三民书局2000年版,第184页。

法院家事调解程序的强制，仅表现为纠纷双方在提起诉讼之前必须进行调解。[1] 此处的调解前置更多的是限制作为审判主体的人民法院，要求他们贯彻调解这种柔性化的纠纷解决手段，劝说当事人协商，妥善地解决纠纷。所以此处“强制”是指调解程序的启动形式问题，实践中调解通常是以当事人申请调解和法院依职权调解两种形式来予以启动的。对于婚姻家庭和相邻关系等纠纷，即使当事人没有提出调解申请，法院也应当依职权组织双方当事人调解。也就是说，“强制”并不表现在调解协议的强制上，最终能否达成调解协议仍取决于当事人之间的合意。从当事人的角度而言依然遵循自愿性原则，充分地尊重当事人的意愿，如果当事人不愿意进行调解或调解不成的，人民法院需要及时进行审判。

第二，从调解的内容上来看，必须充分尊重当事人的意愿。家事调解协议的“自愿性”体现在是否达成及达成何种内容的调解协议两方面上，即便调解员提出的调解方案完全正确、合法，也不能强迫当事人接受，任何调解协议的达成，均需得到双方当事人认同，这体现了对当事人民事实体权益的处分权的尊重。[2] 调解人员在了解案件事实的基础上可以给出具体的解决建议，但是是否采纳、具体采纳的程度，即实体权利的处分必须遵从当事人的意愿。例如，婚姻案件中是否离婚、离婚后孩子的抚养权归属、具体财产的处分，必须遵循当事人的意思表示。因为调解是要化解纠纷，防止对案件的相关主体造成二次的心理伤害，修复不同主体之间的情感裂痕，缓和情绪，形成新的、较为稳定的家庭关系与社会关系。并且，目前来看只要调解的内容不违反法律规定，调解主体也是应当予以认可的。

四、本人参与原则

家事纠纷是带有综合性的纠纷，综合性既指纠纷产生的原因往往是综合性的，是多种矛盾的叠加，同时也指关联主体较为综合，不仅仅局限于诉讼的双方当事人，更包括老人、孩子等其他的关联主体，这种身份性也显现出其不可替代的特点。所以调解程序当事人必须出席亲自陈述自己的意见，只有其亲自参与，调解人员才能了解案件的事实和双方当事人的想法，

---

〔1〕 参见封文智：《论我国民事诉讼调解制度的不足与完善》，载《当代法学》2003 年第 2 期。

〔2〕 参见李浩：《调解的比较优势与法院调解制度的改革》，载《南京师大学报》（社会科学版）2002 年第 4 期。

才能使沟通具有可能。在家事审判方式的改革中，很多法院出台了相关规定，如河北省高级人民法院《关于家事审判改革试点的指导意见》第25条规定，除本人不能表达意思及因特殊情况无法出庭向人民法院提交书面意见获得准许的情形以外，涉及身份关系争议的家事案件的当事人及法定代理人应当亲自到庭参加诉讼。

第三节　家事纠纷法院调解制度的基本内容

一、调解主体的专业化与多元化

根据最高人民法院《关于进一步深化家事审判方式和工作机制改革的意见（试行）》第六部分规定：调解家事纠纷的主体既包括专门的调解人员或调解组织，也包括法院审理家事纠纷的审判人员。目前来看众多试点法院担任家事调解的主体基本实现了专业化与多元化的统一。实践中有的人民法院设置了专门的调解组织对案件进行调解，而有的法院设立了专业的调解员，参与不同类型纠纷的调解。

（一）设立专业的调解组织

基于家事纠纷的特点，在调解时需要调解人员具有相对丰富的社会阅历、较为灵活的情感把控能力，目前很多法院设立了专门的家事调解委员会，根据法律规定人民法院可以邀请人大代表、政协委员、人民陪审员、专家学者、律师、基层法律服务工作者、仲裁员、退休法律工作者、基层工作者以及其他具有社会、人文、法律、教育、心理、婚姻家庭等方面专业知识的个人加入家事调解委员会特邀调解员名册。少数民族聚居地区可邀请熟悉当地语言、风俗习惯、宗教信仰等情形的个人加入家事调解委员会特邀调解员名册。

目前，在各试点法院中基本都成立了专门的家事调解委员会，以便实现家事纠纷的多元调处。具体而言，基本都吸收了社会各界人士，如在妇联、民政部门、村（居）委会、司法所等组织机构选聘具有丰富调解经验的特邀调解员，以期发挥他们贴近社会的工作优势，进一步提高案件调解的成功率和裁判的认同度。以安徽省马鞍山市雨山区人民法院为例，其成立了“夕阳红”志愿者调解中心，其主要由雨山区人民法院退休法官志愿者为主体的专职调解员，具有调解工作经验的退休司法工作者、雨山区辖内的村委会、社区、街道等基层组织的领导、干部、有威望的群众为主体的兼职调解员，以及热心于调解工作的人大代表、政协委员等为主体的特邀调解员组成。调解中心可认可具有适当资格的人士为调解员，负责安排调解员的培训，并积极推广调解作为解决争议的方法。此外，雨山区人民法院选派调解经验丰富，调解能力较强的法官和司法辅助人员，专职从事调解工作，建立法院专职调解员队伍，专职调解员依托“夕阳红”志愿者调解中心和审判庭开展工作。参与开庭审理的法官不得担任本案的专职调解员。

（二）选任专门的家事调解员

1. 资格要求

从2016年的家事审判改革以来，目前各改革法院比较一致的做法是设置了“三员制度”，即家事调解员、家事调查员、心理疏导员。家事调解员在家事纠纷的解决中扮演了特别重要的角色，而家事调解员的选任，不同的法院侧重点略有区别，有的重视生活及工作经验，如离退休的老干部，妇联、居委会、村委会的人员；有的地方重视专业基础，如选择懂心理学的心理咨询师。但是，从目前各法院公布的工作规程来看，家事调解员的任职要求主要有：应当品行端正、具有丰富的社会知识、经验和高度的责任意识。具有以下专业背景的，在选择时应当优先选择：（1）具有教育学背景；（2）具有心理学背景；（3）具有调解、和解技能培训背景；（4）其他适宜家庭纠纷处理的专业背景。

2. 选任的主体

目前家事调解员主要由所在地的司法局、妇联等单位及基层群众组织推荐，名单汇总到人民法院，由法院综合考量进行选任确定。选任后人民法院需要制作家事调解员的名册，并附上调解员的个人简介及联系方式。名单确定后还应当积极履行公示程序。

3. 具体纠纷中家事调解员的选择

对于需要调解的家事纠纷，由审理案件的家事法官在判断了解家事纠纷的性质及需要后，结合已确定的家事调解员的专业知识背景、个人的特长、经验等因素在家事调解员的名册中选择具体的家事调解员。在人员的选择上可积极地与案件当事人沟通，如果当事人提出异议，家事法官可以在征求当事人意见的基础上另行确定调解员。

二、家事纠纷法院调解的范围

目前实践中各个法院都形成了自己的规范性文件,将家事纠纷的范围作了基本的界定,即家事案件主要是以身份关系为依托而产生的相关纠纷,主要包括六大类型的案件,即婚姻类的案件;抚养、扶养及赡养类纠纷案件;亲子关系类纠纷案件;收养关系类纠纷案件;同居关系类纠纷案件;继承和析产类的纠纷案件。

值得注意的是,目前各个法院就禁止调解的案件达成了相对一致的规则。即确认婚姻效力、确认身份关系的纠纷禁止调解,而涉及家庭暴力等不宜调解的案件一般不进行诉前调解。

根据目前的法律法规可以看出,除了离婚及继承纠纷在法院处理时是必须先行调解的,对于其他类型的家事纠纷处理都鼓励适用调解的方式解决,以期妥善而和谐地解决纠纷,维护当事人的利益及家庭的稳定,实现较为和谐的一种社会状态。

南京市高淳区人民法院在处理家事案件时也一直坚持调解优先的原则,在其调解成功的案件中有一起涉及子女探视权的典型案例:

2020年6月,张某(男)与周某(女)因为感情破裂而协议离婚,当事人双方在协议中约定3周岁的孩子阳阳抚养权归父亲张某,所有的抚养费用也由男方自己承担。但是在协议离婚后,母亲周某认为父亲的综合条件不利于孩子的成长,并且在之前约定的探望时间里探望孩子时男方多次阻挠,遂在一次探望中将孩子带走,且拒绝与张某联系。后父亲张某报警,张某陈述周某多次将孩子带走未按照约定时间送回,且在疫情期间周某也将孩子偷偷带走,此举是对孩子不负责任的表现,且本次失联时间长达24天。后母亲周某觉得自己无法正常行使探视权向人民法院提起诉讼请求变更孩子的抚养权,其认为父亲张某一直对孩子不够关心与照顾,孩子都是由爷爷奶奶在照顾,而无论是从文化水平、经济条件还是成长的综合环境考虑,跟随母亲生活都更有利于孩子的成长。父亲张某同时向法院提起诉讼要求中止母亲的探视权。

承办此案件的丁俊法官介入此案件时正值开学季,孩子阳阳正到了上幼儿园的年纪,可是父亲张某在高淳为孩子报了名,母亲周某在常州也为孩子报了名,如果纠纷无法解决可能会影响孩子入学。在承办法官初次联系当事人双方时,二人各执一词、互不相让。在丁法官数十次的沟通中,从法院内谈话到家访,不断地向当事人双方阐述利害关系,以换位的方式让当事人双方理解孩子是无辜的,婚姻无法挽救但是要尽力保护孩子,避免不幸的婚姻对孩子造成更大的伤害,父母子女的血缘关系永远无法割裂,在这场争夺战中不可能有赢家……

在此案的调解中,承办法官将当事人双方的意见进行了有效传达,并对当事人双方的情绪进行了有效的传导,安抚了双方的情绪,使当事人有了对话的基础。同时,承办法官还积极地向当事人双方释明法理,指出了此案件中当事人的不当行为,并分析他们可能承担的法律责任。最后,承办法官还及时地转移了案件的焦点,将当事人双方的注意力集中在孩子的身心健康及成长环境方面,通过反面的案例释明,促使双方形成对孩子最优的解纷方案。最终当事人双方冰释前嫌重新达成了调解协议,虽然抚养权仍然归属于父亲张某,但是对母亲的探视时间、方式等又作出了更为详细而具体的约定。最终孩子阳阳也顺利地办理了入园的手续,走进了幼儿园。此案结束后当事人还向法院赠送了锦旗以示感谢。

三、家事纠纷法院调解的具体类型

(一)横向的联合调解制度

横向的联合调解主要指的是多机构、多部门通力合作,资源共享,优势利用,注重通过形成社会的合力,共同化解家事纠纷。

目前来看各法院基本上都设立了家事审判调解委员会,并建立调解室,在处理家事纠纷时,法院会主动联络、协调本辖区人民调解委员会、社区调解委员会等调解组织参与调解。同时积极地与社会力量协作,其中包括通过专业的心理咨询员对案件的当事人双方进行心理疏导,遇到家暴性质的案件邀请妇女联合会的工作人员介入,更多的案件法院会邀请居委会、村委会等成员参与调解工作,以期从情与法的角度,力劝处于矛盾的双方平和地解决纠纷,实现家庭利益与社会利益的共赢。

例如,在调研广西的众多法院时笔者发现,百色市中级人民法院与妇联联合发布了文件,其中第3条规定:根据家事纠纷联调机制,在家事纠纷诉讼前至诉讼中的各个阶段,由人民法院与妇联进行联动调解,实现妇联调解和法院诉讼调解的优势互补,协调化解婚姻纠纷、赡养纠纷、抚养纠纷、继承和分家析产纠纷等家庭成员之间的矛盾纠纷。江苏省徐州市贾汪区人民法院也与妇联积极互动，充分地借助妇联的力量。妇联在家事司法中心设立了妇联调解维权工作室，在法院审理的普通案件中也一律邀请妇联陪审员参加合议庭协助调解工作。江苏省泰州市高港区人民法院借助辖区内民间组织“人民调解协会”，发挥老干部、老党员在乡邻之间威望高、影响力强的优势，妥善化解家庭内部矛盾。

（二）纵向的全程调解制度

纵向的全程调解指的是将调解规则贯穿家事案件解决的全过程。根据最高人民法院《关于进一步深化家事审判方式和工作机制改革的意见（试行）》第9条、第10条的规定：对于适宜调解的家事纠纷，当事人到法院起诉后在立案之前，法院对适宜调解的家事纠纷，引导当事人采用诉前调解的方式进行解决。对适宜调解的纠纷，在立案后，人民法院可以自行调解，也可以委托给特邀调解组织或者特邀调解员进行调解。

在实践中人民法院在处理家事纠纷时也贯彻全程调解的精神，虽然不同的法院在细节处理上略有区别，但是基本上都坚持对适宜调解的家事案件实行调解先行，全程调解，强调通过情感修复化解家庭矛盾，努力恢复和谐的家庭氛围。同时，试图通过多元化的调解方式减少家事纠纷对当事人及其未成年子女的不良影响。基本都树立了家事案件不宜简单地用“一刀两断式”的判决来处理，而必须把当事人之间恢复感情、消除对立、实现和解作为纠纷解决的根本目标和价值取向。

1. 诉前委派调解

当事人到法院起诉后，法院对适宜调解的家事纠纷，引导当事人采用诉前调解的方式进行解决。诉前调解，能够通过家事调解员的努力及时地化解纠纷，避免矛盾激化，既有利于家庭的稳定，更有利于实现案件的分流。

具体而言，在征得当事人同意的情况下，法院通常都会通过委派调解的方式解决家事纠纷，即法院对属于其受理范围，并享有管辖权的家事纠纷案件，在收到起诉状或者口头起诉之后到正式立案之前，委派给专门的调解组织或专业的调解员进行调解。目前实践中，法院基本都规定将家事案件委派有关调解组织进行诉前调解，接受委派后，相关调解组织应在20日内完成调解工作。如果调解成功即双方当事人达成了调解协议，法院会对调解协议的效力进行确认，经司法确认后即可发生法律效力；如果当事人不同意进行调解或者双方未能达成调解协议，则人民法院应当对案件进行立案并及时审理。例如，山东省武城县人民法院，在诉前阶段，法院设立了专门的家事特邀调解委员会，由 5 名组成人员组成，其中包括两名退休的法官、两名人民陪审员、一名心理咨询师，此调解委员会长期驻扎在人民法院从事家事案件的调解工作。

【案例】李某与孙某因为家庭矛盾想要到人民法院起诉离婚，后人民法院委派当事人住所地的调解室进行调解，调解员王某在调解过程中了解到孙某的婆媳关系恶化，李某因此殴打过孙某两次，造成夫妻感情出现危机。调解员调查发现李某与孙某的夫妻关系一直比较良好，核心在于婆媳关系，孙某平时对待老人确实存在问题。所以，调解员首先对孙某进行了劝说，孙某也认识到了自己的错误。其次，对于李某的行为调解员也进行了批评劝说，使李某及时反省并赔礼道歉。目前当事人双方未与老人居住在一起，感情比较和美，孙某也未再提出离婚。[1]

2. 诉中调解

诉中的调解，更能够提高修复和治疗效果，协助法官快速、平稳地解决家事纠纷，具体而言包括以下情形：

(1)委托调解

当家事纠纷起诉到人民法院，人民法院立案后对适宜调解的纠纷也可以进行调解，具体而言可以有多种调解手段，其中包括委托调解。委托调解主要是指人民法院在家事纠纷案件立案后将案件委托给调解组织或调解员进行调解。但是，经过立案前委派调解的，可以不再委托调解。

各法院对于委派、委托调解的期限基本都作了限制，具体时间各有不同，而目前大多数法院的通行做法是，从接受委派、委托的调解员和调解组织收到人民法院委派调解函或委托调解函的次日起计算，不超过 15 日，但双方当事人同意延长期限的除外。委派、委托调解的案件，经调解达成调解协议的，接受委派、委托的调解员和调解组织应当制作调解协议书，调解员、调解组织应当在调解协议书上签名或加盖印章，调解协议书经双方当事人签名或盖章后生效。调解协议达成后，接受委派、委托的调解员和调解组织应当填写委派调解回复函或委托调解回复函，并连同调解协议书、调解笔录、案件调解情况登记表和案件相关材料，移送人民法院诉调对接中心办理案件终结调解程序手续。委派、委托调解的案件，经调解未达成调解协议

---

〔1〕 参见徐州市贾汪区人民法院 2017 年 3 月 30 日《人民法院试点工作汇报》，第 8 页。

的，接受委派、委托的调解员和调解组织应当填写委派调解回复函或委托调解回复函，并在案件调解情况登记表中注明双方当事人的分歧意见、调解情况、调解次数以及调解不成的原因等，连同案件相关材料退回人民法院诉调对接中心，办理终结调解程序手续。诉调对接中心，应当在办理终结调解程序手续后将相关案件材料退回给立案部门审查立案和退回给承办案件的审判业务部门对案件进行审理。

(2)邀请调解

邀请调解是指法院在案件审理过程中，邀请特邀调解组织或特邀调解员参与案件的调解和解工作。特邀调解员，是指经法院选任，在诉前、审前、审中参与矛盾纠纷调解工作的，具有特定专业知识、社会经验，具有较高威望的人员。邀请调解，遵循自愿调解原则，当事人起诉经法院立案受理后，人民法院应主动加强对邀请调解工作的宣传和引导，对属于纠纷调解范围的，应首先征求当事人同意。法院邀请特邀调解组织或特邀调解员调解，对同意接受邀请调解的，法院在收到当事人同意调解的书面声明后进行登记，并于登记后填妥特邀调解函，并将起诉状副本及相关证据复印件一并移交给特邀调解组织或者特邀调解员进行调解。特邀调解组织或特邀调解员对双方当事人之间达成调解协议的，应当制作调解协议书送达双方当事人，并提交给人民法院备查；调解不成的，应当及时将案件转入诉讼程序。

(3)审判人员自行调解

在家事纠纷中，家事审判人员对于适宜调解的纠纷可以根据具体的案件情况进行便宜的调解，将恢复性的调解理念贯穿诉讼的始终。在整个案件审理的过程中，家事审判人员既要不断地调查案件的事实情况，又要了解当事人双方及案件关联人的实际情况及想法，通过柔性化的手段抚平当事人双方激烈冲突的情绪，使其回归冷静，再通过劝说的方法使案件得以妥善解决。

3. 结案后调解

结案后的调解，主要指家事调解员对于已结案件的跟踪回访，帮助当事人解决实际问题，巩固调解的效果。家事案件往往伴随感情的创伤，纠纷也是日积月累长期形成才会爆发出来，所以想在短期内彻底解决是比较困难的。很多当事人在调解时达成协议，过了一段时间往往会反悔，然后作出与当初意愿相违背的事情。所以，目前我国针对家事纠纷还设置了事后的回访跟踪调解。大部分的法院针对调解结案的纠纷会在事后的6个月至1年的时间里由专门的调解员进行回访与沟通,并填写专门的回访笔录。对于需要二次调解的案件,回访的调解员往往会再次进行劝解。

(三)不定期的协助调解制度

除了专门有调解人员进行调解以外,在人民法院审理案件的过程中,也允许家事法官在遇到特定的纠纷时指定家事调解员到庭协助调解,具体而言,主要包括以下情形:(1)妇女、老年人、未成年人的合法权益可能受到严重侵害的;(2)案件标的较大,或案情较为复杂,当事人未委托律师参与诉讼的;(3)当事人的情绪冲突较为强烈,比较不稳定的;(4)其他情形。

第四节　我国家事纠纷法院调解制度的构建与完善

针对我国试点法院目前探索的有益做法,结合域外国家和地区的经验,针对目前存在的不足,可以从以下方面进行构建与完善。

一、统筹家事立法,统一家事纠纷概念及程序立法

目前,家事纠纷的解决还处于试点阶段,虽是百花齐放,探索出很多的新的、有益的做法,但从不同的法院来看,却各有各的做法,没有较为统一的操作流程与标准,不仅无法保障当事人的权益,也不利于提升司法的公信力。所以从国家层面,应当加强家事案件的立法,从而形成较为规范的概念及程序。

1. 规范家事诉讼程序

家事案件呈现多元化样态,家事诉讼程序不应当是一个单一的程序,而应当是一个综合性程序,在其内部可以划分为六个子程序:(1)涉及身份关系的家事诉讼程序(人事诉讼程序),此类程序事件当事人之间具有讼争性,但当事人对于程序标的并无处分权或者相对无处分权,如婚姻事件、亲子事件、收养事件。(2)家事调解程序,除了性质上不能调解的家事案件外,家事案件在审判之前应当进行调解,实行调解前置。(3)涉及家事财产关系的民事诉讼程序,家事案件中的财产案件,如家庭成员侵权、婚约财产返还、婚姻损害赔偿、继承纠纷等,不仅具有讼争性,且当事人对于程序标的亦有处分权限。此类事件本来应以一般财产权事件处理,但由于此类财产权事件与

身份调整关系密切，且所应适用之程序法理亦与一般财产权事件未尽相同，为因应其事件类型之特殊需求，此类案件归入家事案件，虽适用一般民事诉讼程序，但是在整个家事诉讼程序中统合加以运用。(4)家事非讼程序，针对的是家事事件中较无讼争性，而当事人或利害关系人对于程序标的无处分权限者。此类事件有：宣告死亡事件、撤销死亡宣告事件、失踪人财产管理事件、撤销监护事件、确定监护人事件等。(5)家事保全程序，包括家事财产保全和家事行为保全。涉及家庭暴力的案件，还可以有专门的人身保护令。(6)家事执行程序，包括涉及生活费债权的执行、探望权执行等。[1]

2. 明确调解的基本流程

调解作为解决家事纠纷不可或缺的手段，立法应当较为明确地规定其启动、中止、结束的条件以及具体的流程及期限，以实现家事调解程序的可预期性。防止有的法院滥用司法权，以调促审，久拖不决，侵犯当事人的权益。这样不仅不能解决纠纷，反而会激化当事人之间以及当事人与人民法院之间的矛盾，造成新的不必要的纠纷的产生。

因此，应该通过立法明确家事案件诉前调解的基本原则、具体程序，使之成为明确的、具有较强可操作性的独立程序，以便指导法院及调解主体的调解工作，将矛盾化解在审前，实现司法效益及社会效益的最大化。

二、明确家事案件调解前置的范围

如上文所述，虽然同为家事案件但是有的家事案件为涉身份关系纠纷案件，而有的家事案件则属于涉财产纠纷案件。因而，有的家事纠纷诉讼的当事人双方是具有处分权的，而有的家事案件，会涉及社会公益或者法律的强制性规定，所以当事人的处分权是要受到限制的。笔者建议，根据家事案件是否应当进行诉前调解，可以将家事案件分为调解前置案件和非调解前置案件。这种类型划分的依据应当是当事人所具有的处分权限度，即调解前置案件应该限于当事人具有完全处分权的家事案件，这类案件必须经过调解才能进入诉讼程序，其中包括离婚案件、抚养权案件、继承案件等，这类案件的调解最能妥适地解决纠纷；非调解前置案件，即可以由法院在判断纠纷具体情形及征求当事人的意愿后选择性地进行调解，非调解前置的案件

---

[1] 参见陈爱武：《家事诉讼程序：徘徊在制度理性与实践理性之间》，载《江海学刊》2014年第2期。

主要针对当事人的自由处分权受到限制的家事案件,法官认为必要时可以将案件移交调解。

同时,法律也应当对不适合进行前置调解的家事案件予以列明,如家庭暴力案件、确认婚姻效力的案件等。真正实现诉调明晰,各行其道,形成高效、稳定的家事案件处理规则,真正地实现公正与效率的双赢。

三、构建多元化的调解团队,明确主体职责

家事纠纷具有复杂性,既涉及法律层面的事实,又涉及生活化的事实;既涉及法律上的知识,又涉及心理学的知识。所以家事调解必须建立多元化的调解团队,才能应对家事纠纷的复杂性;必须采用多元化的调解方式,从多方面补足家事审判的不足之处,才能得到更好的调解效果。

1. 选任的调解主体必须具备专业性及多元性

(1)选任准则

目前,实践中各法院对调解主体的选择基本都来源于妇联及离退休的老干部,在选任层面兼具专业性及多元性的程度还不够,不足以应对家事纠纷的复杂性。根据目前优秀法院及域外国家和地区的有益做法,在选任时应当遵循以下基本规则:第一,调解主体必须对调解工作有热情并有丰富的生活经验,适宜调解工作;第二,人员的组合可以来自不同的工作背景,但是从组合上而言必须有具备法学背景、心理学背景、社会学背景的主体。具有法学背景的人可以从离退休法官、检察官、律师、法学教师中选取,具有心理学背景的人可以从通过心理学考试、具备心理咨询师资格的人群中选取,具有社会学背景的主体可以从相关专业或具有相关经验的人中选取。

(2)必须严格实行培训制度

调解员选任完毕必须要经过严格的培训、具备相应的技能、了解调解的规定后才能真正地从事调解工作。对于年轻的调解员可以参照采用实习制,即必须跟随经验丰富的调解员学习特定的时间。如英格兰及威尔士律师会家事调解小组的所有执业成员都被要求事先进行不低于90小时的调解实习;再如,上文提到的我国台湾地区也必须经历特定的训练才可以走上调解岗位。同时走上调解岗位后,还需要定期地组织培训或者交流会议,对工作中的不足进行改正,对优秀的做法进行推广。具体而言,在调解中调解员要具备的基本技能包括以下几个方面:

第一,学会倾听。倾听是非常重要的调解技能,而倾听又可以分为积极

的倾听和被动的倾听。积极的倾听是在调解过程中利用多种口头技巧对当事人的陈述作出反映的方法,如全身心投入去听、保持适当的眼神交流等。被动的倾听指的是,在调解过程中调解员一般保持沉默的倾听姿态。[1] 家事纠纷的综合性、复杂性、隐蔽性必须要求家事调解员学会倾听。因此倾听这些故事和其中的多重含义是建立信任和友好关系的关键基础,也可以确保当事人感到安全和可靠,故积极倾听是有效调解实践的核心。[2] 在倾听的过程中不仅应该倾听案件当事人的意见还应当倾听关联人的意见,如老人、孩子的意见。倾听的场所可以根据案情的具体情况进行确定,可以在调解室、可以在当事人的住处、也可以在咖啡厅等有利于让交谈主体放松的地方。

第二,恰当的询问。在家事纠纷的调解过程中,调解主体除了学会倾听以外,更要注重的是结合案情及时进行询问,不可以使调解过程完全流于"拉家常"而无法取得实质性的进展。家事调解员必须利用技巧引导当事人及相关主体的陈述,围绕案件的争议焦点、矛盾产生的源头、具体的调解方案方向进行交流询问。

第三,给出建议。当倾听问询过后,调解员要学会总结案件的焦点并给出建议。当然总结并不是对当事人的叙述进行系统的复述,调解员可以根据自己在案例中要达到的目标,通过使用总结的手段来突出当事人叙述中的矛盾,指出潜在的过程和隐藏的话题,并且指出当事人轻轻带过或认为不重要的东西所具有的重要性,并把有利于调解的观点掺杂于其中。[3] 在总结的基础上,调解主体需积极地给出解决纠纷的建议与方案,而此种建议与方案只能引导案件的当事人,切不可强迫当事人接受。

2. 家事调解员必须遵守相应的工作职责

家事调解员虽然在具体的调解过程中采取的是柔性化的手段化解纠纷,但是对当事人、对整个社会而言他们代表的是司法权,所以家事调解员

[1] [英]迈克尔·努尼:《法律调解之道》,杨利华、于丽英译,法律出版社 2006 年版,第 38 页。

[2] [加拿大]岳云编著:《家庭调解:适用于华人家庭的理论与实践》,苌英丽、王振福、袁菊花译,中国社会科学出版社 2005 年版,第 143 页。

[3] [加拿大]岳云编著:《家庭调解:适用于华人家庭的理论与实践》,苌英丽、王振福、袁菊花译,中国社会科学出版社 2005 年版,第 134 ~ 138 页。

在处理纠纷的过程中必须谨记自己的地位,维护自身的形象,提升司法的公信力。具体而言,家事调解员处理纠纷时应当遵守以下工作要求:(1)服从法院的安排,遵守法律、法规及相关的工作章程;(2)态度平和、稳定、恳切,要从当事人的角度出发,以恰当的方式进行劝导,并提出公平合理的调解方案;(3)保持中立地位,不偏不倚,不得与当事人、代理人及其他利害关系人有违规接触;(4)对调解过程中知悉的商业秘密、个人隐私等不宜公开的事项,应当保密。家事纠纷的隐私性决定了家事调解过程必须是不公开的,家事调解过程中涉及的信息也应当是保密的,调解员必须严格遵守保密规则。从程序上而言在初次会谈之时,就应当主动告知当事人保密的规则,减轻当事人的心理压力,最深层次地了解纠纷的症结所在,进而解决纠纷。

家事调解员在具体纠纷的调解中不得从事以下行为:(1)在调解过程中借机招揽业务;(2)向当事人收取费用;(3)接受当事人请托或者接受不正当利益;(4)其他损害当事人权益的行为。人民法院发现家事调解员出现不当行为的,应当立即停止其调解工作,情节严重的取消其家事调解员的资格。

同时,家事调解员在处理具体的案件过程中应当遵守回避规则,具体规则可参照《民事诉讼法》的规定。家事调解员在调解案件的过程中还需要遵循特定事项报告制度即家事调解员在调解的过程中,发现有疑似家庭暴力或者侵害未成年人合法权益的情形,应立即报告人民法院。

四、坚持在查清事实的基础上进行调解

由于家事纠纷案件的特殊性,查清事实是妥善且长久地解决纠纷的前提。只有查清事实才能查明纠纷背后的原因,才能了解当事人双方及利害关系人的真实想法。也只有查清事实才能从纠纷的各利害关系人角度出发,制作出各方利益最大化的调解方案,重新构建稳定、新型的社会关系,所以家事调解绝不是"和稀泥"。尤其是在涉未成年子女抚养权的案件中,孩子通常都是案件中的受害者,而很多时候受父或母一方的影响,孩子往往不敢表达自己的真实愿望,这就需要调解主体在调解之前积极主动地介入了解情况,以期维护未成年子女的最大利益。具体而言,主要包括以下方法:了解父母双方的个人品格、收入情况、工作情况;积极听取学校老师的意见;实地走访子女所在地的村委会、居委会,了解情况;综合运用教育学与心理学的知识与未成年子女进行沟通交流,听取其心底最深层的愿望。综上所述,只有在查清事实的基础上进行调解,才能真正提高案件的办理效率,调

解员才可以在此基础上采取不同的调解策略，将案件平稳妥善地解决，防止案结事未了的状态。

对具体事实的调查，家事调解员未必都要亲力亲为，因为目前绝大部分法院设置的“三员”队伍中，有一员是家事调查员，对于家事调查他们更具有专业性及发言权。家事调解员只需要积极地保持与家事调查员的交流，为家事调查指明方向、列明范围，当家事调查员完成调查工作后，结合调查报告的内容进行调解并给出最佳方案即可。

五、家事调解和家事审判的合理衔接

家事案件调解的目的在于更好、更高效地解决家事纠纷，提高当事人的满意度，得到良好的社会效果。尤其是调解前置的设立，有其独特的优越性，但是为了避免调解原则损害当事人的诉权和实际利益，在调解程序和审理程序的衔接上需要有良好的对接机制。目前来看，实践中的做法主要分为以下两种情况：第一种情况，如果经过家事调解员的调解，案件的双方当事人调解成功并且已经达成了协议，则可以由调解员主动将调解协议提交给人民法院的法官，由法官审查调解协议的合法性、自愿性以及是否符合对特殊主体利益的保护。如果没有问题的话由法院对调解协议的内容进行司法确认，认定调解协议的效力，案件就此结束；如果调解协议的内容不符合规定则不予确认，可再行调整调解协议的内容；如果无再行调解必要的则及时审理给出裁判结果。第二种情况，如果案件未能调解成功，则应当在法定的期限内自动进入审判阶段，而此处需要注意调解程序与审判程序的相对独立，即在家事调解的过程中所获悉的案件事实，包括双方当事人在家事调解中作出的让步和陈述，在后续的审理程序中不可以直接援用，但是如果双方当事人同意，他们可以将调解程序中所提出的事实、证据在后续的程序中使用。需要特别注意的是，当涉及公益或未成年子女之利益保护时，则不受此限制，因为在此种案件中当事人的处分权是受到限制的，人民法院需要依职权进行调查并在维护公益的基础上作出最为妥适的裁判结果。所以在这种情况下，调解程序与审判程序的衔接应该更为灵活，此处我国台湾地区的做法值得参考，其将自由裁量权赋予主持调解的法官，即调解法官有判断调解程序是否有必要继续的权利，当事人在特定情况下可以要求直接从调解程序转入裁判阶段。处理家事案件时将调解和审判有机结合，可以综合两者的优势，实现二者的效益最大化。

第四章 家事纠纷多元调解制度的构建完善

20 世纪后期,沃尔夫勋爵的“接近正义”(access to justice)运动引领了民事纠纷解决机制改革,民事纠纷解决机制走向非诉化、社会化、多元化。调解凭借其解决家事纠纷的天然优势,成为各国解决家事纠纷的主要方式之一,形成了全球调解的浪潮。2016 年 6 月,我国正式在全国范围内开展家事审判改革,在推动多元化家事纠纷解决机制完善的背景下,各地法院因地制宜,在地方层面形成了家事纠纷多元调解制度。2017 年,最高人民法院、中央综治办、最高人民检察院等在《关于建立家事审判方式和工作机制改革联席会议制度的意见》提出,“依托多元化纠纷解决机制改革,建立社会广泛参与的家事纠纷多元调解机制”。2018 年,最高人民法院《关于进一步深化家事审判方式和工作机制改革的意见(试行)》第二部分专门规定了家事调解,对设立家事调解委员会、规范家事纠纷领域的特邀调解、完善委托调解程序等进行详细的规定,在全国范围内形成了以法院为主导,社会广泛参与的家事纠纷多元调解制度。

第一节　家事纠纷多元调解制度基本概述

为满足不同类型家事纠纷解决的实践需求并实现其多样化的价值追求,家事纠纷调解制度也呈现多元化的特征。

一、家事纠纷多元调解制度的概念与特征

(一)家事纠纷多元调解制度的概念

加拿大的岳云教授认为,家事调解属于“作为公正无私的第三方调解员

帮助当事人找出与分清当事人双方纠纷的问题,帮助当事人双方相互沟通并尽力促使一些或全部问题得以解决的志愿过程”。[1] 家事纠纷调解的本质即是由当事人以外的第三人通过说服、劝导的方式,以解决家事纠纷。不同纠纷解决的目的、价值取向以及具体规则是不同的,由此不同法域、社会背景下也滋生出不同的家事调解制度。每一种调解遵循的方式、规则以及程序都有所区别,如民间调解应重视社区化、地方化和常识化,法院调解则偏向正式化、程序化。不同的家事调解存在价值取向差异,正是为了适应家事纠纷的多样化形态特征,因此,家事纠纷调解也呈现多元化的样态。

家事纠纷多元调解,是指在一个特定的社会中,为解决因婚姻、亲缘为基础的家庭成员之间产生的关于身份和财产关系的纠纷,因家事纠纷中的利益冲突、价值观和文化传统、主体关系的多元而产生不同调解方式,并形成互补的、满足不同类型家事纠纷解决需求的调解程序体系和动态调整系统,在我国主要指司法、行政、群团和社会等不同主体进行的家事纠纷调解制度之间的相互协调与衔接。

(二)家事纠纷多元调解制度的特征

如前文所述,家事纠纷多元调解在组织、构成人员上具有多元化特征,除此之外,还具有以下四个特征。

1. 法院为主导力量

我国多元化家事调解制度是以人民法院为主导,由家事法官指引,对接人民调解委员会、各级妇联、婚姻登记机关等部门,同时还随着时代发展衍生出线上调解、律师参与调解的新模式。

家事调解内容十分广泛,依据家事调解程序的性质不同,家事调解通常划分为法院外的非诉讼调解、法院的诉讼中调解以及法院附设调解三种基本形式。[2]

我国法院外调解组织类型多样,包括人民调解、行政调解、群团调解以及其他社会组织、个人调解。诉讼中的家事调解程序灵活,法院可以自行调解,也可以委托调解组织进行调解。不同的家事纠纷调解程序当中,家事调

---

[1] [加拿大]岳云:《家庭调解:适用于华人家庭的理论与实践》,苌英丽、王振福、袁菊花译,中国社会科学出版社 2005 年版,第 16 页。

[2] 参见范愉主编:《ADR 原理与实务》,厦门大学出版社 2002 年版,第 620 ~ 621 页。

解的主持者也有所区别。尽管多数国家与地区都鼓励以法院委托家事调解组织的形式进行调解,但不同国家与地区仍有所差异,英美法系国家和地区以社会组织调解为主,如美国、我国香港特区主要委托专业的家事调解组织,同时律师担任家事调解员的情况较为普遍。大陆法系国家和地区如日本、我国台湾地区等,则主要由法院内部人员包括法官、家事调停官、法院聘任的家事调停委员等进行调解。法院附设调解是在家事法院或家事法庭下设专门负责家事调解的部门,由法院聘请法院外专家专职负责家事调解工作,或者法院与司法行政机关合作,由人民调解组织指定人民调解员进驻法院,或者由人民法院聘任合适调解员,由司法行政部门颁发人民调解员聘书从事家事调解工作,法官主要负责家事调解的组织协调工作,根据案件性质转介或选任适当的调解员,调解成功后依当事人申请确认调解协议的效力。

我国遵循以法院为主导的家事多元调解模式,相对于法院外的家事调解制度,法院内设调解制度更具公信力、权威性和效率性。〔1〕从横向调解角度而言,各地法院设立的家事调解委员会是由法院牵头,联合妇联、司法机关、基层组织、社会团体等,吸纳人民调解、社区调解人员组建家事调解队伍。从纵向调解角度而言,自诉前的委派调解,诉中所包含的委托调解、邀请调解以及法院人员自行调解,直至结案后调解,法院在家事调解中都扮演中心角色。家事法官在立案后的调解过程中掌控全程,如四川省广安市广安区人民法院对家事法官介入案件调解表现为三种形式:(1)立案后由法官初步判断调解方向,指派调解员,并与调解员协商确定调解的目的、调解过程中有待查明的事实等;(2)调解员在调解过程中遇到难以解决的法律问题或者其他突发状况的,由家事法官提供法律意见或者调整调解策略;(3)若家事调解员调解成功,当事人达成调解协议的,调解员应当将调解过程和结果告知法官助理和书记员,若调解未成功,则由家事法官接手进行二次调解,或者判决。〔2〕

域外部分国家或地区通过法院附设调解的方式开展家事调解。大陆法系国家如日本,家事调解也称家事调停,实施者主要是民间的调停委员或家庭裁判所的裁判官,调停委员会由一名法官和两名以上的家事调停委员组

---

〔1〕参见陈爱武:《家事法院制度研究》,北京大学出版社2010年版,第92页。

〔2〕参见涂继铭:《家事调解员的选任与工作方法之改革探索》,载《人民法院报》2018年8月29日,第8版。

成,家事调停委员是最高法院任命得非常频繁的国家公务员,属于家事法院的合同职工,享受法定补助。[1] 日本除了家事调停委员,还设有家事调停官,由最高裁判所从担任律师职务5年以上的人中选任。我国台湾地区于2012年施行所谓“家事事件法”,其家事调解以法院强制调解为主,家事事件的调解程序由法官负责,其他机构或团体予以协助。但事实上,现行大多数家事法庭的调解以家事调解委员为主体,由法官亲自调解的事件虽有但并不常见。[2] 英美法系国家比较具有代表性的如澳大利亚,其在家事法院设置了专门的家事调解员,澳大利亚的调解多是前置型调解。过去澳大利亚法院家事调解主要由注册官或者辅助法官来实施,但进入20世纪90年代则发展成为由专门的家事调解员主持。[3] 登记官是法院的专职律师,负责财产纠纷的处理。[4] 家事调解员包括法院调解员、社区或私人执业的调解员。[5] 调解员一般由具有法律、社会工作、家事咨询以及治疗等方面的专业知识人士担任,具有处理涉及未成年子女安置事宜的相关经验。

2. 确立家事案件特殊的诉前调解程序

诉前调解,是指家事案件在立案前或者立案后审理前,必须先经过家事调解,法院一般通过委派专门的家事调解组织进行调解的方式予以落实。《民事诉讼法》第122条规定,对于适宜调解的民事纠纷先行调解,但当事人拒绝调解的除外。2016年最高人民法院在《关于人民法院进一步深化多元化纠纷解决机制改革的意见》中提出探索建立调解前置程序,对家事纠纷可以在征求当事人意愿的基础上,引导当事人在登记立案前由特邀调解组织或者特邀调解员先行调解。目前我国诉前调解主要有三种形式:一是设立独立的调解组织,如山东省武城县人民法院联合退休法官、心理咨询师、当地的四德先锋、爱心联盟成员等人组成特约调解委员会。二是由法院内部选任专门的家事调解员。三是以专职法官与社会调解人员结合的形式开

---

〔1〕 参见陈爱武:《家事法院制度研究》,北京大学出版社2010年版,第89页。

〔2〕 参见李太正:《家事事件法之理论与实务》,台北,元照出版有限公司2018年版,第152页。

〔3〕 参见陈爱武:《家事法院制度研究》,北京大学出版社2010年版,第90页。

〔4〕 参见汤鸣:《澳大利亚家事调解制度:问题与借鉴》,载《法律适用》2010年第10期。

〔5〕 参见我国香港特区法律改革委员会:《排解家庭纠纷程序》,载我国香港特区法律改革委员会官方网站:https://www.info.gov.hk/hkreform,最后访问日期:2003年3月27日。

展,如安徽省马鞍山市雨山区人民法院设立“夕阳红”志愿者调解中心,在法官的指导下进行诉前调解。再如,广西南宁市兴宁区人民法院联合妇联、民政、社区、村委,在法院诉讼服务中心设置“惜缘工作室”,将心理咨询师、律师、社区工作人员等引入家事纠纷化解过程,对家事危机进行诉前调解,若调解不成则进入审判环节。[1]

诉前调解的开展有利于部分家事案件实现分流,在审判前予以解决,减轻法院负担。日本、我国台湾地区都明确将部分家事纠纷案件纳入诉前强制调解程序当中。美国、我国香港特区等尽管并未规定家事调解的强制调解,但也存在此趋势,目前更趋向于思考如何强制而非是否引入强制程序,认为强制程序是指要求当事人参与调解,而非被强制要求同意调解结果。对强制程序的正当性予以论证的另一个观点是来自美国的“调解悖论”,这一理论在实证研究的基础上,认为恰恰是那些不愿意参与强制性调解程序的当事人,对公正的调解程序表现出了至少与自愿参与调解的当事人同样的满意度。在部分案例中,有时最不愿意参与调解的当事人比愿意参与调解的当事人更易接受最后的调解方案。[2] 此结论在我国香港特区的治疗型家事调解中也得到印证,在男女地位失衡的家事纠纷案件中,部分女性从最开始排斥调解到后来的接受调解并对结果表示满意,这是因为调解能帮助其真实意愿得以顺利表达,促进双方的理性沟通,从而达成双方满意的结果。

3. 家事纠纷调解专业化

家事纠纷的解决必须依靠专业的知识,家事调解应当深入当事人的情感纠纷中,对当事人的心理有一定掌握。因此,有必要加强家事调解法官、家事调解员的专业培训,联合高校、司法行政机关等定期开展专业知识和调解技能培训,家事调解团队引入心理咨询师、婚姻家庭领域专业人士。如湖南省为推动婚姻家庭服务人员的专业化和职业化发展,聘请社会学、心理学、法学等领域的专家学者以及具有丰富从业经验的婚姻家庭咨询师、心理

〔1〕参见潘俊秀:《多元调解之下的家事审判有温度》,载南宁市兴宁区人民法院网站:http://xnqfy.chinacourt.gov.cn/article/detail/2016/12/id/2493080.shtml,最后访问日期:2018年12月23日。

〔2〕参见[澳]娜嘉·亚历山大主编:《全球调解趋势》,王福华等译,中国法制出版社2011年版,第234页。

咨询师、律师、社工、调解能手等，建立婚姻家庭纠纷调解专家库；徐州市铜山区人民法院面向社会招录有心理学专业背景和相关经验的二级心理咨询师担任家事审判辅助人员，并设立专门的心理咨询工作室。域外部分国家或地区十分注重家事调解员的专业化、职业化发展，家事调解人员一般由社会实务专家组成，构成特征趋于多元化，由法律实务人员、心理咨询专家、社会工作者以及其他具有医学、教育学、社会学等专业知识的人士组成，同时家事调解组织、人员也体现出专业化的特征。例如，英国家庭调解者学院（the UK College of Family Mediators）针对调解员的选任、培训、教育、管理、监督等建立了一系列的标准与规范，旨在提高和保持专业行为的高标准并进行培训、实行调解技能教育等。[1]

家事调解是针对当事人情感纠纷的处理，其具有隐蔽性、情感色彩浓重的特点，因而家事纠纷的调解更倾向于在轻松灵活的氛围下进行，需要设置专门的家事调解场所。如江苏省南通市港闸区人民法院设立了家事调解室，调解室内部放置了沙盘、各色玩具、颜色亮丽的沙发、座椅等，针对儿童的心理特点装饰成氛围温馨的场所，有利于实现心理咨询师与其全面有效的互动。

4. 家事纠纷调解样态多元化

依据家事纠纷调解主体与程序的区别，我国实践中的家事调解发展呈现多元化样态，根据主体性质划分为法院调解、行政调解、人民调解、群团调解、其他社会组织、个人调解等，根据程序划分为诉前调解、特邀调解、委派调解、委托调解、协助调解等。

依据家事调解人员的来源划分，我国目前的家事调解主要有四种表现方式：第一，经验型调解，主要是指法院引入家事纠纷调解经验丰富的人民调解员，如安徽省马鞍山市雨山区人民法院设立的“夕阳红”调解中心、浙江省台州市黄岩区人民法院的“老娘舅”、浙江省瑞安市人民法院的“大姐调解员”等；第二，熟人型调解，主要是指邀请当事人的亲友、邻居等参加调解，如广西壮族自治区三江侗族自治县人民法院针对不同风俗习惯的案件特点邀请所在村屯的“寨老”、村委会或邻居协助调解，对于年龄较大的当事人则邀

[1] 参见[英]西蒙·罗伯茨、[英]彭文浩：《纠纷解决过程：ADR与形成决定的主要形式》（第2版），刘哲玮、李佳佳、于春露译，北京大学出版社2011年版，第256页。

请子女参与调解;[1]第三,法律型调解,由法官、书记员、专职家事调解员、家事调查员等进行调解,一般在法院中进行,当事人更能直接感受到司法的严肃、公正氛围;第四,专业型调解,由法院委托或者聘任专业的心理咨询师、婚姻家庭咨询师等,依托专业的知识对家事纠纷进行调解,如宁波市海曙区人民法院聘任海曙区"宁静港湾"从事婚姻家庭服务的工作人员担任家事调解员与家事调查员。家事调解员队伍包含心理咨询师、婚姻家庭咨询师等,以妇女、儿童为主要服务对象,遇到特殊案件时,如当事人不善言辞、有心理或精神疾病等情况,也可由该类人员通过专业方式调查当事人相关情况,并促进家事纠纷案件当事人沟通、调解。

家事纠纷调解方式的多元化也体现在调解过程中,家事调解员通过专业的调解技术培训,综合运用多种方法促进当事人沟通并达成调解协议,如四川省广安市广安区人民法院家事调解员的工作方法包括劝导法、讲理法、换位法、举例法、借力法、背靠背调解法。[2]

域外部分国家和地区在家事调解发展的进程中,衍生出不同的家事调解模式,并根据不同类型的家事纠纷案件对症下药。按照家事调解依据的理念、程序、规则等区别,各国(地区)的家事调解发展衍生出了类似结构型调解、治疗型调解、劳务管理型、促进型、辅助型、信息沟通型调解等模式。不同类型与模式的家事调解所发挥的功能也有巨大差异。以下选取较为典型的家事调解模式予以介绍。

(1)结构型调解,由美国的家事调解先驱库格勒(O. J. Coogler)创立,他设立了美国第一个家事调解组织——家事调解协会(Academy of Family Mediation),主要面向律师与心理健康专业人士开展家事调解培训,主要通过法律专业与心理健康专业的相互合作,帮助当事人跨越心理障碍,理性协商解决家事纠纷。结构型家事调解中,调解员主要由律师和心理健康专业人士组成,其核心在于"依据规则达成结果,通过过程保证质量"。[3] 在调解过程中,调解员在当事人无原则性分歧的基础上促使其就财产分割、子女

---

〔1〕 参见广西壮族自治区高级人民法院民事审判第一庭编著:《家事和少年审判理论与实践》,法律出版社2019年版,第703页。

〔2〕 参见涂继铭:《家事调解员的选任与工作方法之改革探索》,载《人民法院报》2018年8月29日,第8版。

〔3〕 参见来文彬:《家事调解:理论与实务》,群众出版社2017年版,第58页。

安置达成协议,调解员必须根据相关调解规则严格执行调解程序,这些规则主要源于联邦统一结婚离婚法、州法以及当事人的临时协议。结构型调解通过灵活的程序促进当事人达成合意,但其依赖于规则与程序,注重形式公正与程序公正,调解过程中有可能会出现情感让步于程序规则的情形。

(2)劳务管理型调解,其产生与美国兴盛一时的劳动调解制度密不可分,是私立机构在借鉴劳动调解制度规则的基础上发展完善的。在该模式下,调解员主要在双方当事人地位失衡时予以介入,以保障当事人在地位平等的基础上进行有效协商。调解员需要同时具备心理学、法学的知识背景,在调解过程中可利用穿梭调解、单独会见的方式,目的在于确保谈判不违背正常程序,保证当事人双方的实力均衡,但并不以子女利益最大化为首要原则。[1] 劳务管理型调解事实上也受到了一定质疑,因其主要适用于当事人权力失衡的情形,但家事纠纷中此种情形有限,主要表现为家暴,而在家暴案件中,何时以及何种程度适用调解仍存有争议。然而,不可否认的是,劳务管理型调解对调解员资质的高要求,以及调解过程中更注重当事人双方的情感需求的双重优势,能促使其在特殊情形的家事纠纷中发挥作用。

(3)治疗型家事调解,由加拿大学者岳云教授创立,在我国香港特区得以发展完善。其以系统家庭治疗理论为基础,要求调解者应为整个家庭着想,特别强调以促进当事人子女的最大利益为大前题,引导当事人了解子女的需要和利益所在。治疗型家事调解中特别重视评估工作和选择性地应用调解预估这两个过程。通过评估,可帮助调解员了解双方当事人的地位以及是否适合使用调解服务,适用何种调解服务。一般而言,如果适合调解则还需要考虑当事人的能力和准备程度,决定让他们直接进入谈判过程抑或需要参与调解预工过程。治疗型家事调解也密切关注当事人的情绪和关系互动,及时依据当事人的心理状况和情绪转换调解方案。但这也要求治疗型家事调解模式的调解员具备较强的专业能力,需要对家庭治疗理论和技巧有较深入的掌握。

(4)促进型调解,其主要目标是协助双方当事人将以立场和法律权益为

---

〔1〕 Susan M. Brown, *Models of Mediation*, *in James C. Hanson. Divorce and Family Mediation*, USA, Aspen Systems Corporation, 1985, p. 57.

导向进行的谈判,转化成以利益为本、解决问题的谈判,并促进双方当事人界定及处理实务上、程序上、心理上的利益纠纷,从而让双方当事人之间的需求与利益得到最大化满足,在此基础上达成公平合理的协议。促进型调解以解决问题为主,调解员在调解过程中提供资料及交换看法,鼓励和协助当事人直接沟通。促进型调解模式在基本了解双方当事人需求下,为调解过程提供架构性方案,在调解进程中运用各种技巧,以推动双方当事人能够理性沟通,并促进调解协议的达成。

二、家事纠纷多元调解制度的具体类型

根据家事调解主体性质的区别,我国家事调解方式一般有以下几种类型:一是法院调解,在家事纠纷引发的诉讼中开展以法院为主导的调解。二是行政调解,即国家机关在法律授权下,在其行使行政管理职权范围内,就家事纠纷进行调解,行政机关主体一般是公安机关、婚姻登记机关、司法所等。三是人民调解,主体为基层组织村委会、居委会。四是群团调解,主体为妇联、工会、共青团等群众团体和人民团体。五是其他民间组织与个人调解,主要是一些社会组织、民间组织、邻里以及亲戚等。

(一)法院调解

法院调解主要包括法院附设调解与诉讼中调解。法院附设调解,一般由法院委托专业家事调解组织针对家事纠纷案件进行调解。这种做法在域外较为普遍,如美国联邦地区法院与上诉法院也普遍采用法院附设调解。诉讼中调解,是指在家事纠纷诉讼程序中,或是通过法律规定将调解设定为必经程序;或者规定法官具有调解义务,由法官依据职权进行调解。[1] 诉讼中调解与法院附设调解的主要区别在于前者家事调解程序的主持者为法院,而后者一般是法院委托给专业的家事调解组织进行调解。法院附设调解既可以由法院自行调解,也可以委托其他组织或人员调解。法院自行调解由家事审判员进行,也可由助理审判员、书记员进行调解。委托调解则一般由来自妇联、民政部门、公安、法院等组织机构以及其他具有社会、人文、法律、教育、心理、婚姻家庭等方面专业知识的社会人士进行,其中特邀调解组织成为主要力量。

---

〔1〕 参见范愉:《非诉讼纠纷解决机制研究》,中国人民大学出版社2000年版,第211页。

（二）行政调解

行政调解，在我国是指以婚姻登记机关、公安机关为主体针对家事纠纷进行的调解。由婚姻登记机关对家事纠纷进行调解的做法在各国较为普遍，如澳大利亚即可由婚姻登记机关进行家事调解。此前婚姻登记机关较为通行的做法是，对于办理离婚手续的当事人要经多次调解，调解确实无效才能正式办理离婚手续。[1] 此后因调解程序过于烦琐，行政机关简化离婚调解程序。但婚姻登记机关在家事纠纷的调解中仍担任重要职能。2017 年全国妇联、中央综治办、最高人民法院等《关于做好婚姻家庭纠纷预防化解工作的意见》提出婚姻登记机关应“免费提供心理疏导、纠纷调解、法律咨询等婚姻家庭辅导服务，预防和化解纠纷，促进婚姻家庭的和谐稳定”。公安机关主要在涉及家庭暴力的家事纠纷中负有调解义务。行政机关在参与家事调解过程中，发挥着积极的引导作用，包括家事调解队伍的组建、家事调解员的培训、调解规范的制定以及提供资金保障渠道等方面。

（三）人民调解

人民调解，是村民委员会、居民委员会和企业、事业单位设立的调解组织，人民调解是家事调解的重要组成力量，家事纠纷是人民调解组织介入调解的重要领域。依据《反家庭暴力法》，人民调解组织在涉及家庭暴力纠纷中也承担积极的调解义务。人民调解协议的司法确认程序是家事纠纷多元调解制度完善的重要内容。《民事诉讼法》第 194 条规定，申请司法确认调解协议，由双方当事人依照人民调解法等法律，自调解协议生效之日起 30 日内，共同向调解组织所在地基层人民法院提出。《人民调解法》第 33 条规定，经人民调解委员会调解达成调解协议后，双方当事人认为有必要的，可以自调解协议生效之日起 30 日内共同向人民法院申请司法确认，人民法院应当及时对调解协议进行审查，依法确认调解协议的效力。2011 年最高人民法院《关于人民调解协议司法确认程序的若干规定》第 8 条、第 9 条规定，人民法院经审查认为调解协议符合确认条件的，应当作出确认决定书；决定不予确认调解协议效力的，应当作出不予确认决定书。人民法院依法作出

[1] 参见范愉主编：《ADR 原理与实务》，厦门大学出版社 2002 年版，第 625 页。

确认决定后,一方当事人拒绝履行或者未全部履行的,对方当事人可以向作出确认决定的人民法院申请强制执行。

(四)群团调解

群团调解,是由妇联、工会、共青团等群众团体和人民团体主持的家事调解。

群团调解并非家事纠纷解决的必经程序,但因其与当事人之间存在某种特定联系,可以为当事人提供灵活和便利的调解方案,也往往会参与到家事纠纷解决过程当中。各地妇联组织积极参与家事调解的专业化建设,通常与公安、检察、法院等机关开展合作,在家事纠纷中提供婚姻咨询、纠纷调解、心理咨询、法律援助等服务。

(五)其他社会组织、个人调解

其他社会组织、用人单位、私人调解等是解决家事纠纷的主要民间力量。《民事诉讼法》第95条规定:"人民法院进行调解,可以邀请有关单位和个人协助。被邀请的单位和个人,应当协助人民法院进行调解。"用人单位在必要时也需要配合相关机构或者单独提供家事调解服务,如《反家庭暴力法》第11条规定:"用人单位发现本单位人员有家庭暴力情况的,应当给予批评教育,并做好家庭矛盾的调解、化解工作。"在我国传统文化背景下,私人调解尤为突出,在"家丑不可外扬"观念影响下,我国普通民众往往不愿寻求政府与司法机关等公权力部门的帮助,更偏向于借助当地社区或共同体的民间力量和亲属关系,这在我国农村地区表现尤为明显。此类私人调解多由当地德高望重之辈担任,其善于从情理角度化解家事纠纷,故家事调解制度在发展过程中也重视吸纳民间调解力量。最高人民法院鼓励品行良好、公道正派、热心调解工作,并具有较强沟通协调能力的个人加入家事调解委员会特邀调解员名册。

三、家事纠纷多元调解的价值与功能

家事纠纷调解作为家事纠纷解决的主要手段,对其应当赋予多样化的价值追求。"多元社会可以开放性地追求多样的价值,社会规范也多元化,应减少强制性的规范,增加自发性的自律规范。"[1]家事纠纷具有伦理性、公益性、复杂性等特征,能否妥善解决关乎社会稳定与和谐。家事纠纷多元调解是多种家事调解方式的有机结合与互动,其最高价值在于实现各个方式与环节的协调与平衡,以实现妥善解决家事纠纷的最终目的。

家事纠纷多元调解制度能够合理配置各色家事调解方式,以法院调解为中心,整合社会调解资源,注重家事调解程序的衔接与转化,追求高效快捷。家事纠纷多元调解通过司法调解、行政调解、社会调解的衔接互动,以法院立案登记为临界点在不同阶段实现调解资源的最大化利用。立案登记前以非诉讼调解手段化解纠纷,立案登记后则通过在法院行使裁量权的基础上,由法院及时介入职权对当事人有可能达成合意的纠纷进行调解。目前,随着社会变革与民众法治意识的增强,传统的熟人型调解正逐渐失去原先的作用,家事纠纷当事人更倾向于选择法院调解,加之法院外家事调解队伍,进而导致法院二次调解增加,法院调解不堪重负。为此,家事纠纷多元调解可以减轻法院调解的压力,通过诉前调解将家事纠纷化解于法院之外,诉讼中则协助法官进行调解,符合纠纷解决的经济原则。

不同类型的家事纠纷中,当事人产生的需求存在差异,家事纠纷多元调解制度的价值在于能够为当事人提供多元化的选择,根据纠纷的性质和特点设计针对性的解决方案,从整体意义上促进家事纠纷解决过程中个别正义、实质正义的实现。不同类型的家事调解功能偏向有所不同,因此对于不同类型的家事纠纷案件可通过前期判断,区分纠纷类型从而委托专门的调解组织,以找准纠纷本质原因,从而"对症下药"。在调解过程中通过各项调解制度的衔接与互动,随时了解当事人的不同需求,结合纠纷性质,通过采取不同方式的家事调解手段,努力缓和当事人矛盾并修复当事人情感,将家庭成员之间的感情伤害降到最低,在双方合意的基础上达成调解协议,如此最大限度地避免后续纠纷的发生。我国香港特区的治疗型家事调解当中,尤为注重当事人的情感需求,偏向于调整、修复和治疗人际关系,促使双方在平等、理性沟通基础上达成合意。调解的真正价值在于能影响配偶之间的关系和未来发展方向,特别是夫妇双方在离婚后能否合作以及能否更实

[1] 郭道晖:《多元化社会中法的本质与功能——第二届亚洲法哲学大会述评》,载《法制现代化研究》1999 年卷。

在地体察对方的愤怒心情。[1] 在探望权纠纷、子女抚养权纠纷案件中，则以儿童利益最大化为主要目标，因而调解更注重保护儿童的利益，如引入儿童心理咨询师、为儿童设立专门的家事调解室等。

第二节　多元化家事纠纷解决机制及调解趋势

一、多元化家事纠纷解决机制

多元化纠纷解决机制，是指在一个社会中，以其特定的功能和特点针对社会利益冲突、价值观和文化传统、社会主体关系的多元而产生的不同纠纷解决方式，它们相互协调地共同存在，形成一种互补的、满足社会主体的多样需求的程序体系和动态的调整系统。[2] 多元化家事纠纷解决机制则是在家事纠纷领域中一种动态调整系统和程序体系，是规范、主体、程序以及具体规则的协调，它是各种要素的有机组合。

我国多元化家事纠纷解决机制最初裹挟于多元化纠纷解决机制之中得以形成与发展。自2003年起，民事调解得以复苏，我国司法机构在结合本土调解资源以及借鉴域外ADR发展经验的基础上，开展了多元化纠纷解决机制的司法改革。最高人民法院从2004年开始，将促进多元化纠纷解决机制作为重要目标，建立了一批试点和示范法院，并注重与各相关行政部门和社会组织协作。至2009年，最高人民法院先后发布一系列文件，明确多元化纠纷解决机制改革的重点在于促进司法调解与人民调解的"对接"、加强诉前调解与诉讼调解的衔接，并提出"全程调解"、加强各类案件调解等。2011年《人民调解法》实施，对调解协议的司法确认作出规定，明确调解与诉讼衔接的方式。同年3月，最高人民法院出台《关于人民调解协议司法确认程序的若干规定》，进一步明确人民调解协议确认与执行的程序。2014年10月，党的十八届四中全会《关于全面推进依法治国若干重大问题的决定》提出："健全社会矛盾纠纷预防化解机制，完善调解、仲裁、行政裁决、行政复议、诉讼等有机衔接、相互协调的多元化纠纷解决机制。加强行业性、专业性人民调解组织建设，完善人民调解、行政调解、司法调解联动工作体系。"

---

〔1〕 参见《排解家庭纠纷程序》，载我国香港特区法律改革委员会官方网站：https://www.info.gov.hk/hkreform，最后访问日期：2003年6月27日。

〔2〕 参见范愉：《非诉讼纠纷解决机制研究》，中国人民大学出版社2000年版，第17页。

2015 年 5 月,最高人民法院《关于人民法院推行立案登记制改革的意见》中提出要完善多元化纠纷解决机制,推动不同纠纷解决方式的有机衔接、相互协调,并提出加强诉前调解与诉讼调解的有效衔接。由此,我国形成了包括调解、仲裁、行政裁决、行政复议、诉讼等在内的多元化纠纷解决机制的基本形态。

2015 年 10 月,中央全面深化改革领导小组第十七次会议审议通过《关于完善矛盾纠纷多元化解机制的意见》,并于同年 12 月 6 日由中共中央办公厅、国务院办公厅联合印发中办发〔2015〕60 号文件,明确了完善矛盾纠纷多元化解机制的指导思想和基本原则。2016 年 5 月,最高人民法院审判委员会通过《关于人民法院特邀调解的规定》,明确建立特邀调解队伍,对登记立案前的委派调解、登记立案后的委托调解、调解协议司法确认、诉调对接等作出相关规定,同时倡导设立家事领域的专业调解委员会。同年 6 月,最高人民法院出台了《关于人民法院进一步深化多元化纠纷解决机制改革的意见》,进一步明确多元化纠纷解决机制的指导思想、基本原则、主要目标等,对不同纠纷解决方式之间的衔接作出具体规定,加强了多元化纠纷解决机制的体系化建设。至此,我国多元化纠纷解决机制在规范层面已基本完善,也为多元化家事纠纷解决机制提供了相关法律依据。

在社会转型的背景下,家事纠纷的妥善处理成为司法制度改革的重要内容。"随着社会经济情势之急速变迁,民事纠纷之质、量多异于往昔,且在形态、内容上趋于多样化、复杂化"〔1〕,家事纠纷面临类似境地,其在类型与性质、内容上趋向于多样化、复杂化。一方面,家事案件数量高位运行,且呈现增长趋势,法院审判压力巨大。相关数据表明,2013 年至 2017 年,我国各级法院共审结民事案件 3179.7 万件,同比上升 54.1%,同期审结婚姻家庭纠纷案件 854.6 万件,占民事案件比例约 26.9%。〔2〕 2018 年全国人民法院审结一审民事案件为 901.7 万件,审结婚姻家庭案件 181.4 万件,占民事案

---

〔1〕 邱联恭:《程序选择权论》,台北,三民书局 2000 年版,第 26 页。

〔2〕 参见最高人民法院:《最高人民法院工作报告》,载中华人民共和国最高人民法院官方网站:http://www.court.gov.cn/zixun-xiangqing-87832.html,最后访问日期:2018 年 3 月 25 日。

件比例约 20.1%。[1] 2019 年全国人民法院审结一审民事案件为 939.3 万件,审结婚姻家庭案件 185 万件,占民事案件比例约 19.7%。[2] 另一方面,家事纠纷案件类型繁多,除了主要的离婚、分家析产案件,在实践中还不断发展出新类型纠纷,如祖孙隔代探望权纠纷、丧偶儿媳继承权纠纷、变更抚养关系纠纷等。在性质内容上,家事纠纷涉及人身关系难处理,家事纠纷与身份关系诉讼密不可分,具有伦理性、隐秘性、公益性、复杂性等特征。[3] 针对不同的家事纠纷应当对症下药,因而衍生出多元化的家事纠纷解决方式,包括诉讼、调解、和解、公证、仲裁等方式,家事纠纷的多元化解决机制已成普遍共识。

2016 年 6 月,最高人民法院发布《关于开展家事审判方式和工作机制改革试点工作的意见》,在全国范围内选取了 118 个中基层法院开展家事审判工作机制的改革试点工作,在明确家事审判改革目标、基本原则、工作理念的基础上,提纲挈领指出家事审判的工作机制不仅包括引入家事调查员、心理专家等特色机制,也包括推动建立司法力量、行政力量和社会力量相结合的新型家事纠纷综合协调解决机制。多元化家事纠纷解决机制在家事审判方式改革进程中蓬勃发展。2017 年,最高人民法院、中央综治办、最高人民检察院等在《关于建立家事审判方式和工作机制改革联席会议制度的意见》提出,"依托多元化纠纷解决机制改革,建立社会广泛参与的家事纠纷多元调解机制"。至 2018 年试点改革结束,于同年 7 月发布《关于进一步深化家事审判方式和工作机制改革的意见(试行)》,将"推动建立司法、行政和社会相结合的多元化纠纷解决机制"作为深化改革的总体要求之一。试点改革成果斐然,同年,最高人民法院办公厅在《关于印发家事审判方式和工作机制改革联席会议 2017 年度工作总结和 2018 年度工作要点的通知》中指出,各高院和试点法院在最高人民法院指导下积极探索建立家事纠纷多元化解

---

〔1〕 参见最高人民法院:《最高人民法院工作报告》,载中华人民共和国最高人民法院官方网站:http://www.court.gov.cn/zixun-xiangqing-146802.html,最后访问日期:2019 年 3 月 19 日。

〔2〕 参见最高人民法院:《最高人民法院工作报告》,载中华人民共和国最高人民法院官方网站:http://www.court.gov.cn/zixun-xiangqing-232991.html,最后访问日期:2020 年 6 月 1 日。

〔3〕 参见胡夏冰:《积极推进建立家事调查员制度》,载《人民法院报》2017 年 3 月 21 日,第 8 版。

决机制，超过80%的试点法院与相关部门建立联席会议机制或者达成了合作事项。至此，多元化家事纠纷解决机制在全国范围内全面形成。

二、家事纠纷多元调解趋势

调解在解决家事纠纷中能发挥特有的优势，相较于传统对抗式诉讼模式，调解所具备的非对抗性、保密性、灵活性、温和性、建设性以及高效性等优点，[1]整体上与家事纠纷的解决需求相吻合。资料表明，我国1978年至今，家事案件的调撤率始终在60%～85%波动，因此家事案件中调解成为主要的结案方式。[2] 2016年最高人民法院开展家事审判改革以来，调解作为家事纠纷解决程序的重要内容，各地法院也一直针对家事纠纷调解制度的相关内容进行创新建设。2018年最高人民法院《关于进一步深化家事审判方式和工作机制改革的意见（试行）》提出，"人民法院审理家事案件，应当增强调解意识，拓展调解方式，创新调解机制，提高调解能力，将调解贯穿案件审判全过程"。当前我国家事审判方式和工作机制改革进程中，结合多元化纠纷解决机制是一项鲜明的特色，司法机构鼓励家事调解方式创新、积极拓展调解机制，以构建多元化的家事纠纷调解模式。实践中逐渐形成了以司法、行政与社会合作的调解力量，包括法院调解、人民调解、群团调解、行政调解，在形式上涵盖了法院内的调解与法院外的非诉讼调解等。法院既可以自行调解，也可以委托家事调解组织进行调解，家事纠纷多元调解趋势显然，主要表现在以下几个方面：

（一）家事纠纷多元调解全面铺开

各地法院有效整合社会资源，组合不同的家事调解队伍，形成了覆盖社区、村庄的综合家事调解体系，如山东省武城县人民法院建立了三级综合调解体系：一级为特约调解委员会，由退休法官、人民陪审员等50人组成，专职从事诉前引导和调解工作；二级为社会联动联调组织，协调乡镇、民政、妇联等职能部门进行针对性调解；三级为各村庄（社区）选任的家事调查员，由家事调查员通过走访邻居、单位、社区、亲友等方式，在了解婚姻家庭状况的

---

〔1〕 参见陈爱武：《家事调解：比较借鉴与制度重构》，载《法学》2007年第6期。

〔2〕 参见汤鸣：《家事纠纷法院调解的范围与限度——基于比较法的分析》，载《南京航空航天大学学报》（社会科学版）2015年第2期。

基础上,向法院出具调查报告,提出纠纷解决建议。[1] 如湖南省于2017年全面建立县(市、区)婚姻家庭纠纷人民调解委员会,同时设立婚姻家庭纠纷专业性调解中心,推动完善基层调解组织网络,加强家事纠纷多元调解制度在全省范围内的实行。

(二)家事纠纷人民调解队伍迅速扩充

在法院主导、社会广泛参与的家事审判改革过程中,快速形成了一大批法院外家事调解组织,其中婚姻家庭纠纷人民调解队伍迅速扩充,在家事纠纷的调解中成为主力军。2017年全国妇联、中央综治办、最高人民法院等《关于做好婚姻家庭纠纷预防化解工作的意见》中指出,应当加强婚姻家庭纠纷人民调解工作,并从加强婚姻家庭纠纷人民调解组织建设、队伍扩充以及经费保障三个方面入手,具体包括:第一,建立健全婚姻家庭纠纷人民调解组织或调解委员会,选聘法律、心理、社会工作等领域的专家、实务工作者和妇联维权干部等担任人民调解员,建立专家库,选聘专兼职家事调解员,提供办公场所;第二,建设婚姻家庭纠纷人民调解员队伍,设立婚姻家庭纠纷人民调解委员会专职调解员公益岗位,弥补专职调解力量的不足,并加强调解员专业培训;第三,加强婚姻家庭纠纷调解工作经费保障,各级地方财政安排婚姻家庭纠纷人民调解委员会补助经费和人民调解员补贴经费,并提高保障标准,加快运用政府购买服务的方式,把婚姻家庭纠纷调解工作纳入政府购买服务指导性目录,同时鼓励通过吸纳社会捐赠、公益赞助等合法渠道筹措经费。2017年,全国人民调解组织共调解婚姻家庭纠纷162.4万件,2018年一季度共调解婚姻家庭纠纷37.3万件。[2] 各地选聘法律、心理、社会工作等领域的专家、实务工作者和妇联维权干部等担任专兼职人民调解员,建立婚姻家庭纠纷专业性人民调解委员会。截至2017年年底,全国由妇联组织牵头建立的婚姻家庭纠纷人民调解委员会近1万个,建立起

[1] 《武城法院建立家事纠纷联动解决机制》,载德州新闻网:http://www.dezhoudaily.com/p/1320899.html,最后访问日期:2017年10月18日。

[2] 参见最高人民法院:《最高人民法院办公厅关于印发家事审判方式和工作机制改革联席会议2017年度工作总结和2018年度工作要点的通知》,载北大法律信息网文献库:https://www.pkulaw.com/chl/65348f565d99b958bdfb.html? keyword,最后访问日期:2018年7月29日。

近8000人的专职婚调员和近6万人的兼职婚调员的队伍。据不完全统计，全国县级以上行政区域共建立婚姻家庭纠纷人民调解委员会2460个。[1]

（三）家事纠纷特邀调解组织日益完善

根据2016年最高人民法院出台的《关于人民法院特邀调解的规定》第1条以及第11条第1款的规定，特邀调解是指人民法院吸纳符合条件的人民调解、行政调解、商事调解、行业调解等调解组织或者个人成为特邀调解组织或者特邀调解员，接受人民法院立案前委派或者立案后委托依法进行调解，促使当事人在平等协商基础上达成调解协议、解决纠纷的一种调解活动。对适宜调解的纠纷，登记立案前，人民法院可以经当事人同意委派给特邀调解组织或者特邀调解员进行调解；登记立案后或者在审理过程中，可以委托给特邀调解组织或者特邀调解员进行调解。依据2018年最高人民法院《关于进一步深化家事审判方式和工作机制改革的意见（试行）》第7条、第8条规定，人民法院应当依托特邀调解做好家事案件调解工作，通过在立案前委派或者立案后委托特邀调解组织、特邀调解员依法进行调解，促使当事人在平等协商基础上达成调解协议，解决纠纷。依法成立的人民调解、行政调解、商事调解、行业调解及其他具有调解职能的组织，可以申请加入家事调解委员会特邀调解组织名册。品行良好、公道正派、热心调解工作并具有较强沟通协调能力的个人可以申请加入家事调解委员会特邀调解员名册。人民法院可以邀请人大代表、政协委员、人民陪审员、专家学者、律师、基层法律服务工作者、仲裁员、退休法律工作者、基层工作者以及其他具有社会、人文、法律、教育、心理、婚姻家庭等方面专业知识的个人加入家事调解委员会特邀调解员名册。少数民族聚居地区可邀请熟悉当地语言、风俗习惯、宗教信仰等情形的个人加入家事调解委员会特邀调解员名册。经特邀调解组织或者特邀调解员调解达成调解协议的，可以制作调解协议书。当事人认为无须制作调解协议书的，可以采取口头协议方式，特邀调解员应当记录协议内容。对适宜调解的纠纷，登记立案前，经当事人同意或者当事

---

[1] 参见最高人民法院：《最高人民法院办公厅关于印发家事审判方式和工作机制改革联席会议2017年度工作总结和2018年度工作要点的通知》，载北大法律信息网文献库：https://www.pkulaw.com/chl/65348f565d99b958bdfb.html? keyword，最后访问日期：2018年7月29日。

人虽未提出调解申请但人民法院认为有必要调解的,可以委派给特邀调解组织或者特邀调解员进行调解。

结合试点法院实践探索情形,家事纠纷的特邀调解队伍建设经验如下:一是依托社会资源开展家事调解服务,以社区、村为单位发展基层家事调解,致力于家事调解的全面化落实。如江苏省泰州市聘任“五老”家事调解员,由老党员、老干部、老军人、老教师、老模范担任村和社区的家事调解员,更契合我国农村等地区的家事纠纷解决需求;四川省广安市广安区人民法院聘任村干部、居委会的工作人员和妇联干部为家事调解员,若当事人不愿意来法院,则交给乡镇、街道上配备的家事调解员进行调解,充分发挥社区调解的特色。二是联合相关部门、单位组建家事调解队伍,如浙江省宁波市海曙区人民法院聘任海曙区“宁静港湾”从事婚姻家庭服务的工作人员担任家事调解员,包含心理咨询师、婚姻家庭咨询师等,同时聘任退休法官、警察、教师、高校人员等担任特邀家事调解员。三是成立家事调解团队或家事多元调解委员会,如安徽省马鞍山市雨山区人民法院探索建立了家事调解员、家事调查员、情感观察员、心理辅导员“四员”队伍,同时聘请心理专家提供心理咨询服务。

(四)一站式多元解纷机制基本健全

一站式多元解纷机制,是指法院通过在诉讼服务中心搭建各类调解工作室,引入专业调解人员,对当事人同意诉前调解的,由调解员根据案件情况选择最适宜的解纷方式进行调解,调解成功的,由诉讼服务中心调解速裁团队进行司法确认或者出具调解协议书;对当事人不同意调解或者调解不成的,依法登记立案,并进行繁简分流,对简单案件进行速裁快审。2019 年 7 月,最高人民法院发布《关于建设一站式多元解纷机制 一站式诉讼服务中心的意见》,到 2020 年年底,全国法院一站式多元解纷机制基本健全,一站式诉讼服务中心全面建成。

目前,各地法院探索一站式多元化调解中心建设,针对矛盾纠纷的性质与类别,在法院内部设立不同争议的专项化解中心。如内蒙古自治区乌兰察布市 2016 年设立多元矛盾纠纷调解中心,调解中心搭建起了以行业性、专业性人民调解为主线,衔接诉讼、仲裁,兼顾法律服务、保险理赔的“一站式、一体化”纠纷解决服务平台。每个专业调委会的专业调解员不少于 4 名,通过政府购买服务的方式向社会公开选聘,同时建立专家库,吸纳具有专门知识或特定经验的优秀人才参与人民调解。[1] 调解中心通过人民调解与行政调解、司法调解的衔接联动,针对不同纠纷特点开展调解。再如,河南省郑州市中原区人民法院于2019年设立“和顺中原”一站式多元化调解中心,分别设立交通事故、家事纠纷、劳动争议等专项化解中心,将法官团队与各个调解中心结对,保证调解过程中能及时解决相应的法律问题。同时设置了在线咨询、在线评估、在线调解等法律功能模块,兼具电话通信、视频通话、自动生成笔录协议、在线签字确认等功能。福建省泉州市丰泽区设立了矛盾纠纷多元化解中心,其中包括金融纠纷调解室、涉台民商事案件调解室、家事调解室、行政纠纷调解室等专门调解室。中心场所设置于区人民法院,针对矛盾纠纷类型,将尚未起诉的纠纷交由矛盾纠纷多元化解中心的专职调解员、轮值调解员或特邀调解员调解,或是将纠纷分流至适宜开展调解工作的联动单位进行调解。联动单位包括街道、社区、检察院、公安、司法行政等部门。

第三节 我国家事纠纷多元调解制度的衔接

一、家事纠纷多元调解制度衔接概述

(一)家事纠纷多元调解制度衔接的内涵

在当代中国的法治化进程中,国家法和司法的权威至高无上,多元化纠纷解决机制尽管在纠纷解决过程中弥补诉讼程序之不足,促进了纠纷的灵活、高效解决,但必须承认多元化纠纷解决在目前仍主要扮演诉讼的补充作用,因此理论与实务界也普遍支持建立以法院诉讼程序为核心的多元化纠纷解决机制。[2] 家事纠纷调解制度的衔接,应以人民法院为中心,通过整合司法、行政、社会调解力量,共同化解家事纠纷。家事纠纷多元调解制度既包括法院外调解也包括法院内调解,家事纠纷多元调解制度的衔接主要是指法院外调解与法院内调解的衔接,以及法院外各种调解方式的衔接。

---

〔1〕 参见孟婷婷:《打造人民调解创新发展新引擎——访内蒙古自治区乌兰察布市多元矛盾纠纷调解中心》,载《人民调解》2017年第7期。

〔2〕 参见范愉:《非诉讼纠纷解决机制研究》,中国人民大学出版社2000年版,第610页。

(二)家事纠纷多元调解制度衔接的内在要求

2017年全国妇联、中央综治办、最高人民法院等《关于做好婚姻家庭纠纷预防化解工作的意见》中,就婚姻家庭纠纷化解的指导思想和基本原则提出,"以调解为重要渠道,以防范婚姻家庭纠纷激化引发命案为重点,健全完善预防化解婚姻家庭纠纷工作机制",应当"完善衔接联动机制,形成工作合力,为群众化解婚姻家庭纠纷提供多元、便捷的服务",并提出"进一步加强与综治组织、司法行政机关、人民法院、妇联等单位及有关调解组织的衔接配合"。家事纠纷重在预防和制止,家事调解应当注重多单位、多组织的合作,推动家事纠纷的人民调解、行政调解、司法调解、群团调解的衔接与互动。因此,对家事纠纷多元调解制度的衔接提出以下三个方面的内在要求。

1. 妥善解决家事纠纷,有效化解社会矛盾

家事纠纷调解制度的有机衔接是家事纠纷化解的社会要求,也是保证调解这一渠道更好化解矛盾的内在要求。区别于单一的法院前置调解,家事纠纷多元调解强调全程调解,从审理前到审理后由不同主体进行调解,同时调解过程中引入专业的心理疏导机制,通过诉讼内调解与诉讼外调解的双向配合,获得当事人情感问题的真实状况,并借助专业力量帮助当事人促进沟通、修复情感关系,或者解决子女抚养、离婚财产分割等客观问题,发挥家事调解的优势,有效化解当事人的矛盾。

2. 完善衔接联动机制,为当事人提供多元调解服务

家事纠纷调解程序的衔接是当事人程序选择权的应有之义,"关涉该人利益、地位、责任或权利义务之程序利用及程序进行,赋予相当之程序选择权,借以实现、保障程序关系人之实体利益与程序利益"。[1] 家事纠纷的解决应当适用多元化的纠纷解决方式,如涉及人身关系的家事纠纷应当用诉讼方式予以解决,而调解则主要面向非人身关系、当事人有可能达成合意的家事纠纷案件。调解作为家事纠纷化解的主要手段,也应在制度框架内赋予当事人程序选择权,如在不同的诉讼阶段可以选择是否进行调解、何时调解以及何人主持调解,因此从程序利益保障的角度看,家事调解的有效衔接有利于当事人权益保障。

---

〔1〕 邱联恭:《程序选择权论》,台北,三民书局2000年版,第33页。

3. 多单位、多组织合作，预防和制止家事纠纷

调解的目的在于将矛盾解决在萌芽状态，家事纠纷的化解更在于诉讼之外、诉讼之后。家事纠纷多元调解制度注重家事纠纷的预防工作，通过妇联、司法、乡镇、社区居民委员会等部门建立家事纠纷诉调联动机制，由相关组织及时受理婚姻家庭纠纷投诉，通过矛盾排查、心理疏导、纠纷调解、信访代理、法律帮助、困难帮扶等，努力将婚姻家庭矛盾化解于诉讼之外。

二、家事纠纷多元调解制度衔接的实践状况

2019 年 2 月，最高人民法院发布《关于深化人民法院司法体制综合配套改革的意见——人民法院第五个五年改革纲要（2019～2023）》（以下简称《五五纲要》），指出要完善调解、仲裁、行政裁决、行政复议、诉讼等有机衔接、相互协调的多元化纠纷解决体系。对具备调解基础的案件，按照自愿、合法原则，完善先行调解、委派调解工作机制，引导鼓励当事人选择非诉方式解决纠纷。2019 年 7 月，最高人民法院《关于建设一站式多元解纷机制一站式诉讼服务中心的意见》强调要促进“诉调对接实质化”，针对完善诉前多元解纷联动衔接机制，从程序衔接、调解前置机制的建立、调解协议的司法确认等方面予以具体规定。

（一）强化全程调解，建立特邀调解、委托调解、协助调解制度

全国妇联、中央综治办、最高人民法院等《关于做好婚姻家庭纠纷预防化解工作的意见》第 13 条指出，把调解贯穿婚姻家庭诉讼全过程。人民法院要加强诉调对接平台建设，完善特邀调解组织和特邀调解员名册制度，通过委托调解、委派调解、特邀调解做好婚姻家庭案件调解工作。在多元化纠纷解决机制改革推动下，各地法院通过聘请专业人员、建设专家库等方式加强特邀调解队伍建设。如南京市中级人民法院于 2020 年 9 月聘任 15 家特邀调解组织及 32 名特邀调解员，并为其颁发聘书。特邀调解员参与诉前、诉中调解，通过案件分流、强化诉前调解的方式，由特邀调解与类案速裁团队形成合力解决纠纷。截至 2020 年 9 月 16 日，南京市六合区人民法院共诉前分流各类民商事案件 3201 件，其中由特邀调解员分流案件 1846 件，成功

化解1365件。[1]

家事纠纷调解中强调全程调解，形成了包括特邀调解、委派调解、委托调解、协助调解等在内的多元化家事调解制度。对适宜调解的纠纷，登记立案前，经当事人同意或者当事人虽未提出调解申请但人民法院认为有必要调解的，可以委派给特邀调解组织或者特邀调解员进行调解。对适宜调解的纠纷，登记立案后，人民法院可以自行调解，也可以委托给特邀调解组织或者特邀调解员进行调解。人民法院鼓励相关调解组织在诉调对接平台设立调解工作室，办理人民法院委派或委托调解的案件，推动构建司法、行政和社会力量相结合的新型家事纠纷综合协调解决模式。同时，积极试行家事案件调解前置制度，落实离婚等案件应当调解的规定，把调解贯穿于诉前、诉中、诉后全过程。经人民调解委员会调解达成的协议，鼓励双方当事人依法向人民法院申请司法确认调解协议的效力。

【案例】张某与李某因家庭矛盾诉至法院要求离婚。法院通过诉前调解的方式委派家事调解员进行调解。家事调解员在调解过程中发现当事人于2018年登记结婚，婚后生育一子，并与李某的母亲共同生活，后因婆媳之间多次争吵，导致夫妻感情恶化。家事调解员遂通过电话沟通、约当事人双方面谈、联系李某母亲等多种方式进行调解，未果，案件转至诉讼程序。经由调解员告知前期双方的婚姻状态、调解方案，法官决定进入诉讼中的二次调解阶段，由家事调解员协助法官对当事人共同调解。在多方劝说下，首先，李某母亲意识到自己对当事人双方介入过多，同意不再干涉其生活并对张某表达歉意；其次，促进张某与李某进一步沟通，李某一直挽回家庭，双方矛盾得以缓解；最后，张某不再坚持离婚，撤回起诉。[2]

（二）完善法院外多元家事调解衔接机制

在人民法院的主导下，加强各家事调解组织衔接，实现人民调解、行政

[1] 参见南京市中级人民法院：《法院解纷又添新成员：15家特邀调解组织及32名特邀调解员今“持证”上岗》，载微信公众号“南京市中级人民法院”：https://mp.weixin.qq.com/s/vtVPv-hA9Oxs7UqrQyUP0Q，最后访问日期：2020年9月18日。

[2] 参见镇江市润州区人民法院：《镇江润州金山湖法庭打开“家事纠纷一站式化解”新模式》，载澎湃网：https://www.thepaper.cn/newsDetail_forward_9122552，最后访问日期：2020年9月9日。

调解、法院调解、群团调解以及其他社会组织、个人调解等高效合作，引导家事纠纷矛盾于诉前化解。应当发挥人民法院、公安、司法行政、民政等部门职能作用，发挥妇联组织的工作优势，完善衔接联动机制，形成工作合力，为群众化解婚姻家庭纠纷提供多元、便捷的服务。法院外多元家事调解衔接机制的完善应当依靠各单位、组织的相互合作。如广西壮族自治区南宁市良庆区人民法院于2015年联合民政部门在婚姻登记处成立家事巡回法庭，由一名法官和一名心理咨询师常驻，通过调解的方式为当事人解决相应的法律问题以及缓和家庭关系，又于2017年将家事巡回法庭调整为婚姻家庭纠纷人民调解委员会，由家事调解员进行调解，法官指导并审核调解员制作的法律文书，及时将调解内容予以司法确认。[1]

要发挥群团调解在家事调解中的作用，尤其各地妇联组织在推动家事纠纷多元调解制度的完善进程中扮演着重要角色。如杭州市妇联设立婚姻家庭指导中心，将婚姻家庭纠纷人民调解作为一项重要职能，婚调委特聘了国家级心理咨询师、执业律师等30多名人民调解员，当事人可以根据在婚调委调解中作出的人民调解协议书，到法院进行司法确认。[2] 湖南省加强妇联组织与公安机关的合作，落实对婚姻家庭纠纷类信访事项的访调对接，与此同时，充分调动社会力量广泛参与，倡导社会志愿服务，加大对公益慈善类、城乡社区服务类社会组织的培育扶持力度，探索建立婚姻家庭咨询、心理服务等行业协会，通过政府购买服务等方式，将婚姻家庭纠纷多元化解工作委托给专业社会力量承担。

（三）促进法院外与法院内诉调对接实质化

诉调对接，即诉讼与调解相互衔接，它是基于法院的立场或角度出发提出的司法改革口号，实际上是由法院所主导的诉讼与非诉讼程序的衔接探索，“既包括法院诉讼与法院外的人民调解和行政调解的衔接，也包括诉讼调解与判决的衔接，但重点是前者，特别是与人民调解的衔接”。[3] 从目前

---

〔1〕 参见刘敏主编：《当代中国的家事司法改革：地方实践与经验》，法律出版社2020年版，第243～244页。

〔2〕 参见余琼雅：《解决婚姻家庭纠纷可找妇联“婚调委” 调解协议可申请司法确认》，载杭州网：https://ori.hangzhou.com.cn/ornews/content/2015-08/14/content_5884090.htm。

〔3〕 范愉：《纠纷解决的理论与实践》，清华大学出版社2007年版，第465页。

改革实践来看,法院推动家事案件中诉调对接的主要形式包括:设立婚姻家庭纠纷调解室、多部门联动建立诉调对接机制或是设立专门的家事纠纷人民调解委员会等,为社会调解与诉前调解的有机衔接提供便利条件。

1. 设立家事调解中心

各地法院设立了类似家事调解中心的机构,如家事修复中心、家事纠纷调解中心、家事指导中心等,提供包括婚姻咨询、家事调解、法律援助、心理辅导等在内的综合性服务。例如,山东省武城县人民法院将家事调解与婚姻辅助工作前置,联合县民政局、妇联设立武城县人民法院家事指导中心,同时出台了《家事工作协作机制及操作规程》。指导中心通过婚姻指导室、法官工作室、和谐家庭指导课堂,加强婚前、婚内指导,有效预防婚姻家庭纠纷或问题。在婚姻登记处设立家事调解室,在双方当事人解除婚姻过程中促进双方有效沟通与调解,并判断“死亡婚姻”与“危机婚姻”,尽可能在诉讼外解决家事纷争。家事调解中心的设立能够进一步推动家事多元调解制度走向专业化、规范化,原因在于:第一,家事调解中心有利于吸收专业人士通过专业的手段处理家事纠纷;第二,家事调解中心有利于统筹各个阶段的家事调解,贯彻落实全程调解;第三,家事调解中心的设立有利于有效整合家事调解资源,推动家事调解的规范化发展。

2. 确立诉前调解程序

家事案件诉前调解是指家事纠纷在进入法院审理之前必须先由法院或法院委托的家事调解员进行家事调解,我国台湾地区即设立了专门的调解委员会负责家事纠纷的前置性调解。在我国家事审判改革过程中,改革试点法院几乎都针对家事纠纷案件确立了诉前调解程序。例如,北京市房山区人民法院成立了专门的诉前调解组,北京市海淀区人民法院在立案庭为家事纠纷案件当事人准备了《婚姻家庭纠纷诉前调解建议书》,引导当事人选用诉前调解以解决家事纠纷。2016 年,广东省中山市第一人民法院对家事案件实行强制调解,除法律、司法解释规定的婚姻关系、身份关系确认案件不能调解,其余家事案件法院均可进行调解,调解不成再组织证据交换。通过 2 年的实践探索,中山市第一人民法院在研究婚姻家庭问题的共性规律及其深层原因的基础上,于 2018 年又创设了婚姻家庭纠纷集中调解制度,设立“离前一课”婚姻辅导课堂,由法官、特邀调解员、心理咨询师共同组成授课团队,以授课的形式调解家事矛盾,让双方当事人在听课中更好地把握婚姻家庭矛盾纠纷的实质,学习婚姻家庭经营的技巧和能力。[1]

3. 加强调解协议司法确认工作

调解协议的司法确认即由法院依法确认人民调解等非诉调解组织达成的调解协议以及其他民事协议的法律效力。根据最高人民法院《关于建立健全诉讼与非诉讼相衔接的矛盾纠纷解决机制的若干意见》第 20 条、第 25 条的规定,经行政机关、人民调解组织、商事调解组织、行业调解组织或者其他具有调解职能的组织调解达成的具有民事合同性质的协议,经调解组织和调解员签字盖章后,当事人可以申请有管辖权的人民法院确认其效力。人民法院依法审查后,决定是否确认调解协议的效力。确认调解协议效力的决定送达双方当事人后发生法律效力,一方当事人拒绝履行的,另一方当事人可以依法申请人民法院强制执行。司法效力确认的主要目的在于便利诉讼,及时、快速、高效化解矛盾纠纷。[2] 最高人民法院《关于人民法院特邀调解的规定》第 19 条规定,委派调解达成调解协议,特邀调解员应当将调解协议送达双方当事人,并提交人民法院备案。委派调解达成的调解协议,当事人可以依照民事诉讼法、人民调解法等法律申请司法确认。当事人申请司法确认的,由调解组织所在地或者委派调解的基层人民法院管辖。调解协议的司法确认程序意味着诉讼与非诉讼相衔接的重要进步。但调解协议的司法确认在家事纠纷调解上有所限制,人民法院不受理确认身份关系、收养关系及婚姻关系的申请,当事人仅在办理离婚手续后就财产纠纷达成人民调解协议的,可以申请司法确认。最高人民法院《关于适用〈中华人民共和国民事诉讼法〉的解释》(以下简称《民诉法司法解释》)第 357 条规定,当事人申请司法确认调解协议,有下列情形之一的,人民法院裁定不予受理:……(3)申请确认婚姻关系、亲子关系、收养关系等身份关系无效、有效或者解除的……人民法院受理申请后,发现有上述不予受理情形的,应当裁定驳回当事人的申请。

---

〔1〕 参见何伟楠:《中山第一法院升级离婚案件集中调解制度　首创"离前一课"化解家庭纠纷》,载《南方日报》2018 年 3 月 9 日,第 2 版。

〔2〕 参见张廷灿:《为了和谐的司法探索——多元化纠纷解决机制改革座谈会工作交流》,载张廷灿主编:《调解衔接机制理论与实践》,厦门大学出版社 2008 年版,第 51 ~ 60 页。

（四）推动在线家事调解平台建设

在线调解是指与法院建立诉调对接关系的特邀调解组织、特邀调解员，接受人民法院委派、委托，组织双方当事人通过网络调解系统进行信息沟通，便捷、高效化解矛盾纠纷的调解方式。随着信息化时代的快速发展，各地在线调解平台发展迅速且多元，各地高级人民法院也纷纷颁布在线调解的工作规则与办法，包括北京、江西、安徽等地，如北京市高级人民法院2018年出台《北京法院在线调解工作办法（试行）》，将离婚纠纷、法定继承纠纷以及分家析产纠纷纳入在线调解案件范围。浙江省于2017年在全国率先推出了在线矛盾纠纷多元化解平台（ODR），各级法院推行“浙江移动微法院”，当事人可通过微信小程序进行网上立案、查询案件、在线送达、在线调解、在线庭审、申请执行、网上缴费等，同时还能提供法规查询、计算工具、智能回答、在线举报等便民服务。[1] 截至2019年8月，平台访问量突破498万人次，流转案件54万件，调解成功47.8万件。2018年，浙江人民法院收案增幅由2017年的14.8%下降至3.4%。[2]

在线调解以其特有的高效、便捷性，逐渐成为家事纠纷调解的重要方式。如上海市杨浦区人民法院于2019年在诉讼服务中心设立“家事专窗”，以此将家事纠纷引至人民调解程序，分派至12个街道调委会的家事调解员进行化解。当事人可在线申请调解立案，法院通过在线调解平台将适合调解的案件进行线上委派，由非诉中心分派至各调委会，调解成功，则通过平台推送至法院申请司法确认，调解不成的，案件转至诉讼程序，由家事调解员协助做好送达、记录、固定证据工作。[3]

---

〔1〕参见余建华：《“浙江移动微法院”4.0版在全省正式上线》，载中国法院网：https://www.chinacourt.org/article/detail/2018/09/id/3507551.shtml。

〔2〕参见《建设一站式多元解纷机制　一站式诉讼服务中心》，载浙江法院网：http://www.zjsfgkw.cn/art/2019/8/2/art_56_14866.html。

〔3〕参见上海市杨浦区人民法院：《对“症”下药　家事调解跑出了“加速度”》，载微信公众号“浦江天平”：https://mp.weixin.qq.com/s/f6m1TST00f25pAY8gmpYKA，最后访问日期：2020年7月20日。

第四节　完善我国家事纠纷多元调解制度的设想

近年来,我国各地法院对家事纠纷多元调解制度的构建十分关注,在实践当中也积累了宝贵的经验,部分地区形成了规范的制度流程。家事纠纷多元调解制度在改革与实践中得以创新发展,但相比于其他国家或地区,我国的家事纠纷解决程序事实上刚刚起步,家事纠纷多元调解制度也仍需进一步完善。对此,首要之事在于统一家事诉讼程序立法,地方职能机构进一步推进家事纠纷多元调解制度的建构,通过地方立法等方式,因地制宜地将各地已建立的制度形成法规。2019 年 4 月,最高人民法院杜万华大法官在全国家事诉讼程序理论与实务论坛上的发言指出,构建家事纠纷综合调解模式主要由三个部分组成:一是在全国范围内成立综合性的家事调解组织;二是规范调解行为,在实践中总结经验并提炼调解的规律;三是做好调解与诉讼的对接工作。[1] 对此,下文结合我国家事纠纷多元调解制度的实践状况提出制度完善的设想。

一、明确家事调解原则和调解理念

家事调解是对当事人进行情感修复与治疗的最佳方式,家事纠纷调解应当根据不同家事纠纷案件特点形成不同的调解方案。家事调解具体的原则和理念包括:第一,以调解和好与感情修复为首要选择,将亲情弥合、消除对立作为纠纷处理的出发点和落脚点;第二,为当事人树立面对现实与理智选择的理念,对于"死亡婚姻",应当放弃调解和好的意愿,通过调解缓解当事人对立的情绪,和平达成协议,减少对双方当事人以及子女的伤害;第三,注重区分当事人争议的焦点,针对性调解。[2]

目前我国的家事调解目的以修复情感关系和保护未成年人利益为主。

1. 以情感修复为主的家事调解。基于我国的家庭文化背景,家事纠纷调解多以"劝和"为导向,重视修复当事人的情感关系。通常开展"温情调解

---

〔1〕 参见刘敏主编:《当代中国的家事司法改革:地方实践与经验》,法律出版社 2020 年版,第 6 页。

〔2〕 参见陈爱武:《家事案件审判程序改革的观察与思考——兼议民法典时代我国家事诉讼立法的必要性》,载《法治现代化研究》2020 年第 4 期。

模式”,即通过调解员的温情调解、心理辅导,为感情尚未完全破裂、冲动型离婚的夫妻化解双方矛盾,并修复婚姻关系。例如,浙江省台州市黄岩区人民法院设立“缘分情感工作室”、家事纠纷调解室,聘请24位有良好群众威望与信任、基层工作经验丰富、具备一定心理疏导资质的机关企事业退休干部、基层妇女工作者担任家事纠纷调解员,开展合署办公。[1]

2. 以保护未成年人利益为主的家事调解。例如,重庆市梁平区人民法院设立家事审判情景化调解室。以蓝色为基调,墙面上的油画通过大海向人们表达“退一步海阔天空”的寓意,更有利于化解当事人的矛盾。同时设立了未成年人看护室。在未成年人看护室布置了温馨而充满趣味性的卡通墙纸,设置了婴儿床、电脑、玩具等,并下载充满趣味的动画片,方便2岁以上的幼儿玩耍。法官可通过未成年人看护室外面的玻璃,观察父母照顾子女、与子女互动的细节,观察所得结论对父母争夺抚养权具有重要的参考作用。[2] 这类似于日本的做法,日本的家事裁判所也会设置儿童室,作为儿童会见室、儿童心理观察室、儿童临时托管场所等。[3]

二、构建专业化的家事调解团队

专业化的家事调解团队既包括专业的家事法官,也包括专业的家事调解员。家事纠纷案件由于其特殊的性质,对家事法官的组成应当注重性别比例以及专业知识培训。我国在家事审判改革过程中,对于家事审判团队的专业化要求达成了共识,如广东省中山市第一人民法院组成“3法官+3助理”的家事审判单元,审判事务性工作则由法院统一集中管理和通过社会化购买服务方式解决,保证家事合议庭成员有1名女法官,同时家事法官还积极参加心理咨询学习培训,并鼓励法官考取心理咨询师资格。

我国家事调解队伍建设的最终目标是形成一个常态化、多元化、高效化的家事调解组织,鉴于实践状况,在建立调解团队时可以采用全职调解员与兼职调解员相结合的模式。所谓的全职调解员主要是指长期、稳定、专门从

〔1〕 参见台州妇联:《这里有最温馨的家事调解,家庭纠纷好商量!》,载搜狐网:https://www.sohu.com/a/136595164_578914,最后访问日期:2017年4月26日。

〔2〕 参见邓嫦:《梁平法院“三个室”打造家事审判场所》,载重庆法院网:http://cqfy.chinacourt.gov.cn/article/detail/2017/11/id/3084772.shtml。

〔3〕 参见陈爱武:《家事法院制度研究》,北京大学出版社2010年版,第53~54页。

事家事纠纷调解的人员，由财政部门支付相应报酬，专门的家事调解组织统一选拔的流程，选拔一些专业知识较强、经验比较丰富、个人意愿强烈的主体进入调解团队，如可以限定原有法官、律师、心理咨询师、教育学、社会学背景等主体参加考试，然后从笔试成绩优异的成员中选取部分人员再进行面试，录取过后再进行入职培训，使他们的专业知识和调解技巧不断得到提升。广东省高级人民法院、省司法厅印发的《关于加强家事纠纷调解工作的意见》中指出，应当切实推动将专职家事调解员作为社会管理性服务内容纳入政府购买服务指导性目录。广东省东莞市第二人民法院由当地司法行政部门通过政府出资方式招录专职人民调解员，再派驻到法院从事家事调解工作。兼职家事调解员可以分为两种：一种是积极吸收各种社会力量，如妇联组织、社会基层组织、热心的退休人员和志愿者等，利用其工作热情及与群众的关系在案件中发挥积极的沟通和调解作用；另一种是委托专业组织，如心理咨询机构，在一些特殊的案件中，比如对抗情形比较明显的，由法院裁量邀请其积极介入调解，辅助家事审判人员妥适解决纠纷。

三、规范家事调解中心建设

家事调解组织应从一般调解组织中独立出来，家事调解专业性强，一般的调解组织并不属于家事调解组织类型，如商业调解、行业调解。为此应当构建独立于人民调解委员会的家事调解委员会，除负责家事调解的案件办理、人员管理、考评培训等日常事宜之外，搭建不同类型家事调解组织的合作平台，促进家事调解员的认可标准、家事调解规则与程序等统一，以扩充专业化的家事调解队伍。

域外主要通过法院附设家事调解或者设立专门家事调解中心的方式，以实现家事调解的专业化。例如，美国在家事法院或者家事法庭下设专门负责家事调解的部门，家事调解员由社会人员担任，法院附设调解机构并不具有司法属性。在日本、韩国和我国台湾地区家事调解机构则是设置在法院体制下，属于法院内部附设的家事调解（调停）前置机构，它是由法院聘请或任命的家事调解委员组成，具有明显的司法属性。[1] 专门的家事调解中心，如法国的家事调解联合委员会（CNASMF）、我国台湾地区的家事调解委员会、我国香港特区家事调解统筹主任办事处等。

---

〔1〕 参见张艳丽：《我国家事调解程序前置的立法设计》，载《河北法学》2019年第10期。

我国应当在各级法院设立专门的家事调解委员会,促进家事调解组织的统一化、专业化发展。最高人民法院《关于进一步深化家事审判方式和工作机制改革的意见(试行)》提出"可以设立家事调解委员会,设定入册条件,规范家事领域特邀调解程序"。我国目前可以借助现有的特邀调解制度,依托法院诉讼服务中心,设置附设法院的专门的家事调解委员会,由其负责处理前置的家事调解案件。同时,家事调解委员会可由法官与调解员共同组成,如此相对于法院外的家事调解制度更具公信力和权威性,相较于法官兼任调解员也更具有合理性与正当性。[1] 对此可以分两个层面进行,在全国设立总的家事调解委员会,同时依托各地区法院设立家事调解工作中心、家事调解工作室等。通过家事调解委员会统一制定家事调解规则,并邀请全国范围内的家事理论与实务专家定期对家事调解员开展专业知识和调解技能培训。地方法院则应当为家事调解工作室设立专门的办公场所,法院通过定期、不定期召开家事调解委员和其他来自非诉讼调解组织的家事调解员的联席会议、座谈会等形式,推动各非诉讼家事调解组织的规范化运行。

四、保障家事纠纷多元调解制度衔接

从制度衔接层面而言,家事纠纷多元调解制度的衔接机制主要包括各调解组织的衔接、工作制度的衔接以及调解活动的衔接,衔接的重点在于推动诉调对接的实质化,对此可从以下几个方面进一步落实:

第一,确立并规范家事案件的诉前强制调解程序。尽管各地法院在家事审判改革中也积极探索设立家事纠纷调解前置程序,但是其中存在调解组织不统一、调解前置具体范围不一致、调解前置期限短等问题,对此应当基于现实需要,从家事调解的案件范围、调解组织、诉调对接入手,建构与完善家事案件调解前置程序。与此同时,为有效利用有限的调解资源,可以从家事纠纷的共性提炼规律,对离婚案件当事人集中调解,如参照广东省中山市第一人民法院设立"离前一课"婚姻辅导课堂。

第二,建立家事案件案前调解评估机制,委托具有心理学、社会学等背景的专业人士对家事纠纷进行预评,判断当事人是否需要调解以及纠纷所属类型,并针对不同家事纠纷案件提供针对性的家事调解服务。例如,我国香港特别行政区设立支援服务统筹会,主要功能是评估当事人对于辅导、辅

---

[1] 参见来文彬:《家事调解制度研究》,群众出版社2014年版,第91~93页。

导会议或调解服务的需要，若当事人有所需要，则由其转介至双方当事人都接受的法院以外的辅导服务，包括社区调解或辅导服务机构、社会福利署的调解员或辅导员、专业调解员或其他支援机构。[1]

第三，推动在线司法确认平台建设。2019 年 7 月，最高人民法院《关于建设一站式多元解纷机制 一站式诉讼服务中心的意见》中指出，进一步完善司法确认程序，探索建立司法确认联络员机制，推动司法确认全面对接人民调解等线上平台，实现人民调解司法确认的快立快办。各地法院也开展在线平台建设，如浙江省杭州市临安区人民法院设立婚调委“微法庭”，通过“微法庭”24 小时留言平台发起的调解指导请求，由临安区蒲公英社会工作服务中心的特邀调解员展开调解，通过浙江省 ODR 平台，调解员为当事人提请在线司法确认申请，法院收到线上司法确认申请后进行司法确认，并通过电子送达方式向双方当事人送达司法确认裁定书。[2]

第四，保障全程调解，促进诉调对接的实质化。诉调对接的实质在于促进非诉讼调解与诉讼调解的衔接。通过诉前委派调解、诉中委托调解、邀请调解、协助调解等制度，对调解成功的案件及时出具司法确认书或者民事调解书。如内蒙古自治区乌海市乌达区人民法院探索多主体、分阶段开展家事调解，由家事审判员、家事调查员、家事调解员共同合作促进家事调解。对家事纠纷实行“先行诉前心理辅导、诉前委托调查调解、诉中法院调解”三步情感修复流程，具体做法包括：首先引导当事人接受心理辅导教育，力求缓和矛盾。案件受理后，由委托的社区家事调查员调查矛盾成因及现状，然后针对矛盾原因开展调解员调解和法官调解等一系列调解工作。[3] 同时，加强法院调解与其他组织调解的衔接。如安徽省合肥市庐阳区人民法院在居委会等基层组织成立多个家事调解室和诉调对接工作室，通过与当地社会工作事务所合作，成立驻院家事调解室，将“走出去”与“引进来”相结合，全方位推动非诉讼家事调解与诉讼调解的衔接。

---

〔1〕 参见《排解家庭纠纷程序》，载我国香港特区法律改革委员会官网：https://www.info.gov.hk/hkreform，最后访问日期：2020 年 3 月 27 日。

〔2〕 参见临安法院：《指导调解 + 在线司法确认，婚调委“微法庭”正式运行》，载澎湃网：https://www.thepaper.cn/newsDetail_forward_8096140，最后访问日期：2020 年 7 月 3 日。

〔3〕 参见王璟贤：《推行家事情感修复调解机制》，载《人民法院报》2018 年 10 月 10 日，第 4 版。

五、加强家事纠纷多元调解信息化建设

全国妇联、中央综治办、最高人民法院等《关于做好婚姻家庭纠纷预防化解工作的意见》中强调家事纠纷的解决工作应加强信息化建设，依托社会治安综合治理信息化综合平台，按照相关数据和技术标准，建设在线矛盾纠纷化解信息系统，完善信息沟通机制，推动综治组织和公安、民政、司法行政、人民法院、妇联等单位相关信息系统的互联互通，数据的共享共用，做好婚姻家庭纠纷的在线受理、统计、督办、反馈等工作。具体的方式包括：第一，依托"雪亮工程"建设，拓展和连接相关视频会议、视频通信系统，逐步延伸至村（社区），开展视频调解等工作，使专业矛盾纠纷调解资源向基层延伸；第二，探索建立婚姻家庭纠纷网上专家库，建立在线法律咨询、在线调解和诉讼案件在线立案、在线审判系统，满足人民群众对便捷、高效化解矛盾纠纷的需求；第三，开发应用平安建设移动客户端、平安建设微信公众号等，建立激励机制，鼓励网格员、志愿者和广大群众利用信息化手段及时上报矛盾纠纷，提升隐患发现能力，逐步探索为群众提供"掌上咨询""掌上调解"等服务；第四，通过加强信息化支撑，构建"互联网＋"婚姻家庭纠纷预防化解工作格局，推动各单位建立更为灵活的对接协作、跟踪服务制度，使矛盾纠纷在不同发展阶段、不同情况下，都有相应的力量介入开展工作，确保"民不转刑、刑不转命"。

随着多元化纠纷解决机制与家事审判机制改革的深入发展与完善，多元化家事纠纷调解也逐渐走向精细化、信息化、智能化。2019 年 2 月，最高人民法院在《五五纲要》中指出，深化多元化纠纷解决机制改革，应推动建立统一的在线矛盾纠纷多元化解平台，实现纠纷解决的在线咨询、在线评估、在线分流、在线调解、在线确认。推广线上线下相结合的司法确认模式，促进调解成果当场固定、矛盾纠纷就地化解。2019 年 4 月，最高人民法院进一步制定明确的《关于贯彻实施〈关于深化人民法院司法体制综合配套改革的意见——人民法院第五个五年改革纲要（2019～2023）〉的分工方案》，在推动多元化纠纷解决机制和家事审判机制改革的基础上，深入推动建立统一的在线矛盾纠纷多元化解平台，推广线上线下相结合的司法确认模式，优化升级最高人民法院在线调解平台，并将出台推进线上线下司法确认相关规定，以信息化手段的方式推动诉调对接的实质化实现。为此，应当通过探索建立婚姻家庭纠纷网上专家库、构建"互联网＋"婚姻家庭纠纷调解模式等，

提供在线法律咨询、在线调解、心理咨询与辅导等服务。同时加强社会组织家事调解队伍的资金补助保障,通过向社会组织或个人募捐、筹款等方式拓宽资金来源渠道,保障家事纠纷调解制度的多元发展。

六、推动家事纠纷多元调解配套机制完善

家事纠纷的解决不仅依靠家事诉讼以及家事调解的方式,更要注重事先预防,加强社会民众的婚姻家庭观念,避免发生激烈的家事矛盾。家事纠纷的解决重点在于源头治理,构建新型的家事综合调解模式应当完善相配套的预防机制。各地通过政府机构、司法机关的联合有效利用社会资源,提供婚姻咨询、家庭矛盾纠纷解决等服务,在实践中开展如下探索:

第一,加强家事纠纷化解的预防机制建设。家事纠纷若处理不当极其容易转换为刑事案件,尤其对于存在家庭暴力的纠纷,必须从源头防治。为有效处理家庭暴力事件,湖南省《关于完善婚姻家庭纠纷多元化解机制的意见》中明确由妇联组织作为主导力量,建立由社会力量广泛参与的婚姻家庭纠纷预防化解机制,具体工作包括妇联在社区组织开展“三八”维权服务活动,畅通“12338”妇女维权服务热线,建立信访接待室,拓展网络等投诉受理渠道。与此同时,加强对婚姻家庭纠纷类信访事项的访调对接,加强“110”报警服务平台、“12345”社会求助服务平台、“12338”妇女维权服务热线对接。

第二,推动由法院为主导联合社会资源为家事纠纷解决中的当事人提供特定的司法服务以及为家事调解提供助力的机制。家事纠纷调解逐渐从原先的家事调解服务扩展至婚姻咨询、心理辅导、法律宣传以及家庭情感关系等。如浙江省绍兴市越城区人民法院通过联动其他部门成立婚姻家庭学校,为辖区居民提供集婚姻辅导、心理咨询、危机干预、多元调解等一体化的综合服务,从而达到挽救婚姻危机、缓和诉讼矛盾等效果。[1] 福建省莆田市仙游县人民法院成立家事修复中心,专门设立了家事纠纷调解室、婚姻咨询工作室、法律理疗平台、情感驿站等服务平台,帮助当事人理性对待冲突,及时平复情绪,同时利用互联网设立微理疗平台,并在“今日头条”开设“东哥法官工作室”,线上推送心理疏导、情感修复、法律宣传等服务。[2]

---

〔1〕 参见余建华:《婚姻家庭学校揭牌成立》,载《人民法院报》2019 年 9 月 18 日,第 4 版。

〔2〕 参见谢婷如:《线上与线下有机结合:福建首个家事修复中心重塑家庭和谐》,载《中国妇女报》2018 年 8 月 9 日,第 1 版。

附录

一、家事调解案例[1]

案例一

曹某女与佈某男同居及子女纠纷案[2]

案情简介:

曹某女与佈某男系同居关系。曹某女怀有4个月身孕,佈某男不认可腹中胎儿,也不愿做亲子鉴定,并在陪同女方去医院产检时擅自为曹某女挂号“人流”。曹某女多次上门找佈某男,被佈某男及其家人打骂,有验伤结果显示“头部外伤”“流产先兆”。于是曹某女报警,诉求警方对佈某男的暴力行为进行处理,双方矛盾激化。后双方均申请人民调解。在调解中心调解下,最终两人达成调解协议,曹某女接受佈某男的医疗费和赔礼道歉,不再诉求惩治处罚。关于腹中胎儿,双方协商后由佈某男垫付亲子鉴定费用,依鉴定结果各自承担相应义务。

法律评析:

无配偶男女未办理结婚登记而共同生活,性质上属于同居关系。这种关系并不违法,但也不受法律保护,即当事人之间没有法定的权利义务关系。当事人诉请解除同居关系的,人民法院不予受理。但因同居引发的人身、财产及子女抚养纠纷,属于法院受理范围。

---

〔1〕 调解案例除注明出处外,均来源于江苏省南京市秦淮区人民法院受理案件。案情有所删减。

〔2〕 本案为上海市长宁区人民调解中心受理承办。案情、评析及路径等均有删减修改。

调解路径：

本案双方当事人主动申请人民调解，说明当事人希望尽快解决彼此之间的纠葛，这种情况下是有较好调解基础的。

调解中首先需要对当事人之间的关系进行界定。两人未办理婚姻登记，属于同居关系（男方认为仅是情人关系）。这种关系无法律拘束力，可以因任何一方的意愿随时解除。向当事人释明这一点十分重要，这也是调解的前提。其次，须明确指出男方实施暴力行为的不法性。暴力行为本身具有违法性，对孕妇动手在道德层面更应受到严厉谴责。经批评教育，男方意识到自己行为的严重性，十分悔恨，经调解同意一次性现金支付曹某女医疗费人民币400元整，并赔礼道歉。曹某女接受了赔偿和道歉，态度缓和，并就人身侵害与佈某男达成和解，不再诉求公安对其处惩治处罚。最后，就两人矛盾的关键点——胎儿生父确认纠纷，劝说双方在风险可控的阶段尽快做亲子鉴定，明确佈某男是否负有法律上的抚养义务。基于对未成年人最大利益保护的原则，不要将矛盾带到孩子出生后，以免对孩子的成长不利，也不利于双方以最小的成本解决问题。双方最终达成一致：亲子鉴定的费用由佈某男先行垫付，曹某女无条件配合去做亲子鉴定。如果亲子鉴定结果确认孩子与佈某男有血缘关系，则佈某男承担亲子鉴定费用及孩子生身父亲应尽的抚养义务；如果亲子鉴定结果确认孩子与佈某男没有血缘关系，由曹某女来承担亲子鉴定费用及独自承担孩子的抚养义务。

双方当事人对调解结果都表示满意。在回访时，两人已得知鉴定结果，并达成合意、妥善处理。

案例二

姜某男诉米某女婚约财产纠纷案

案情简介：

2019年5月19日，姜某男与米某女通过珍爱网相识，5月24日以结婚为目的在一起同居生活。5月26日米某女提出来买车，让姜某男帮忙垫付首付款，双方经看车后购得奔驰C200L汽车一辆，总价款298,000元，姜某男支付购车首付款98,000元，后米某女又以缺钱为由，让姜某男支付车辆保险费12,000元、过户费等费用1700元、购车贷款7540元，共计119,240元。购车后，双方将该车辆登记在米某女名下。6月10日，米某女以去外地做工程为由，离家出走。姜某男多次要求米某女返还上述购车款项，米某女以经济困难为由拒绝归还。在法院主持下,最终两人达成调解协议:米某女于本调解协议生效之日起10日内返还姜某男8万元。

法律评析:

最高人民法院《婚姻法司法解释(二)》第10条规定,当事人请求返还按照习俗给付的彩礼的,如果查明属于以下情形,人民法院应当予以支持:(1)双方未办理结婚登记手续的;(2)双方办理结婚登记手续但确未共同生活的;(3)婚前给付并导致给付人生活困难的。《合同法》第185条规定,赠与合同是赠与人将自己的财产无偿给予受赠人,受赠人表示接受赠与的合同。虽然本案案由为婚约财产纠纷,但双方当事人并未就涉案款项系彩礼提供证据,故本案不适用彩礼返还的相关规定。姜某男与米某女系以婚恋为目的,通过网络相识并恋爱交友以致同居,同居期间姜某男为米某女购买车辆出资11万元,该11万元显然具有较大价值,已经超出了男女日常交往时,礼尚往来的范围,属于大额赠送,通常情况下该类赠与具有明确的指向性和目的性。本案赠与行为应视为是附条件的赠与行为。现双方发生矛盾后,不再交往,双方结婚的目的已难实现,米某女应当将所接受赠与财产酌情返还给姜某男。

调解路径:

针对未达成婚姻关系的恋爱双方要求对方返还财产的案件,诉讼中应当审查涉案财产性质是彩礼还是赠与,并且由当事人自己选择请求权基础。同样,在调解中也要听取当事人对财产给付行为的陈述。如果当事人认为属于彩礼性质的给付,需要征询对方看法,并就涉案财产是否属于彩礼,是否符合彩礼返还的法律规定等方面进行审查。如果当事人主张给付财物系赠与行为,并要求撤销赠与,则需要就赠与是否附条件,是否符合撤销赠与条件等方面进行审查。对当事人做好法律释明,说明法律风险,有助于当事人达成和解。本案中因车辆系双方协商共同购买,男方确有出资,并且超出日常生活需要,车辆现由女方占有使用,故为了平衡双方权益,由女方负责返还部分款项较为适宜。

案例三

林某男诉陈某女婚约财产纠纷案

案情简介:

林某男与陈某女2015年4月经人介绍相识相恋,2017年开始同居,

2017年年底两人准备结婚,林某男根据陈某女老家风俗给付其彩礼10万元,2018年9月两人举办婚礼,但未进行结婚登记。后在相处中两人因为性格不合产生矛盾,最终分手。林某男起诉要求陈某女返还彩礼,陈某女出示证据证明彩礼已用于共同生活,不同意返还。在法院主持下,最终两人达成调解协议:被告陈某女于本调解协议生效之日起10日内返还原告林某男2万元。

法律评析:

最高人民法院《婚姻法司法解释(二)》第10条规定,当事人请求返还按照习俗给付的彩礼的,如果查明属于以下情形,人民法院应当予以支持:(1)双方未办理结婚登记手续的;(2)双方办理结婚登记手续但确未共同生活的;(3)婚前给付并导致给付人生活困难的。适用前款第(2)项、第(3)项的规定,应当以双方离婚为条件。其中第1项规定的"双方未办理结婚登记手续的",并非针对双方已共同生活的情形。如果双方未办理结婚登记手续,但已共同生活,当事人主张返还彩礼的,可以根据未办理结婚登记手续的原因、双方共同生活的时间、彩礼的数额、有无生育子女、财产使用情况、双方经济状况等综合判断是否返还以及返还的数额。原、被告建立恋爱关系后,于2017年年初开始共同生活,并于2018年9月办理婚礼,后双方未能登记结婚系因性格不合、信任等感情问题,并无实质性过错,另根据彩礼的使用情况、双方的经济状况等,最后促成了双方达成调解协议。

调解路径:

彩礼问题是一种民间习俗,现行婚姻法对其并不提倡,也并未被法律明文禁止。在该类案件的调解中,首先要厘清是婚前赠与还是彩礼,如是婚前自愿赠与,则被告可不再返还。如确实属于被告方按照习俗索要的彩礼,未缔结婚姻关系的,根据法律规定应当返还,调解应侧重于做接受彩礼一方的工作,但也需要结合具体情况考量。本案中,当事人虽未登记结婚,但两人已共同生活,考虑到被告已将彩礼大部分用于两人共同生活,从公平的角度,在调解时应结合彩礼的实际去向情况做通当事人工作。

案例四

王某女诉李某男离婚纠纷案

案情简介:

王某女与李某男系夫妻,生育一子,年仅4岁。2017年6月,王某女将李某男诉至法院要求离婚,理由是,婚后发现男方与婚外异性存在暧昧关系,经常使用微信小号与异性聊天并发送暧昧图片,严重影响夫妻感情。女方为了孩子一再妥协,男方也曾写下保证书,但一直屡教不改,女方便搬出家,此后双方不再联系,孩子继续跟随爷爷奶奶共同生活。男方当庭表示,没有婚内出轨,写下保证书也是被女方胁迫,不符合客观事实。另外,男方曾应女方要求将婚前房产加上女方名字,现女方离婚分割房产,对男方不公平,不同意离婚。该案的争议焦点是,夫妻感情是否破裂,法院是否应当准予离婚。后经法院调解,男方最终同意离婚,双方达成如下调解协议:(1)双方离婚;(2)婚生子随被告共同生活,原告一次性支付抚养费18万元;(3)诉争房屋归被告所有,被告按照房产价值40%的比例补偿原告房屋折价款30万元;(4)上述(2)(3)约定的支付款项相互抵扣,被告支付原告财产补偿款12万元。

法律评析:

《婚姻法》第32条第2款规定,人民法院审理离婚案件,应当进行调解;如感情确已破裂,调解无效,应准予离婚。而判断夫妻感情是否确已破裂,应当从婚姻基础、婚后感情、离婚原因、夫妻关系的现状和有无和好的可能等方面综合分析。该案中,女方怀疑男方出轨,实在无法忍受才起诉离婚,现双方已分居,互不联系,甚至连看望孩子也是通过爷爷奶奶,足以看出夫妻感情已破裂到无法挽回的程度。结合男方一直不同意离婚的真正原因,并非眷恋夫妻感情,而是因为房产加名依法要分给女方财产,才拖延离婚进程。法院据此分析离婚利弊及房产分割的具体规定,促成双方达成调解。

调解路径:

年轻夫妻离婚,婚生子女年幼,一般情况下,调解人员应该从婚姻家庭稳定、夫妻抚养子女等家庭责任角度去劝说夫妻慎重对待婚姻。但一旦感情破裂,感情无法挽回,也应该从尊重当事人离婚自由的基本原则出发,调解促成当事人达成离婚协议。对于子女抚养争议,应该从子女利益最大化角度出发,尽量维护孩子生活和学习环境的稳定性,从双方的抚养条件、抚养能力等出发进行调解。至于房产分割,由于市场价值较高,很多当事人都难以在短期内支付几十万元的现金给对方,并因此往往导致法院通过执行拍卖程序处置房产,给当事人造成更大的财产损失。在这种情况下,可以尝试通过一次性支付抚养费的方式与房屋折价款相互抵扣,减轻当事人支付现金的现实压力。

案例五

蒋某女诉刘某男离婚纠纷案

案情简介：

2019年3月，蒋某女诉刘某男离婚，双方均已系六旬老人，退休在家。蒋某女认为，丈夫在夫妻关系存续期间，掌管家庭财产大权，利用家庭多个资金账户，通过炒股方式转移大额夫妻共同财产，侵害蒋某女的财产利益。女方认为，男方品行不端，对婚姻不忠诚，辜负了女方多年的信任，女方无法继续容忍，故选择在自己退休、儿子成家立业后，诉至法院要求与男方离婚。男方断然否认自己转移财产的事实，认为炒股失败导致财产流失，并非恶意转移财产，至于离婚，如果女方坚持，男方也不持异议，双方仅有一套住房，希望法院妥善处理。考虑到该案的实际情况和当事人及其家庭成员的关系、居住情况等，法院最终组织双方达成如下调解协议：(1)离婚；(2)诉争房屋产权归婚生子所有，被告继续居住在该房屋内，原告搬至婚生子名下的其中一套房屋居住，被告每月支付原告2000元补偿款。

法律评析：

《婚姻法》第2条规定，实行婚姻自由、一夫一妻、男女平等的婚姻制度。婚姻是以感情为基础的，即使是老年夫妻，判断是否离婚也应当以感情是否彻底破裂为审查要件，如双方对离婚达成一致，法院应当予以准许。该案中，原、被告共同生活多年，感情基础较好，但考虑到双方对共同生活也缺乏基本的信任，矛盾不断激化，甚至多次诉至法院，考虑到双方对离婚没有异议，故法院对离婚诉求予以准许。但唯一住房如何处理成为审理难点。双方名下只有一套住房，如果按照一般的夫妻离婚对房屋进行折价归并或出售分割款项，势必会因获得产权老年人一方没有钱款支付对方，而进入执行程序，执行中或因保障老人居所无法执行到位款项；或径行拍卖房屋、执行钱款又导致老人无房可住，两败俱伤，老无所居。考虑到双方的儿子对老人十分孝顺，且女方已实际居住在儿子的一套住房内，条件较好，故法院从保障两个老人均有房可居，兼顾公平，最终调解由双方将房屋产权赠与儿子，儿子提供住房，夫妻间基于公平给予一定的补偿款，最终通过调解实现了家事公平。

调解路径：

老年夫妻离婚的调解，如果涉及是否离婚的问题，原则上以和为主，从双方多年来的情感维系、老年人相互扶助的责任、子女的情感等方面劝说当事人维系婚姻;一旦当事人不愿维系婚姻,应当尊重老年人的离婚自由权利。在调解老年夫妻的财产分割争议时,应当将成年子女的利益和赡养老人的义务一并考虑,充分调动老年夫妻双方将财产留给子女的传统观念,避免将房产直接分割,造成家庭财产流失。另外,从子女的生活需要考虑,老年夫妻更能够接受调解。最终,调解方案实现了夫妻双方就财产分割达成一致,并保障了离婚后老年人的生活均有所依。

案例六

张某男与姚某女离婚纠纷案[1]

案情简介:

张某男(74岁)与姚某女(75岁)婚前系同事关系,恋爱半年后于1977年4月登记结婚,婚后未生育子女。1982年夫妻俩领养一女。两人婚前感情基础一般,婚后双方性格不合,又因教育观念不同经常争吵。2000年至2010年张某男常年出差在外,夫妻关系恶化,2011年两人开始分居。2015年5月,张某男提起离婚诉讼,后经法院调解双方未离婚。次年,张某男又起诉要求离婚,法院判决不准予离婚,张某男上诉被驳回。1年后张某男又起诉离婚,被判决不准予离婚后,再次上诉也被驳回。此后二人之间的矛盾愈演愈烈。2019年3月6日,张某男再次向法院提起离婚诉讼。在调解中心的调解下,最终两人达成调解协议,双方同意离婚,在财产和房屋分割上的意见也达成一致。

法律评析:

本案为老年人离婚纠纷案件。婚姻自由是《婚姻法》的基本原则。婚姻自由包括结婚自由和离婚自由,这一原则适用于任何人,当然包括老年人在内。《老年人权益保障法》中也规定,老年人的婚姻自由受法律保护。在夫妻感情确已破裂、维持婚姻关系对双方都已经成为一种煎熬的情况下,调解使当事人解除痛苦的婚姻关系,也是保护老年人合法权益的体现。

调解路径:

一般情况下,对离婚纠纷,尤其是老年人的离婚纠纷,调解都是本着“劝和不劝离”的态度展开。但调解员介入本案后,发现本案情况具有特殊性。男方历经数年、先后数次向法院提起离婚诉讼,表示因为无法解除婚姻关

---

[1] 本案为上海市长宁区人民调解中心受理承办。案情、评析及路径等均有删减修改。

系，自己整天生活在痛苦的煎熬中，甚至产生了轻生的念头，目前最大的愿望就是在有生之年过上平安祥和的日子，可以安度晚年。而女方之所以坚决不同意离婚，一是受传统封建思想的影响，有从一而终的观念；二是因为女方是虔诚的基督徒，在她的信仰里，夫妻是不可互相离弃的。另外，还有女儿的反对以及害怕被亲戚朋友、周围邻居知道没有面子等因素。上述事实显示，两位老人的婚姻关系确实彻底破裂，继续维系对双方都是不利的。

调解员确立了"在劝和不了的情况下则好聚好散"的原则去处理这起案子。首先采用"背靠背"的调解方法，分别与二位老人沟通了解情况，平衡双方当事人的争议，初步制订调解方案。考虑到女方的信仰问题，调解员专门查阅了相关资料，耐心向女方解读圣经关于"夫妻关系不能解除"的真正含义，反复和其沟通，释明：如果继续维持婚姻关系可能对双方带来更大的伤害。最终促使女方面对现实，同意离婚。然后再进行"面对面"调解，此时双方心平气和，沟通交流顺畅，很快在财产和房屋分割上达成一致意见，并在调解笔录和调解协议书上签了字。男方表示虽然离婚了，但是如果以后生活上遇到什么难处，愿意给予帮助，女方也表示感谢。

针对老年人的离婚纠纷，调解时需要有加倍耐心及细心的疏导工作及法律宣传，改变他们的封建思想，帮助他们消除顾虑，从痛苦的婚姻中解脱出来，享受幸福的晚年生活。

案例七

杨某男诉龚某女离婚纠纷案

案情简介：

原告杨某男与被告龚某女均有稳定收入和住所，其婚后育有一女。诉讼离婚时尚不足4岁，长期由原告杨某男父母协助抚养。双方一致同意离婚，但是均不愿抚养女儿，要求由对方抚养女儿，己方支付抚养费。考虑到原、被告婚生女长期由原告父母协助抚养，且已在原告住所地就近上学的实际情况，从不改变婚生女生活现状，利于婚生女成长的角度开展调解工作。经调解，双方达成调解协议：(1)原、被告自愿离婚；(2)婚生女由原告杨某男抚养，被告龚某女自2019年9月起每月20日之前支付抚养费3300元，直至婚生女年满18周岁止；(3)被告对婚生女享有探视权，探视时间和方式双方自行协商确定。

法律评析：

《婚姻法》规定，男女双方自愿离婚的，准予离婚。双方必须到婚姻登记机关申请离婚。婚姻登记机关查明双方确实自愿并对子女和财产问题已有适当处理时，发给离婚证。男女一方要求离婚的，可由有关部门进行调解或直接向人民法院提出离婚诉讼。人民法院在处理离婚诉讼时，亦需确保双方对子女问题适当处理才能准予男女双方离婚。

调解路径：

对双方都不愿抚养未成年子女的离婚案件，调解时可以充分调查子女的性别、年龄，当事人双方的健康状态、受教育程度、经济能力、居住条件、职业状况、个人品格、与子女感情、配合探视情况以及子女受教育环境继续性及适应性、当事人近亲属的协助照顾情况、子女对当事人近亲属的依赖感、其他子女情况等，综合考虑后选择最适宜抚养子女的一方当事人，再开展调解工作，充分实现子女利益最大化。

案例八

许某男诉顾某女离婚纠纷案

案情简介：

许某男与顾某女系"70后"夫妻。2014年至2017年，许某男两次起诉离婚，均因顾某女在婚内罹患老年痴呆症，许某男应当履行扶养照顾义务，而被法院判决不准予离婚。但实际上，顾某女病发后便搬离婚房，搬回娘家居住，并一直由其父母照顾其生活起居，许某男并未实际履行夫妻间的扶助义务。许某男于2018年1月再次向法院起诉离婚，理由是：夫妻双方分居长达4年，无任何感情联系，夫妻关系名存实亡，依法应当判决离婚。而顾某女此时经司法鉴定确定为无民事行为能力人，监护人为其父母。顾某女的父母表示，许某男长期不履行照顾妻子的义务，导致顾某女身体状况每况愈下，许某男离婚是在摆脱义务，应当受到法律的制裁。后经法院调解，双方最终达成如下调解协议：(1)原、被告离婚；(2)婚生女由原告抚养，被告不需要支付抚养费；(3)夫妻共有房屋归被告所有，原告放弃该房屋上的权利；(4)原告一次性支付被告经济帮助35万元(用于医疗费和生活费等开支)。

法律评析：

《婚姻法》第42条规定，离婚时，如一方生活困难，另一方应从其住房等个人财产中给予适当帮助。具体办法由双方协议；协议不成时，由人民法院判决。该案中,顾某女年轻时突发重病,对女方及其家庭是一个沉重的打击,作为丈夫,许某男理应担负起扶养职责。但许某男以夫妻感情不和为由拒不履行职责,顾某女实际由其父母照顾,考虑到男方离婚态度坚决,即使法院判决不离婚,也不能督促男方履行义务,故应尊重当事人离婚自由的权利,并在此基础上,要求男方依法承担对女方的经济帮助的义务。具体经济帮助的方式,可以是放弃应分得的财产份额,也可以是另行支付经济帮助款项。支付款项的方式分为分期支付或一次性支付。本案为一次性解决纠纷,调解确认为一次性支付经济帮助金,夫妻共有住房由女方一人居住并享有权利。

调解路径:

关于婚后一方罹患重病导致夫妻感情破裂的案件,在离婚纠纷中并不鲜见。对于这类纠纷,机械地一律通过判决不离婚来限制健康一方的离婚权利,并不能实际达到对患病一方人道关怀和扶养照顾的实际目的。一旦认定夫妻感情破裂,调解人员应当劝说当事人,与其维系名义夫妻,不如通过法律程序争取经济补偿,购买其他社会服务。一般情况下,当事人及其家属都能对此类方案予以接受。至于经济补偿的数额,应当从支付一方的经济能力、患病一方的实际需要等全面考量,确定比较合理的补偿方案。

案例九

宋某男诉董某女离婚纠纷案

案情简介:

宋某男与董某女于2008年2月结婚,婚后生育一女,现年7周岁。女儿出生后,双方家庭矛盾不断,又因董某女生意失败欠下高达400多万元债务、无力偿还,而导致夫妻感情彻底破裂。2017年8月,董某女未经宋某男同意,私自将女儿带回安徽老家,并采用各种手段阻断宋某男与女儿的沟通交往。宋某男无奈诉至法院要求离婚,并以女方债务缠身为由主张女儿的抚养权。而董某女认为,女儿从出生起便与女方共同生活,母女感情深厚,不能分离,而且女儿已在安徽老家办理入学手续,抚养权判给男方会影响学业,故同意离婚,坚决不同意抚养权给男方。女儿应当由哪一方抚养成为争议焦点。最终经过法院调解,当事人达成如下调解协议:(1)原、被告离婚;(2)婚生女由原告抚养,被告配合原告办理女儿的转学手续。被告依法享有探视权,探视时间和方式为:被告每周末探视一次;法定节假日和寒暑假期间,被告可以集中探视一半时间,具体时间和方式双方协商确定。

法律评析:

《婚姻法》第36条规定,父母与子女的关系,不因父母离婚而消除。离婚后,子女无论由父或母直接抚养,仍是父母双方的子女。离婚后,不直接抚养子女的父或母,有探望子女的权利,另一方有协助的义务。针对双方的争议焦点,法院在确定子女抚养权时会综合考虑多种因素,包括直接抚养人的健康状况、个人品格、受教育程度、经济能力、居住条件、职业状况等抚养能力,抚养子女的意愿以及对子女的感情和态度,子女的年龄和性别,子女受教育环境的继续性和稳定性等,目的是实现子女成长利益的最大化。本案中,原、被告在抚养能力和抚养条件各有利弊。本案中,原告的经济能力、住房条件、职业状况等抚养能力比较优越,而被告与女儿感情甚笃。但考虑到被告债务缠身,甚至因债务问题成为法院的被执行人,还多次被债权人围堵、打闹要债,会严重影响女儿的身心健康,法院从这个角度出发做通当事人,特别是女方的思想工作,最终实现双方就抚养和探视问题达成协议。

调解路径:

年轻夫妻的离婚案中,夫妻感情一旦破裂,离婚往往不是争议焦点。但独生子女的抚养权归属会成为调解的难点和重点。调解人员应在调解过程中突出强调"子女利益最大化"原则,将夫妻矛盾有效剥离出去,聚焦分析抚养权跟随哪一方的利弊优劣,特别是对孩子的影响大小。比如,在该案中,调解人员关注到母女情深这一点,进而劝说女方,爱孩子就应当选择对孩子最好的方式;让女方意识到自己债务缠身、被人不当追债可能对女儿的身心健康产生的恶劣影响,令其从内心认同将抚养权交由男方,是对孩子最好的选择。法律规定,不直接抚养的一方有探视的权利,这也是抚养子女的一种方式。调解协议约定给女方更多探视时间、更加灵活的探视方式,能够保障女方与孩子的情感联结,避免女方产生失去女儿的担忧。

案例十

张某女诉邢某男变更抚养关系纠纷案

案情简介:

张某女与邢某男原系夫妻,2017年在法院调解离婚时,婚生子不满2周岁,双方约定儿子由男方抚养,女方不需要支付抚养费,探视问题双方协商确定。离婚后,男方因工作原因实际将儿子交给父母抚养照顾,导致女方探视儿子困难,并多次发生肢体冲突。张某女认为,邢某男长期不履行监护责任,还阻止女方探视,严重影响孩子的健康成长,要求变更抚养关系。最终经法院组织调解,双方达成调解协议,约定:孩子继续由被告抚养,原告每月探视两次,即每月第一周、第三周周日上午9时从孩子住处接走,同日下午18时前送回。

法律评析:

最高人民法院《关于人民法院审理离婚案件处理子女抚养问题的若干具体意见》第16条规定,一方要求变更子女抚养关系有下列情形之一的,应予支持:(1)与子女共同生活的一方因患严重疾病或因伤残无力继续抚养子女的;(2)与子女共同生活的一方不尽抚养义务或有虐待子女行为,或其与子女共同生活对子女身心健康确有不利影响的;(3)10(后改8)周岁以上未成年子女,愿随另一方生活,该方又有抚养能力的;(4)有其他正当理由需要变更的。本案中,原告主张变更抚养关系的理由和证据并不符合法定的子女抚养权变更的情形,而被告也不同意变更抚养权,认为变更对孩子稳定的生活和成长环境不利。后经调解,了解到原告起诉的真正目的,并非争夺抚养权,而是希望顺利探视,定期能够见到孩子,故法院就探视问题组织当事人达成调解协议。

调解路径:

离婚后,父母一方如何顺利探视子女,往往因父母双方在婚姻中的积怨未了成为现实难解问题。探视子女,周期长、频率高,且涉及未成年子女的切身利益,即使申请法院执行,也存在行为执行难问题。这就要求调解人员在给当事人做调解工作时,要切实做好父母双方的思想教育工作,特别是要提示双方:夫妻间的家庭矛盾应随着婚姻结束而告一段落,都应重新开始各自的生活,双方也应当做好身份转变,从夫妻转变为孩子的父母,双方应当从子女利益最大化角度出发,相互配合,同心协力将孩子抚养成人。否则,如在每次探视中出现争执吵闹,对孩子的伤害将是无法修复的。

案例十一

冒某男诉田某女离婚子女抚养纠纷案

案情简介:

原告冒某男与被告田某女于2004年结婚,2009年生育一对双胞胎女儿,就读小学三年级。2018 年,原告诉至法院要求离婚,双方对离婚和财产分割争议不大,但双方均争取两个孩子的抚养权。两个双胞胎女儿长相、性格极其相似,两人之间感情很深,彼此不能分开,对父母离婚不能接受,但表示如果父母一定分开,则希望随母亲生活。但客观情况是,被告是公司职员,每月收入 3000 多元,无力抚养两个子女,而原告是公司高管,年收入几十万元。原、被告及其双方父母均十分疼爱孩子,孩子对父母双方的感情都很深。如何妥善解决两个双胞胎子女的抚养权问题,成为本案最大的难点。

法律评析:

最高人民法院《关于人民法院审理离婚案件处理子女抚养问题的若干具体意见》第 6 条规定,在有利于保护子女利益的前提下,父母双方协议轮流抚养子女的,可予准许。本案通过全面考察夫妻双方的经济能力、居住条件、性格特征、收入状况以及对子女的感情,历时数月多次调解,达成调解协议:(1)原、被告自愿离婚;(2)婚生女冒某一、田某二由原、被告轮流抚养。抚养期间,孩子就读小学四年级、五年级由被告抚养,小学六年级至孩子年满 18 周岁止,双方按学期轮流抚养,原告抚养上学期,被告抚养下学期,寒暑假期间,双方各半抚养。轮流抚养期间,由抚养一方负担孩子的生活费、医疗费、义务教育费。

调解路径:

子女抚养权的确定要贯彻子女利益最大化原则,全面考察父母在陪伴时间、身体状况、居住条件、收入情况、亲子感情等各方面条件。如果子女超过 8 周岁,还要征求子女意见(原为 10 周岁)。在处理双胞胎子女的抚养权归属问题,一般有两种裁判思路,或者夫妻双方各自抚养一个,或者归一方抚养,但哪一种抚养方式对双胞胎子女更有利,因案而异。本案创新适用轮流抚养模式,实现了将父母双方在抚养子女方面的优势互补、条件叠加,又满足了双胞胎子女互相陪伴的情感需求。

案例十二

王某女诉万某男人身安全保护令案

案情简介:

2018 年 9 月,在原告王某女起诉被告万某男离婚诉讼期间,夫妻两人处于分居状态。而婚生女一直随王某女共同生活。因夫妻矛盾激化,万某男看望女儿十分困难。为此,万某男曾多次辱骂、骚扰女方及家人,并有抢夺婚生女,意图将其带离原住所的行为,最终通过警察介入才得以处理。王某女认为,抢夺事件发生后,女儿一直情绪不稳,常有恐惧及吵闹,严重破坏了女儿的正常生活,故王某女申请法院对万某男作出人身安全保护令。在案件处理期间,法庭注意到万某男对王某女及家人的辱骂等过激行为,是见女心切引发的。为防止男方对女方继续实施暴力行为,也为了保障男方探视女儿的权利,法院将调解的重点放在如何妥善保障男方探视权的问题上。最终,双方达成一致意见,约定:男方每月探视两次直至法院判决离婚案件生效之日;探视期间,女方可以陪同,双方不得发生过激行为,防止对孩子产生心理伤害。

法律评析:

《反家庭暴力法》第 2 条规定,本法所称家庭暴力,是指家庭成员之间以殴打、捆绑、残害、限制人身自由以及经常性谩骂、恐吓等方式实施的身体、精神等侵害行为。该案中,万某男为探视女儿对王某女及家人实施的辱骂、骚扰等行为已构成家庭暴力,应当对其作出人身安全保护令。与此同时,双方虽然正在诉讼离婚,但万某男作为父亲对女儿依法应享有抚养义务和探视权利,这一权利不应当受到王某女的侵害。如果在人身安全保护令一案中就案办案,直接发出保护令,势必会令男方的探视权更加难以实现,并造成双方矛盾冲突进一步激化。为此,法院从真正杜绝家庭暴力的角度出发,从根本上解决暴力源头性问题,将安全保护令问题和探视权问题一并调解,最终实现双方案结事了。

调解路径:

现实生活中,当事人之间发生家庭暴力的原因千差万别。有的家庭暴力是故意侵害受害人的身体、精神权利,法律应当严惩不贷。但有些家庭暴力,是自身权利受侵害时的反击行为或者是冲动行为,调解时应当区别对待。避免家庭暴力最佳的方法,不是一味严惩,而是调处症结性矛盾,从而达到釜底抽薪的效果。该案中,夫妻间产生家庭暴力,一方面是因存在离婚诉讼,对立情绪严重;另一方面是孩子在女方处,男方见女心切,冲动施暴。这种情况下,应准确理清双方的冲突来源,根据法律规定分析双方的权利义务,条分缕析,对症下药,真正将家庭暴力的根源摘除,并保障当事人的合法权利。

案例十三

吕某诉李某抚养费纠纷案

案情简介：

原告吕某系被告李某之子。2008年吕某母亲吕某某与李某协议离婚，离婚协议约定吕某随母亲生活，被告每月支付600元抚养费，每年支付1400元保险费。但被告支付一年半以后便不再支付，原告遂起诉要求被告支付拖欠的抚养费、保险费，并要求变更抚养费为每月1200元。本案被告认可拖欠抚养费的事实，双方对拖欠金额及给付标准存在争议。原告主张按照每月1200元的标准支付拖欠的抚养费，被告主张按照离婚协议确定的数额支付。对原告主张增加抚养费到每月1200元，被告认为其每月工资只有4000余元，还要归还网贷，无法承担每月1200元的抚养费。经法院调解，双方达成调解协议：(1)被告李某向原告吕某支付2009年1月起至2019年6月止拖欠的抚养费、保险费7万元。(2)2019年7月起至原告吕某年满18周岁止，被告李某于每月20日之前支付原告吕某抚养费1000元；从2020年起至原告吕某年满18周岁止，被告李某每年12月1日前支付原告吕某保险费1400元。

法律评析：

《婚姻法》规定，父母与子女间的关系，不因父母离婚而消除。离婚后，一方抚养的子女，另一方应负担必要的生活费和教育费的一部分或全部，负担费用的多少和期限的长短，由双方协议；协议不成，由人民法院判决。关于子女生活费和教育费的协议或判决，不妨碍子女在必要时向父母任何一方提出超过协议或判决原定数额的合理要求。

调解路径：

调解抚养费变更纠纷时，首先，要释明：男女双方离婚时关于抚养费进行约定的或者法院对抚养费作出判决的，在双方达成新的协议或者法院作出判决变更之前，只能按照双方约定或法院判决确定的标准来支付；子女在必要时可主张增加抚养费，有事实和法律依据的，法院可以酌情支持。其次，关于增加抚养费的标准，调解时要综合考虑子女实际需要和支付一方的收入、家庭负担等情况，一般以被告收入的20%～30%为宜。

案例十四

王小某诉王某男抚养费纠纷案

案情简介：

原告王小某系被告王某男与张某女婚生子。王某男与张某女离婚后，王小某由张某女抚养，离婚协议未约定抚养费。2019年8月，王小某将王某男诉至法院，要求支付抚养费每月3000元至其18周岁止，教育培训费、医疗费由被告承担一半。审理中，被告同意按月支付抚养费至原告18周岁，但认为抚养费数额过高，其系自由职业，收入不固定，每月在2000～4000元。无固定收入的父母支付的抚养费标准如何确定是案件审理的争议焦点。最终经法院组织调解，当事人达成调解协议：(1)被告自2019年9月起于每月20日前支付原告抚养费1000元至其年满18周岁止；(2)原告王小某的大额教育费(1万元以上，补习班张某女需与被告王某男共同确定)和医疗费(2万元以上)由被告负担一半。

法律评析：

根据最高人民法院《关于人民法院审理离婚案件处理子女抚养问题的若干具体意见》第7条的规定，子女抚育费的数额，可根据子女的实际需要、父母双方的负担能力和当地的实际生活水平确定。有固定收入的，抚育费一般可按其月总收入的20%～30%的比例给付。无固定收入的，抚育费的数额可依据当年总收入或同行业平均收入，参照上述比例确定。有特殊情况的，可适当提高或降低上述比例。本案中，原告生活、就学于南京，被告每月收入2000～4000元，无其他子女。再参照同行业的平均收入，最终被告同意每月支付原告抚养费1000元，对于原告大额教育培训费、医疗费支出由被告承担一半。

调解路径：

父母与子女间的关系，不因父母离婚而消除。离婚后，父母对于子女仍有抚养和教育的权利和义务，不直接抚养子女的一方履行义务的主要方式就是支付抚养费和探望子女。支付抚养费的标准通常以父或母的收入为基础，结合当地生活水平和子女实际花费确定，南京地区通常不低于500元。法律规定的抚养费已包含子女生活费、教育费、医疗费，但组织调解时可结合目前子女教育培训费较高，医疗支出较高的情况做被告工作，将子女大额教育支出、医疗支出独立于抚养费之外，双方另行约定。

案例十五

李某女诉刘某男变更抚养关系纠纷案

案情简介：

李某女与刘某男于2010年协议离婚，约定年仅5岁的婚生女由男方抚养，女方每月支付抚养费600元。后男方带着女儿生活，女方定期探望。在2012年一次探视过程中，双方发生肢体冲突，女方将女儿带走。此后，女方实际抚养女儿，直至孩子年满14周岁。女方于2019年将男方诉至法院，要求变更女儿的抚养权。男方书面答辩表示不同意，但对于女儿实际想跟随母亲生活的想法是知情的。男方不同意的理由是，女方当时带离女儿单独生活，未经男方同意。后经法院组织调解，当事人达成调解协议，约定婚生女变更为女方抚养，男方每月支付抚养费1000元至孩子年满18周岁止，探视时间和方式双方协商确定。

法律评析：

最高人民法院《关于人民法院审理离婚案件处理子女抚养问题的若干具体意见》规定：10（后改为8）周岁以上未成年子女，愿随另一方生活，该方又有抚养能力的，该方要求变更子女抚养关系的，应予支持。该案中，女儿自2012年起便一直随女方共同生活，现孩子已年满8周岁，其本人表示愿意继续随母亲生活；女方有抚养意愿和抚养能力，男方并未提供证据证实孩子随女方生活对孩子的成长健康不利。故女方要求变更抚养权应当得到法律支持。但为了变更抚养关系之后，双方仍能够实现顺利的支付抚养费和配合探视，法院还是以调解方式组织双方就细节问题达成一致意见，避免矛盾激化，最终损害孩子的利益。

调解路径：

父母与子女间的关系，不因父母离婚而消除，离婚后，父母子女之间只改变共同生活的方式和实际抚养照顾的形式，这是双方调解的认知基础。在变更抚养关系的案件中，当事人矛盾一般比较对立，调解时应积极主动地将孩子的利益拉入进来调处矛盾，一旦将双方的对抗情绪和对立意见与孩子的利益作对比分析时，父母一般都能作出对孩子更加有利的选择。“子女利益最大化”不仅是调解工作的原则，也应当传达给双方父母，务必将此作为抚养子女的立场和原则。

案例十六

周某女诉栾某男离婚后财产纠纷案

案情简介:

周某女与栾某男于2017年4月被法院判决离婚,因双方共同申请的经济适用房尚未办理产权证,故法院并未分割房屋产权,仅就房屋的使用方式进行了判决。其中女方带孩子住大房间,男方住小房间,其他房屋面积共同使用。离婚后,女方带着孩子搬出住所,男方将房屋进行出租并按月收取租金。后女方得知男方将房屋出租,便再次将男方诉至法院,要求分割离婚后产生的房屋租金。在审理过程中,女方仅知道出租,但并未取得房屋租赁合同,男方承认出租,但认为是女方放弃房屋居住权利,出租是男方的经营行为,女方没有任何贡献,不应当分给女方租金。鉴于双方认可出租事实,通过调解,最终双方达成协议,被告一次性支付原告已收取的租金一半即24,000元。

法律评析:

《物权法》第95条规定,共同共有人对共有的不动产或者动产共同享有所有权。第96条规定,共有人按照约定管理共有的不动产或者动产;没有约定或者约定不明确的,各共有人都有管理的权利和义务。所有权人对自己的不动产或者动产,依法享有占有、使用、收益和处分的权利。该案中,原、被告共同申请的经济适用房系夫妻共同所有的财产,因尚未办理产权证,在离婚案件中未能分割产权,仅处理房屋使用权,明确为共同使用,实际上也包括共同收益的权利。现被告一方将房屋出租产生收益,原告应当有权分得部分。

调解路径:

夫妻离婚,感情破裂,特别是经法院判决的离婚案件,双方矛盾往往在离婚后仍然不可调和。一旦在离婚案件中尚未处理完毕的纠纷,再进入诉讼,当事人之间的矛盾便难以调解。此时,应当多从法律上讲清规定,说清风险,对当事人理解的所谓常识和道理,调解人员要从法律上予以解读、说透,在此基础上,当事人更容易接受与判决结论相比较,对己方更有利的调解方案。另外,通过调解解决纠纷,在费用、时间、举证等诉讼成本方面,较之法院判决相对较低,当事人理解诉讼程序后也更容易接受调解,一般不会再坚持诉讼或要求判决。

案例十七

赵某男诉陶某女离婚财产分割纠纷案

案情简介：

原告赵某男与被告陶某女系夫妻，双方于2009年共同购买了一处期房甲，房屋总价137万元，其中购房定金10万元及首付款107万元由女方父母支付，另由原告用公积金承担20万元购房贷款。该房产交房后办理产权登记，产权人系原、被告双方。原、被告双方结婚后，2012年原告出卖了其婚前购买的一处房产乙，所得卖房款中54万元用于偿还被告父母垫付的首付款。原告主张房产甲系夫妻共同财产，应各自取得房产一半份额；被告主张2009年购买此处房产时原、被告尚未结婚，购房定金和首付款均由己方父母垫付，原告直到2012年才将己方父母垫资的钱还了一半给己方父母，但2012年此房屋价格已比2009年的价格高出50%，己方贡献较大，要求己方取得房屋60%的份额。原、被告双方认可对房屋进行折价归并，对房产价格按420万元予以折价。后经调解，原、被告双方达成调解协议，约定：(1)原、被告自愿离婚。(2)原、被告双方名下房产甲归被告陶某女所有，被告陶某女自本调解协议生效之日起一年内支付给原告房屋折价款189万元。

法律评析：

《婚姻法司法解释(二)》规定：当事人结婚前，父母为双方购置房屋出资的，该出资应当认定为对自己子女的赠与，但父母明确表示赠与双方的除外。该司法解释对父母出资后财产认定适用的前提是出全资为子女购置不动产。

调解路径：

离婚纠纷财产分割的调解，遵循确定财产性质(是否为夫妻共同财产)、确定财产价格(询价、竞价、评估)、财产分割比例(对夫妻共同财产的取得是否贡献较大)的思路开展调解工作。本案被告父母在原、被告婚前出资购置房屋甲，并未出全资，且婚后登记在原、被告双方名下，该房屋系原、被告夫妻共同财产。原、被告双方在确定房产价格时各自询价后差距较大，后一致认可以双方询价的折中价格420万元作为该房产价格。考虑到被告父母在房屋甲购置过程中垫资较多，原告在购置3年后才用婚前房屋卖房款归还一半资金，被告方贡献略大，因此在确定财产分割比例时略向被告倾斜，双方一致认可原告按照对房屋甲享有45%的产权份额分得房屋折价款。

案例十八

常某男诉黎某女离婚后财产纠纷案

案情简介：

2003年，原告常某男和被告黎某女登记结婚，双方育有一子。2014年，原、被告协议离婚，签订《离婚协议书》一份，对房产（含装修）、车辆、子女抚养等问题进行了约定，并约定房屋内的家用电器及家具如何分割，双方再行协商。现原告常某男诉至法院，要求分割离婚协议中未处理的两个车位（价值约20万元）、家电家具（约10万元）等夫妻共同财产。法院经审理认为，原告诉请要求分割的财产确属离婚协议中未处理或者未明确处理方式的夫妻共同财产，应当予以分割。双方对家用电器、家具同意折价归并，但对价格无法达成一致意见。后经调解，原告自愿撤回对家用电器、家具的诉请，原、被告双方对车位分割达成调解协议。

法律评析：

《物权法》规定，共有人约定不得分割共有的不动产或者动产，以维持共有关系的，应当按照约定，但共有人有重大理由需要分割的，可以请求分割；没有约定或者约定不明确的，按份共有人可以随时请求分割，共同共有人在共有的基础丧失或者有重大理由需要分割时可以请求分割。共有人可以协商确定分割方式。达不成协议，共有的不动产或者动产可以分割并且不会因分割减损价值的，应当对实物予以分割；难以分割或者因分割会减损价值的，应当对折价或者拍卖、变卖取得的价款予以分割。

调解路径：

在离婚财产分割时，家用电器、家具是比较烦琐又容易引发矛盾的财产，法律上的处理方式一般包括实物分割、折价归并、分割拍卖或变卖款项。调解时一般优先考虑折价归并方式以保持物品现状。如果双方对价格无法达成一致意见，可以释明双方竞价购得，或者评估拍卖。调解时应重点向当事人释明，如采取拍卖方式，评估出的物品价值可能会低于物品的实际使用价值，且评估拍卖均会发生费用。一般情况下，当事人出于理性，更容易达成选择折价归并或者实物分割的调解协议。

案例十九

吴某女诉陈某男离婚债务承担纠纷案

案情简介：

吴某女与陈某男于2013年经人介绍相识，2015年登记结婚。2019年，吴某女以双方感情不和为由起诉离婚，并要求陈某男分担自己名下网贷的一半。被告同意离婚，但表示自己名下有银行消费贷款，原告亦在借款人处签字，要求由原告负责还贷。本案中，原、被告均同意离婚，法院尊重当事人的意思自治，予以准许。本案的争议焦点为夫妻对外债务的处理。最终经法院调解，当事人均表示不在本案中处理网贷债务，另案通过诉讼解决。原、被告自愿离婚，结束婚姻关系。

法律评析：

对外债务如何认定是审理婚姻案件涉及夫妻共同债务时的处理难点，也是借贷案件中如何确定夫妻共同债务范围的难点。最高人民法院出台专门的司法解释，明确夫妻双方共同签字、事后追认及借款用于家庭日常生活需要的认定为夫妻共同债务，并将举证责任分配给债权人。因此不宜在离婚案件中一并处理对外债务，即使双方达成一致，如约定由一人偿还，也难以对抗第三人。本案中被告名下消费贷款系原、被告共同借贷，应系夫妻共同债务，债权人可要求原、被告共同或单独偿还。故本案不宜处理债务争议。

调解路径：

夫妻对外债权及对外债务问题均涉及第三人利益，离婚案件不能追加第三人参加诉讼，所以通常难以查清借贷事实，调解中可建议双方当事人暂不处理债权和债务问题，通过另行协商或在债权人起诉夫妻双方时一并解决，更利于保护夫妻双方和第三人利益。对外债权亦是同理，离婚案件在缺少债务相对人的情况下，作出的认定不对债务人发生效力，仍需通过借贷案件进行审查。只有在夫妻双方均认可对外债权的数量，并就分割达成一致的情况下可以调解。需注意的是，关于夫妻共同债务的调解协议，可以明确夫妻各自负责清偿的比例，但同时也必须写明，该约定不能对抗债权人。

案例二十

年某男诉艾某女离婚后财产纠纷案

案情简介：

年某男与艾某女于2017年在民政局办理离婚，离婚时双方购买的房屋因未办理产权证没有分割。2018年12月，房屋产权办理至年某男名下后，年某男与艾某女对于房产的处理不能达成一致，诉至法院要求依法分割。法院审理后查明，年某男的父母为小夫妻购买房屋支付首付款60万元，艾某女的父母支付首付款40万元，剩余部分由年某男作为主贷人向银行申请房贷，并由年某男用工资逐月偿还。本案处理的难点在于房屋份额的确定及归属。最终经调解，双方达成调解协议：诉争房屋所有权归原告所有，原告一次性支付被告折价款67万元。

法律评析：

《婚姻法司法解释(三)》第7条第2款规定，由双方父母出资购买的不动产，产权登记在一方子女名下的，可认定为双方按照各自父母的出资份额按份共有。本案中，原、被告婚姻关系存续期间，父母各出资支付首付为两人购买房屋，产权虽登记在年某男名下，但该房屋的性质应认定为夫妻共同财产。该房屋的贷款由年某男偿还，使用的年某男工资是夫妻共同财产，因此该房屋应由两人以父母出资比例为依据按份共有。因房贷尚未还完，对该房屋的分割，还应考虑银行意见，一般由贷款人拿房，支付对方折价款为宜。

调解路径：

父母基于对子女的爱护，一般都在力所能及的范围内资助子女购买房屋。基于父母子女间密切的人身关系和特有的中国传统家庭文化的影响，父母出资时一般不明确出资性质。司法解释明确婚后一方父母为子女购买的房屋，产权登记在出资人子女名下，视为对自己子女的赠与；双方父母共同出资购买的房屋，产权登记在一方子女名下，视为双方子女按份共有。本案实际上还包括了子女自行还贷部分的共同共有。对于夫妻共有房产的调解，一定要区分情况，首先明确是夫妻共同财产还是一方的个人财产，再确定分割比例或补偿数额。

案例二十一

叶某女诉彭某男离婚房产分割纠纷案

案情简介：

原告叶某女与被告彭某男系夫妻关系，两人在婚后按照政策购买经济适用房一套,并已领取产权证。原、被告婚后育有一子彭小某现已10岁,就读小学三年级。彭小某出生后,叶某女、彭某男经常因为孩子抚养教育问题发生争执以致夫妻矛盾产生并激化,严重影响了彭小某的生活和学习。叶某女于2019年8月起诉至法院,要求与彭某男离婚,婚生子彭小某由其抚养,并要求分割两人名下的经济适用房。彭某男同意离婚,并对孩子的抚养没有意见,其要求取得经济适用房一半的折价款。本案的争议焦点为夫妻共有经济适用房如何分割。最终双方达成调解协议:(1)原、被告离婚;(2)婚生子彭小某由原告抚养,被告每月支付抚养费1000元;(3)夫妻共同所有的房屋产权归原告叶某女所有,原告叶某女支付被告彭某男补偿款90万元。

法律评析:

《婚姻法》第17条规定,夫妻在婚姻关系存续期间所得的下列财产,归夫妻共同所有:(1)工资、奖金;(2)生产、经营的收益;(3)知识产权的收益;(4)继承或赠与所得的财产,但本法第18条第3项规定的除外;(5)其他应当归共同所有的财产。经济适用房与一般的商品房不同的地方在于购房人并未支付土地出让金,再次卖出时按照规定应当将该笔费用补齐。对于经济适用房的价值,原、被告均认可为270万元,被告彭某男也愿意将房子给叶某女,由叶某女支付折价款,只是其认为自己应分得135万元的折价款。但叶某女认为,自己如果要出售房产需要交一大笔出让金,男方也应承担一半。经调解,双方最终达成协议。

调解路径:

对于涉及经济适用房的离婚案件,如果当事人尚未领取产权证,不建议在离婚诉讼中处理。对已经领取产权证的,调解中房子通常倾向于满足直接抚养子女一方的需求,重点做不要房屋的一方工作,并降低其对于应取得的折价款的期望值。经济适用房购买时没有交纳的土地出让金,只要再次售卖就必须补齐。而取得经济适用房的家庭,通常经济状况不会十分优渥,在房价动辄数百万的情况下,如折价款过高,可能最终仍需卖房解决,也不利于子女利益的保护。如双方不能协商一致,法院判决后执行拍卖时该笔费用也应当是由双方共同承担的。在进行法律释明后,当事人一般能从子女利益和实际情况出发,作出合理的选择。

案例二十二

孙某女诉孔某男离婚财产分割纠纷案

案情简介:

孙某女与孔某男于2012年通过网络相识相恋,2013年两人登记结婚,2014年12月,两人花费25万元购买大众牌轿车一辆,登记于孔某男名下。后两人因生活琐事经常发生争吵,孙某女于2018年12月起诉离婚,并要求分割夫妻共同财产大众汽车。最终双方达成调解协议:(1)原、被告离婚;(2)夫妻共有的大众牌轿车归被告所有,被告于本调解书生效之日起10日内给付原告车辆折价款7万元。

法律评析:

《婚姻法》第17条规定,夫妻在婚姻关系存续期间所得的下列财产,归夫妻共同所有:(1)工资、奖金;(2)生产、经营的收益;(3)知识产权的收益;(4)继承或赠与所得的财产,但本法第18条第3项规定的除外;(5)其他应当归共同所有的财产。第39条规定,离婚时,夫妻的共同财产由双方协议处理;协议不成时,由人民法院根据财产的具体情况,照顾子女和女方权益的原则判决。法院认为,原、被告车辆系婚后购买,虽登记于被告一人名下,但仍属于夫妻共同财产,在双方离婚时应予分割。对于车辆的分割应当有利于发挥其效用,一般由一方取得产权,给予另一方折价款。被告孔某男长期使用车辆,也愿意取得车辆给孔某女折价款。

调解路径:

离婚案件中对于车辆的处理,调解中要关注车辆的产权登记时间,如婚前登记于一方的车辆系一方个人财产,不能在离婚诉讼中处理。对于婚后登记于一方或双方的车辆,应作为共同财产分割。分割通常是一人一半,但为了方便车辆的使用,通常是确定所有权归一方所有,由另一方取得折价款。折价款计算时要考虑到车辆的折价,由双方确定现价值后再折算。

案例二十三

李某男与吴某女离婚案[1]

案情简介:

李某男与吴某女经人介绍相识恋爱,2012年6月6日登记结婚,于2013

[1] 本案为上海市长宁区人民调解中心受理承办。案情、评析及路径等均有删减修改。

年7月12日生育二女(双胞胎)。生育后吴某女提出更换高价住房,因经济问题双方产生矛盾,且吴某女因李某男的父母无力资助而与二老产生隔阂。随后因吴某女不愿照顾,两女儿分别由双方父母抚养,由此产生的女儿的疏远、双方父母各自对领养的(外)孙女的维护等因素使夫妻双方关系逐渐恶化。2018年8月,李某男起诉离婚,法院考虑到吴某女不同意而判决不准离婚。判决后双方未能和好,仍然分居,且不尽抚养教育女儿的义务。李某男于2019年5月再次提出离婚。法院委托人民调解委员会的调解员介入进行调解,最终两人达成调解协议,自愿离婚,两女儿分别随双方共同生活,双方互不支付抚养费,并对房屋的分割取得一致意见。

法律评析:

本案当事人之间的纠纷集中在以下三方面:第一,是否同意解除婚姻关系;第二,两个女儿的抚养问题;第三,共有房屋的分割问题。判决离婚的法定事由是"夫妻感情确已破裂,调解无效"。在离婚案件调解中,也需要对当事人的婚姻状况进行评估。如果当事人的婚姻状况确实已经达到难以修复的破裂状态,则需要分析一方当事人仍然拒绝离婚的原因,通过化解影响当事人离婚的其他问题,促使当事人就离婚本身达成共识。就子女抚养而言,要特别强调无论婚姻状况如何,抚养未成年子女的义务是父母必须承担的。至于具体抚养方式,应以最有利于子女健康成长为前提。就共有房产分割问题,应结合婚姻解除、子女抚养以及财产状况综合考虑,尽可能地降低分割成本。

调解路径:

本案是法院受理离婚案件后,委托人民调解委员会介入调解,最终达成调解协议的案例。调解过程中发现,首先,双方婚后感情不佳。自生育二女儿后夫妻在共同生活期间产生矛盾较多,因此二人的感情生活受到很大影响,并逐年恶化。其次,当事人夫妻关系的现状恶化。在法院判决不准离婚后,双方没有利用这个契机沟通、改善夫妻关系,其间很少接触,已经符合《婚姻法》第32条第3款列举的应准予离婚的五种情形中的"因感情不和分居满二年的"规定。最后,从申请人李某男的离婚决心来看,申请人李某男已经是第二次向法院提出离婚诉讼,可见其离婚决心。综合以上因素,能够判断申请人与被申请人双方的感情确已破裂,已无和好可能,长期分居对双方不利,调解工作应着眼于促使双方达成离婚协议,并对子女抚养和房屋分割达成共识,妥善解决现有及可能发生的纠纷。基于这一认识,调解员对双方展开了耐心细致的调解工作,终于促使双方当事人达成离婚协议,并解决了子女抚养和房屋分割等相关问题。离婚案件在诉讼中的委托调解,可以减轻法官的审判压力,节省法院有效资源,充分发挥人民调解委员会在预防化解婚姻家庭纠纷中的重要作用;更有利于对当事人进行法治宣传教育和思想指导工作,妥善地处理离婚案件。通过调解达成的离婚协议,当事人一般都能够自觉执行。认识到人民调解工作在家事案件中的重要性,是展开调解工作的前提。

在离婚案件调解过程中,首先,需要耐心倾听当事人的诉说。调解员的态度及行为规范对当事人的影响很大,如果调解员态度诚恳认真,当事人就会对调解员产生信任感,愿意将自己的实际情况、真实诉求讲出来,也能够听取调解意见。其次,调解过程中,调解员应怀有一颗公平正直的心,不怕麻烦,反复沟通,力求平衡双方当事人的利益诉求。

案例二十四

倪某某与倪甲赡养费纠纷案[1]

案情简介:

倪某某与妻子(2006年10月去世)育有一子一女。其与妻子共有房产一套,2001年2月9日,倪某某(父)为了动迁能多分利益,通过公证将其中两间房屋分别赠与女儿和儿子,并完成产权登记。房屋动迁后,倪某某将动迁款项一部分贴补给女儿购买了房屋,并言明今后居住在女儿家共同生活。现倪某某已达90岁高龄,其女儿也步入老年,故提出居住在儿子倪甲处,父子双方产生矛盾。2019年4月19日,倪某某以自己身患多种疾病,经济困难,倪甲不履行赡养义务为由提起诉讼,要求其提供住处,每月支付赡养费2000元,每月探望一次不少于1小时。(倪某某每月退休收入4500余元。)倪甲以倪某某不购买房屋,将动迁款项贴补给女儿为由抗辩。在法院主持下,最终两人达成调解协议:倪甲于2019年5月起每月20日前给付倪某某人民币700元,每月看望倪某某一次,看望时间地点由双方自行约定。

法律评析:

本案的争议焦点是赡养义务人以被赡养人分配动迁款项不公为由拒绝尽赡养义务,这种纠纷在多子女家庭十分常见。依据《婚姻法》《老年人权益

[1] 本案为上海市长宁区人民调解中心受理承办。案情、评析及路径等均有删减修改。

保障法》中的相关规定,成年子女对父母有赡养扶助的义务。子女不履行赡养义务时,无劳动能力的或生活困难的父母,有要求子女付给赡养费的权利。父母对自己的财产享有处分权,子女不能以父母分配财产不公为由拒绝履行赡养义务。

调解路径:

尊老敬老是中华民族的传统美德。不少子女面对老人赡养请求以各种理由拒绝。如以父母有足够的收入及医疗保险为理由不支付赡养费;多子女家庭中子女之间因经济条件差异或老年人在处分财产时偏心,相互推诿不愿意履行赡养义务等,但这些理由不能得到法律上的支持。做好赡养纠纷的调解工作是保护弱势群体利益的要求,也是维护社会稳定,构建和谐社会的要求。

调解赡养纠纷应注意以下几点:首先,承办调解员要耐心听取当事人倾诉。调解时应尽量通知双方到场,耐心做当事人的说服和教育工作,尽量安排比较宽松的调解时间,细心掌握老年人的情绪变化,以诚心态度对待当事人,用诚心感化当事人。调解中会发现,虽然需要调解的是赡养纠纷,但赡养纠纷往往牵扯到其他家庭矛盾纠纷。因此,承办调解员在调解过程中,既要将重点放在赡养义务的履行上,又要以其他矛盾纠纷的解决为切入点,必要时应一并调解解决当事人的其他家庭矛盾纠纷。这就要求承办调解员找准矛盾焦点,有的放矢,既要注重调解效果,也要讲求工作效率。其次,承办调解员要找准法律和道德的结合点。对不履行赡养义务的既可以由法律来调整,同时也受到道德的约束。在调解中,应当动之以情,晓之以理,不仅要从法律的角度做当事人的思想工作,更重要的是从道德的角度让当事人明白赡养老人是其应尽的义务。最后,调解赡养纠纷时调解员应酌情考量被赡养人的身体情况、日常生活水平、当地消费水平、赡养人是否可以正常工作等情况,以酌定赡养费数额。尤其在存在多名赡养人的情况下,因为经济条件不同,各自承担的赡养费可以有所差异。

案例二十五

章某父诉章一女、章二子、章三女赡养纠纷案

案情简介:

原告章某父84岁,老伴去世。被告章一女、章二子、章三女系章某父子女。原告因近年来患胆结石、青光眼等疾病导致视力不佳,生活日常需有人

照顾。于是原告起诉至法院,要求3个子女分别支付1000元赡养费为其请一位专业护工照顾。原告每月收入2200元,每月正常开支约1000元;而3个子女各自存在家庭困难,且收入在2000~5000元。3个子女如何履行对独居老人的赡养,保障其安度晚年,成为案件的审理和处理重点。最终经法院调解,当事人达成调解协议,约定:(1)被告章一女实际赡养原告章某父,赡养期间,负责老人的生活起居和日常护理;(2)被告章二子每月支付赡养费500元;(3)被告章三女支付赡养费200元。

法律评析:

《老年人权益保障法》第14条规定,赡养人应当履行对老年人经济上供养、生活上照料和精神上慰藉的义务,照顾老年人的特殊需要。第15条规定,对生活不能自理的老年人,赡养人应当承担照料责任;不能亲自照料的,可以按照老年人的意愿委托他人或者养老机构等照料。第19条规定,赡养人不履行赡养义务,老年人有要求赡养人付给赡养费等权利。该案中,原告称生活不能自理,需要雇请护工照料其生活,并据此要求各被告按照护理费标准支付赡养费。法院经过审理认为,原告年逾八十,年老体弱,生活存在一定困难,需要子女赡养扶助,但并不存在雇请专业护工护理日常生活的必要。现章一女愿意与父亲共同居住生活,并实际照料原告,法院原则上应当支持子女直接承担照料责任;其他子女可以考虑到各方的经济能力、家庭状况等因素,确定赡养费标准。

调解路径:

子女孝敬父母不仅是法律职责,也符合传统道德。况且,每个人都有年老患病之时,在调解赡养纠纷案件时,要注重从情理法的角度向子女们释明相关法律义务,启发当事人换位思考"老有所依"的现实养老问题。在具体赡养方案的拟订上,调解人员应根据赡养人和被赡养人的实际情况,充分考虑各方的经济、身体、家庭状况等,立足现实,开阔思路,从经济帮助、实际照顾、经常看望等各方面,选择确定在个案中可行的赡养方案。

案例二十六

刘某诉刘某某、宫某赡养纠纷案

案情简介:

原告刘某年逾七十,育有4个子女,目前只有一子刘某某与一女宫某健在。刘某因年事已高,患有多种老年疾病,瘫痪在床,丧失民事行为能力,女儿官某作为其法定代理人,并长期照顾刘某生活。官某因刘某某长期不履行赡养义务,多次以本人名义或者母亲刘某名义提起追偿权纠纷、赡养纠纷,要求刘某某与其共同承担赡养母亲支付的医药费、住院转运费、护工费等多项费用。法院经审理查明,官某多次因为弟弟刘某某不肯支付赡养母亲的费用诉至法院。刘某某不承担赡养费的根源在于刘某某与官某对赡养老人的方式无法达成一致意见。刘某某主张自己经济条件较差,无力承担护工费,其可以亲自照料老人,而官某认为老人瘫痪在床,自己身体也比较弱,需要聘请护工对老人进行护理。经法院调解,原告的监护人官某与被告刘某某达成调解协议:(1)被告刘某某于2019年8月9日支付刘某2019年4月×日至2019年7月×日的医疗费、护工费、接送费等各项费用共计9000元。(2)自2019年7月9日起由官某与被告刘某某按月轮流赡养刘某,每月9日进行交接,刘某当月退休工资由赡养人领取,负责刘某的所有开支(包含医药费等)。当月医药费个人自理金额超出1000元的,超出部分由官某、刘某某按票据平摊。轮流赡养期间刘某某无须支付刘某每月600元的赡养费。

法律评析:

《老年人权益保障法》规定:老年人养老以居家为基础。赡养人应当履行对老年人经济上供养、生活上照料和精神上慰藉的义务,照顾老年人的特殊需要。赡养人应当使患病的老年人及时得到治疗和护理;对经济困难的老年人,应当提供医疗费用。对生活不能自理的老年人,赡养人应当承担照料责任;不能亲自照料的,可以按照老年人的意愿委托他人或者养老机构等照料。赡养义务人之间就赡养方式不能达成一致意见的,应根据被赡养人的意愿,结合赡养义务人的具体情况确定。

调解路径:

对老年人的赡养,以居家为基础,以亲自照料为原则。赡养义务人对赡养老人的方式产生分歧的,应当在符合法律规定的前提下允许赡养义务人根据自己的能力选择赡养方式。本案中,赡养义务人刘某某承担赡养费用有困难,但愿意亲自照顾被赡养人。调解人员据此确定了官某与刘某某轮流赡养刘某的调解方案,给予赡养义务人在保证赡养好老人的前提下选择自己愿意或者能够承受的赡养方式,解决了双方的争端。

案例二十七

李一男诉李二男、李三女、韩某女继承纠纷案

案情简介：

李某男与王某女共生育二子二女，即原告李一男、被告李二男、李三女和李四女。李某男、王某女分别于2013年10月、2015年5月去世，李四女先于父母2013年8月去世，留有一女韩某女。3个人均未留有遗嘱。李某男、王某女去世后留有房屋一套、存款70万元。李一男因分割遗产与其他继承人协商未果，诉至法院要求分割房屋和存款，并主张因自己与父母共同生活，赡养父母较多应多分，李二男、李三女、韩某女应少分。各继承人有无尽赡养义务、继承人之间如何分配遗产是本案审理的焦点所在。法院审查后组织调解工作，最终达成调解协议：(1)被继承人李某男、王某女名下的诉争房屋由原、被告4人各继承享有1/4的产权份额；(2)被继承人王某女名下的存款70万元，由原告李一男继承25万元，被告李二男、李三女、韩某女各继承15万元。

法律评析：

《继承法》规定，遗产是公民死亡时遗留的个人合法财产。继承从被继承人死亡时开始。继承开始后，没有遗嘱的，按照法定继承办理。同一顺序继承人继承遗产的份额，一般应当均等。对被继承人尽了主要扶养义务或与被继承人共同生活的继承人，分配遗产时，可以多分。本案中遗产的范围已确定，即房屋一套、存款70万元。李一男、李二男、李三女是被继承人的子女，与代位其母亲继承的韩某女系同一顺位的继承人，一般应均等继承。李一男主张与父母共同生活、对父母尽了主要赡养义务，可以进行适当多分。至于多分的数额，个案根据具体情况进行调解确认。

调解路径：

继承纠纷中，如被继承人留有遗嘱，按照遗嘱办理，如无遗嘱，按照法定继承，在同一顺位继承人中均分。但赡养老人既是法定义务，也是中华民族的传统美德，对于赡养被继承人较多的继承人，在分配遗产时应多分。在调解中也要贯彻这一原则，对于与被继承人共同生活或对被继承人尽了主要扶养义务的人，应给予适当的比例倾斜，因此本案组织调解时对原告继承存款时予以多分。就房屋的继承而言，如果系争房屋尚未取得产权证或者属于军队管理的房屋，不宜直接分割；对于已经拆迁等不存在的房屋只能分割拆迁利益。

案例二十八

梁一女、梁某男诉梁二女遗嘱继承纠纷案

案情简介：

梁一女、梁某男、梁二女是兄弟姐妹，梁一女中专毕业后分配至外地参加工作并成家，极少回家探望父母。梁某男婚后即搬离父母家中另外居住。梁二女作为小女儿，一直与父母共同生活，婚后与丈夫、孩子生活在父母家中，并照顾父母日常生活及看病就医。父母去世后，梁一女、梁某男起诉至法院要求与梁二女共同继承父母的房产。审理中，梁二女出示父母去世前共同书写遗嘱一份，将名下的房产交由梁二女一人继承。最终，梁一女、梁某男撤回起诉。

法律评析：

《继承法》第27条规定，遗嘱继承人放弃继承或者受遗嘱人放弃受遗赠的，遗产中的有关部分按照法定继承办理。继承开始后，处理遗产的顺序是：(1)如有遗赠扶养协议，按照遗赠扶养协议办理；(2)有遗嘱或遗赠的，按照遗嘱继承；(3)没有遗赠扶养协议，也无遗嘱或遗赠的，按照法定继承处理。本案中，原、被告的父母已经立遗嘱将名下的房产交由梁二女一人继承，如果遗嘱是真实合法的，那么其他兄弟姐妹对于该处房屋不能再要求继承了。梁一女、梁某男在确认了遗嘱是父母本人的签字后认同该遗嘱，并撤回起诉。

调解路径：

遗嘱继承纠纷案件的处理，对遗嘱的效力进行认定是调解的前提。遗嘱的效力要根据遗嘱的形式审查遗嘱的书写人、有无立遗嘱人签字、见证人有无利害关系、立遗嘱时间、立遗嘱人行为能力、是否真实意思表示等要素，如双方当事人都认可遗嘱的效力，那么就遗嘱指向的财产，应按照立遗嘱人的意思由其指定的继承人继承所有。如果同一财产存在数份相抵触的遗嘱，首先按照公证遗嘱办理(《民法典》颁布实施后，公证遗嘱不再具有最强效力，应以最后所立遗嘱为准)，如果都不是公证遗嘱，应按照最后一份遗嘱为准。还要注意的是，遗嘱只能处分立遗嘱人自己所有的财产，处分了他人财产的这部分遗嘱无效。对于遗嘱未处理的财产，调解中可以按照法定继承处理。

案例二十九

刘某诉郭某甲、郭某乙继承纠纷案

案情简介：

原告刘某与被告郭某甲、郭某乙系被继承人刘某某的子女，被继承人刘某某于2017年去世，配偶、父母均先于刘某某死亡。刘某某遗产为一套房屋及若干存款，房产登记在被继承人刘某某名下，现由原告刘某实际居住使用；被告郭某甲表示被继承人留有存款10万余元，目前由其保管。现原告诉至法院，要求分割被继承人名下的房产及存款。经调解，原、被告达成调解协议，约定：(1)登记在刘某某名下的诉争房屋由被告郭某甲、郭某乙继承所有，被告郭某甲、郭某乙支付原告刘某房屋折价款46.08万元；(2)被告郭某甲给付原告刘某关于母亲刘某某遗产中的存款补偿款35,202元；(3)被告郭某甲于本调解协议生效之日起10日内给付被告郭某乙关于母亲刘某某遗产中的存款补偿款35,202元；(4)当事人任何一方违反上述约定，不按期履行的，另一方有权向法院申请执行。

法律评析：

《继承法》规定：继承权男女平等。遗产按照下列顺序继承：第一顺序：配偶、子女、父母；第二顺序：兄弟姐妹、祖父母、外祖父母。同一顺序继承人继承遗产的份额，一般应当均等。

调解路径：

对法定继承纠纷案件，调解的关键是要审查继承人范围，否则容易遗漏继承人，侵害案外人权利。本案原、被告主张按照法定继承的规定来继承母亲遗产，因被继承人刘某某的配偶、父母先于刘某某死亡，故本案法定继承人只有刘某某的子女即原、被告3个人。对刘某某遗留的房产，被告主张折价归并，但原、被告双方对房产价格无法询价达成一致，遂提交评估后组织调解，确定两被告取得房屋，给予原告1/3的房屋折价款；对刘某某遗留的存款，原、被告在确认存款金额后各自分得1/3。

案例三十

金某乙、金某丙、金某丁诉金某戊继承纠纷案

案情简介：

金某某、郑某某系夫妻关系，共育有长子金某甲、次子金某乙、三子金某丙、四子金某丁、小女金某戊。诉争房屋系长子金某甲与小女金某戊共有房

屋，金某甲享有涉案房屋99%产权份额，被告金某戊享有1%产权份额。被继承人金某甲2018年6月去世，生前无子女及配偶，金某某、郑某某先于被继承人金某甲去世。现原告金某乙、金某丙、金某丁和被告金某戊作为金某甲的法定继承人，均有权继承诉争房屋中属于金某甲的产权份额。本案原、被告均表示各自对房产继承无异议，但各当事人年事已高，共同办理产权变更登记、共同卖房较为困难。为了办理产权变更登记方便，要求通过司法途径确认继承。在法院组织调解过程中，原、被告均一致认可诉争房产由被告金某戊继承，产权变更登记至被告金某戊名下，其余当事人放弃继承诉争房产。原、被告表示他们将在法院调解之后签订协议，约定由被告金某戊负责出售诉争房产，各当事人按照法定继承规则分割售房款。

经过法律释明后原、被告双方仍坚持他们的意见，共同签订调解协议：(1)被继承人金某甲名下的诉争房屋99%的份额由被告金某戊继承享有，被告金某戊于本调解协议生效之日起30日内配合办理过户手续。(2)双方纠纷一次性解决无其他争议。

法律评析：

《民事诉讼法》规定：人民法院审理民事案件，根据当事人自愿的原则，在事实清楚的基础上，分清是非，进行调解。调解达成协议，必须双方自愿，不得强迫。调解协议的内容不得违反法律规定。本案原、被告之间达成的放弃继承的协议，目的是方便办理房屋过户手续，并不违反法律规定，但对放弃继承的当事人而言，存在一定的风险。即使事后不能顺利达成房产分割协议，放弃继承的效力也无法推翻。

调解路径：

对当事人当庭表示放弃权利的，法官在进行调解时应当进行释明，充分告知当事人法律后果。本案调解过程中，继承人有权放弃继承权利，不违反法律规定。法官在确认系当事人真实意思表示后，应当向当事人释明放弃继承权利的后果：根据当事人当庭达成的调解协议制作的民事调解书具有法律效力，如果双方在本调解协议签订之后未能达成一致的分割意见，对被继承人遗留房产的继承即按本民事调解书执行，原、被告双方要充分考虑到诉讼风险和法律后果。

二、练 习 题

(一)单项选择题

1. 甲已婚,乙未婚。下列判断错误的是:(　　)

A. 如甲乙办理了结婚登记,构成重婚

B. 如甲与乙公开以夫妻名义同居,构成重婚

C. 甲乙登记结婚,如乙不知道甲已婚,则乙不构成重婚

D. 如甲乙未公开同居,不构成重婚

2. 下列关于彩礼的说法,错误的是:(　　)

A. 彩礼并不为法律所禁止

B. 双方未登记结婚的,给付方可要求返还彩礼

C. 彩礼是按照习俗给付的

D. 双方结婚了,就一律不得要求返还彩礼

3. 谢某不顾丈夫黄某的反对做了人工流产,黄某因此起诉到法院。根据规定,在调解无效的情况下,法院对黄某的下列哪项请求应予支持:(　　)

A. 以感情破裂为由要求离婚

B. 要求谢某承担离婚损害赔偿责任

C. 要求谢某承担侵害其生育权的赔偿责任

D. 要求谢某保证将来不再擅自流产

4. 王易3岁时生父死亡,生母将其送给苏某夫妻收养。两年后,苏某夫妻死于车祸,对王易有法定抚养义务的是:(　　)

A. 王易的生母　　B. 苏某夫妻的父母

C. 民政部门　　D. 王易生父的父母

5. 甲因不满妻子乙不能生育,经常殴打乙。对此,下列判断错误的是:(　　)

A. 甲以乙不能生育为由提出离婚,法院应判决准予离婚

B. 乙以甲有家庭暴力行为为由提出离婚,法院应判决准予离婚

C. 乙在离婚时可以提出离婚损害赔偿

D. 甲乙协商一致,可以通过登记离婚方式解除婚姻关系

6. 甲(男)乙(女)前往登记机关办理结婚登记,不能予以登记的是:( )

A. 甲前妻死亡不足一月;乙与前夫前一天完成离婚登记,取得离婚证

B. 甲年逾六十,乙刚过 20 周岁生日,且乙父母坚决不同意乙的婚事

C. 甲在登记前一天刚拿到准予离婚的判决书

D. 甲的父亲与乙的父亲是堂兄弟

7. 甲与乙离婚,10 岁的孩子与乙共同生活。双方约定在每个月的最后一个星期六,甲到乙的住处将孩子接走共度周末。由于抚养费支付起争议,乙不再让甲探望孩子。下列说法正确的是:( )

A. 甲可申请法院将孩子强制带离乙的住所

B. 乙有权自行决定中止甲的探望权

C. 是否中止甲的探望权只能由法院决定

D. 是否中止甲的探望权由孩子决定

8. 依据《民法典》关于夫妻共同债务的规定,下列不属于夫妻共同债务的是:( )

A. 以双方名义向银行申请的住房贷款 50 万元

B. 一方为孩子报补习班向朋友借款 2 万元,对方不知情

C. 一方向朋友举债 5 万元资助舅舅治病,对方不知情

D. 双方经营的长途客运车因交通肇事须支付受害人赔偿金 10 万元

9. 在婚姻关系存续期间,一方所得属于个人财产的是:( )

A. 甲法定继承父亲遗留房屋一套

B. 乙以年终奖金 3000 元购买手机一部

C. 丙参加歌唱比赛获得奖金 5 万元

D. 丁利用婚前存款做生意,获利 15 万元

10. 下列关于离婚后子女抚养费承担的判断,错误的是:( )

A. 抚养费的数额可以由父母双方协商

B. 直接抚养方未经对方同意擅自变更子女姓氏的,另一方有权拒绝支付抚养费

C. 抚养费的给付期限,一般至子女成年为止

D. 成年的正在接受高中及以下教育的子女仍然享有抚养费请求权

11. 周女士与残疾丈夫朱某离婚后,独自带着女儿生活。现周女士贫病交加,欲将年幼的女儿送养给没有生育的许姓夫妇。按照《民法典》的规定,

下列表述正确的是:(　　)

A. 应征得朱某的同意,并到当地民政部门办理收养登记

B. 应征得朱某的同意,并到当地派出所办理收养登记

C. 征得朱某的同意,并订立书面收养协议即可

D. 可不经朱某的同意,直接与收养方办理登记手续

12. 当事人登记离婚后,就离婚协议中的财产分割部分发生争议,下列表述错误的是:(　　)

A. 一方不履行,另一方可申请法院强制执行离婚协议

B. 一方不履行,另一方可向法院起诉要求对方履行协议

C. 当事人可在离婚后一年内向法院提起变更或撤销诉讼,但不存在欺诈、胁迫等情形的,应驳回诉讼请求

D. 当事人以离婚协议显失公平为由主张变更的,人民法院一般不予支持

13. 张某与洪某两人在 19 岁时结婚,并通过关系办理了结婚登记。以下说法正确的是:(　　)

A. 两人婚姻当然自始无效

B. 无效婚姻的申请人限于张某和洪某

C. 双方都达到法定婚龄后,任何人均不得再提起无效之诉

D. 如当事人婚后一个月即提起离婚诉讼,法院应按照离婚案件审理

14. 下列关于基于正当理由提起亲子关系异议之诉表述错误的是:(　　)

A. 父或者母可以请求确认亲子关系

B. 成年子女可以请求确认亲子关系

C. 父或者母可以请求否认亲子关系

D. 成年子女可以请求否认亲子关系

15. 丧偶的甲(女)欲收养子女,下列说法错误的是:(　　)

A. 甲必须征得与其共同生活的父母的同意

B. 甲应无不利于被收养人健康成长的违法犯罪记录

C. 甲应未患有医学上认为不应当收养子女的疾病

D. 甲欲从儿童福利机构收养查找不到生父母的乙(男),两者年龄应相差 40 周岁以上

16. 2016 年甲与邻居乙签订遗赠扶养协议,约定由乙对甲养老送终,甲死后将名下一套房子留给乙。2017 年甲立遗嘱,写明死后该套房子给在外

国工作的儿子丙。现甲去世,该套房子应该按照下列哪种方式处理:(　　)

A. 由乙与丙平分　　B. 由乙取得

C. 由丙取得　　D. 由丙补偿乙支出的扶养费后取得

17. 小甲 2 岁丧父,其母体弱多病,将 4 岁的他送给同村的伯父收养。一年后,其生母死亡,无其他亲人,又未留下遗嘱。按照规定,其生母留下的遗产:(　　)

A. 应由小甲继承

B. 应由养父母代理小甲决定是否接受继承

C. 为无人继承的财产,由小甲生母生前所在的集体所有制组织取得

D. 应由村委会保管,等待小甲长大后决定是否继承

18. 张大爷曾立下一份自书遗嘱,将自己所有遗产留给没有稳定工作的儿子张少。后张少因吸毒而被强制戒毒,张大爷伤心至极,在病榻上当着众亲友的面将遗嘱烧毁,不久去世。对此,下列正确的选项是:(　　)

A. 张少无权继承任何遗产

B. 张少只能依据法定继承遗产

C. 可以分给张少适当的遗产

D. 张少有权依据遗嘱继承遗产

19. 甲男不能生育,与妻子乙女协商一致后,由乙女采用匿名供体的精子成功生育一子丙。不久甲男得知自己患了绝症,于是立下遗嘱:丙非自己骨肉,自己死后,名下财产全部留给父母。甲男病逝后,对其遗产的下列处理方式正确的是:(　　)

A. 应该按照法定继承由甲父、甲母、乙女一起继承

B. 应该按照甲的遗嘱给甲父、甲母

C. 应该按照法定继承由甲父、甲母、乙女、丙一起继承

D. 应该先为丙保留必要的遗产份额,剩余部分仍按照甲的遗嘱给甲父、甲母

20. 下列关于人民调解的说法正确的是:(　　)

A. 人民调解委员会是群众性自治组织

B. 人民调解是仲裁及诉讼的前置程序

C. 人民调解不收取调解费用,但可以收取一定的工本费等材料费用

D. 人民调解达成的调解协议具有法律约束力

21. 小甲和小乙之间发生邻里纠纷,有矛盾激化的可能,人民调解委员会

派人民调解员小丙去调解。根据《人民调解法》,下列做法错误的是:(　　)

A. 小甲和小乙提出要求更换调解员小丙

B. 因个人原因,小甲提出终止调解的意愿

C. 小乙要求再增加一名人民调解员进行调解

D. 小丙出于邻里和睦的考虑,阻止小甲向人民法院提起诉讼

22. 关于人民调解协议和法院确认调解协议效力的裁定,判断正确的是:(　　)

A. 人民调解协议具有既判力

B. 法院确认调解协议效力的裁定具有既判力

C. 都没有既判力

D. 都有既判力

23. 甲向乙借款2万元,到期未还,在调解委员会的主持下双方达成有效的调解协议。但甲未按时履行该调解协议,乙拟提起诉讼。在此情况下,下列说法正确的是:(　　)

A. 应以调解委员会为被告

B. 应以甲为被告

C. 应以调解委员会和甲为共同被告

D. 应以甲为被告,调解委员会为无独立请求权的第三人

24. 下列选项说法正确的是:(　　)

A. 甲乙因房屋租赁合同产生纠纷,经人民调解委员会调解达成协议后,可以在30日内向房屋所在地基层人民法院申请确认调解协议效力

B. 甲乙离婚纠纷,经人民调解委员会调解达成协议,解除婚姻关系,甲乙可以共同申请法院确认调解协议效力

C. 甲乙房屋所有权纠纷,经人民调解委员会调解达成协议,房屋归甲所有,甲乙申请法院确认调解协议效力,法院应当不予受理,受理后发现的,应该裁定驳回申请

D. 以上三项均错误

25. 下列有关人民法院调解的适用阶段的说法,正确的是:(　　)

A. 法院在立案前不可以就纠纷进行调解

B. 法院在开庭前不可以对纠纷进行调解

C. 法院在执行中可以进行调解

D. 法院在立案至判决作出前都可以进行调解

26. 调解书生效的时间是:(　　)

A. 一方当事人签收后

B. 人民法院在调解书上盖章后

C. 调解书制作出来后

D. 双方当事人签收后

27. 下列关于法院调解的说法,错误的是:(　　)

A. 调解一律以自愿和合法为前提

B. 与身份关系有关的案件不适用调解

C. 小额诉讼程序审理的案件,法院应当先行调解

D. 对于离婚案件,法院应当先行调解

28. 甲不慎将乙的贵重手机损坏,在双方协商解决无果的情况下,乙向法院起诉,请求甲赔偿损失。案件审理过程中经法院调解,甲和乙达成有效调解协议,但是就本案诉讼费用的负担,仍然严重分歧,无法达成一致意见。下列说法中正确的是:(　　)

A. 本案中甲和乙达成的调解协议无效,法院应判决结案

B. 本案中甲和乙达成的调解协议无效,法院应驳回诉讼请求

C. 本案中甲和乙达成的调解协议有效,法院应当就诉讼费用的负担另行调解

D. 本案中甲和乙达成的调解协议有效,法院可以直接决定当事人负担诉讼费用的比例

29. 甲诉乙,丙作为无独立请求权的第三人参加诉讼。在诉讼过程中,甲乙双方同意进行调解。调解过程中,人民法院需要确定由丙承担义务。下列表述正确的是:(　　)

A. 该案中的调解,无须经过丙的同意

B. 即使该案中的丙无须承担责任,调解协议也需要得到其同意

C. 如果丙不同意调解,那么调解协议仅在甲乙之间有效

D. 丙在法院送达调解书之前反悔的,人民法院应当及时裁判

30. 根据调解主体的不同可以将调解划分为不同的类型,下列哪一项不属于调解的基本类型:(　　)

A. 人民调解　　B. 法院调解

C. 强制调解　　D. 行政调解

31. 下列关于调解的时间历程中 1990 年至 2003 年说法符合实际情况的

是:(　　)

A. 家事调解的“鼎盛繁荣”期　B. 家事调解的“逐步萎缩”期

C. 家事调解的“二次复兴”期　D. 家事调解的“衰退”期

32. 甲诉乙离婚纠纷一案,法院对双方当事人进行调解,关于离婚纠纷案件的调解,下列说法正确是:(　　)

A. 调解过程一律不公开

B. 律师可以代替当事人到场参与调解

C. 法官只能在审判过程中进行事实调查

D. 离婚案件适用强制调解程序

33. 关于家事调解,当事人享有的权利不包括:(　　)

A. 选择家事调解员　B. 接受或拒绝调解

C. 要求家事调解组织强制执行　D. 变更调解协议

34. 下列关于特邀调解程序的说法正确的是:(　　)

A. 委派调解的期限为 15 日

B. 特邀调解员可以再邀请有关人员帮助调解

C. 特邀调解员可以在后续的诉讼程序中继续担任该案的人民陪审员

D. 登记立案前可以委托给特邀调解组织,登记立案后则只能由法院进行调解

35. 关于调解协议,下列说法不正确的是:(　　)

A. 法院可以不制作调解书

B. 调解协议必须以书面方式达成

C. 调解协议经司法确认当事人可申请强制执行

D. 人民调解委员应当监督调解协议履行情况

36. 关于调解协议的司法确认,下列说法不正确的是:(　　)

A. 申请司法确认调解协议,可以采用书面形式或者口头形式

B. 申请司法确认调解协议,应由双方当事人本人或者由符合民事诉讼法规定的代理人提出

C. 申请司法确认调解协议,当事人可自调解协议生效之日起 15 日内向调解组织所在地基层人民法院提出

D. 委派调解达成的调解协议,当事人申请司法确认的,可以由调解组织所在地或者委派调解的基层人民法院管辖

(二)多项选择题(每题有四个选项,有两个及以上选项是正确的)

1. 关于对军婚特别保护的规定,下列表述错误的是:( )

A. 原告方不是现役军人

B. 军人方不同意离婚的,法院不予受理

C. 军人方不同意离婚的,法院一律判决不准离婚

D. 军人方虽不同意离婚但有重大过错,法院应判决准予离婚

2. 关于离婚后父母子女关系的表述,错误的有:( )

A. 离婚后,不与未成年子女共同生活的一方丧失监护权

B. 离婚后,不直接抚养子女的一方丧失赡养请求权

C. 离婚后,2 周岁以下的子女一律归母亲抚养

D. 确定未成年子女抚养归属时,应坚持子女最大利益原则

3. 王某,独居老人。年老体弱,无经济来源。对其不具有扶养义务的亲属是:( )

A. 王某的兄姐　　B. 身为公司高管的王某的侄子

C. 由王某抚养长大的继子　　D. 被王某送养的亲生女儿

4. 下列关于夫妻财产约定的判断,错误的是:( )

A. 应该采用书面形式,但不要求公示

B. 效力高于法定财产制

C. 夫妻对财产的约定可以对抗债权人

D. 允许约定的财产范围仅限于婚后所得财产

5. 甲乙系夫妻。现甲提出离婚,依据现行法,以下争议财产属于夫妻共有财产的有:( )

A. 甲婚前创作小说,婚后发表,获得稿酬 5 万元

B. 甲婚后取得发明专利,转让后获得使用费 20 万元

C. 乙婚后编写游戏软件一套,某公司有意以 10 万元价格购买,尚在磋商中

D. 乙婚后编写学习软件一套,与某培训机构约定,软件许可使用年限为 5 年,每年 5 万元,离婚时尚有 4 年使用期,费用总计 20 万元

6. 依据《民法典》规定,下列关于婚姻的无效或可撤销的说法正确的是:( )

A. 一方患有重大疾病未治愈的,婚姻无效

B. 因胁迫请求撤销婚姻的,应当自结婚登记之日起一年内提出

C. 一方婚前故意隐瞒重大疾病的,该婚姻可撤销

D. 婚姻无效或者被撤销的,无过错方有权请求损害赔偿

7. 关于遗嘱指定监护,下列阐述正确的是:(　　)

A. 只有父母作为监护人的,才能通过遗嘱指定监护

B. 只能以遗嘱方式为未成年人指定监护人

C. 以遗嘱方式指定的监护人限于具有监护资格的人

D. 以遗嘱方式指定的监护人应当具有监护能力

8. 依据现行法,监护的内容包括:(　　)

A. 保护、教育被监护人　　B. 担任被监护人的法定代理人

C. 管理被监护人的财产　　D. 承担被监护人的扶养费

9. 甲在医院病逝,只留下1万元遗产。对甲尚未交付的2万元医疗费,医院可以通过以下哪种方式追讨:(　　)

A. 主张系甲的扶养人的债务,要求甲的扶养人清偿

B. 主张系夫妻共同债务,要求甲的配偶清偿

C. 主张系甲的生前个人债务,要求其继承人清偿

D. 主张系甲的生前个人债务,要求其继承人用遗产清偿

10. 下列属于被继承人遗产的是:(　　)

A. 被继承人生前因绘画获得的著作权

B. 被继承人生前取得的某有限责任公司的股东资格

C. 被继承人养老金账户上的余款

D. 被继承人死后补发的工资

11. 甲临终前立下遗嘱,将其遗产分为四份,分别给其父母、妻子和妻子腹中的胎儿,并言明,若胎儿流产,则给胎儿的那一份也给自己的父母。甲病逝后,下列关于给胎儿的那一份遗产处理正确的是:(　　)

A. 若甲妻流产,应由甲妻继承

B. 若胎儿出生后不久死亡,应由甲妻继承

C. 若甲妻流产,应由甲父、甲母、甲妻法定继承

D. 若甲妻流产,应由甲父、甲母按照遗嘱继承

12. 甲遗嘱写明自己的房屋留给儿子乙,汽车留给朋友丙。甲死后,乙、丙在知悉遗嘱内容后都没有任何表示。半年后,为这两样遗产的归属,甲的亲属发生纠纷。下列判断正确的是:(　　)

A. 乙没有表示放弃，视为其接受继承

B. 乙没有表示接受，视为其放弃继承

C. 丙没有表示接受，视为其放弃受遗赠

D. 丙没有表示放弃，视为其接受遗赠

13. 下列关于我国遗嘱制度的判断正确的是：(　　)

A. 遗嘱一经订立，遗嘱人就不能随意更改

B. 后立的自书遗嘱与前立的公证遗嘱内容相互冲突的，以自书遗嘱为准

C. 限制行为能力人可以经其法定监护人同意订立遗嘱

D. 我国的遗嘱继承人仅限于法定继承人范围

14. 小毛幼年丧父，生母再婚后，小毛跟着生母与继父共同生活。最初一家人关系融洽，但在生母与继父生下小妹妹后，因为生活负担加重，继父经常酗酒并痛打生母。在一次争吵被打后，生母服毒自杀。刚过 14 周岁正处于青春期的小毛愤怒之下，将醉酒昏睡的继父杀了。下列判断正确的是：(　　)

A. 继父丧失对小毛生母的继承权

B. 小毛丧失对生母的继承权

C. 小毛丧失对继父的继承权

D. 上述选项均不对

15. 下列人员中，不能订立遗嘱的是：(　　)

A. 在发病期间的精神病人

B. 未成年的在读高中生

C. 肢体残疾、丧失劳动能力的人

D. 聋哑人

16. 依据我国现行继承法，关于遗嘱形式，下列判断错误的是：(　　)

A. 自书遗嘱效力高于口头遗嘱

B. 用视频方式订立的遗嘱无须见证人

C. 没有在每一页上签字的打印遗嘱是代书遗嘱

D. 父亲口述，由其中一个子女记录，所有继承人均在上面签字的遗嘱有效

17. 关于继承权的放弃，下列判断正确的是：(　　)

A. 放弃继承无须征得任何人的同意

B. 继承人放弃继承导致其不能履行法定义务的,放弃无效

C. 放弃继承应在被继承人死亡后作出

D. 放弃继承无须向特定人表示

18. 关于被继承人债务的清偿,下列阐述正确的是:(　　)

A. 继承人接受继承的,对被继承人的债务负全部清偿责任

B. 继承人放弃所有继承权的,对被继承人的债务不负清偿责任

C. 继承人清偿被继承人债务,以所继承遗产范围为限

D. 遗产已分割但债务未清偿的,法定继承人应先于遗嘱继承人以所得遗产清偿

19. 根据《人民调解法》的规定,下列说法正确的是:(　　)

A. 村民委员会、居民委员会应当设立人民调解委员会

B. 村民委员会、居民委员会根据需要设立人民调解委员会

C. 企业事业单位应当设立人民调解委员会

D. 企业事业单位根据需要设立人民调解委员会

20. 人民调解制度是我国的创举,被西方国家誉为法治的"东方经验"。关于人民调解,下列哪些说法是正确的:(　　)

A. 法院应当重视已确认效力的调解协议的执行,防止调解过的纠纷再次涌入法院

B. 由于人民调解委员会的性质是群众性组织,因此人民调解员不属于法治工作队伍

C. 人民调解组织化解纠纷的主要优势是不拘泥于法律规定,不依赖专业法律知识

D. 人民调解制度能够缓解群众日益增长的司法需求与国家司法资源不足之间的矛盾

21. 关于人民调解协议,下列说法错误的是:(　　)

A. 为保证人民调解协议效力的权威性和刚性,不允许达成口头协议,必须形成书面的协议

B. 经人民调解委员会调解达成调解协议后,双方当事人中的任意一方,可以自调解协议生效之日起 15 日内向人民法院申请司法确认

C. 双方当事人可以向调解组织所在地的中级人民法院申请确认人民调解协议

D. 人民法院办理人民调解协议司法确认案件和受理普通民事纠纷一样

收取诉讼费用

22. 人民法院制作的调解书应包括的主要内容有:(　　)

A. 诉讼请求　　B. 案件事实

C. 双方当事人的责任　　D. 调解结果

23. 人民法院审理民事案件,应当根据自愿和合法的原则进行调解。下列观点对此理解正确的是:(　　)

A. 在该原则下,只要调解协议是双方当事人自愿达成的,法院就应当予以确认

B. 由于调解协议是双方当事人自愿达成的,因此调解协议可以超过原告的诉讼请求

C. 法院调解不是法院行使审判权的一种方式,原因恰恰在于调解必须遵循双方当事人自愿的原则

D. 调解的过程原则上不公开,但双方当事人同意公开的则可以公开

24. 达成调解协议后,原则上应当制作调解书。但下列哪些案件人民法院可以不制作调解书:(　　)

A. 调解和好的离婚案件　　B. 调解维持收养关系的案件

C. 能够即时履行的案件　　D. 其他不需要制作调解书的案件

25. 下列哪些案件不适用调解:(　　)

A. 婚姻效力案件　　B. 身份关系确认案件

C. 人身安全保护令申请案件　　D. 离婚案件

26. 按照现行的法律规定,下列哪些选项属于应当先行调解的情形:(　　)

A. 离婚案件

B. 继承案件

C. 对适用简易程序审理的婚姻家庭案件

D. 对适用简易程序审理的继承案件

27. 下列哪些组织可以担任家事纠纷调解主体:(　　)

A. 共青团　　B. 公安机关

C. 婚姻登记机关　　D. 妇联

28. 家事纠纷案件中,当事人达成调解协议后申请司法确认,下列哪些案件法院将裁定不予受理:(　　)

A. 确认婚姻关系无效

B. 确认亲子关系有效

C. 确认收养关系解除

D. 确认抚养权归一方当事人所有

29. 张某与王某因离婚纠纷诉至法院，经调解双方当事人均同意离婚，并达成调解协议，法院据此制作调解书并生效，对此下列说法不正确的是：(　　)

A. 当事人反悔可以申请再审

B. 当事人反悔可以另行起诉

C. 调解书一经作出即具有法律效力

D. 经当事人同意，法院可以采用电子邮件方式送达调解书

（三）简答题

1. 简述我国婚姻家庭编的基本原则。
2. 遭受家庭暴力，可通过什么方式救助？
3. 夫妻之间互负哪些人身义务？
4. 如何理解夫妻双方对共有财产享有平等处理权？
5. 简述夫妻婚内析产制度。
6. 什么情况下可以登记离婚？
7. 简述离婚诉讼中对女方权益的特别保护规定。
8. 什么是意定监护？其立法意义何在？
9. 哪些类型的遗嘱是无效的？
10. 如何引导老年人订立遗嘱？
11. 继父母与继子女之间在何种情况下能相互继承遗产？
12. 我国立法规定的遗产分配途径有哪些？
13. 请简要回答解决家事纠纷主要有哪些途径。
14. 请简要回答家事纠纷调解的价值和比较优势。
15. 请简要回答行政调解的概念及基本类型。
16. 人民调解委员会调解民间纠纷，应当遵循哪些原则？
17. 当事人申请司法确认调解协议，法院裁定不予受理的情形有哪些？
18. 法院调解时需遵守自愿原则，请简要描述这一原则的基本内容。
19. 请简要阐释如何实现法院调解与法院外调解的诉调对接。
20. 请简要描述域外家事纠纷调解模式有哪些类型，以及特点如何。

(四)案例分析题

1. 2010年7月8日,白某和肖某开始同居生活,2012年5月1日两人办理了结婚登记。婚后发现白某不能生育,经夫妻双方协商一致,2016年8月,肖某利用匿名供体的精子采用人工生殖技术受孕成功。2017年年初,在得知自己患上了恶性肿瘤后,白某要求肖某打掉其腹中胎儿,但肖某拒绝。2017年6月,肖某生下一名男婴,取名白某2。2017年8月,白某订立一份自书遗嘱,上面写明:“白某2非我骨肉,其出生也非我所愿,我不认这个孩子。我的遗产全部留给我的父母。”2018年年初,白某病逝,尚欠医院5万元医药费。请结合上述案情,回答下列问题并阐述理由:

(1)白某和肖某的婚姻关系何时成立?

(2)白某欠医院的5万元医药费是否其个人债务?

(3)白某与白某2是否形成法律上的亲子关系?

(4)白某的遗产能否按照遗嘱分配?

2. 蒋某离异,儿子蒋某斌随父共同生活,女儿蒋某兰随母亲生活,双方各自承担抚养子女的费用。2008年蒋某与丧偶的方某登记结婚,方某与前夫所生女儿果果(6岁)与其共同生活。蒋某斌已工作,在外租房居住。蒋某与方某婚后感情融洽,对果果也照顾有加。但自2015年起,蒋某因交友不慎开始沉迷于赌博,不仅不再给方某生活费用,还因方某劝阻其出门赌博多次殴打方某,方某在经过报警、居委会调解等努力均未能改变现状的情况下,向人民法院提起离婚诉讼。请结合上述案情,回答下列问题并简单阐述法律依据:

(1)人民法院能否支持方某的离婚请求?

(2)如方某向蒋某主张离婚损害赔偿,应在何时提起?该主张能否得到支持?

(3)方某主张自己有信用卡欠款3万元,主要用于日常生活开支及果果的教育费用,如无证据方面的争议,则该债务性质如何?

(4)如法院判决准予离婚,果果由方某抚养。在蒋某不同意的情况下,方某能否要求法院判决蒋某继续承担果果的抚养费用?

3. 王老先生和前妻杜阿婆早年收养了一女,取名王甲芬,后来双方又生育了女儿王乙芬和儿子王丙璋。王甲芬当年不顾养父母的反对远嫁外地,之后很少与养父母联系。2010 年 4 月,杜阿婆去世,没有遗嘱。2010 年 5 月,王乙芬与丈夫成甲将王老先生接来共同生活。2017 年 3 月 5 日,自感身体每况愈下的王老先生亲笔书写遗嘱,主要内容两点:第一,其百年后,名下的房子和存款都给王乙芬,以感谢其多年的照顾;第二,其 3 年前收藏的 2 幅名家字画,在其百年后留给王丙璋作纪念。遗嘱最后有王老先生的签名和订立的年、月、日。当时在场的王乙芬和王丙璋也在这份遗嘱的下面签上了各自的姓名。王丙璋当时还写下保证书承诺:因本人在外地工作生活,年迈父亲全靠王乙芬照顾。父亲百年后,除了父亲指明给自己的 2 幅字画,别的财产全都放弃。2017 年 8 月,王乙芬病逝。之后成甲仍与王老先生共同生活,承担了王老先生的日常生活照料。2018 年 10 月,成甲再婚,王老先生搬回自己老屋,并雇保姆照顾自己。成甲隔三岔五上门探望,每次王老先生身体不适,都由成甲陪同就医。2021 年 9 月,王老先生去世,其后代在分割遗产时发生纠纷。请根据案情回答下列问题:

(1)王乙芬与成甲生育的女儿成乙提出,外公在遗嘱中明确表示,其名下的房子和存款给自己母亲,自己有权代位母亲继承房子。但王甲芬和王丙璋指出,登记在父亲名下的房子和部分存款系父母共有财产,父亲无权在遗嘱中处分,遗嘱的相应部分无效,父母共有的房子和存款应按照法定继承处理。问:应支持哪方主张?

(2)成甲提出,老岳父生前主要由自己赡养照顾,自己有权分得其遗产。但王甲芬和王丙璋认为,父亲自己有丰厚的养老金,生活费、医疗费、保姆工资都是自己支付,成甲只是代其病逝的妻子尽孝而已,由成乙代位继承,足以补偿成甲;并且,父亲后来主要由保姆照顾,成甲再婚后,与父亲的翁婿关系就已终止,无权取得父亲遗产。问:成甲的主张能否得到支持?

(3)王甲芬、成甲和成乙提出,王丙璋当年已承诺,除了 2 幅名家字画,别的财产全都放弃,所以,他不能继承王老先生和杜阿婆的其他遗产。而王丙璋提出,当时父亲尚在,所以,自己的放弃声明是无效的;自己不仅可以遗嘱继承,也有权法定继承父母的遗产。另外,父亲生前将其中一幅名家字画送去拍卖,得了 500 万元,后将 500 万元存入银行。这个 500 万元的存款和另一幅名家字画应按照遗嘱归自己。问:王丙璋的主张能否得到支持?

(4)王甲芬提出,自己作为养女,也有继承养父母遗产的权利。但王丙璋、成甲、成乙认为,王甲芬婚后几乎不与父母来往,在父母年迈生病期间也只是打几个电话问候,没有探望照顾,已构成遗弃,无权继承遗产。问:应该支持哪一方的主张?

4. 钱甲与妻子育有一女钱乙。3 年前,钱乙与前夫乐某离婚,按照离婚协议,7 岁的女儿乐小某跟母亲生活。去年夏天,钱乙带着女儿陪父母出游。在旅游中途,他们乘坐的游船突遇风暴倾覆,祖孙 4 人不幸遇难,无法确定 4 人的死亡先后。经查明,钱甲夫妇双方的父母均已去世,但双方均有各自的兄弟姐妹。钱乙在离婚后为自己买过一份人寿保险,指定女儿乐小某为受益人。在后事处理过程中,乐某和钱乙的叔伯姑舅姨们就相关财产的处理发生争议。请结合案情回答下列问题:

(1)祖孙 4 人的死亡顺序应如何确定?

(2)因钱乙意外死亡,保险公司按约支付了保险金。这笔保险金最终应该由谁取得?

(3)事故发生后,旅行社支付了死亡赔偿金。死亡赔偿金最终应该由谁取得?

5. 甲男与乙女于 2003 年经人介绍认识,后于 2004 年 10 月 1 日登记结婚。2005 年年底育有一子,2007 年年底育有一女。在婚姻存续期间甲男经常对乙女实施家暴,乙女不堪忍受于 2018 年想要解除与甲男的婚姻关系。

关于本案请回答下列问题:

(1)本纠纷经过双方当事人同意,可否由人民调解组织现行调解?如果达不成调解协议可否向人民法院起诉?人民调解组织调解后双方当事人同意离婚,子女一人一个,财产平均分割,如果达成调解后甲男拒不履行调解协议的内容,乙女是否可以向法院申请强制执行?

(2)乙女向人民法院提起诉讼,人民法院受理后觉得甲男的行为非常恶劣遂决定直接进行开庭审理,未适用调解,审理中甲男主动请求法院调解,法院才同意进行调解。在调解过程中甲男不愿意承认错误,审理案件的法院决定暂停审理活动，作出了延期审理的决定，并告知甲男什么时候想清楚庭审什么时候继续，请问法院的做法是否正确？

(3)如果法院调解和好，本案是否需要制作调解书？

三、参考答案

(一)单项选择题

1. **参考答案：**C

解析：本题知识点为重婚的构成。依据现行法，重婚有两种情形，有配偶者与他人登记结婚或有配偶者与他人以夫妻名义公开同居生活。A、B、D阐述正确。婚姻法上当事人主观状态不影响重婚关系的构成，即使乙不知道甲已婚，其与甲的婚姻关系也属于重婚关系。故选项C错误。

2. **参考答案：**D

解析：本题知识点为彩礼的性质和返还规则。我国现行法对彩礼并未作禁止性规定，而采取了依据习俗的做法。A、B、C陈述正确。如因给付彩礼造成给付方生活困难的，离婚时仍可以要求酌情返还彩礼。故选项D错误。

3. **参考答案：**A

解析：本题知识点是夫妻生育纠纷的处置规则。《民法典婚姻家庭编解释(一)》第23条明确了两点：一是妻子擅自终止妊娠不构成对丈夫的侵权；二是因生育问题不能协商一致的，可以作为认定感情破裂的法定事由。而是否生育是女性人身自由权的内容。故B、C、D错误，选项A正确。

4. **参考答案：**B

解析：本题知识点是收养的效力。收养关系成立，产生拟制和解消两方面的效力。养子女和养父母及近亲属之间产生父母子女及近亲属的权利义务；养子女与生父母及近亲属之间的权利义务消灭。王易生母与王易之间的母子关系、王易生父的父母与王易之间的祖孙关系，均因送养而消灭。苏某夫妻的父母和王易之间产生养祖孙身份关系，且该亲属身份不因养父母的死亡而消灭，所以对未成年的王易负有法定扶养义务。民政部门代表国家，承担的是托底责任，在存在负有法定扶养义务的近亲属的情况下，国家不承担责任。故选项B正确，其他均错误。

5. **参考答案:**A

解析:本题知识点涉及家庭暴力的后果及离婚事由。家庭暴力可作为判决离婚及离婚损害赔偿的法定事由,B、C 选项正确。当事人的过错不构成协议解除婚姻关系的障碍,D 选项正确。一方不能生育的,不属于离婚的法定事由,A 选项错误。

6. **参考答案:**C

解析:本题知识点是结婚的实质要件。配偶一方死亡,夫妻关系即消灭;登记离婚的,取得离婚证,婚姻关系消灭;同时在离婚冷静期制度下,应注意区分申请离婚登记与完成离婚登记。选项 A 中当事人可以结婚。婚姻当事人应当达到法定婚龄,但双方年龄差距如何不影响婚姻的缔结;而父母的同意也不是婚姻成立的要件。故选项 B 中的当事人可以结婚。我国禁止三代以内旁系血亲结婚,选项 D 中的当事人为四代的旁系血亲,可以结婚。判决离婚的,应自判决生效之日起解除婚姻关系。选项 C 中的当事人在拿到判决书之次日要求结婚,此时离婚判决尚未生效,不能结婚。

7. **参考答案:**C

解析:本题知识点是探望权的中止。人身不能成为执行标的,不能采取强制带离未成年人的方式执行探望权。《民法典》第 1086 条明确规定,探望权的中止应由法院依法判决,直接抚养方不能擅自中止。探望权的行使应遵循子女最大利益、征求孩子意愿,但并不意味着孩子有权中止探望权。故选项 A、B、D 错误,选项 C 正确。

8. **参考答案:**C

解析:本案知识点是夫妻债务的认定。依据《民法典》第 1064 条的规定,选项 A 为夫妻合意举债,选项 B 为因家庭日常生活需要所负债务,选项 D 为共同经营所负债务,此三项均属于夫妻共同债务。一方为资助与对方没有法定扶养关系的亲朋好友而举债的,除非对方事先同意或事后追认,否则即属于夫妻个人债务。故选项 C 不属于夫妻共同债务。

9. **参考答案:**B

解析:本题知识点是法定夫妻财产性质的认定。依据《民法典》第 1062 条和第 1063 条的规定,婚姻关系存续期间,一方因继承所得财产(除被继承人特别指明属于一方之外)、一方获得的奖金、一方生产经营所得之收益,均属于夫妻共同财产;而个人专用的生活用品则属于夫妻个人财产。手机依性质应属于个人专用生活用品,为个人财产。选项 B 正确。

10. **参考答案**:B

解析:本题知识点是离婚后子女抚养费承担规则。其中A、C、D关于抚养费规则的阐述符合《民法典》第1067条、第1085条的规定。抚养费的承担与子女姓氏变更、探望权的行使均无关联,当事人不能以对方擅自变更子女姓氏或拒绝自己探望子女为由拒付抚养费。故选项B对抚养费规则的陈述错误。

11. **参考答案**:A

解析:本题知识点是收养的形式和送养的条件。依据《民法典》第1105条,收养关系的成立需到民政部门办理收养登记。第1097条规定生父母送养子女,应当双方共同送养。生父母一方不明或者查找不到的可以单方送养。因此,选项A正确。

12. **参考答案**:A

解析:本题知识点是离婚财产分割协议的效力。根据《民法典婚姻家庭编解释(一)》第70条的规定,夫妻双方协议离婚后就财产分割问题反悔,请求撤销财产分割协议的,人民法院应当受理。人民法院审理后,未发现订立财产分割协议时存在欺诈、胁迫等情形的,应当依法驳回当事人的诉讼请求。因离婚财产分割协议往往受身份变动、子女抚养、离婚补偿及赔偿等因素的影响,所以一般情况下,不能因财产分割对一方明显有利而认定为显失公平。但离婚财产分割协议并不具备强制执行效力。故选项A表述错误。

13. **参考答案**:C

解析:本题知识点为未达法定婚姻的无效婚姻处理规则。我国无效婚姻采宣告无效制度;宣告无效的申请人不仅有当事人,还包括未达法定婚龄一方的近亲属。选项A、B错误。宣告婚姻无效必须无效原因还存在,故选项C正确。

14. **参考答案**:D

解析:本题知识点为亲子关系的异议之诉。依据《民法典》第1073条,父或者母可以请求确认或者否认亲子关系,成年子女只能请求确认亲子关系。故选项D表述错误。

15. **参考答案**:A

解析:本题知识点为收养人应具备的条件。依据《民法典》第1098条的规定,收养人应无不利于被收养人健康成长的违法犯罪记录,且未患有医学上认为不应当收养子女的疾病。故选项B、C表述正确。依据第1099条、第1102条规定,无配偶者收养异性子女的,收养人与被收养人的年龄应当相差40周岁以上,但收养三代以内旁系同辈血亲的子女不受该款规定限制。选项D表述正确。收养子女无须征得父母同意,选项A错误。

16. **参考答案**:B

解析:选项B正确。《民法典继承编解释(一)》第3条规定,被继承人生前与他人订有遗赠扶养协议,同时又立有遗嘱的,继承开始后,如果遗赠扶养协议与遗嘱没有抵触,遗产分别按协议和遗嘱处理;如果有抵触,按协议处理,与协议抵触的遗嘱全部或部分无效。所以遗赠扶养协议应该优先于遗嘱适用。

17. **参考答案**:C

解析:选项A、B、D错误,它们都错误地肯定了被他人收养的孩子对生父母的权利义务仍存在。《民法典》第1111条第2款规定,养子女与生父母及其他近亲属间的权利义务关系,因收养关系的成立而消除。故被他人收养的孩子不能继承其生父母的遗产。根据《民法典》第1160条的规定,无人继承又无人受遗赠的遗产,死者生前是集体所有制组织成员的,归所在集体所有制组织所有。

18. **参考答案**:B

解析:选项A错误,继承人张少因吸毒而被强制戒毒,并不属于《民法典》第1125条规定的丧失继承权的情形,张大爷也没有用遗嘱的形式明确取消张少的继承份额。故张少对张大爷仍有继承权。选项C错误,《民法典》第1131条规定,对继承人以外的依靠被继承人扶养的人,或者继承人以外的对被继承人扶养较多的人,可以分给他们适当的遗产。可见,分给适当遗产仅针对上述继承人以外的两种人而言,对继承人不能适用。选项D错误,虽然《民法典》第1142条只对以民事法律行为的方式撤回、变更遗嘱进行了规定,但并不排除遗嘱人以销毁遗嘱的方式撤回遗嘱。故张少只能依据法定继承分得遗产。

19. **参考答案**:D

解析:选项A错误,甲父、甲母、乙女、丙都是甲的第一顺序法定继承人。《民法典婚姻家庭编解释(一)》第40条规定:只要人工授精生育子女是经夫妻双方一致同意的,则因此出生的孩子无论与夫妻双方或一方有无血缘关系,法律上都是这对夫妻的婚生子女。因此,甲不能因丙与自己没有遗传关系而否定丙对其遗产的继承权利。选项B错误,《民法典》第1141条规定,遗嘱应当为缺乏劳动能力又没有生活来源的继承人保留必要的遗产份额。甲作为丙法律上的父亲,是孩子的主要抚养义务人,其死亡意味着孩子失去了一个重要的生活来源,单亲抚养通常很难为孩子的成长提供足够的保障。因此,不应该允许甲用遗嘱取消丙的必要遗产份额。选项C错误,遗嘱取消了"双无"继承人的遗产份额的,并不导致整个遗嘱无效。《民法典继承编解释(一)》第25条规定,遗嘱人未保留缺乏劳动能力又没有生活来源的继承人的遗产份额,遗产处理时,应当为该继承人留下必要的遗产,所剩余的部分,才可参照遗嘱确定的分配原则处理。

20. **参考答案:**D

解析:选项A错误,《人民调解法》第7条规定,人民调解委员会是依法设立的调解民间纠纷的群众性组织。选项B错误,《人民调解法》第17条规定,当事人可以向人民调解委员会申请调解;人民调解委员会也可以主动调解。当事人一方明确拒绝调解的,不得调解。选项C错误,《人民调解法》第4条规定,人民调解委员会调解民间纠纷,不收取任何费用。选项D正确。《人民调解法》第31条规定,经人民调解委员会调解达成的调解协议,具有法律约束力,当事人应当按照约定履行。

21. **参考答案:**D

解析:选项D错误。根据《人民调解法》第3条可知,人民调解委员会调解民间纠纷,应当……尊重当事人的权利,不得因调解而阻止当事人依法通过仲裁、行政、司法等途径维护自己的权利。《人民调解法》第26条规定,人民调解员调解纠纷,调解不成的,应当终止调解,并依据有关法律、法规的规定,告知当事人可以依法通过仲裁、行政、司法等途径维护自己的权利。因此小丙阻止小甲向人民法院提起诉讼的行为是不符合法条规定的。

22. **参考答案:**B

解析:选项B正确。人民调解协议不具有既判力,因为达成协议后对方不履行的,当事人可以以对方为被告,就调解协议提起诉讼。而确认裁定书具有既判力。

23. **参考答案:**B

解析:选项B正确。《民诉法司法解释》第61条规定:"当事人之间的纠纷经人民调解委员会调解达成协议后,一方当事人不履行调解协议,另一方当事人向人民法院提起诉讼的,应以对方当事人为被告。”所以选项 B 说法正确,选项 A、C、D 说法错误。

24. **参考答案:**C

解析:选项 C 正确。确认调解协议效力案件由人民调解委员会所在地基层人民法院管辖,所以选项 A 错误。调解协议涉及身份关系的无效、有效、解除等,法院不予受理,所以选项 B 错误。调解协议涉及物权的确权,法院不予受理,所以选项 C 正确,选项 D 错误。

25. **参考答案:**D。

解析:根据《民事诉讼法》第 122 条,当事人起诉到人民法院的民事纠纷,适宜调解的,先行调解,但当事人拒绝调解的除外,故选项 A 错误。根据《民事诉讼法》第 133 条,人民法院对受理的案件,分别情形,予以处理:……(2)开庭前可以调解的,采取调解方式及时解决纠纷;……故选项 B 错误。一审、二审、再审程序可以调解,执行程序、特别程序、督促程序、公示催告程序不适用调解。简言之,即诉讼程序可以调解,其他程序不能调解,故选项 C 错误,选项 D 正确。

26. **参考答案:**D。

解析:调解达成协议,人民法院应当制作调解书。调解书经双方当事人签收后,即具有法律效力。

27. **参考答案:**B。

解析:根据《民诉法司法解释》第 145 条,人民法院审理民事案件,应当根据自愿、合法的原则进行调解。当事人一方或者双方坚持不愿调解的,应当及时裁判。人民法院审理离婚案件,应当进行调解,但不应久调不决。故选项 A、D 正确。根据《民诉法司法解释》第 143 条,适用特别程序、督促程序、公示催告程序的案件,婚姻等身份关系确认案件以及其他根据案件性质不能进行调解的案件,不得调解。身份关系确认案件不适用调解,故选项 B 错误。小额诉讼程序符合适用简易程序审理的标的额较小的纠纷,应当先行调解,故选项 C 正确。

28. **参考答案:**D。

解析:根据最高人民法院《关于人民法院民事调解工作若干问题的规定》第 14 条,当事人不能对诉讼费用如何承担达成协议的,不影响调解协议的效力。人民法院可以直接决定当事人承担诉讼费用的比例,并将决定记入调解书,故选项 A、B、C 均错,选项 D 正确。

29. **参考答案**:D。

解析:根据《民诉法司法解释》第150条,人民法院调解民事案件,需由无独立请求权的第三人承担责任的,应当经其同意。该第三人在调解书送达前反悔的,人民法院应当及时裁判。即调解书是否需要经过无独立请求权第三人签收一定要注意不同情形,如果无独立请求权第三人承担责任,调解书经其签收才生效;如果无独立请求权第三人不承担责任,调解书无须其签收。

30. **参考答案**:C

解析:根据调解主体的划分只包括选项A、B、D三种基本类型。而强制调解对应的是是否遵循自愿的原则,将其划分为自愿调解及强制调解。

31. **参考答案**:B

解析:1949年至1989年为“鼎盛繁荣”期;1990年至2003年“逐步萎缩”期;2004年至2014年“二次复兴”期。

32. **参考答案**:D

解析:选项A错误,《人民调解法》第23条规定,当事人在人民调解活动中享有要求调解公开进行或者不公开进行的权利。最高人民法院《关于进一步深化家事审判方式和工作机制改革的意见(试行)》第12条规定,家事案件的调解过程不公开,但当事人均同意公开的除外。选项B错误,最高人民法院《关于进一步深化家事审判方式和工作机制改革的意见(试行)》第11条规定,离婚案件的调解,双方当事人应亲自到场。选项C错误,最高人民法院《关于进一步深化家事审判方式和工作机制改革的意见(试行)》第13条规定,委托调解过程中,特邀调解员认为有事实问题需要进行调查的,可以向人民法院提出申请。人民法院根据案情需要,决定是否委托家事调查员进行调查。选项D正确,根据《民法典》婚姻家庭编第1079条第2款的规定,人民法院审理离婚案件,应当进行调解。

33. **参考答案**:C

解析:选项A正确,《人民调解法》第19条规定,人民调解委员会根据调解纠纷的需要,可以指定一名或者数名人民调解员进行调解,也可以由当事人选择一名或者数名人民调解员进行调解。选项B正确,《人民调解法》第17条规定,当事人可以向人民调解委员会申请调解;人民调解委员会也可以主动调解。当事人一方明确拒绝调解的,不得调解。选项C错误,《人民调解法》第33条规定,人民法院依法确认调解协议有效,一方当事人拒绝履行或者未全部履行的,对方当事人可以向人民法院申请强制执行。选项D正确,《人民调解法》第33条规定,人民法院依法确认调解协议无效的,当事人可以通过人民调解方式变更原调解协议或者达成新的调解协议,也可以向人民法院提起诉讼。

34. **参考答案:**B

解析:选项A错误,最高人民法院《关于人民法院特邀调解的规定》第27条规定,人民法院委派调解的案件,调解期限为30日。但是双方当事人同意延长调解期限的,不受此限。人民法院委托调解的案件,适用普通程序的调解期限为15日,适用简易程序的调解期限为7日。但是双方当事人同意延长调解期限的,不受此限。延长的调解期限不计入审理期限。

选项B正确,最高人民法院《关于人民法院特邀调解的规定》第17条规定,特邀调解员应当根据案件具体情况采用适当的方法进行调解,可以提出解决争议的方案建议。特邀调解员为促成当事人达成调解协议,可以邀请对达成调解协议有帮助的人员参与调解。

选项C错误,最高人民法院《关于人民法院特邀调解的规定》第16条规定,特邀调解员不得在后续的诉讼程序中担任该案的人民陪审员、诉讼代理人、证人、鉴定人以及翻译人员等。

选项D错误,最高人民法院《关于人民法院特邀调解的规定》第11条规定,对适宜调解的纠纷,登记立案前,人民法院可以经当事人同意委派给特邀调解组织或者特邀调解员进行调解;登记立案后或者在审理过程中,可以委托给特邀调解组织或者特邀调解员进行调解。

35. **参考答案:**B

解析:选项A正确,《民事诉讼法》第98条规定,调解和好的离婚案件,人民法院可以不制作调解书。

选项B错误,《人民调解法》第28条规定,经人民调解委员会调解达成调解协议的,可以制作调解协议书。当事人认为无须制作调解协议书的,可以采取口头协议方式,人民调解员应当记录协议内容。

选项C正确,《人民调解法》第33条规定,经人民调解委员会调解达成调解协议后,双方当事人认为有必要的,可以自调解协议生效之日起30日内共同向人民法院申请司法确认,人民法院应当及时对调解协议进行审查,依法确认调解协议的效力。人民法院依法确认调解协议有效,一方当事人拒绝履行或者未全部履行的,对方当事人可以向人民法院申请强制执行。

选项D正确,《人民调解法》第31条规定,人民调解委员会应当对调解协议的履行情况进行监督,督促当事人履行约定的义务。

36. **参考答案**:C

解析:选项A正确,《民诉法司法解释》第355条规定,当事人申请司法确认调解协议,可以采用书面形式或者口头形式。当事人口头申请的,人民法院应当记入笔录,并由当事人签名、捺印或者盖章。

选项B正确,《民诉法司法解释》第353条规定,申请司法确认调解协议的,双方当事人应当本人或者由符合《民事诉讼法》第58条规定的代理人向调解组织所在地基层人民法院或者人民法庭提出申请。

选项C错误。《民事诉讼法》第149条规定,申请司法确认调解协议,由双方当事人依照人民调解法等法律,自调解协议生效之日起30日内,共同向调解组织所在地基层人民法院提出。

选项D正确,最高人民法院《关于人民法院特邀调解的规定》第19条规定,委派调解达成的调解协议,当事人可以依照民事诉讼法、人民调解法等法律申请司法确认。当事人申请司法确认的,由调解组织所在地或者委派调解的基层人民法院管辖。

(二)多项选择题

1. **参考答案**:BC

解析:本题知识点是军婚特别保护的理解。《民法典》第1081条规定,现役军人的配偶要求离婚,应当征得军人同意,但是军人一方有重大过错的除外。如夫妻双方均为现役军人,则不适用这一规定,故选项A正确。非军人方起诉离婚的,人民法院应予受理;军人一方有重大过错的,即使其不同意离婚,也可以判决离婚,故选项D正确。

2. **参考答案**:ABC

解析:本题知识点为离婚后的亲子关系。依据《民法典》第1084条,离婚后父母双方对未成年子女的监护权不变,采共同监护原则;离婚不消灭亲子之间的扶养关系;2周岁以下的子女原则上由母亲抚养,但特殊情况下也可由父亲抚养,故只有选项D正确。

3. **参考答案**:ABD

解析:本题知识点为近亲属之间的扶养义务。依据《民法典》相关规定,兄姐只在特殊情形下对未成年的弟妹负有扶养义务;侄子女对叔伯不负扶养义务;被送养后,养子女与生父母之间的扶养义务消灭;继父母与受其抚养教育的继子女之间,产生父母子女之间的权利义务。故只有继子有赡养义务,其他人均不负有赡养义务。

4. **参考答案:**CD

解析:本题知识点为约定夫妻财产制。依据《民法典》第1065条,约定夫妻财产制应当采书面形式,对夫妻双方具有拘束力,但债权人不知道的,不能对抗债权人。对婚前、婚后财产均可以约定。无约定的情况下,适用法定财产制。

5. **参考答案:**ABD

解析:本题知识点为夫妻共有财产中知识产权收益的认定。"婚姻关系存续期间一方取得的知识产权的收益"属于夫妻共有,包括"已经取得或确定可以取得"的收益。其中选项A、B属于已经取得的收益,选项D属于确定可以取得的收益,选项C尚无收益。

6. **参考答案:**CD

解析:本题知识点为婚姻的无效和可撤销。《民法典》第1048条不再将患有医学上认为不应当结婚的疾病作为禁止结婚的情形,当事人缔结的婚姻不再为无效婚姻。与之相对,第1053条规定一方婚前故意隐瞒重大疾病的婚姻可撤销,故选项A错误,选项C正确。第1052条规定胁迫婚姻撤销请求权的除斥期间为胁迫行为终止之日起的一年内,故选项B错误。第1054条明确了婚姻无效或撤销时,无过错方的损害赔偿请求权,故选项D正确。

7. **参考答案:**AD

解析:本题知识点为遗嘱指定监护。依据《民法典》第29条的规定,指定人限于父母,但被指定人并不限于未成年子女,成年子女需要监护的,父母也可以指定。指定监护人不限于具有监护资格的人,可以是任何人,只要具有监护能力即可。

8. **参考答案:**ABC

解析:本题知识点为监护人的职责。依据《民法典》第34条的规定,监护人对被监护人的人身承担照护、保护、监督等职责;对被监护人的财产承担管理职责。虽然多数监护人同时也是扶养义务人,但监护职责本身并不包括扶养义务。

9. **参考答案:**ABD

解析:选项C错误。既然主张系甲的生前个人债务,只能根据《民法典》

第 1161 条的规定,要求继承人在遗产实际价值范围内清偿,故选项 D 是正确的。选项 A、B 也正确。《民法典》第 1064 条规定,夫妻一方在婚姻关系存续期间以个人名义为家庭日常生活需要所负的债务,属于夫妻共同债务。为夫妻一方看病治疗的费用属于"为家庭日常生活需要所负的债务",是夫妻共同债务,甲的配偶应负担连带清偿责任。《民法典》第 1059 条规定,需要扶养的夫妻一方,在另一方不履行扶养义务时,有要求其给付扶养费的权利。《民法典》第 1067 条规定,成年子女不履行赡养义务的,缺乏劳动能力或者生活困难的父母,有要求成年子女给付赡养费的权利。根据上述规定,结合本案案情,基本可以肯定生病住院的甲是需要扶养的人,因此其配偶和成年子女对其是有扶养义务的,应该承担其医疗费用,欠缴的医疗费用可以认定为扶养义务人的债务。

10. **参考答案:**CD

解析:选项 A 错误,著作权包含作者署名权、发表权、修改权等人身权利,不能笼统地作为遗产。选项 B 错误,我国《公司法》第 75 条规定:"自然人股东死亡后,其合法继承人可以继承股东资格;但是,公司章程另有规定的除外。"可见,如果公司章程另有规定的,证明其他股东不同意接受死亡股东的继承人成为新的股东,此种情况下,继承人就不能继承股东资格,但股东死亡后,其基于股东资格在公司享有的财产权益属于遗产,可以继承。

11. **参考答案:**BD

解析:选项 A 错误,《民法典》第 16 条肯定了胎儿具有继承遗产的民事权利能力,但同时指出,胎儿娩出时为死体的,即胎死腹中的,其民事权利能力自始不存在。所以,给胎儿的那一份遗产仍然是甲的遗产。选项 B 正确,死婴是指出生时有生命、出生之后才死亡的婴儿。《民法典》第 13 条规定,自然人从出生时起即具有民事权利能力,依法享有民事权利。故胎儿活着出生之后死亡,则给胎儿的一份就变成死婴的遗产,应由死婴的第一顺序继承人(本案即其母亲)继承。选项 C 错误,甲在遗嘱中指定:若胎儿流产,则给胎儿的那一份也给自己的父母。这种指定叫替补继承的指定,即一旦原来指定的遗产取得人因故不能取得遗产,则该部分遗产就由指定的候补人取得。虽然我国现行立法上无相关的明文规定,但甲在遗嘱中的这一指定并不违反法律规定或公序良俗,也符合遗嘱自由的原则,实务中一般认可这样的遗嘱处分。所以,胎儿流产后,原先指定给胎儿的那一份甲的遗产应按照遗嘱由甲父、甲母取得,而不是按照法定继承由所有甲的第一顺序继承人继承。

12. **参考答案**:AC

解析:选项B、D错误。《民法典》第1124条规定,继承开始后,继承人放弃继承的,应当在遗产处理前,作出放弃继承的表示。没有表示的,视为接受继承。受遗赠人应当在知道受遗赠后60日内,作出接受或者放弃受遗赠的表示,到期没有表示的,视为放弃受遗赠。

13. **参考答案**:BD

解析:选项A错误,《民法典》第1142条规定,遗嘱人可以撤回、变更自己所立的遗嘱。遗嘱是遗嘱人死后才生效的行为,遗嘱人订立遗嘱不受任何其他人的意志的约束,也无须告知他人。因此,遗嘱人在生前并不受自己订立的遗嘱的约束,可以根据自己的意愿部分变更甚至整个撤回自己的遗嘱。选项B正确,《民法典》取消了公证遗嘱在效力上的优先地位,确立了"以最后所立的遗嘱为准"的原则,对公证遗嘱的撤回、变更不再要求以订立新的公证遗嘱的方式进行,在公证遗嘱之后订立的遗嘱,无论采用何种形式,只要符合法定的有效条件,都可以发生撤回或变更公证遗嘱的效力。选项C错误,《民法典继承编解释(一)》第28条规定,遗嘱人立遗嘱时必须具有完全民事行为能力。遗嘱是对自己身后财产归属的安排,对遗嘱人意义重大,必须亲自订立。欠缺行为能力的人的法定监护人既不能代理订立遗嘱,也不能辅助被监护人订立遗嘱。

14. **参考答案**:AC

解析:选项A正确,继父经常酗酒并痛打妻子,导致妻子最后自杀,构成情节严重的虐待被继承人行为。选项B错误,本案中,小毛并非出于争夺遗产的动机杀害继父,不属于《民法典》第1125条规定的继承人为争夺遗产而杀害其他继承人的情形,不丧失对生母的继承权。选项C正确,小毛与继父在共同生活过程中已经形成了扶养关系,小毛是继父的继承人;现小毛故意杀死继父,丧失对继父的继承权。

15. **参考答案**:AB

解析:选项C、D错误。《民法典》第1143条第1款规定,无民事行为能力人或者限制民事行为能力人所立的遗嘱无效。《民法典》第18条规定,成年人为完全民事行为能力人,可以独立实施民事法律行为。16周岁以上的未成年人,以自己的劳动收入为主要生活来源的,视为完全民事行为能力人。第21条规定,不能辨认自己行为的成年人为无民事行为能力人;第22

条规定,不能完全辨认自己行为的成年人为限制民事行为能力人。在发病期间的精神病人和没有参加劳动的18岁以下未成年人是无民事行为能力人或者限制民事行为能力人,不能订立遗嘱,也不能由他们的法定监护人代理订立遗嘱。但肢体残疾、丧失劳动能力的人和聋哑人,只要是精神、智力正常的成年人,仍然有订立遗嘱的行为能力。

16. **参考答案**:ABCD

解析:选项A错误,根据《民法典》的规定,依法订立的各种形式的遗嘱都具有平等的效力,如果数份遗嘱在内容上有冲突的,以最后所立的遗嘱为准。选项B错误,用视频方式订立的遗嘱属于录音录像遗嘱,必须有两个以上的见证人在场见证。选项C错误,打印遗嘱与代书遗嘱是两种不同的遗嘱形式,虽然两种遗嘱都要求有两个以上见证人在场见证,但因为打印遗嘱容易被伪造、篡改,所以法律对打印遗嘱的形式要求更严,代书遗嘱只要求遗嘱人、代书人、其他见证人在遗嘱的最后签名并注明年、月、日,而打印遗嘱则要求遗嘱人、见证人在遗嘱的每一页签名并注明年、月、日。选项D错误,《民法典》第1135条规定,代书遗嘱应当有两个以上见证人在场见证,由其中一人代书。可见,代书人也属于见证人之一,应符合《民法典》第1140条规定的见证人资格,被继承人子女和其他继承人都不能担任遗嘱见证人。

17. **参考答案**:ABC

解析:选项D错误,放弃继承事关继承份额的变动和遗产债务的清偿,必须让相关当事人知悉。《民法典》第1124条规定,继承人放弃继承的,应当以书面形式作出放弃继承的表示。《民法典继承编解释(一)》第33条规定,继承人放弃继承应当以书面形式向遗产管理人或者其他继承人表示,用口头方式表示放弃继承,本人承认,或有其他充分证据证明的,也应当认定其有效。《民法典继承编解释(一)》第34条规定,在诉讼中,继承人向人民法院以口头方式表示放弃继承的,要制作笔录,由放弃继承的人签名。可见,继承人放弃继承应该用明示的方式向遗产管理人或者其他继承人或人民法院表示这一意思。

18. **参考答案**:BCD

解析:选项A错误,《民法典》第1161条规定,继承遗产应当清偿被继承人依法应当缴纳的税款和债务,缴纳税款和清偿债务以遗产实际价值为限。超过遗产实际价值部分,继承人自愿偿还的不在此限。所以,接受继承的继承人并非对被继承人的全部债务都负清偿责任,债务超过遗产实际价值的部分,继承人没有清偿责任。

19. **参考答案:**AD

解析:选项A、D正确。《人民调解法》第8条规定,村民委员会、居民委员会设立人民调解委员会。企业事业单位根据需要设立人民调解委员会。

20. **参考答案:**AD

解析:选项A正确,《人民调解法》第33条第1款规定,经人民调解委员会调解达成调解协议后,双方当事人认为有必要的,可以自调解协议生效之日起30日内共同向人民法院申请司法确认,人民法院应当及时对调解协议进行审查,依法确认调解协议的效力。

选项B错误,人民调解员属于法治工作队伍。

选项C错误,人民调解委员会调解民间纠纷,不违背法律、法规和国家政策。

选项D正确,缓解群众日益增长的司法需求与国家司法资源不足之间的矛盾需要完善多元化纠纷解决机制。调解作为纠纷解决机制之一,可以缓解群众日益增长的司法需求与国家司法资源不足之间的矛盾。

21. **参考答案:**ABCD

解析:选项A错误,《人民调解法》第28条规定,经人民调解委员会调解达成调解协议的,可以制作调解协议书。当事人认为无须制作调解协议书的,可以采取口头协议方式,人民调解员应当记录协议内容。

选项B错误,该选项有两处错误。《人民调解法》第33条规定,经人民调解委员会调解达成调解协议后,双方当事人认为有必要的,可以自调解协议生效之日起30日内共同向人民法院申请司法确认。

选项C错误,《关于人民调解协议司法确认程序的若干规定》第2条规定,当事人申请确认调解协议的,由主持调解的人民调解委员会所在地基层人民法院或者它派出的法庭管辖。一律由基层人民法院管辖,不存在中级人民法院管辖的问题。

选项D错误,《关于人民调解协议司法确认程序的若干规定》第11条规定,人民法院办理人民调解协议司法确认案件,不收取费用。此外,确认调解协议效力案件属于特别程序,不是诉讼程序,不收取诉讼费用。

22. **参考答案:**ABD

解析:调解达成协议,人民法院应当制作调解书。调解书应当写明诉讼请求、案件的事实和调解结果。

23. **参考答案**:BD

解析:根据最高人民法院《关于人民法院民事调解工作若干问题的规定》第12条,调解协议具有下列情形之一的,人民法院不予确认:(1)侵害国家利益、社会公共利益的;(2)侵害案外人利益的;(3)违背当事人真实意思的;(4)违反法律、行政法规禁止性规定的。故选项A错误。根据最高人民法院《关于人民法院民事调解工作若干问题的规定》第9条,调解协议内容超出诉讼请求的,人民法院可以准许,故选项B正确。法院调解是人民法院行使审判权的方式,故选项C错误。根据《民诉法司法解释》第146条,人民法院审理民事案件,调解过程不公开,但当事人同意公开的除外,故选项D正确。

24. **参考答案**:ABCD

解析:根据《民事诉讼法》第98条,下列案件调解达成协议,人民法院可以不制作调解书:(1)调解和好的离婚案件;(2)调解维持收养关系的案件;(3)能够即时履行的案件;(4)其他不需要制作调解书的案件。对不需要制作调解书的协议,应当记入笔录,由双方当事人、审判人员、书记员签名或者盖章后,即具有法律效力。故选项A、B、C、D均正确。

25. **参考答案**:ABC

解析:根据《关于进一步深化家事审判方式和工作机制改革的意见(试行)》的规定,婚姻效力、身份关系确认、人身安全保护令申请等是根据案件性质不能进行调解的案件。而离婚案件本身是调解前置的。

26. **参考答案**:ACD

解析:根据《民法典》婚姻家庭编第1079条第2款的规定,离婚案件应当在审理以前先调解。最高人民法院《关于适用简易程序审理民事案件的若干规定》第14条规定,对适用简易程序审理的婚姻家庭案件和继承案件,应当先行调解。而对其他种类的案件并没有强制要求前置调解。

27. **参考答案**:ABCD

解析:选项A、B、C、D正确,最高人民法院《关于人民法院特邀调解的规定》第6条规定,依法成立的人民调解、行政调解、商事调解、行业调解及其他具有调解职能的组织,可以申请加入特邀调解组织名册。品行良好、公道正派、热心调解工作并具有一定沟通协调能力的个人可以申请加入特邀调解员名册。人民法院可以邀请符合条件的调解组织加入特邀调解组织名册，可以邀请人大代表、政协委员、人民陪审员、专家学者、律师、仲裁员、退休法律工作者等符合条件的个人加入特邀调解员名册。

28. **参考答案**：ABC

解析：选项A、B、C正确，选项D错误。《民诉法司法解释》第357条规定，当事人申请司法确认调解协议，有下列情形之一的，人民法院裁定不予受理：(1)不属于人民法院受理范围的；(2)不属于收到申请的人民法院管辖的；(3)申请确认婚姻关系、亲子关系、收养关系等身份关系无效、有效或者解除的；(4)涉及适用其他特别程序、公示催告程序、破产程序审理的；(5)调解协议内容涉及物权、知识产权确权的。人民法院受理申请后，发现有上述不予受理情形的，应当裁定驳回当事人的申请。

29. **参考答案**：ABCD

解析：选项A错误，《民事诉讼法》第202条规定，当事人对已经发生法律效力的解除婚姻关系的判决、调解书，不得申请再审。选项B错误，《民事诉讼法》第142条第5款规定，对判决、裁定、调解书已经发生法律效力的案件，当事人又起诉的，告知原告申请再审，但人民法院准许撤诉的裁定除外。选项C错误，《民事诉讼法》第97条规定，调解书经双方当事人签收后，即具有法律效力。选项D错误，《民事诉讼法》第87条规定，经受送达人同意，人民法院可以采用传真、电子邮件等能够确认其收悉的方式送达诉讼文书，但判决书、裁定书、调解书除外。

(三)简答题

1. **答**：我国婚姻家庭编的基本原则有以下四项，即婚姻自由，一夫一妻，男女平等，保护妇女、未成年人、老年人、残疾人的合法权益。(《民法典》第1041条)

2. **答**：受害人可以向居民委员会、村民委员会提出请求，基层组织应当予以劝阻、调解；对正在发生的家庭暴力，受害人可以向公安机关提出请求，公安机关应予以制止。如加害人的行为构成治安处罚或刑事责任的，应依法予以处置。如加害人尚未达到治安处罚标准的，公安机关可开具告诫书。受害人需要摆脱家庭暴力环境的，可以向民政机构请求提供庇护场所和临时性救助；符合条件的，也可以向人民法院申请人身安全保护令。受害人还可以对方有家庭暴力为由提出离婚，并要求对方承担离婚损害赔偿。

3. **答**：依据我国现行法，夫妻之间享有平等的姓名权；夫妻都有参加工作、学习和社会活动的自由。夫妻之间还应负有扶助义务和家事代理权。

4. **答:**夫妻共有财产是共同共有。无论共有财产的来源如何,夫或妻在处理夫妻共同财产上的权利是平等的。因日常生活需要而处理夫妻共同财产的,任何一方均有权决定。夫或妻非因日常生活需要对夫妻共同财产做重要处理解决,夫妻双方应当平等协商,取得一致意见。他人有理由相信其为夫妻双方共同意思表示的,另一方不得以不同意或不知道为由对抗善意第三人。

5. **答:**夫妻共有财产是夫妻共同生活的基础,故在婚姻关系存续期间,夫妻一方请求分割夫妻共同财产的,人民法院不予支持,即婚内原则上不能诉请析产。但如果出现法律规定的特殊情形,一方申请析产的,可以支持。特殊情形有二:一是夫妻一方有隐藏、转移、变卖、毁损、挥霍夫妻共同财产或者伪造夫妻共同债务等严重损害夫妻共同财产利益行为的;二是一方负有法定扶养义务的人患重大疾病需要医治,另一方不愿意支付相关医疗费用的。(《民法典》第 1066 条)

6. **答:**登记离婚应具有以下条件:(1)夫妻双方自愿离婚。(2)夫妻双方都有完全民事行为能力。一方无行为能力或限制行为能力,只能通过诉讼程序解除婚姻关系。(3)夫妻双方对子女抚养、财产分割等问题达成一致意见,即对离婚后果也协商一致。(4)当事人在我国办理过结婚登记。如当事人是事实婚姻,或在其他国家和地区缔结的婚姻关系,则不能通过登记方式解除。(5)离婚冷静期届满。(6)当事人应亲自到婚姻登记机关办理离婚登记。

7. **答:**依据我国现行法律,离婚过程中,在程序和实体两方面都有针对女方权利保护的特别规定。程序上,女方在怀孕期间、分娩后 1 年内或终止妊娠 6 个月内,男方不得起诉离婚。男方起诉离婚的,人民法院不予受理。女方提出的,或人民法院认为确有必要受理男方请求的除外。实体方面,分割夫妻共有财产,应照顾子女和女方利益。此外,离婚经济帮助和离婚经济补偿两项制度也是女性离婚时可以援用的重要救济方式。

8. **答:**意定监护是指有完全民事行为能力的成年人,可以与其近亲属、其他愿意担任监护人的个人或者组织事先协商,以书面形式确定自己的监护人。协商确定的监护人在该成年人丧失或者部分丧失民事行为能力时,履行监护职责。意定监护作为确定监护人的一种方式,优先于法定监护,更能体现被监护人的个人意愿。尤其是在人口老龄化的当今社会,考虑到老年人的智力、精神状况有一个逐渐衰减的过程,让其在清醒时可以基于自己的意愿选任监护人,对老年人合法权益的保障有着重大意义。

9. **答:**违反遗嘱有效要件的遗嘱是无效的,因此无效遗嘱主要有以下几类:(1)无行为能力人和限制行为能力人所订立的遗嘱。因为立遗嘱人不具备订立遗嘱的行为能力,所以不能产生遗嘱的效力。(2)不是遗嘱人真实意思表示的遗嘱。包括遗嘱人在遭受欺诈或胁迫的情况下所订立的遗嘱、被伪造的遗嘱、被篡改的遗嘱内容等,这些遗嘱在内容上都不能真实反映遗嘱人的意思,所以不能产生遗嘱的效力。(3)违反了法律的禁止性或强制性规定的遗嘱。比如,将他人财产作为自己财产进行处分的遗嘱,或者遗嘱没有为缺乏劳动能力又无生活来源的继承人保留必要的遗产份额,则遗嘱相应部分的内容就无效或者不能完全按照遗嘱人的意思产生效力。(4)订立形式不合法律要求的遗嘱。遗嘱的形式要件也是遗嘱的有效要件之一,不符合法定遗嘱形式要件的遗嘱一般也不会得到保护。

10. **答:**目前,我国民众对遗嘱的认识还存在不少误区,按照遗嘱处理遗产的情况并不多见,许多老人身后财产的归属并不符合他们的真正意愿,也给后代埋下了矛盾的隐患。所以,在老龄化不断加剧的今天,引导老年人订立有效遗嘱非常必要。第一,应引导老年人正确认识遗嘱的性质和作用。许多老年人错误地将遗嘱等同于遗言,认为立遗嘱是不吉利的事,虽然对自己身后的财产去向也有考虑,但却没有通过遗嘱明确地表示这一意思,最终未能行使法律赋予的遗嘱权以实现自己的心愿。所以,帮助老年人破除旧观念,正确认识遗嘱的积极作用十分重要。第二,应帮助老年人提高遗嘱自由的权利意识。要让老年人知晓,立遗嘱处分自己的财产是他本人的一项权利,是不受任何人干涉的,无须征得他人同意,也无须告诉他人。子女或其他人强迫老年人订立遗嘱,或违背老年人意志干涉遗嘱内容,都是违反法律的行为。老年人生前并不受遗嘱的限制,对不合自己心意的遗嘱可以进行修改或撤回。第三,应引导老年人适时订立遗嘱。许多老年人往往拖到重病缠身时或临终前才订立遗嘱,此时容易陷入思维紊乱、表达不清的境地,导致其身故后对遗嘱效力的认定困难。因此,老年人应该趁身体状况良好的时候,经过慎重思考订立遗嘱。第四,应引导老年人选择合适的遗嘱形式并妥善保管好遗嘱。我国《民法典》规定了六种遗嘱形式,并对每种遗嘱形式都有相应要求。老年人究竟采用哪种形式订立遗嘱,应该根据自身的具体情况,以方便适合为宜。尤其要提醒老年人不能让子女或其他继承人代笔记录遗嘱内容,以免因形式瑕疵影响遗嘱效力。遗嘱订立后,要注意做好保管工作,以免遗嘱灭失或被篡改。第五,应劝导老年夫妇尽量不要订立共同遗嘱。现实中,一些老年夫妇会订立共同遗嘱处分共同财产或各自财产,尽管法律上并不禁止订立共同遗嘱,但双方在共同遗嘱中表示的意思是相互牵制的,这对日后一方要求修改或撤回遗嘱都会产生掣肘,容易引起纠纷。因此,最好避免订立共同遗嘱。

11. **答**:传统意义上,继子女是指配偶前婚中生育的子女,但鉴于目前我国非婚生育的现象日益普遍,从有利于儿童的原则出发,有必要扩大解释继子女的外延,将配偶的子女都涵盖进来。现实中,继子女与继父母的关系可以划分为三类:第一类是名分型,停留在直系姻亲阶段,仅有父母子女的名分,但没有父母子女的权利义务,相互之间不能继承。第二类是抚养型,由此上升为拟制血亲的关系。《民法典》第1072条规定,继父母和受其抚养教育的继子女间的权利和义务,适用对父母子女关系的有关规定。实务中,在生父母与继父母结婚后,尚未成年或不能独立生活的继子女与继父母共同生活的,可以从双方共同生活的时间长短、是否实际接受生活上的照顾抚育、家庭身份的融合程度等,综合判断双方的关系是否已上升为拟制血亲的关系,从而确定相互间有无继承权利。需要注意的是,此种情况下,继子女与不共同生活的生父母的权利义务仍然存在,仍然可以继承生父母的遗产。第三类是收养型。《民法典》第1103条规定,继父或者继母经继子女的生父母同意,可以收养继子女。如果继父母收养了继子女的,双方就是养父母子女关系,相互间有继承对方遗产的权利。不过,因为收养要终止继子女与不共同生活的生父或生母的权利义务关系,故很难征得离异的另一方生父或生母的同意,因此,实务中收养型非常罕见。除了上述第二类、第三类继父母继子女相互间发生继承关系外,还有一种原因也可以引发相互间的继承关系,即成年继子女赡养继父母的情形。《民法典》第1127条规定,形成扶养关系的继子女和继父母相互之间有继承对方遗产的权利。通说认为,“扶养”既包括继父母抚养继子女,也包括成年继子女赡养继父母。所以,无论继父母与继子女之间是否形成拟制的父母子女身份关系,只要双方之间形成了扶养关系的,相互之间就可以继承对方遗产。

12. **答**:《民法典》主要规定了五种分配遗产的途径:第一,通过继承(包括法定继承和遗嘱继承),由继承人取得遗产,这是最常见的分配途径。第二,通过遗赠给法定继承人以外的民事主体(可以是个人、社会组织或国家)。第三,按照遗赠扶养协议的约定,将遗产给扶养人。第四,按照法律规定,将适当的遗产分给满足条件的继承人以外的人。《民法典》第 1131 条规定,对继承人以外的依靠被继承人扶养的人,或者继承人以外的对被继承人扶养较多的人,可以分给他们适当的遗产。第五,对无法根据前述几种途径分配出去的遗产,根据死者生前的身份确定其归属:死者生前是某个集体所有制组织成员的,归该集体所有制组织所有;死者生前不是集体所有制组织成员的,无论其是其他何种身份,均归国家所有,用于公益。

13. **答**:第一,和解。和解,是指纠纷当事人双方在纠纷发生以后,自行协商,互谅互让,达成协议解决纠纷。和解是通过纠纷当事人自己直接交涉解决纠纷的纠纷解决机制,和解的过程不需要国家公权力的介入,也不需要依靠第三人主持和劝导。和解这一纠纷解决机制通过充分发挥当事人的自主性,实现纠纷的自主解决。

第二,调解。调解,是指在纠纷当事人以外的第三人的主持下,通过第三人的说服、劝导,促使纠纷当事人双方互谅互让,达成协议解决纠纷。调解由第三人出面主持,居中劝导说和,但最终是否能达成调解协议依旧取决于纠纷双方当事人的意愿。调解是解决家事纠纷最重要的方式。

第三,民事诉讼。民事诉讼是指法院在当事人以及其他诉讼参与人的参加下,审理和解决民事纠纷的纠纷解决机制。民事诉讼是典型的公力救济形式,这种公力救济的最大特点是具有特殊的法律强制性。民事诉讼是解决家事纠纷的最终的方式。

14. **答**:(1)家事调解具有非对抗性:相比于民事诉讼的对抗性,家事调解具有非对抗性。家事调解的非对抗性有利于促进当事人理性面对现实,避免夫妻或亲属间的相互憎恶和紧张对立。

(2)家事调解具有保密性:诉讼具有公开性,而家事调解具有保密性,保密性有利于减少家事事件尤其是离婚事件给当事人以及未成年子女带来的精神压力。

(3)家事调解具有灵活性:家事调解具有灵活性,既有利于家事纠纷的妥当解决,又有利于实现实质正义。相对于诉讼严格的形式性、法定性、程序性而言,调解具有极大的灵活性,它不需要严格依据实体法或程序规定,也不需要遵循严格的证明规则,它所着眼的是家庭纠纷的妥当解决。

(4)家事调解的内容具有开放性:民事诉讼一般仅针对原告的诉讼请求作出判决,而不能解决诉讼请求以外的事项,因此具有一定的封闭性和局限性。家事调解具有开放性，有利于纠纷的彻底解决。家事调解是在当事人平等、自愿的基础上互谅互让解决纠纷，在调解过程中可以一并解决与争议有关的各种问题，从而在整体上具有开放性，能够彻底解决矛盾纠纷，最大限度地保障多方当事人的合法权益。

(5)家事调解具有温和性、治疗性：它不仅具有温和的外观，而且具有温和的实质和内容，它能使当事人自己得出解决纠纷的结论，心平气和地走出纠纷，开始新的生活。

(6)家事调解具有高效性：相对于诉讼而言，家事调解的高效性有利于减少诉讼成本，节约诉讼资源。这里的高效性既包括节约时间，也包括节省费用。

15. **答：**行政调解，是指由我国行政机关主持，通过说服教育的方式，促使民事纠纷或轻微刑事案件当事人自愿达成协议，解决纠纷的一种调解制度，通常称为政府调解。因为行政机关在行使行政管理职能过程中，所遇到的很多纠纷，大多数是可以进行调解的，因此，我国行政机关依法可以调解很多种类的民事纠纷和家事纠纷。

行政机关对家事纠纷的调解可以分为以下几类：一是基层人民政府的调解。多年来，基层人民政府在工作过程中调解了大量民事纠纷、家事纠纷和轻微刑事案件，这本身也是基层人民政府的一项职责。实践中，调解工作主要是由乡镇人民政府和街道办事处的司法助理员负责进行。二是公安机关的调解。公安机关可以对一些诉称家庭暴力的当事人进行批评教育和调解处理。三是婚姻登记机关的调解。根据《民法典》婚姻家庭编第1076条第1款的规定，夫妻双方自愿离婚的，应当签订书面离婚协议，并亲自到婚姻登记机关申请离婚登记。我国的婚姻登记机关可以对前来登记离婚的婚姻双方当事人进行调解。

16. **答：**人民调解委员会调解民间纠纷，应当遵循下列原则：(1)在当事人自愿、平等的基础上进行调解；(2)不违背法律、法规和国家政策；(3)尊重当事人的权利，不得因调解而阻止当事人依法通过仲裁、行政、司法等途径维护自己的权利。

17. **答：**根据《民诉法司法解释》第357条的规定，当事人申请司法确认调解协议，有下列情形之一的，人民法院裁定不予受理：(1)不属于人民法院受理范围的；(2)不属于收到申请的人民法院管辖的；(3)申请确认婚姻关系、亲子关系、收养关系等身份关系无效、有效或者解除的；(4)涉及适用其他特别程序、公示催告程序、破产程序审理的;(5)调解协议内容涉及物权、知识产权确权的。

人民法院受理申请后,发现有上述不予受理情形的,应当裁定驳回当事人的申请。

18. **答:**调解必须遵循自愿性的原则,不得强迫双方当事人接受调解的方式或是调解协议的内容,否则整个调解行为会濒临破产,纠纷不仅不能够得到解决,甚至会激化矛盾,引起更不利的结果。而遵守自愿性原则,主要有两个层面:第一,是否采用调解的方式解决纠纷需要尊重当事人的意愿。化解纠纷的手段有调解、审判,当事人有权进行选择,这也是当事人处分权的表现。第二,从调解的内容上来看必须充分尊重当事人的意愿。家事调解协议的自愿性体现在是否达成及达成何种内容调解协议两方面上,即便调解员提出的调解方案完全正确、合法,也不能强迫当事人接受,任何调解协议的达成,均需得到双方当事人认同,这体现了对当事人民事实体权利的处分权的尊重。调解人员在了解案件事实的基础上可以给出具体的解决建议,但是是否采纳、具体采纳的程度,即实体权利的处分必须遵从当事人的意愿。

19. **答:**(1)确立家事案件的诉前调解程序。家事案件诉前调解是指家事纠纷在进入法院审理之前必须先由法院或法院委托的家事调解员进行家事调解。

(2)设立家事调解中心。家事调解中心的设立能够进一步推动家事多元调解制度走向专业化、规范化,原因在于:第一,家事调解中心有利于吸收专业人士,通过专业的手段处理家事纠纷;第二,家事调解中心有利于统筹各个阶段的家事调解,贯彻落实全程调解;第三,家事调解中心的设立有利于有效整合家事调解资源,推动家事调解的规范化发展。

(3)完善调解协议的司法确认程序,由法院依法确认人民调解等非诉调解组织达成的调解协议以及其他民事协议的法律效力。但调解协议的司法确认在家事纠纷调解上有所限制,人民法院不受理申请确认婚姻关系、亲子关系、收养关系等身份关系无效、有效或者解除的案件。

20. **答:**(1)促进型调解以解决问题为主,通过推动当事人之间调解的理性开展来促进调解协议的达成;

(2)治疗型家事调解密切关注当事人的心理状况,并根据当事人的情绪转换及时调整方案;

(3)结构型调解以当事人双方地位平等为前提,依赖于规则与程序,通过灵活的程序促进当事人双方达成合意;

(4)劳务管理型调解是调解员在双方地位失衡时介入,以保障当事人在地位平等的基础上进行有效协商。

(四)案例分析题

1. (1)**答:**应该是2012年5月1日。婚姻关系自登记之日起成立。

(2)**答:**不应作为个人债务。夫妻一方因患病所欠债务,无论从夫妻共同生活角度,还是从夫妻互负扶养义务角度,都应作为共同债务。

(3)**答:**形成。依据《民法典婚姻家庭编解释(一)》第40条规定,夫妻双方协商一致实施供精人工授精所生育子女,应视为夫妻双方的婚生子女。丈夫不能事后否认或要求解除与子女的亲子关系。

(4)**答:**不能。遗嘱必须给无劳动能力又无生活来源的继承人保留必要的份额。白某将全部遗产以遗嘱方式留给自己的父母,未给未成年的白某2保留必要份额,故遗嘱不能全部生效。应当扣除留给白某2的一定份额后再按照遗嘱分配。

2. (1)**答:**应该支持。蒋某有赌博恶习,且有家庭暴力,符合认定夫妻感情破裂的法定事由,如调解无效,应判决准予离婚。

(2)**答:**应当在离婚诉讼中一并提起离婚损害赔偿。该损害赔偿请求应得到支持。

依据《民法典婚姻家庭编解释(一)》第88条规定,无过错的配偶提出离婚的,应当在离婚诉讼中提起损害赔偿。离婚损害赔偿请求权的构成要件是:请求权人无过错、存在法定损害赔偿事由(重婚、同居、家庭暴力、虐待和遗弃、其他重大过错),因过错导致离婚。本案符合上述要件。

(3)**答:**该债务应为夫妻共同债务。婚姻关系存续期间,夫妻一方因日常生活需要所负债务,应视为夫妻共同债务。现方某所欠款项被证明用于日常生活开支和孩子的教育费,属于共同债务范围。

(4)**答:**不能。果果与蒋某为继子女与继父母关系。从案件事实看,蒋某与果果形成了抚养关系,可以适用法律关于父母子女的规定。但在蒋某与方某离婚时,蒋某拒绝继续抚养果果,其本意是解除与果果的亲子关系。继父母子女之间因抚养而产生的拟制血亲关系,可以解除。一经解除,相互之间即不再负有扶养义务。故如果蒋某不同意,法院不能判决其承担果果的抚养费。

3.(1)**答**:应支持王甲芬和王丙璋的主张,即父母共有的房子和存款应按照法定继承处理,但理由不是遗嘱处分了共同财产无效。

解析:夫妻共有关系在一方或双方死亡时结束,所以,虽然王老先生的遗嘱处分了夫妻共有的房产,但并非全部无效,只是涉及杜阿婆名下的财产份额部分无效。杜阿婆的份额应该由杜阿婆的法定第一顺序继承人——王老先生、王甲芬、王乙芬共同继承[王丙璋无权继承,理由参见本题解答(3)]。其中应由王乙芬继承的份额,由王老先生、成甲、成乙转继承;应由王老先生继承的份额,由王甲芬、王丙璋、成乙(代位王乙芬)、成甲转继承。

对共有房子和存款中属于自己的份额,王老先生有权在遗嘱中处分,故遗嘱部分有效。但被遗嘱指定取得房子和存款(应该是王老先生的份额)的王乙芬先于立遗嘱的王老先生死亡,故遗嘱的这部分内容就失效了,成乙无权主张按照遗嘱代位继承,而应由王甲芬、王丙璋、成乙(代位王乙芬)、成甲按照法定继承方式共同继承王老先生对房子和存款的份额。

综上,对共有的房子和存款应先析产,分属于王老先生与杜阿婆各自的份额,由他们各自的继承人按照法定继承继承。

(2)**答**:应该支持成甲的主张。

解析:对老人的赡养除了经济上的供养,还包括生活上的照料和精神上的慰藉。成甲在妻子病逝后,对年迈的岳父尽到了主要的照顾和慰藉,符合《民法典》第1129条关于尽了主要赡养义务的丧偶女婿是岳父母第一顺序继承人的规定,而且,其再婚并不影响其作为第一顺序继承人的资格。另外,成乙代位其母继承外祖父的遗产,并不妨碍成甲作为第一顺序继承人继承岳父的遗产。

(3)**答**:王丙璋要求依遗嘱继承尚存的一幅字画、法定继承王老先生其他遗产的主张应该得到支持,但要求独自取得500万元卖字画的存款、继承杜阿婆对房子和存款的份额的主张不应该得到支持。

解析:两幅名家字画是王老先生在杜阿婆去世后用个人财产购买,是王老先生的个人财产,遗嘱指定给王丙璋,有效。但王老先生生前将其中一幅字画拍卖,这个行为应视为对遗嘱的变更,即使能证明500万元的存款是拍卖所得,也不属于遗嘱指定的遗产。所以,王丙璋只能要求按照遗嘱取得尚存的一幅字画,无权要求500万元的存款全归自己。

王丙璋当年的承诺应该分为两个部分:一部分是针对母亲杜阿婆的遗

产的放弃，这个放弃表示可以视为其放弃了对杜阿婆遗产的继承权，故其不能再通过法定继承分得杜阿婆名下的遗产。另一部分是针对将来王老先生遗产的放弃，因为当时王老先生尚生存，放弃将来对其遗产的继承权无效，故王丙璋有权通过法定继承分得王老先生名下的其他遗产（包括500万元的存款）。

（4）**答：**王甲芬并未丧失继承权，但在分割遗产时，应当不分或者少分给她遗产。

解析：《民法典》第26条、第1067条规定，成年子女对父母负有赡养、扶助和保护的义务；成年子女不履行赡养义务的，缺乏劳动能力或生活困难的父母，有要求成年子女给付赡养费的权利。本案中的王老先生与杜阿婆生前有养老金，并不存在需要子女提供赡养费的情况。当然，子女对父母的赡养也包括生活上的照料和精神上的慰藉，王甲芬在这两个方面有欠缺。但因此认定其行为构成遗弃，过于严苛，理由不充分。毕竟因婚姻问题与养父母产生隔阂，再加远在外地，婚后与养父母联系较少也是事出有因。但不丧失继承权并不意味着她可以与其他继承人均分遗产，《民法典》第1130条规定，对被继承人尽了主要扶养义务或者与被继承人共同生活的继承人，分配遗产时，可以多分；有扶养能力和有扶养条件的继承人，不尽扶养义务的，分配遗产时，应当不分或者少分。据此，在分割王老先生与杜阿婆的遗产时，应视情况对王甲芬少分甚至不分给遗产。

4.（1）**答：**推定钱乙第一个死亡，钱甲夫妇同时死亡，乐小某最后死亡。

解析：本案中死亡的4人相互有继承关系，又无法根据实际情况确定死亡先后，故应根据《民法典》第1121条的规定，首先，推定没有任何活着的继承人的钱乙第一个死亡。其次，钱甲夫妇均有各自的第二顺序继承人兄弟姐妹，乐小某有第一顺序继承人父亲乐某，因此推定作为长辈的钱甲夫妇先于乐小某死亡；又因为钱甲夫妇辈分相同，故推定他俩同时死亡。

（2）**答：**这笔保险金最终应该由乐某取得。

解析：根据我国2015年《保险法》第42条的规定，受益人与被保险人在同一事件中死亡，且不能确定死亡先后顺序的，推定受益人死亡在先。该条同时规定，受益人先于被保险人死亡，没有其他受益人的，被保险人死亡后，保险金作为被保险人的遗产。因此，在保险金的归属问题上，不能按照《民法典》第1121条确立的推定规则，而应该按照2015年《保险法》第42条确立的推定规则，推定受益人乐小某先于被保险人钱乙死亡。如此，这笔没有受益人的保险金就是被保险人钱乙的遗产，应由推定后与死亡的钱乙的父母和女儿乐小某一起继承。这里要特别强调，2015 年《保险法》第 42 条确立的死亡顺序推定规则仅在确定人身保险金系谁的遗产的问题上适用，至于遗产的流转问题，仍应按照《民法典》第 1121 条确立的死亡顺序推定规则。

又因为女儿钱乙先于钱甲夫妇死亡，发生代位继承，由乐小某作为代位继承人（第一顺序）继承钱甲夫妇的全部遗产，包括他们从钱乙那里继承来的保险金。钱甲夫妇各自的兄弟姐妹因是第二顺序的继承人，所以不能继承他们的遗产。

乐小某死后，其所有的遗产，包括其从母亲钱乙和外祖父母处继承来的财产，就由其唯一的第一顺序继承人乐某继承。

（3）**答：**钱甲夫妇的死亡赔偿金应该由他们各自的兄弟姐妹取得，乐小某的死亡赔偿金应该由乐某取得。

解析：死亡赔偿金的形成及实际取得均发生在被继承人死亡之后，故死亡赔偿金一般不能作为死者的遗产，而是对死者近亲属的赔偿。如最高人民法院《关于空难死亡赔偿金能否作为遗产处理的复函》指出：空难死亡赔偿金是基于死者死亡对死者近亲属所支付的赔偿。获得空难死亡赔偿金的权利人是死者近亲属，而非死者。故空难死亡赔偿金不宜认定为遗产。这个复函有一定参考意义。本案中，旅行社因为游客死亡而支付的死亡赔偿金也应该是赔偿给死者的近亲属的，不是死者的遗产，而是直接归属于死者各自近亲属的财产。

5.（1）**答：**可以，人民调解是多元化解决纠纷机制的主要组成部分，而根据《人民调解法》第 17 条的规定，当事人可以向人民调解委员会申请调解；人民调解委员会也可以主动调解。当事人一方明确拒绝调解的，不得调解。即只要双方当事人同意即可。

可以提起诉讼，《人民调解法》第 26 条规定，人民调解员调解纠纷，调解不成的，应当终止调解，并依据有关法律、法规的规定，告知当事人可以依法通过仲裁、行政、司法等途径维护自己的权利。所以依然可以提起诉讼。

不可以向人民法院申请强制执行，因为人民调解后达成的调解协议，其效力更像合同，不具有强制执行力，除非案件的双方主体申请人民法院进行司法确认。

（2）**答：**法院决定不予调解的做法错误，因为根据《民法典》婚姻家庭编第 1079 条第 2 款的规定，离婚案件应当在审理以前先调解。而本案中人民法院并未先行调解。

人民法院通过拖延时间的方法强制调解错误。根据《民诉法司法解释》第145条,人民法院审理民事案件,应当根据自愿、合法的原则进行调解。当事人一方或者双方坚持不愿调解的,应当及时裁判。人民法院审理离婚案件,应当进行调解,但不应久调不决。

(3)**答**:可以不制作。根据《民事诉讼法》第98条的规定,下列案件调解达成协议,人民法院可以不制作调解书:(1)调解和好的离婚案件;(2)调解维持收养关系的案件;(3)能够即时履行的案件;(4)其他不需要制作调解书的案件。对不需要制作调解书的协议,应当记入笔录,由双方当事人、审判人员、书记员签名或者盖章后,即具有法律效力。

写作情况说明

写作分工：

许　莉:导言,上编第一章第一节、第二节,第二章至第六章;
李红玲:上编第一章第三节,第七章至第九章;
陈爱武:下编第一章;
张　海:下编第二章;
温云云:下编第三章;
徐巧玲:下编第四章;
王冬青、曹甜甜、黄文晶:附录一家事调解案例;
附录二、三练习题及参考答案由各章撰写人编写。
全书由许莉、陈爱武统稿。